특수교육 과학과 교육의 이론과 실제

THEORY AND PRACTICE OF SCIENCE EDUCATION IN SPECIAL EDUCATION

정동영 · 김희규

교육과학사

"과학과 일상생활은 분리될 수 없고 분리되어서도 안 된다(science and everyday life cannot and should not be separated)"는 Rosalind Elsie Franklin의 말과 같이 과학은 우리 생활의 모든 영역과 직접적으로 관련된다. 이런 과학에 대한 이해의 발달은 개인이 자신과 자신이 살고 있는 세상에 관해, 그리고 그와 관련된 문제에 관해 올바른 결정을 하는 데 중요한 요인이 된다. 사람은 매일 중요한 사회, 경제, 환경의 쟁점에 대해 과학을 토대로 결정을 내리고 당면한 문제를 해결해야 한다. 과학을 우리 모두의 의사결정 토대로 활용하기 위해서는 학교교육을 통해 그에 대한 이해를 구축해야 한다. 이런 필요에서 1980년대부터 과학은 학교교육에서 '모두를 위한 과학(science for all)'으로 칭해지면서 강조되고 있다.

사실 과학은 과학자를 위한 전문적인 영역이 아니라 모든 사람이 이해해야 할 기본적인 교양 영역이다. 이 말은 과학을 아는 것, 과학을 공부하는 것, 그 자체가 교양을 갖추는 일이며, 삶을 풍요롭게 하는 일이라는 의미이다. 그러나 대부분의 사람은 과학을 이해하기 어려운 높은 난이도를 지닌 학문으로만 생각하여 쉽게 접근할 수 없는 분야로 인식한다. 특히 특수교육 교사는 과학을 지적, 감각적, 신체적 손상을 지닌 장애학생이 접근하기 어려운 분야 혹은 참여하기 불가능한 분야로 인식하는 경향이 있다. 이러한 인식으로 인해 '모두를 위한 과학'을 장애를 지니지 않은 학생을 위한 것으로 치부하는 사례가 종종 있다.

사람은 근본적으로 호기심을 지닌 존재이다. 봄이 오면 '언제쯤 꽃이 피어날까?'를 생각하고, 자동차를 보면 '얼마나 빨리 달릴 수 있을까?'를 생각한다. 이처럼 주변 세계에 대해 알고 싶어 하는 마음, 이 마음이 바로 과학의 시작이며 출발점이라고 본다. 이런 호기심은 장애학생도 분명히 지니고 있다. 그럼에도 불구하고 장애학생은 과학에 접근하지 못하며, 참여할 수 없다고 생각하는 것은, 교육을 하는 사람이 그들에게 과학을 가르치는 방법이나 전략을 제대로 파악하지 못하고 있는 것이 하나의 원인일 수 있다. 이 책은 이런 특수교육의 실제를 고려하여 장애학생을 위한 올바른 과학과 교육의 방향과 실제를 안내하기 위해 집필되었다.

'모두를 위한 과학'은 일반적인 학생만을 대상으로 하는 것이 아니라, 재능이 뛰어난 학생도 대상으로 하며, 장애학생도 대상으로 한다. 특히 지적, 감각적, 신체적 손상으로 인해 과학에 접근하고 참여하는 데 어려움을 겪는 장애학생의 경우 과학과 교육은 더욱 더 강조되어야 한다. 왜냐하면 과학과 교육은 생활을 위한 교육이고, 교양을 구비하도록 하는 교육이기 때문이다. 현재 맹학생도 빛의 반사와 굴절을 모형을 통해 이해할 수 있으며, 지적장애학생도 과학의 기본 개념을 직접 몸으로 체험하고 이해할 수 있다는 사례들이 보고되고 있다. 그러므로 이 책은 현직에서 장애학생을 가르치는 특수교육 교사의 과학과 교육에 대한 안내만이 아니라, 대학에서 특수교육을 공부하고 있는 예비 특수교육 교사의 과학과 교육에 대한 올바른 이해를 도모하기 위해 집필되었다.

이와 같은 입장에서 이 책은 먼저 과학의 본성과 과학과 교육의 관계를 알아보고, 특수교육 과학과 교육의 방향을 탐색한 다음, 특수교육 과학과 교육의 성격과 목표 및 교육내용을 알아보았다. 그리고 특수교육 과학과 교육의 방법론으로서 과학과 교수·학습방법과 교수모형, 교육매체 및 평가 내용과 방법을 소개하면서, 특수교육 과학과의 내용과 방법 등을 안내했다. 그 다음 이 책은 과학과 교육의 영역인 물질, 에너지, 생명, 지구 및 우주과학의 네 영역으로 구분하여 각 영역과 생활과의 관계를 알아보고, 각 영역의 구성 내용을 탐색한 다음, 각 영역별로 특정 단원을 선택해 실제적인 교수·학습 계획안을 제시했다.

이와 같이 구성된 이 책은 그 성격의 구현과 내용의 체계화를 위해 상당한 고민의 과정 및 오랜 기간의 준비를 통해 집필되었다. 그러나 이 책은 집필내용에서 특수교육 과학과 교육의 특성을 충분히 제시하지 못한 부분도 있을 것이고, 그 방향을 제대로 정립하지 못한 부분도 있을 것이며, 그 내용이 적절한 범위를 벗어난 부분도 있을 것이다. 이러한 부분에 대해 솔직한 지적과 조언을 바란다. 이런 지적과 조언이 모이면 더욱 더 완전한 특수교육 과학과 교육의 학문적 성격을 정립할 수 있을 것이며, 추후에 더욱 더 그 방향에 적합한 특수교육 과학과 교육에 관한 책을 발간할 수 있을 것이다. 그리고 이 책에 포함된 장애학생을 위한 과학과 교육의 내용이 단지 책에만 머물지 않고, 훌륭한 특수교육 교사를 꿈꾸는 예비 특수교육 교사와 현직 특수교육 교사에게 도움이 되어 특수교육 현장에서 과학과 교육의 질을 제고하고, 장애학생의 삶의 질을 촉진하는 촉매제로 활용되기를 기대해 본다. 마지막으로 이 책이 나오기까지 많은 수고를 아끼지 않으신 교육과학사의 한정주 사장님과 편집실 직원 여러분에게 진심으로 감사를 드린다.

2018년 6월

저자 정동영, 김희규

차 례

제1장 과학의 본성과 과학과 교육

과학(科學)이란 학문은 물론 일상생활에서도 흔히 사용하는 용어이다. 우리는 매일 과학과 관련된 용어를 접하지 않는 날이 거의 없다. 텔레비전, 라디오, 신문 등의 미디어는 하루에도 수없이 과학과 관련된 소식을 전하고 있고, 일상적인 대화에서도 과학과 관련된 용어를 많이 사용하고 있다. 그러나 '과학이 무엇인가?'라고 물으면 한마디로 대답하기 어렵고, 그 본질을 규정하기도 어렵다. 뿐만 아니라 과학을 교육과 관련해 논의하기 시작하면 과학과 교육이 무엇인지, 과학과 교육이 과학과 어떻게 관련되며, 과학과 교육이 무엇을 내용으로 해야 하는지, 그리고 과학과 교육이 어떻게 이루어져야 하는지 규정하기도 쉽지 않다. 특히 특수교육에서 과학과 교육을 논의할 때면 그런 어려움은 더욱 더 가중된다. 특수교육 과학과 교육이 과학을 어떻게 받아들여야 하며, 그에 따라 어떤 내용과 방법으로 이루어져야 하는지를 규정하기는 정말 쉽지 않다. 이 장에서는 먼저 과학과 교육이 무엇인지에 답하기 위해 과학의 개념과 과학의 본성(nature of science)에 대해 알아본 다음, 과학과 교육에서 과학의 본성에 대한 관점과 가치를 논의하고, 과학과 교육에서 과학의 본성의 위치를 알아본다.

1. 과학의 개념과 본성

1) 과학의 개념

과학이란 여러 분야에서 사용하는 용어이다. 그러나 과학이란 정의하기 쉽지 않은 용어이다. 여러 분야에서 사용하는 과학이란 무엇을 의미하는 용어인가? 그리고 과학이란 어떻게 정의되는 용어인가? 과학이란 시대의 관심에 따라 다르게 정의되는 용어인가? 아니면 사용하는 사람의 입장에 따라 다르게 정의되는 용어인가? 이 모두를 고려하면 과학을 정의하는 일은 쉽지 않다. 그렇지만 과학이란 용어는 여러 모양의 베일을 쓰고 있는 신화처럼 어둠 속으로 그 정체가 감춰지는 것은 결코 아니다(송병옥, 2004).

흔히 과학이란 자연에서 볼 수 있는 현상에 대한 지식 체계와 자연 현상을 설명하는 활동이라고 정의한다. 그러나 과학의 원어인 'science'는 어떤 사물을 '안다'라는 의미를 지니고 있다. 이 용어는 라틴어 'scire'에서 연유한 말로써 넓은 의미로 학(學) 또는 학문(學問)이라는 뜻을 지니고 있다. 배우고 익히는 것을 의미하는 학문은 지식을 다른 사람과 사물, 기록과 경험, 간접 경험으로부터 얻어 배우고, 이를 익혀서 체득하는 과정을 거친다. 이 말은 학문이란 지식만이 아니라, 그것을 얻고 익히는 과정도 포함한다는 의미이다. 그러므로 과학이란 자연에 존재하는 법칙과 이치에 관한 바른 지식 체계와 그것을 밝히는 과정이라고 정의할 수 있다.

이와 같이 과학이란 알아낸 지식 그 자체뿐만 아니라 지식을 밝히는, 즉 지식을 알아내는 과정을 모두 포함하는 개념이다. 이런 입장에서 박승재와 조희형(1994)은 "과학이란 단지 과학적 사실만이 아니며, 일반적인 원리, 과학적 법칙 및 이론과 같은 일반화, 그러한 과학적 사실과 일반화를 얻기 위한 경험적 자료를 찾고 정리하는 활동 등을 포함한다"(p. 13)고 정의한다. 그리고 Abruscato(1982)는 과학이란 "우리가 체계적으로 자연계의 정보를 수집하는 과정을 통해 얻는 지식으로서 이러한 지식을 얻은 사람이 가지는 가치와 태도"라고 정의하고, Williams(1988)는 과학을 "인간이 연구를 통해 얻어낸 지식과 물리적 세계로서 연구하는 방법 및 과정, 그리고 이로 인해 형성하게 된 인간 세계에 대해 갖는 태도"라고 정의한다. 이들의 정의는 지식, 과정, 결과만이 아니라 태도까지도 과학에 포함된다는 의미이다. 특히 Flick(1993)은 "과학을 인간으로 하여금 과학에 대한 강한 호기심과 같은 긍정적인 태도를 지니도록 만들어 주는 태도(attitude), 인간이 탐구하고 이해하는 새로운 방법을 창안해 내는 기술을 사용하도록 호기심을 자극하는 기술(skill), 일상생활 속에서 인간이 학습해야 할 중요한 지식을 얻게 해 주는 지식(knowledge)이라는 세 가지 요소로 구성된다"고 주장해 이들의 주장을 뒷받침하고 있다. 그러므로 과학이란 무엇을 통해 알아낸 지식만이 아니라 그것을 알아내기 위해 사용하는 기술, 그리고 그것을 알아내려고 하는 태도를 모두 포함하는 개념이라 정의할 수 있다.

한편 과학이란 용어를 학문이라고 정의하면, 자연과학(natural science), 사회과학(social science), 인문과학(humanities 또는 liberal arts)도 모두 과학이다. 이것은 넓은 의미(廣義)의 과학이다. 자연과학은 자연 현상을 검증해 연역적으로 가능한 한 객관적으로 탐구하는 활동을 말하며, 사회과학은 인류 및 동물의 사회생활을 연구하는 학문을 말하고, 인문과학은 인간과 인간의 문화에 관심을 갖거나 인간의 가치와 인간만이 지닌 자기표현 능력을 인식하기 위한 분석적, 비판적 연구방법에 관심을 갖는 학문 분야를 말한다. 이처럼 과학이란 용어를 넓은 의미로 정의하면 인문과학에 포함되는 형이상학, 문헌학, 사상사 등도 모두 과학으로 분류될 수 있다. 그러나 과학을 좁은 의미(俠義)로 정의하면 자연과학에서 확립된 방법을 사용할 때만 과학이라고 한정할 수 있다. 이 때 과학은 수학 및 논리학을 사용해서 연역적으로 이론적 명제를 정식화하고, 그 명제들을 관찰 또는 실험을 통해 경험적으로 검증하는 방법으로 정의된다.

또한 과학이란 용어는 과학을 보는 관점에 따라서도 다르게 정의된다. 과학을 보는 관점은 과학을 결과로 보는 결과론적 관점과 과학을 과정으로 보는 과정론적 관점 및 과학을 결과이면서도 과정으로 보는 관점으로 구분된다(전경원, 2004). 과학을 결과로 보는 결과론적 관점은 과학 개념(scientific concept)과 과학 지식

(scientific knowledge)의 전달에 중점을 두어 과학을 유용하고 실질적인 지식의 총체로 본다. 반면 과학을 과정으로 보는 과정론적 관점은 과학을 과학 지식의 형성 절차나 사고기능에 중점을 두어 과학을 사고하는 방법, 새로운 지식에 도달하는 방법으로 본다. 그리고 과학을 과정임과 동시에 결과로 보는 절충적인 관점은 과학을 생활 주변의 다양한 문제에 대해 답을 알아내는 것이고 당면한 문제를 해결하도록 하는 것으로 본다.

이와 같이 과학이란 자연의 법칙(law of nature)과 이치에 관한 바른 지식 및 그것을 알아내기 위해 사용하는 기술, 그것을 알아내려고 하는 태도를 포함하며, 넓은 의미로는 자연과학, 사회과학, 인문과학을 모두 포함하고, 좁은 의미로는 자연과학만을 지칭하는 용어이나, 그것을 보는 관점에 따라 과정으로도 정의되며, 결과로도 정의되고, 과정과 결과 모두로도 정의되는 개념이다.

실제로 과학은 객관적인 자연을 대상으로 자연 현상을 조사함으로써 물체, 사건, 그들의 상호관계 등을 밝혀내는 과학의 과정인 호기심, 관찰, 분류, 추리, 가설, 실험으로 과학의 산물인 사실, 원리, 법칙, 개념 등을 산출하여 종합적이고 보편적이며 통일적인 자연관을 가지게 하는 것이다. 그런데 자연에서 일어나는 모든 현상은 규칙성이 있으며, 이러한 현상을 지배하는 자연의 법칙이 있을까? 과학에서는 이러한 자연의 법칙이 존재한다고 가정한다. 자연에서 반복적으로 일어나는 일정한 규칙인 자연의 법칙을 결정하기 위해 전제되어야 하는 사실은 다음과 같다.

첫째, 자연 현상은 변덕스럽게 변하지 않는다. 즉, 시간에 무한한 성질을 가지고 있다. 만일 아침에 해가 동쪽에 떠서 서쪽으로 진다든지, 물이 높은 곳에서 낮은 곳으로 흘러내리는 현상이 갑자기 반대가 된다면, 우리는 이런 현상을 모아 가지고는 자연의 법칙이 있으리라고 생각할 수도 연구할 수도 없는 것이다. 따라서 자연은 변덕스럽게 변화하지 않는다는 전제를 세워야 한다. 그런데 우리는 이와 같은 변덕스러운 변화를 본 일도 없고, 들은 일도 없으므로 특별히 명문화하지 않아도 당연한 것으로 생각하여 나타내지 않는 것이다.

둘째, 자연 현상은 연속적으로 일어난다. 자연의 법칙을 찾기 위해 과학자들이 하는 일은 그때그때 일어나는 자연 현상을 관찰, 기록하고 이것으로부터 법칙을 찾아내는 것이다. 즉, 어떤 현상을 드문드문 관찰하고, 그 현상 전체를 이해하려고 한다. 그때그때 관찰한 사실들이 서로 상관이 없고 독립적인 현상들이라면 이런 현상으로는 법칙을 찾아낼 수 없기 때문이다. 따라서 우리는 과거에 관측한 사실과 현재 관측한 사실이 서로 연관성이 있으며, 우리가 관측한 값은 계속적으로 일어나고 있는 일련의 현상 중의 어떤 중간을 드문드문 관찰한 것이라는 전제를 세워야 한다.

셋째, 자연 현상이 일어나는 데에는 그 원인이 있다. 이것은 인과율을 말하는 것으로 어떤 현상이 일어난다면 그 현상을 지배하는 원인이 있어야 한다는 것이다. 이런 생각은 우리들의 경험적인 사실을 토대로 한 것이다. 따라서 자연을 탐구하는 데는 모든 현상에는 원인이 있다는 전제를 세우고 그 원인을 찾아야 하며, 그 원인은 다음 현상의 원인이 된다고 믿고, 그 원인을 찾는 것이 자연의 법칙을 찾아내는 데의 처음 실마리가 될 것이다. 이와 같이 어떤 현상의 원인을 알면 그것을 이용하여 다음 현상도 설명할 수 있으며, 이런 일들이 겹쳐서 자연의 법칙을 찾게 되는 것이다.

(신희명 외, 1982, pp. 3-4.)

이와 같이 과학은 변덕스럽게 변화하지 않고, 연속적이며, 원인을 지닌 자연 현상을 전제로 하여 자연의 법칙을 결정하는 것으로 누적적, 잠정적, 비영구적이며, 관찰에 근거를 두고 사실에서 출발하여 사실로 되돌아오며, 위대한 발명이나 발견이 새로운 출발점이 되고, 과정과 결과가 순환적으로 연속된다는 것을 토대로 한다. 이러한 과학은 과학 및 과학 연구에 종사하는 인구가 늘어나고, 과학 연구에 사용하는 도구나 방법이 발전하고, 과학의 발달 속도가 빨라진다고 하더라도 거의 변하지 않을 것이다.

2) 과학의 본성

앞에서 과학의 개념을 정의하면서 과학의 특성을 기술하였지만, 과학의 본성은 온전히 설명되지 않았다. 과학의 본성은 과학이 지닌 본질적인 속성을 의미한다. 과학의 본성은 흔히 "과학이란 무엇인가?", "과학은 어떻게 작동하는가?", "과학은 어떻게 보아야 하는가?" 등에 대해 답하는 것을 말한다. 이 말은 과학의 본성에 관한 물음은 "과학과 비(非)과학을 구분하는 기준이 무엇인가?"로도 표현될 수 있다는 것이다. 이러한 물음에 대한 대답은 일반적으로 지식의 체제(body of knowledge), 방법(method), 앎의 방식(way of knowing) 등으로 이루어진다(Lederman, 2007). 즉, "과학이란 무엇인가?"라는 물음은 과학의 개념에서 언급한 바와 같이 과학을 구성하는 개념, 용어, 활동 등 과학을 구성하는 지식의 완전한 집합으로 대답될 수도 있고, 자연 현상을 조사하고 새로운 지식을 습득하거나 이전 지식을 수정하고 통합하는 과학 기법으로 대답될 수도 있으며, 경험을 설명하는 가장 단순한 설명을 찾는 과정으로 대답될 수도 있다. 그러므로 과학의 본성은 전형적으로 과학에 대한 인식론, 앎의 방식으로서의 과학 또는 과학 지식과 그 발달에 내재한 가치와 신념에 따라 달리 언급된다(Lederman, 1992).

이와 같은 이유로 인해 과학의 본성이 무엇이며, 과학의 본성이 아닌 것이 무엇인가에 대해서는 의견이 완전히 일치되지 않고 있다. 일부는 과학의 본성에 관한 합의가 부족하다고 주장하지만(Duschl, 1994; Herron, 1969: Welch, 1984), 일부는 과학의 본성에 대한 합의가 존재한다고 주장한다(Smith, Lederman, Bell, McComas, & Clough, 1997; Suchting, 1995). 이런 의견의 불일치에도 불구하고, 학생이 접근할 수 있고 일상생활과 관련되는 과학의 본성에 관해 수용 가능한 수준의 일반성을 찾을 수는 있다(Elby & Hammer, 2001; Rudolph, 2003). 이 수준에서 존재하는 의견 차이는 거의 없다. 이런 일반성에 해당하는 과학의 본성은 흔히 과학 지식은 잠정적이며, 시간이 지남에 따라 발달하고, 경험적 증거에 기초하며, 관찰과 실험에서 도출되고, 주관적 부분을 갖고 이론에 기반하며, 인간 창조성의 산물이고, 사회적, 문화적,

기술적 상황에 영향을 받는다고 기술된다(김미경, 김희백, 2008; Abd-El-Khalick, 2005; Bell & Lederman, 2003; Lederman et al., 2002; Osborne et al., 2003; Schwartz, Lederman, & Crawford, 2004). 그렇지만 학생이 배워야 하는 과학의 본성에 관한 문제는 한 사람이 대답할 수 있는 문제는 아니다. 이 개념은 간주관적 수준에서 다른 사람에 의해 논의되고 명확히 되어야 한다. 이 경우 전문가와 단체의 의견과 확신이 수집되고 비교되고 조합되어야 한다.

McComas와 Olson(1998a)은 8개 국가의 과학과 교육 표준과 교육과정을 분석해 미국 교육 표준(American Association for the Advancement of Science, 1993; National Research Council, 1996)에 나타난 과학의 본성의 근본적인 요소가 호주, 뉴질랜드, 캐나다, 영국과 웨일즈의 국가 과학과 교육과정에서도 발견되었다고 보고했다. 이들이 8개 국가의 과학과 교육과정에서 발견한 과학의 본성은 과학 지식은 내구성이 있지만 잠정적인 특징이 있으며, 과학 지식은 관찰, 실험 증거, 합리적 주장, 회의론에 의존하고, 과학은 자연 현상을 설명하기 위한 시도이며, 법칙과 이론은 과학에서 다른 역할을 하고, 과학은 창조적이며, 과학은 사회 문화 전통의 일부이고, 과학 아이디어는 사회적, 역사적 환경에 영향을 받는다는 것 등이었다(표 1－1 참조).

과학 지식은 하나의 보편적 방법에 의해서만 얻어지지 않는다. 과학 지식은 관찰, 실험 증거, 이성적인 논증에 의존하며, 상대적으로 내구성이 있지만 잠정적인 특성을 갖는다. 과학자는 창의적이며, 모든 문화의 사람이 과학 지식에 기여할 수 있다. 과학은 사회적, 역사적, 문화적 상황뿐만 아니라 신기술의 영향을 받는다.

Osborne 등(2003)은 과학의 본성에 접근하기 위해 여러 분야의 과학 전문가를 대상으로 학교 과학에서 가르쳐야 하는 아이디어에 관해 조사한 결과 McComas와 Olson(1998a)과 유사한 결론에 도달했다. Osborne 등(2003)은 과학 지식의 범주에서 과학 지식의 잠정성, 불확실성, 가변성 및 경험적 특성을 강조했고, 과학 방법의 범주에서 과학 지식을 얻는 보편적인 방법이 존재하지 않는다고 언급했다. 더욱이 McComas와 Olson(1998a), Osborne 등(2003)은 제도적 · 사회적 실제에서 과학은

〈표 1-1〉 8개 국제 과학 표준 문서에서 추출한 과학의 본성에 대한 일치된 관점

- 과학 지식은 내구성이 있지만 잠정적인 특징이 있다.
- 과학 지식은 관찰, 실험 증거, 합리적 주장, 회의론에 크게 의존하지만 전적으로는 아니다.
- 과학을 할 수 있는 방법은 하나도 없다(그러므로 보편적인 단계별 과학적인 방법은 없다).
- 과학은 자연 현상을 설명하기 위한 시도이다.
- 법칙과 이론은 과학에서 다른 역할을 한다. 그러므로 학생은 이론이 추가적인 증거가 있어도 법칙이 되지 않는다고 언급한다.
- 모든 문화의 사람들이 과학에 기여한다.
- 새로운 지식은 분명하고 공개적으로 보고되어야 한다.
- 과학자는 정확한 기록 보존, 동료 검토, 복제 가능성을 요구한다.
- 관찰은 이론에 기초한다.
- 과학자는 창조적이다.
- 과학의 역사는 진화론적, 혁명적인 특성을 드러낸다.
- 과학은 사회 문화 전통의 일부이다.
- 과학과 기술은 서로 영향을 미친다.
- 과학 아이디어는 사회적, 역사적 환경에 영향을 받는다.

출처: McComas, W. F., Clough, M. P., & Almazroa, H. (1998a). The role and character of the nature of science in science education. In W. F. McComas, (Ed). *The nature of science in science education* (pp. 3-39). Springer Netherlands, pp. 6-7.

사회적, 기술적, 역사적 상황의 영향을 받는다는 결론에 도달했다. 이러한 결과는 과학자, 과학 교육자, 과학 철학자, 과학 실무자 등이 과학의 본성의 개념에 관해 합의에 도달할 수 있음을 의미한다. 이러한 과학 지식, 과학 방법, 제도적 · 사회적 실제의 범주를 중심으로 과학의 본성의 핵심적인 차원을 기술하면 다음과 같다 (Lederman, 2007, pp. 833-835; Urhahne, Kremer, & Mayer, 2011, pp. 711-713).

지식의 확실성

과학 지식은 상대적으로 신뢰성이 있고 내구성이 있지만, 결코 절대적이거나 확실하지 않다. 기존의 이론과 개념은 항상 잠정적인 것으로 간주된다. 과학적 주장은 이론과 기술의 진보를 통해 가능하게 되는 새로운 증거에 따라 바뀌거나, 기존의 이

론이나 법칙을 지지하거나, 오래된 증거가 새로운 이론의 진보에 따라 재해석되거나 기존 연구 프로그램의 방향에서 이동해서 바뀐다. 진화는 짧은 기간에 급격한 변화를 통해 이루어지지만, 긴 기간이 지나도 생물에 변화가 생기지 않는다는 가설인 단속평형설(punctuated equilibrium)의 구성은 다른 관점에서 화석 기록의 해석을 통해 발전되었다. 점진적인 변화에 대한 다윈주의(Darwinian)의 관점보다 오히려 과도기 종(種)의 부족이 고전적 진화론의 재해석을 이끌어내었다. 과학의 잠정성은 과학 지식이 추론적이고 창의적이며 사회적, 문화적으로 삽입되었다는 사실에서 비롯된다. 새로운 지식은 항상 매우 집중적으로 연구된 주제에 추가될 수 있다. 또한 동일한 현상을 설명하는 다른 이론이 그것을 반대하는 다른 증거가 없으면 진리로 인정될 수 있다. 마찬가지로 모든 과학의 문제는 단지 하나의 해결책만을 지니고 있다고 믿는 것도 실수이다.

지식의 발달

과학 지식은 지속적으로 발달한다. 과학의 이론과 개념은 새로운 증거의 토대 위에서 변화되고 확장될 수 있다. 예를 들면, 변화하는 지식은 더 나은 연구 설비를 제공하는 신기술에 의해 촉진되나, 이런 변화는 절대 진리에 접근하는 어떤 것도 동반하지 않는다. 과학의 역사는 그 영역의 진화론적이고 혁명적인 특성을 강조한다.

지식의 단순성

과학 지식은 자연 현상의 복잡성을 부정함이 없이 단순화하려는 경향으로 구성된다. 과학에서는 가능한 한 가장 적은 수의 개념으로 많은 수의 관찰을 설명하기 위해 끊임없이 노력한다. 이런 원리는 14세기에 Occam의 William[1)]에 의해 처음 언급되

1) 영국의 Occam 출신의 영국 프란체스코 수도회의 수사이자 철학자이다. 그는 유명론의 선구자로서 일반적으로 근대 철학의 아버지로 인정받고 있으며, 방법론적 원리인 Occam의 면도날(Occam's Razor 또는 Ockham's Razor)로 유명하다. Occam의 면도날의 원리는 어떤 현상을 설명할 때 불필요한 가정을 해서는 안 된다는 것으로 "같은 현상을 설명하는 두 개의 주장이 있으

었다. 과학 현상은 가능한 최상의 경제적인 방법으로 설명되어야 한다. 현상을 동등히 잘 설명하는 두 가지 이론에서 더욱 복잡한 이론이 더 좋은 이론이라고 믿는 것은 오해이다. 과학 이론은 구체적이고 상세한 것보다 오히려 더 일반적, 포괄적으로 공식화된다.

지식의 정당화

과학 지식은 관찰, 실험, 합리적 논증, 회의주의(skepticism)[2)]에 의존한다. 학생은 관찰과 추론을 구별하는 것을 배워야 한다. 관찰은 감각 또는 감각의 확장으로 직접 접근할 수 있는 자연 현상에 관한, 그리고 여러 관찰자가 상대적으로 용이하게 합의에 도달할 수 있는 것에 관한 기술적인 진술이다. 살아있는 유기체의 잔해 형태에 대한 기술이 그 사례이다. 그러나 추론은 감각을 초월한다. 예를 들면, 기능의 가능한 공헌과 관련해 관찰된 형태에 대한 설명을 개발할 수 있다. 높은 수준에서 과학자는 날씨의 모형이나 진화와 같은 복잡한 현상에 대한 관찰을 기술하는 모형(model)이나 메카니즘(mechanism)를 추론할 수 있다. 그리고 실험은 과학 지식을 정당화하는 적절한 방식으로 볼 수 있다. 실험 자료는 자신의 신념을 지원하고 예측이 설득력이 있는지를 보여줄 수 있다.

지식의 원천

과학 지식은 주관적이거나 이론적인 것이다. 과학자의 이론적 약속, 믿음, 사전 지식, 훈련, 경험, 기대는 실제적으로 그들의 업무에 영향을 미친다. 이러한 배경 요소는 모두 과학자가 연구하는 문제와 연구를 수행하는 방법, 관찰하는 것과 관찰하지

면, 간단한 쪽을 선택하라(given two equally accurate theories, choose the one that is less complex)"는 뜻이다. 여기서 면도날은 필요하지 않은 가설을 잘라내 버린다는 비유로서 필연성 없는 개념을 배제하려 한 '사고 절약의 원리(Principle of Parsimony)'라고도 불리는 이 명제는 현대에도 과학 이론을 구성하는 기본 지침으로 지지받고 있다.

2) 인간의 인식은 모두 주관적이고 상대적이라고 보아 진리의 절대성을 의심하고 궁극적 판단을 하지 않으려는 태도를 말한다.

않는 것, 자신의 관찰을 이해하거나 해석하는 방법 등에 영향을 미치는 사고방식을 형성한다. 과학 지식의 생산에서 주관성의 역할을 설명하는 것은 이런 개별적인, 때로는 집단적인 사고방식이다. 과학은 일반적인 믿음과 달리 중립적인 관찰로 시작되지 않는다(Chalmers, 1982). 관찰 및 조사는 질문 또는 문제에 의해 동기화되고 안내되며, 그와 관련해 의미를 습득한다. 이런 질문이나 문제는 어떤 이론의 관점 내에서 파생된다. 흔히 가설이나 모형의 검증은 과학 연구를 안내한다. 과학 지식은 박식한 권위자에 의해서만 제시되는 것이 아니라 학습자 스스로에 의해 발견되고 획득될 수도 있다. 학습자는 많은 것을 믿을 수 있지만, 과학 텍스트에서 읽을 수 있거나 과학자에 의해 진술된 것을 무비판적으로 믿어서는 안 된다. 이런 지식은 잠정적인 특성을 지니며, 모든 문화권의 사람이 과학 지식의 풀(pool)에 자신의 아이디어를 제공할 수 있다는 사실을 포함해 변화되는 대상이다.

과학의 목적

과학은 자연 현상을 기술하고, 설명하고, 예측하려는 시도이다. 과학을 통해 생물계와 무생물계와 함께 인류의 경험이 설명될 수 있다. 지식 구성의 전경에 설명을 위한 탐색, 자연 현상의 예측, 과학 문제의 해결책이 있다.

이론과 법칙

과학에서 이론과 법칙은 서로 다른 기능을 한다. 과학 이론은 매우 존중받고 신뢰도가 높으며 그 자체로 일관된 설명 체계이다. 예측은 이론에서 도출되고 관찰 가능한 사실에 의해 검증될 수 있다. 법칙은 관찰 가능한 현상 사이의 관계를 형식적으로 기술한다. 개인은 흔히 이론이 지원받는 증거의 이용 가능성에 따라 법칙이 된다고 하는 이론과 법칙의 관계에 대해 계층적인 관점을 보유한다. 과학 법칙이 과학 이론보다 더 높은 지위를 지니고 있다는 것은 이런 관념에서 나온다. 그러나 이론과 법칙은 서로 다른 종류의 지식으로 법칙이 이론보다 상위에 있지는 않다. 법칙은 관찰 가능한 현상 사이의 관계에 대한 진술이나 기술이다. 일정한 온도에서 그 부피와 기체의 압력을 관련짓는 Boyle의 법칙이 중요한 사례이다. 반면 이론은 관찰 가능한 현상에 대해 추론된 설명이다. 예를 들면, 기체 분자 운동론(kinetic molecular theory)은 Boyle의 법칙에 의해 관찰되고 기술되는 것에 대해 설명을 제공한다. 과학 모형은 과학 이론과 추론의 일반적인 사례이다. 이론은 법칙으로 변환될 수 없다. 법칙과 이론은 과학의 다른 산물이다.

과학의 방법

과학자는 빈번히 가설을 진술하고, 실험을 계획하고, 자료를 수집하고, 결론을 도출하지만, 그것이 신뢰할 수 있는 결과를 이끌어내는 유일한 방법은 아니다. 문제를 해결하기 위한 일련의 연구 단계나 엄격히 결정된 방법은 없다. 과학의 문제는 여러 가지 방법으로 해결될 수 있고, 성공적인 방법은 선택 조건에 따라 달라진다.

창의력과 상상력

과학 지식의 생산은 일반적인 신념과 달리 완벽히 합리적이고 절대적으로 논리적인 과정이 아니다. 과학 지식이 최소한 부분적으로 자연계에 대한 관찰에 기초하거나 거기에서 파생된다고 하더라도 인간의 상상력과 창의력을 요구한다. 이는 연구 아이디어의 발굴에서 자료 분석과 해석에까지 모든 연구 과정에 타당하다. 일부 과학 개념은 과학자의 영감과 상상력이 없으면 가능하지 않을 엄청난 지적 수행에 기초를 두고 있다. 과학은 설명의 발명을 포함하며, 과학자에 의한 창의성을 요구한다. 이런 과학의 측면은 추론적 성격과 결합해 원자, 블랙홀(black halls), 종(種)과 같은 과학 개념이 현실의 충실한 사본이 아닌 기능적 이론 모형이라는 것을 의미한다.

과학에 관한 사회적, 문화적 영향

과학은 연구자와 필연적으로 얽혀있는 문화의 맥락에서 수행된다. 인간의 기획으로서의 과학은 더 큰 문화의 맥락에서 실천되며, 그 실무자인 과학자는 그런 문화의 산물이다. 과학은 문화의 다양한 요소와 지적 영역에 영향을 미치고 영향을 받는다. 이러한 요소는 사회 구조, 권력 구조, 정치, 사회 경제 요인, 철학, 종교 등을 포함하나, 이들에만 제한되지도 않는다. 예를 들면, 침술의 성공에 대한 서양 과학의 설명이 제공될 때까지 침술은 서양 과학에서 수용되지 않았다. 과학자는 학습자와 마찬가지로 과학 지식의 적용이 가치 없이 일어나지 않으나, 사회 집단의 도덕적, 윤리적 가치와 갈등에 있을 수 있음을 자각해야 한다. 동등하게 중요한 것은 학습자가 인간 게놈(genome)을 매핑하고 계열화하는 것과 같은 과학 연구가 흔히 다학문적 국제 연구 집단에 의해 수행된다는 사실을 경험해야 한다. 과학자 간의 협조와 협력은 과학 지식의 발전을 촉진한다.

2. 과학과 교육과 과학의 본성

1) 과학과 교육의 역사와 과학의 본성

학생의 과학에 대한 이해와 과학의 본성에 대한 옹호는 20세기 초반에서부터 추적된다. 그 당시에 과학의 본성은 명확히 진술되지 않았다. 그렇지만 과학의 일부 요소와 특성을 과학과 교수에서 추구할만한 가치있는 목적으로 언급하고 있었다. 예를 들면, 1907년에 미국의 중앙 과학 및 수학 교사 협회(Central Association of Science and Math Teachers)는 과학과 교수에서 과학 방법과 과학 과정을 강력하게 강조했고(Lederman, 1992), 1916년에 Dewey는 과학 방법을 이해하는 것이 과학 지식의 습득보다 더 중요하다고 주장했다(Hodson, 1991). 또한 Jaffe(1938)는 고교 교과서인 '화학의 새로운 세계(New World of Chemistry)'에서 실험을 진행하는 중에 판단을 바꾸려는 의도, 새로운 증거에 비추어 이론을 포기하려는 의향, 과학 법칙을 궁극의 진리가 아니라고 하는 지식 등을 과학 목표의 특성으로 열거했다. 이러한 과학의 요소와 특성에 대한 강조에도 불구하고, 1960년 이전까지 현재 과학의 본성이라고 부르는 구인은 과학과 교수의 주요한 목적으로 진술되지 않았다(McComas, & Olson, 1998b).

과학과 교육과 과학의 본성의 통합을 위한 주요한 정당화의 하나는 1960년대 철학자이자 과학 교육자인 Schwab(1964)으로부터 시작되었다. 과학의 본성을 통찰하고 탐구학습의 필요성을 역설한 그는 "과학 지식의 현재 일시적인 구성이 경험적이고 문자적이며 결정적인 진리로 전달되는 결론이라는 완전한 수사"(p. 24)로 과학을 가르치고 있다고 지적했다. 이런 지적과 더불어 이 무렵 일부 과학과 교육과정 개발자는 과학과 교수에서 주요한 관심의 초점을 "과학자가 알고 있는 것이 무엇인가?"에서 Schwab의 "과학자가 하는 일이 무엇인가"에 관한 강조점을 반영해 "과학자는 어떻게 알았는가?"라는 문제에 대한 조사로 이동했다. Klopfer(1964-66)의 '과학 사례의 역사(History of Science Cases)', 'Harvard 프로젝트 물리학(Harvard Project Physics)'(Rutherford, Holton, & Walton, 1970), Schwab(1964)의 '생물 과학 교육과정 연구(Biological Science Curriculum Studies)' 등의 프로그램은 당시 형식적인 교육과정에서 과학의 과정과 산물을 모두 보여준 중요한 시도였다(McComas, & Olson, 1998b).

1960년대 십여 년 동안의 전환기에 학교 과학과 교육과정에 포함해야 하는 과학의 본성 요소를 옹호하고 정의하는 중요한 책 몇 권이 출판되었다. 이때 Robinson (1968)은 '과학의 본성과 과학 교수(The Nature of Science and Science Teaching)'에서 처음으로 과학 교육자들이 과학 철학에 대한 접근을 준비해야 한다고 주장했다. 그는 자신의 책에서 물리적 실재의 본성에 대한 개관, 확률과 확실성, 인과 관계를 포함한 물리적 기술의 측면, 다양한 과학 분야의 과학의 본성에 대한 관점을 제공했다. 그는 과학과 교수와 과학의 본성 사이의 상호 작용을 고려해야 한다고 결론을 맺었다. 그리고 Martin(1972)은 '과학 교육의 개념: 철학적 분석(Concepts of Science Education: A Philosophical Analysis)'에서 Robinson이 과학과 교수에서 과학의 본성을 지지하면서 제시한 주장을 대부분 되풀이 한 외에 탐구학습의 가치, 설명의 성격, 과학 및 과학과 학습에서 관찰의 특성 등을 포함한 과학 철학의 중요한 개념 대부분을 검토하고, 과학과 교육의 목적과 관련해 학생은 과학 성향(scientific propensities)을 습득해야 한다고 진술했다(McComas, & Olson, 1998b).

이와 같은 초기의 이론적 설명에도 불구하고 과학 교사와 과학과 교육과정은 과학의 사실이나 최종 산물을 전달하는 전통에 묶여 과학 지식이 구성되는 방법을 무시하고 있었다. 그래서 그 이후 약 50년 동안 과학과 교육과정에서 과학의 본성에 대한 관심에 이루어진 변화는 거의 없었다. 예를 들면, 1982년에 Kilborn은 과학과 교수는 과학의 의미를 이해하는 데 필수적인 배경을 제시하지 못한다고 지적했으며, 그 10년 후에 Gallagher(1991)는 과학과 수업이 과학의 본성보다 과학의 지식 체계와 용어에 강조를 둔다고 지적했다. 그리고 Fleury와 Bentley(1991)는 과학 지식이 '과학 지식의 인프라'로 존재하는 방식을 언급하면서 인프라에 대한 지식이 부족하면 그 위에 구축된 이해가 잘못될 수 있다고 주장했다. 가장 냉정한 지적은 Bentley와 Garrison(1991)이 대다수 학생을 위해 과학의 본성에 대한 기술은 교과서의 시작 일부 몇 단락에서만 이루어지고 나머지 대부분에서는 개념을 기술한다고 한 주장이었다. 실제로 교과서에 제시된 과학의 본성에 관한 아이디어는 항상 보편적으로 단순하거나 불완전하고 부정확했다. 그래서 Duschl(1994)은 학생이 과학의 사실, 가설, 이론, 즉 과학의 '무엇'을 배우고는 있지만, 이런 지식이 발생하는 근원, 즉 과학의 '어떻게'를 배우지 못하고 있다고 주장했다(McComas, & Olson, 1998b).

이와 같은 상황은 그 이후 더욱 심한 비난에 직면했다. 그러면서 학교 과학에서 과학의 본성의 역할에 관한 논의는 급속히 증대되었다. 그렇지만 학교 과학 경험이 지식을 만들고 확립하는 방법을 포함해 과학이 작동하는 방법에 상당한 관심을 기울여야 한다는 주장은 거의 제기되지 않았다. 1989년 University of Florida, 1992년 Canada Ontario주 Kingston, 1995년 University of Minnesota, 1997년 Canada Alberta주 Calgary 등에서 개최된 다수의 국제회의는 과학과 교육에서 과학의 사회 연구를 위한 보다 광범위한 역할만을 언급했다. 더욱이 1983년 Pavia, 1986년 Munich, 1988년 Paris에서 열린 여러 차례 회의의 주요 목표는 과학의 역사와 철학이 학교 과학에 통합될 수 있는 이유와 방법을 조사하는 데만 있었다(McComas, Clough, & Almazroa, 1998b).

과학의 본성에 대한 새로운 관심의 대부분과 과학 교수에서 그 위치는 Michael Matthews로부터 나왔다. 그의 1994년 책 '과학 교수: 과학의 역사와 철학의 역할(Science Teaching; The Role of History and Philosophy of Science)'은 과학의 본성을 과학과 교수에 포함시키는 것에 대해 잘 추론된 주장을 제공했다(McComas, & Olson, 1998a). 그리고 학교 과학에 과학의 본성을 도입하는 것은 영국의 과학교육협회(Association for Science Education)(1981), 미국의 과학교사협회(National Science Teachers Association) (1995), 미국과학진흥협회(American Association for the Advancement of Science: AAAS)(1989, 1993), 미국 국립연구협의회(National Research Council: NRC)(1996)와 같은 조직에 의해 받아들여졌다. 현재 많은 과학교육자는 과학의 본성, 그 전제, 가치, 목적, 한계에 대해 학생을 이해시키는 것이 과학과 교수의 핵심이 되어야 한다는데 동의한다. 이런 관점에서 지금까지 이루어져 온 과학의 본성에 대한 교육 형태를 구분하면 역사적 접근법(historical approach), 암묵적 접근법(implicit approach), 명시적이고 반성적인 접근법(explicit and reflective approach)으로 구분할 수 있다(Khishfe & Abd-El-Khalick, 2002).

역사적 접근법은 과학과 교수에 과학사를 통합해 학생의 과학의 본성에 대한 관점을 향상시키고자 하는 것이고, 암묵적 접근법은 학생이 과학 활동을 함으로써 과학의 본성에 대해 자동적으로 이해할 것이라고 기대하며 과학의 본성에 대한 이해는 과학적 탐구에 참가함으로써 얻어지는 단순한 부산물이라고 가정하는 것이다(김미경, 김희백, 2008). 암묵적 접근법은 1960년대와 1970년대의 교육과정 대부분에서 채택되었던 방법이다. 명시적이고 반성적인 접근법은 과학의 본성을 2차 산물이 아니라, 인지적인 학습의 산물로서 교수 목표가 되어야 한다고 가정하고, 과학의 본성에 대해 분명하게 밝히고 학생에게 반성적 사고를 하도록 조장함으로써 과학의 본성에 대한 학습이 이루어질 수 있다고 본다(김미경, 김희백, 2008). 즉, 명시적이고 반성적인 접근법은 과학을 하는 것만으로는 과학의 본성에 대한 이해를 할 수 없기 때문에 과학의 본성을 명시적으로 교육할 필요가 있다는 접근법이다. 따라서 현재 많은 과학 교육자들이 과학의 본성, 그 전제, 가치, 목적 및 제한에 대한 학생의 이해를 고무시키는 것이 과학과 교수의 핵심 목적이 되어야 한다는데 동의한다는 것은 과학과에서 명시적이고 반성적인 접근법을 통해 과학의 본성을 교수해야 함을 시사한다고 할 수 있다.

2) 과학과 교육에서 과학의 본성의 가치

현대 생활에서 매일 직면하는 문제를 해결하는 데는 많은 부분이 과학 지식에 대한 이해와 적용을 필요로 한다. 이런 과학 지식의 이해와 적용은 과학 지식만이 아니라 과학의 본성에 대한 이해를 요구한다. 뿐만 아니라 일반적인 수준에서 과학의 본성을 이해하는 것은 흔히 과학과 교육에서 중요한 구성 요소가 된다(NSTA, 1982). 과학의 본성을 이해하는 것이 과학과 교육에서 중요한 이유에 대해 답하는 가장 간결한 방식은 Driver, Leach, Miller 및 Scott(1996)이 제공한 다섯 가지 주장을 고려하는 것이다.

- 공리주의: 과학의 본성을 이해하는 것은 과학을 이해하고 일상생활에서 기술적인 목표와 과정을 관리하기 위해 필요하다.
- 민주주의: 과학의 본성을 이해하는 것은 사회 과학의 쟁점에 관해 정보에 입각한 의사결정을 위해 필요하다.
- 문화적: 과학의 본성을 이해하는 것은 현대 문화의 일부로서 과학의 가치를 인정하기 위해 필요하다.
- 도덕적: 과학의 본성에 대한 이해는 사회에 일반적인 가치가 있는 도덕적 책임을 구현하는 과학 공동체의 규범에 대한 이해를 개발하는 것을 돕는다.
- 과학 학습: 과학의 본성을 이해하는 것은 과학과의 학습을 촉진한다.

이와 같은 이유는 과학 교육자가 과학의 본성을 교수 성과로서 평가하는 중요한 이유이다. 그러나 이런 주장은 주로 경험적 지원이 거의 없이 직관적이다. 과학과 교육의 일반적인 목표와 같이 대부분 과학의 본성에 대한 적합한 이해를 소유한 비판적인 개인의 집단이 될 때까지 목표의 성취가 추구하는 것을 성취했는지의 여부를 아는 방법이 없었다. 학생에게 더욱 성공적으로 과학의 본성을 가르치면 학생이 더 나은 의사결정자가 될 것인가? 학생의 과학 성취도가 향상될 것인가? 이런 문제는 여전히 답을 얻지 못하고 있다. 학생과 교사의 과학의 본성에 대한 이해는 과학과 교육 및 과학과 교육 연구의 최우선 과제로 남아 있다. 이런 과학의 본성을 이해해야 하는 이유는 다음과 같이 더욱 구체화 될 수 있다(Clough, 2004, pp. 199-200).

과학의 강점과 한계에 대한 이해

과학의 강점 중 하나는 경험적 증거와 자연주의적 설명에 대한 요구이다. 이런 과학의 강점은 자연계에 관해 신뢰할 수 있는 지식을 창출하는 데 필수적이다. 그러나 축구 규칙이 야구에 적용될 때 의미가 거의 없듯이 과학의 규칙은 인간 노력에 적용되지 않거나 불충분한 경우가 많다. 예를 들면, 경험적 증거가 아닌 믿음은 종교의 핵심이다. 과학적 증거가 많은 사회적 결정에서 역할을 하고 역할을 해야 하는 것은 사실이지만, 그 자체만으로는 그런 결정을 하는데 충분하지 않다. 이런 과학의 강점과 제한점에 대한 이해는 과학의 본성에 대한 이해를 필요로 한다. 마찬가지로 과학이 작동하는 방법에 대한 이해도 과학 지식의 다른 유형의 가치를 평가하는데 절대적으로 필요하다. 예를 들면, 과학 교사는 원자모형, Boyle의 법칙, 진화론을 이해할 수 있지만, 법칙, 이론, 모형이 과학 분야에서 의미하는 바를 이해하지 못할 수도 있다. 그래서 "진화론은 단지 이론일 뿐"이나, "그런 이론이 입증되면 법칙이 될 것"이라는 말도 안 되는 말을 할 수 있다. 이처럼 과학의 본성은 과학의 강점과 제한점, 과학이 작동하는 방법 등에 대한 이해와 관련된다. 뿐만 아니라 과학의 본성을 이해하는 사람은 과학 개념을 바꾸거나 이전에 배운 특정 과학 아이디어가 사라져도 혼동하지 않는다. 또한 과학이 어떻게 작동하는지를 이해하는 사람은 과학적 기획에 관해서도 덜 냉소적이 된다(Connelly, Wahlstrom, Finegold, & Elbaz, 1977, pp. 7-8). 과학은 흔히 진리의 체제로 잘못 인식되기 때문에 때로 단일 사실이 바뀔 때 지식의 전체 분야에 의문을 제기하는 경우가 있다. 그러므로 과학을 자연계에 대한 이해를 향상시키는 과정으로 인식하는 것은 과학이 잠정적이라는 관념을 약점이 아닌 강점으로 바꿔 놓을 수 있다.

사회적 의사 결정

복잡한 사회 문제는 바람직한 목적, 개인과 사회의 가치, 사회의 기존 구조, 이용 가능한 자원, 과학 지식 등의 다양한 요인에 대한 고려를 요구한다. 이 과정에서 과학 지식이 어떤 역할을 해야 하는지를 결정하는 것은 부분적으로 과학의 본성을 정확히 이해하는 데 달려있다. 과학의 본성 교수에 대한 민주적 주장(Driver, Leach, Miller, & Scott, 1996, p. 18)은 여러 가지로 설명될 수 있지만, 과학 기능이 어떻게 정보에 근거한 의사결정에 필수적인지에 대한 정확한 관점을 지니고 있다. 예를 들면, 과학 연구에 대한 기금은 정부의 예산 결정과 관련해 중요한 주제이다. 그런데 일반 대중은 과학을 흔히 일상생활을 향상시키는 도구 및 실용적인 성과를 사회에 제공하는 것으로 잘못 보기 때문에 과학에 대해 지원을 하도록 일반 대중을 안내하는 기술로 혼동한다(Ryan & Aikenhead, 1992). 그러나 과학의 기초 연구는 실용적인 사회적 성과와 직접 관계되는 것이 아니라 오히려 자연계를 이해하기 위한 것이다. 그러므로 과학에 관한 기금의 결정은 사회적 의사결정이 개인 및 정책 결정자의 과학의 본성에 대한 이해에 의해 영향을 받는 분명한 사례라고 할 수 있다.

교수 전달

과학의 본성을 이해하는 것은 아이디어의 구성과 재구성을 조명하고, 학생이 자연계를 이해하는 데 어떤 어려움을 겪고 있는지에 대한 이해를 촉진한다. 과학의 역사에 대해 일부라도 배경을 지니고 있는 교사는 학생의 아이디어가 초기 과학 사고와 유사하다는 것을 알 수 있다. McComas, Clough 및 Almazroa(1998b)은 "과학에서 학생의 순진한 아이디어의 지속은 교사가 과학 개념의 역사적 발달을 이용해 학생이 자신의 순진한 오해에서 벗어나도록 하는 개념 여행을 조명하도록 도울 수 있다"고 언급했다. 또한 과학 지식의 잠정성에 대해 알고 있는 사람은 때로 좋은 이유로 그것이 바뀌는 것을 인정하면서 이전에 수용한 과학 아이디어를 수정하거나 버려야 하는 것을 알게 될 때 혼동하거나 냉소적이 되지 않을 수 있다. 그리고 과학의 역사는 과학 지식이 전적으로 경험적으로만 결정되지 않는다는 것을 확인시켜 준다. 과학 지식의 구성은 개념 변화와 많은 공통점을 지니고 있다. 이것은 과학의 본성을 교사의 학습과 교수에 대한 관점을 변화시키는 불균형한 대리인으로 만든다. 예를 들면, 교실 교사의 개념 변화 이론에 대한 저항의 일부는 자연계에 대한 지식이 완전히 객관적인 것, 즉 탐색하는 개인과 독립적으로 존재한다는 잘못된 관념에서 비롯된다. 이런 과학에 대한 관점은 학습이 과학 공동체가 발견한 것을 전달하는 공정한 과정이라는 인상을 준다. 그러나 과학의 역사는 자연계에 관한 의미를 구성하기 위한 치열한 전투의 과정이었다. 때로는 엄청난 노력과 시간을 필요로 하였다. 이러한 입장에서 과학을 볼 때, 학생의 오개념과 현대 과학 아이디어를 배우는 데 있어서의 곤란은 이해될 수 있다. 이런 탐구 기반 또는 구성주의자 교수의 과정을 돕기 위해 교사는 과학의 본성을 이해하지 않으면 안 된다(Duschl, 1987).

과학 및 과학과 수업에 대한 관심

과학 지식의 발달에 대한 민감성은 과학 그 자체 및 과학과 교육을 더욱 흥미롭게 만들 수 있다. 과학 내용을 가르치면서 과학의 본성을 통합하는 것은 그 과정의 사소한 성과를 암기하기보다 과학을 인간화하고 큰 모험을 전달하게 한다. 그 목적은 학생에게 과학 철학을 순수한 학문으로 가르치는 것이 아니라 과학 지식의 발달에서 그 과정을 자각하도록 돕는데 있다(Matthews, 1994). 이것은 과학의 본성 교수에 대한 Driver, Leach, Miller 및 Scott(1996)의 '문화적 주장'의 정당화와 관련된다.

한편 과학 게임이 진행되는 방법에 관한 문제는 처음에 학생에게 흥미롭지 않을 수 있다. 예를 들면, 과학과 본성의 교수를 경험하지 않은 학생은 그런 주제에 거의 관심을 나타내지 않았으나, 과학 지식이 수용되는 방법에 관한 명시적 교수를 경험한 학생의 3분의 2는 그런 학습에 더 많은 관심을 나타내었다(Meyling, 1997). 과학 게임이 인간 모험으로 학생에게 적절하게 전달될 때, 학생의 관심이 증가하는 것은 놀라운 일이 아니다. 이 때 학생은 과학을 단순히 암기해야 하는 정보로 보기보다 과학을 창의성, 논리, 사회적 상호 작용을 포함하는 문제 해결 활동으로 보기 시작한다.

과학내용 학습

과학의 본성에 대한 지식은 학생이 과학내용을 배우는 데 도움이 된다. 학생이 열역학과 같은 과학 개념을 이해하기 위해서는 과학에 대한 정적 관점보다 역동적 관점을 가져야 한다(Songer & Linn, 1991). 과학에 대한 정적 관점은 과학이 최상으로 암기된 사실들의 집단이라는 아이디어이고, 과학에 대한 역동적 관점은 과학 지식을 잠정적이라 가정하고, 과학 지식을 이해하는 최상의 방법은 과학 아이디어가 의미하는 것과 그들이 관련되어 있는 방법을 이해하는 것이라는 관점이다. 과학에 대한 역동적 관점을 지닌 학생은 정적 관점을 지닌 학생보다 열역학과 같은 개념에 대해 더욱 통합된 이해를 습득한다(Songer & Linn, 1991). 그러므로 과학의 잠정적인 본성을 이해하는 학생은 과학을 단순히 일련의 사실로 보는 학생보다 개념을 더욱 깊이 학습할 수 있다.

3) 과학과 교육에서 과학의 본성의 위치

대부분의 교육체제에서 과학과 교육은 학교 내의 전체 교육 조치의 통합된 부분이 된다. 다른 교과는 다른 교육영역이나 하위영역을 다루어야 한다. 예를 들면, 국어과는 의사소통 기술의 발달을 다루고, 수학과는 논리를 가르치는 것을 다루며, 사회과는 협동학습 혹은 사회적 가치의 교수와 문제해결 교수를 다루어야 한다. 그래야 학교의 교육조치가 완전하게 이루어질 수 있다. 이 가정은 교육과정 내에서 교과를 선택하는 경우가 많아지고 있어 현실적이 될 수 없는 면이 있다. 교육 조치가 학생에 의해 선택된 교과의 조합에서 다양한 교육 기술의 전체 범위를 다루어야 할 필요가 있다고 가정하면, 모든 교과가 교육 목표의 전체 범위와 관련되어야 한다는 것이 논리적으로 보인다. 과학과 교육이 학교 내 교육 조치의 일부분이라 인식함에 의해 과학과 교수는 교육 목표 내에서 확인되고, 특히 과학의 본성의 사례에서 학생이 문제를 해결하고, 사회-과학의 사례에서 적절한 사회적 결정을 하게 하는 기술과 가치의 개발을 촉진할 것으로 기대될 수 있다(Holbrook & Rannikmäe, 2002). 따라서 과학과 교육은 과학의 본성에 대한 이해 이상을 요구한다고 할 수 있다.

과거에 교육의 영역은 인지 영역, 정서 영역, 심리운동 영역으로 세분되었다(Bloom, 1956). 인지 영역은 사고기술의 발달을 포함하며, 문제해결 기술과 추론 능력을 포함했다. 예술적인 감각에서 창조성, 흥미, 개인의 발달 및 실제적인 작업과 같은 적절한 맥락에 적용되는 다양한 형태의 손재주는 정서 영역과 심리운동 영역과 관련되었다. 그러나 현재 교육의 구성요소에 대한 더 넓은 관점은 지적, 의사소통적, 사회적, 도덕적, 협동적, 개인적, 신체적 기술과 태도를 다룬다(Curriculum Development Council, 1995).

교육 목표를 인지, 정서, 심리운동의 구성요소로 구분한 Bloom의 범주화는 경험적으로 학생이 학습하는 방식에서 도출된 것이 아니라 교육자의 의견으로 도출되었다(Biggs, 1996). 그러나 관찰된 학생의 학습 성과에서 도출한 SOLO[3]와 같은 분류학(Biggs, 1996)은 교육과정에 명시된 교육 목표와 일치하지 않는다. 이러한 목표가 개인의 발달과 태도와 함께 지적, 의사소통적 기술을 다루는 경우, 이들은 개인 또는 개인 영역의 구성요소로서 간주될 수 있다. 이들은 모두 개인의 발달과 관련된다. 반

3) SOLO는 관찰된 학습 성과 구조(Structure of the Observed Learning Outcome)의 약자로 J. B. Biggs와 K. F. Collis가 수학 문제해결에서의 추론을 평가하기 위해 아동의 지적 발달 기능 모형에 기초하여 고안한 가설적 인지 구조와 반응 구조에 의한 분류법이다.

면 집단에서 이루어지는 협동학습 및 사회 내의 상호작용과 의사결정과 관련된 사회적, 윤리적, 도덕적 가치는 명백히 사회 영역의 구성요소로 받아들여질 수 있다. 이런 결론은 교육 목표의 세분화를 개인 영역, 사회 영역, 교과의 속성에 맞춘 영역의 세 가지로 재편성되도록 허락한다. 과학과의 경우 교과의 속성은 탐구 교수와 문제해결 조사와 연결된 유의미한 맥락에서 과학의 본성에 대한 이해를 습득하는 것을 통해 제공된다고 제안된다(Holbrook & Ranmikmae, 2007). 따라서 과학과 교육의 영역은 사회 영역, 개인 영역, 과학의 본성 영역이라는 세 가지 영역으로 구성된다고 볼 수 있다(그림 1－1 참조).

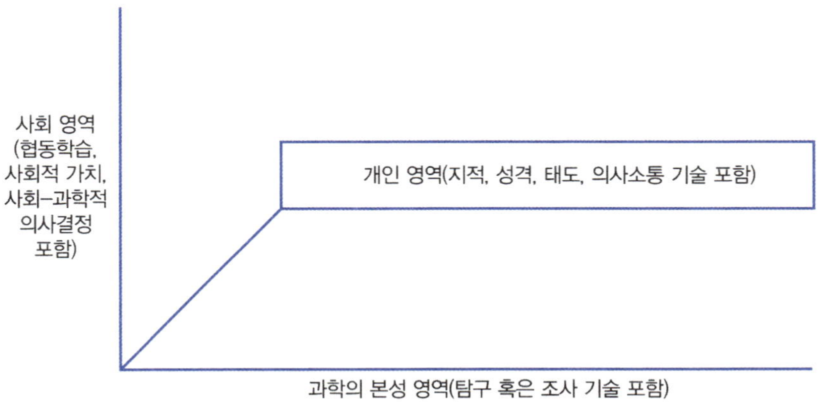

[그림 1–1] 과학과 교육 영역

출처: Holbrook, J., & Rannikmäe, M., (2007). The nature of science education for enhancing scientific literacy. *International Journal of Science Education, 29(11)*, 1352.

[그림 1－1]에서 과학과 교육은 분명히 과학의 본성에 대한 이해 혹은 과학적 아이디어의 습득 이상으로 묘사된다. 과학과 교육은 교육의 틀에 과학의 본성에 대한 학습을 놓지만, 그것은 개인 발달과 사회 발달의 영역 아래서 교육 목표의 전체 범위와 연결된다. 이것은 과학과 교육이 단순히 과학의 본성만이 아니라 과학의 본성 영역, 개인 영역, 사회 영역 세 개 모두를 통해 이루어져야 한다는 것을 의미한다.

연구과제

(1) 일상생활에 과학을 활용하는 사례를 통해 그 영향을 조사해 보자.
(2) 과학의 본성에 관해 수용 가능한 수준에서 찾아낸 일반성에 대한 사례를 조사해 보자.
(3) 과학과 교육 영역을 토대로 특수교육 과학과 교육의 방향을 모색해 보자.

참고문헌

김미경, 김희백 (2008). 개방적 참탐구 활동에서 학생들의 과학의 본성에 대한 이해에 영향을 미치는 요인 탐색. **한국과학교육학회지, 28**(5), 565-578.

박승재, 조희형 (1994). **학습론과 과학교육**. 서울: 교육과학사.

송병옥 (2004). **형이상학과 자연과학**. 서울: 에코리브르.

신희명 외 (1982). **과학과교육II**. 서울: 한국방송통신대학교.

전경원 (2004). **창의성을 중심으로 한 유아과학교육**. 서울: 학문사.

Abruscato, J. (1982). *Teaching children science*. Englewood Cliffs, NJ: Prentice-Hall Inc.

Abd-El-Khalick, F. (2005). Developing deeper understandings of nature of science: The impact of a philosophy of science course on preservice science teachers' views and instructional planning. *International Journal of Science Education, 27*(1), 15-42.

American Association for the Advancement of Science (1993). *Benchmarks for science literacy.* New York: Oxford Press.

Bell, R. L., & Lederman, N. G. (2003). Understandings of the nature of science and decision making in science and technology based issues. *Science Education, 87*(3), 352-377.

Bentley, M. L & Garrison, J. W. (1991). The role of philosophy of science in science teacher education. *Journal of Science Teacher Education, 2*(3), 67-71.

Biggs, J. (Ed.). (1996). *Testing: To educate or to select? Hong Kong at the crossroads.* Hong Kong: Hong Kong Educational Publishing Co.

Bloom, B. (Ed.). (1956). *Taxonomy of educational objectives. The classification of educational goals. Handbook 1, cognitive domain.* New York & Toronto: Longman Green.

Chalmers. A. (1982). *What is this thing called science?* Milton Keymes: Open University Press.

Clough, M. P. (2004). The nature of science: Understanding how the game of science is played (pp. 198-227). In J. Weld (Ed.), *The game of science education.* MA: Allyn and Bacon

Connelly, F. M., Wahlstrom, M. W., Finegold, M., & Elbaz, F. (1977). *Enquiry teaching in science: A handbook for secondary school teachers.* Toronto, Ontario Institute for Studies in Education.

Curriculum Development Council. (1995). *Guide to the secondary curriculum*. Hong Kong: Education Department, Curriculum Development Institute.

Driver, R., Leach, J., Miller, R., & Scott, P. (1996). *Young peoples images of science.* Bristol, PA, Open University Press.

Duschl, R. A. (1987). Improving science teacher education programs through inclusion of history and philosophy of science, In J. P. Barufaldi (Ed.), *Improving Presetvice/lnservice Science Teacher Education: Future Perspectives,* The 1987 *AETS Yearbook.* Association for the Education of Teachers in Science.

Duschl, R. A. (1994). Research on the history and philosophy ofscience. In L. G. Dorothy (Ed), *Handbook of research on science teaching and learning.* New York, MacMillan, 445-455.

Elby, A., & Hammer, D. (2001). On the substance of a sophisticated epistemology. *Science Education, 85*(5), 554-567.

Flick, L. B. (1993). The meanings of hands-on science. *Journal of Science Teacher Education, 4,* 1-8.

Fleury, S. C. & Bentley, M. L. (1991). Educating elementary science teachers: Alternative conceptions of the nature of science. *Teaching Education, 3*, 57-67.

Gallagher, J. J. (1991). Prospective and practicing secondary school science teacher's knowledge and beliefs about the philosophy of science. *Science Education. 75,* 121-133.

Herron, M. D. (1969). Nature of science: Panacea or Pandora's box. *Journal of Research in Science Teaching, 6,* 105-107.

Hodson, D. (1991). The role of philosophy in science teaching. In M. R Matthews (Ed.), *Histoty, philosophy and science teaching: Selected reading.* New York, Teachers College Press.

Holbrook, J., & Rannikmäe, M. (2002). Scientific and technological literacy for all: An important philosophy for the teaching of science subjects. In K. Ninisto, H. Kukemelk, & L. Kemppinen (Eds.), *Developing teacher education in Estonia.*

Turku, Finland: University of Turku

Holbrook, J., & Rannikmae, M., (2007). The nature of science education for enhancing scientific literacy. *International Journal of Science Education, 29*(11), 1347-1362.

Jaffe, B. (1938). The history of chemistry and its place in the teaching of chemistry. *Journal of Chemical Education,* (IS), 383-389.

Khishfe, R., & Abd-El-Khalick, F. (2002). Influence of explicit and reflective versus implicit inquiry-oriented instruction on sixth graders' views of nature of science. *Journal of Research in Science Teaching, 39*(7), 551–578.

Kilborn, B. (1982). Curriculum materials, teaching, and potential outcomes for students: A qualitative analysis. *Journal of* Research *in Science Teaching, 19,* 675-688.

Klopfer, L. (1964-66). *History of Science Cases (HOSC).* Chicago, IL, Science Research Associates.

Lederman, N. G. (1992). Students' and teachers' understanding of the natural of science: A reassessment. *School Science and Mathematics, 86,* 91-99.

Lederman, N. G. (2007). Nature of science: Past, present, and future. *Handbook of research on science education, 2,* 831-879.

Lederman, N. G., Adb-El-Khalick, F., Bell, R. L., & Schwartz, R. S. (2002). Views of nature of science questionnaire: Toward valid and meaningful assessment of learners' conceptions of nature of science. *Journal of Research in Science Teaching, 39*(6), 497-521.

Martin, M. R. (1972). *Concepts of science education: A philosophical analysis.* Greenview, IL, Scott, Foresman.

Matthews, M. R. (1994). *Science teaching; The role of history philosophy of science.* New York, Routledge.

McComas, W. F., Clough, M. P., & Almazroa, H. (1998a) The Role and Character of the Nature of Science in Science Education. Chapter 1 in William F. McComas (Ed.) (1998), *The Nature of Science in Science Education: Rationales and Strategies.* Kluwer Academic Publishers: Dordrecht, The Netherlands.

McComas, W. F., Clough, M. P., & Almazroa, H. (1998b). The Role and Character of the Nature of Science in Science Education. *Science & Education, 7*(6), 511-532.

McComas, W. F., & Olson, J. K. (1998a). The nature of science in international science education standards documents. In W. F. McComas (Ed.), *The nature of science in science education: Rationales and strategies* (pp. 41–52). Dordrecht, The Netherlands: Kluwer Academic.

McComas, W. F., & Olson, J. K. (1998b). The role and character of the nature of science in science education. In W. F. McComas, (Ed), *The nature of science in science education* (pp. 3-39). Springer Netherlands.

Meyling, H. (1997). How to change students' conceptions of the epistemology of science. *Science & Education, 6*, 397-416.

National Research Council (1996). *National Science Education Standards.* Washington, DC: National Academy Press.

National Science Teachers Association. (1982). *Science-technology-society: Science education for the 1980s* (An NSTA position statement). Washington, DC: Author.

Osborne, J., Collins, S., Ratcliffe, M., Millar, R., & Duschl, R. (2003). What ideas-about-science should be taught in school science? A Delphi study of the expert community. *Journal of Research in Science Teaching, 40*(7), 692-720.

Robinson, J. T. (1968). *The nature of science and science teaching*. Belmont, CA, Wads worth.

Rudolph, J. L. (2003). Portraying epistemology: School science in historcal comtect. *Science Education, 87*(1), 64-79.

Rutheford, F. J., Holton, G., & Watson, F. G. (1970). *The project physics course.* Holt, Rinebart and winston. New York. (Contains a lucid non-mathematical introduction to electromagnetic raduation).

Ryan, A. G. & Aikenhead, G. S. (1992). Students' preconceptions about the epistemology of science. *Science Education. 76*, 559-580.

Schwab, J. J. (1964). The teaching of science as enquiry. In J. J. Schwab & P. F. Brandwein (Eds.), *The teaching of science.* Cambridge, MA, Harvard University Press, 31-102.

Schwartz, R. S., Lederman, N. G., & Crawford, B. (2004). Developing views of nature of science in an authentic context: An explicit approach to bridging the gap between nature of science and scientific inquiry. *Science Education, 88*(4), 610-645.

Songer, N. & Linn, M. (199 1). How do students' views of science infuence knowledge integration? *Journal of Research in Science Teaching, 28,* 761-784.

Smith, M. U., Lederman, N. G., Bell, R. L., McComas, W. F., & Clough, M. P. (1997). How great is the disagreement about the nature of science? A response to Alters. *Journal of Research in Science Teaching, 34,* 1101-1104.

Suchting, W. A. (1995). The nature of scientific thought. *Science and Education, 4*(1), 1-22.

Urhahne, D., Kremer, K., & Mayer, J. (2011). Conceptions of the nature of science: Are they general or context specific? *International Journal of Science and Mathematics Education, 9,* 707-730.

Welch, W. W. (1984). A science-based approach to science learning. In D. Holdzkom & Lutz (Eds.), *Research within reach: Science education.* Washington, D.C., National Science Teachers' Association, 161-170.

Williams, R. (1988). Science Fiction. *Science Fiction Studies, 15,* 356-360.

제2장 특수교육 과학과 교육 방향

세상이 점점 과학적, 기술적이 되어 가고 있는 것과 같이 우리의 미래 성장은 과학과 기술을 이용하는 방법에 의존할 수밖에 없다. 그리고 그것은 우리가 받은 교육, 특히 과학과 교육에 의존하게 될 것이다. 모든 개인은 조건에 관계없이 과학과 교육을 받아야 하고, 적절히 실행된 과학과 교육을 통해 이익을 얻을 수 있다고 강조되고 있다. 실제로 장애학생도 과학과 교육을 통해 과학 과정기술 향상 등의 이익을 얻고 있다고 보고되고 있다. 그러나 특수교육 과학과 교육과 관련된 중요한 쟁점은 특별한 요구를 지닌 학생을 위한 과학과 교육의 전망이 이용 가능한 연구 증거에 의해 지지되는지의 여부이다. 장애학생이 과학과 관련된 중요한 개념과 비판적 사고 및 과정기술을 효율적으로 배울 수 있는가? 만약 그렇다면 과학과 교육을 전달하는 데 가장 효과적인 방법이나 자료는 무엇인가? 이러한 방법이나 자료를 어떻게 적합화해야 하는가? 그리고 적합화된 방법이나 자료가 모든 학생을 위한 과학과 교육의 전반적인 목적에 적합한 것인가? 등에 대해 종합적으로 검토된 것이 거의 없다. 이러한 문제에 대한 답을 찾기 위해 이 장에서는 특수교육 과학과 교육의 중요성과 지원 방법을 알아본 다음, 특수교육에서 실행되고 있는 과학과 교육의 실제를 통해 그 방향을 탐색한다.

1. 특수교육 과학과 교육의 중요성

과학은 20세기 후반 교육에서 중요한 분야의 하나로 부상했다(Rutherford & Ahlgren, 1990). 산업과 기술의 국제 경쟁력 강화를 위한 우려와 과학 성취에 대한 국제 비교의 성과와 더불어 과학과 교육에 대한 관심은 현재 정치 단체뿐만 아니라 전문 과학 단체에 의해 다시 조명되고 있다. 지난 60여 년 동안 과학자는 인간의 지각 체계에 의해 보이거나 측정할 수 없는 현상에 관해 컴퓨터 기반의 추리를 통한 추론적 결론에 도달하기 위해 인과적 현상에 대한 직접 관찰로부터 점차 더 정교한 기법을 사용하는 접근법으로 이동하면서 사용하는 모형을 확장해 왔다(National Research Council, 2007). 그 결과 과학적 추론은 자료의 경험적 관찰 및 자료의 분석과 논리의 추론적 연쇄에 의존하게 되었다.

과학과 교육에서 논쟁이 암기해야 할 선언적 지식의 체계로서의 과학 대 이해해야 하는 과정으로서의 과학에 관해 계속 이루어지고 있지만, 과학자는 실제로 그 조작방식에 관해서도, 학습방식에 관해서도 만족하지 못하고 있다. 현재 과학에 대한 이해는 과학 수행능력이 학생에게 (1) 분야의 개념, 이론, 모형에 대한 친숙성, (2) 지식이 생성되고 정당화되는 방법에 대한 이해, (3) 이러한 이해를 새로운 탐구에 참가하는데 사용하는 능력을 개발하도록 요구한다(Bransford & Donovan, 2005, p. 398). 이런 사고의 이면에서는 과정이 중요하지만, 그것은 확립된 지식 체계의 맥락에서 가장 잘 이해된다. 그러므로 학생은 모두 새로운 탐구에 필요한 토대를 얻기 위해 과학 방법뿐만 아니라 과학 내용에 대해서도 실질적인 경험과 교수를 받아야 한다고 요구된다.

과학과 교육에 관해 전문가 사이에 여전히 논쟁이 존재하지만, 대부분의 과학과 교육 개혁자는 (1) 물리학, 해부학과 같은 전통적인 분야 간의 엄격한 경계보다 생활 환경이나 인간 사회와 같은 세상의 측면별로 내용을 조직하고, (2) 회로와 2차 방정식과 같이 특정적으로 전문화되거나 비합리적으로 어려운 주제보다 체제, 모형, 규모, 변화와 같은 공통 주제에 대한 연구를 장려하며, (3) 인간 및 사회 측면과 과학,

수학, 기술을 상호 관련시키고, (4) 상세하고 전문화된 기술적 어휘를 지원하기보다 보통의 용어로 큰 그림에 대한 이해를 개발하는 것을 포함해 과학과 교육과정에서 다양한 원리를 실행해야 하는 필요에 동의한다(AAAS, 1992; Rutherford & Ahlgren, 1990). 이러한 과학과 교육 개혁 노력에서 현대의 사고는 모든 사람, 특히 소수 민족, 여성, 장애인을 포함하는 것과 관련된다. 실제로 미국과학재단(National Science Foundation)은 '모든 미국인을 위한 과학(science for all Americans)'의 정신에 따라 장애인을 과학과 교육의 우선순위의 표적으로 삼았고(Behrmann, 1991), 미국과학진흥협회(AAAS)는 장애인의 과학과 교육 및 과학 진로에 대한 접근 증대에 관한 네 개의 간행물을 발표했다(AAAS, 1991a, 1991b, 1991c, 1991d).

과학은 장애학생에게 가르칠 수 있는 가장 가치 있는 과목의 하나이고(Patton & Andre, 1989), 장애학생이 배울 수 있는 가장 유용한 교과의 하나이다(Woodward & Noell, 1991). 과학과 교육은 (1) 경험이 제한된 학생의 경험 배경을 확대하고, (2) 성인의 기능에 중요한 기술과 지식을 포함하며, (3) 구체적인 체험학습 활동(hands-on learning activities)을 사용하고, (4) 과학 활동을 통한 문제해결 및 추론 기술을 개발한다(Esler, Midgett, & Bird, 1977; Mathias & Johnson, 1981; Patton & Andre, 1989). 그리고 또 과학과는 많은 초등학교 교사에 의해 모든 장애 범주의 학생을 주류화 하는데 가장 효과적인 교과로 선정되어 왔으며(Atwood & Old-ham, 1985), 장애학생의 통합에 가장 적절한 교과 혹은 최소 제한적 환경에서 적절한 교육을 제공하는 교과(Cawley, Hayden, Cade, & Baker-Kroczynski, 2002)로 보고되고 있다.

또한 과학과 교육은 특정 장애영역에서 기능을 향상시키는데 직접적으로 도움이 되는 것으로 생각되어 왔다. 과학은 현상을 관찰하고 조작하며 분류하기 위해 보상 기술을 개발하도록 허락하기 때문에 감각장애학생 및 지체장애학생에게 권고되어 왔고(Hadary & Cohen, 1978; Linn & Thier, 1975), 환상적이거나 그렇지 않으면 비현실적으로 사고하는 경향이 있는 정서·행동의 문제를 지닌 학생이 우주에서 질서를 발견하는 체계적인 인과 관계와 과학 방법에 대한 면밀한 연구로 이익을 얻을 수 있다고 주장되어 왔다(Hadary & Cohen, 1978, Lamendola, 1976). 그리고 인지 또는 지적장애학생은 관찰, 분류, 예상, 추론 등의 과학 과정기술[1)]의 개발과 이러한 기술에 대한 자신의 경험의 적용뿐만 아니라 일반적인 세계 지식을 증대하는 데서 잠재적으로 이익을 얻을 수 있다고 보고되어 왔다(Corrick, 1981).

이와 같은 이점에도 불구하고 과학과 교육은 전형적으로 특수교육 교실에서 거의 강조되지 않았다. 특히 장애학생의 옹호자들이 장애학생을 위한 질 높은 과학 경험의 중요성을 강조하면서(Lederman & Stefanich, 2004; Mastropieri & Scruggs, 1992; Patton & Andre, 1989) 도덕적 명령으로 장애학생에게 과학과 교육을 제공해야 한다고 요구하고(McGinnis, 2003) 주요 과학과 교육 개혁이 모든 학생의 우수성과 형평성을 강조해 왔지만(Achieve, 2013), 장애학생은 과학과 교육에서 과소 대표되어 왔다(Courtade, Spooner, & Browder, 2007). 특히 Patton, Polloway 및 Cronin(1986)이 특수교육 교사를 대상으로 수행한 연구에 의하면, 특수교육 교사는 흔히 과학을 전혀 가르치지 않으며, 가르칠 때도 일반적으로 일반교육 교실에서 배당하는 시간보다 적은 시간을 배당한다고 하며, 이런 결과는 특수교육 교사가 과학과 교육 훈련을 거의 받지 않았기 때문에, 적절한 자료를 얻기 어려웠기 때문에, 또 기초적인 기술 교수에 시간을 많이 배당해 남는 시간이 거의 없었기 때문에 나타난다고 하면서 특수교육의 실제는 과학과 교육을 우선순위에 두지 않고 있다고 주장했다.

특수교육의 초점이 학업기술의 학습에 본질적인 기초기술의 습득에 있다고 하더라도, 과학에 대한 일반적인 이해는 중요한 통찰을 제공한다는 점에서 장애학생에게 특별히 과학과 교육이 중요하다는 점은 의심되지 않는다. 예를 들면, 과학과 수업에서 현미경을 선택하기 위해 '작은 사물'을 손으로 건드리는 4학년 전맹 학생이 있었다. 이 교실의 교사는 이 학생을 과학 실험 단원에서 면제하는 방안을 제안했다. 그러나 그의 부모는 교사의 제안을 거부하고, 자신의 자녀가 또래와 함께 배워야 한다고 주장했다. 이런 상황은 교사에게 교실의 목표를 재고하도록, 과학과의 학습 기제와 내용을 분명히 확인하도록, 그리고 신중히 내용의 중요성에 우선순위를 정하

1) 과학 과정기술은 과학 지식을 얻는데 필요한 사고와 기술을 말하며, 과학 탐구능력, 과학 탐구기술, 과학 탐구과정이라고도 한다.

도록 요구한다. 작은 사물의 물리적 모형과 동반하는 설명을 구성하는 것처럼 교과 내용에 대한 이런 반성적인 고려는 모든 학생을 위해 교수를 개선하는 방안이 된다.

이와 같이 과학은 항상 장애학생은 물론 우리 모두에게 영향을 미쳐 왔으며, 감각적, 신체적 제한을 벗어나 우리의 이해의 진전과 관련되어 왔다. 과학은 장애학생과 우리 모두에게 우주에 대해 합리적, 논리적인 설명을 추구하기 위해 사고하고 상상하는 능력을 개발하도록 도왔으며, 그 안에서 우리의 역할을 확장해 왔다. 따라서 과학과 교육은 장애학생의 경험을 확대하고 기능을 신장시켜 그들의 삶을 향상시키는 데 중요하다고 할 수 있다.

2. 특수교육 과학과 교육 접근법과 지원 방법

1) 특수교육 과학과 교수 접근법

과학과 교수 접근법은 일반적으로 텍스트북(textbook)을 통해 배우기와 활동을 통해 배우기라는 두 가지 접근법으로 대별된다(Scruggs & Mastropieri, 1993). 이런 텍스트북 접근법(textbook approach)과 활동 중심 접근법(activity based approach)은 장애학생에게 제시되는 교수의 대다수를 특징짓는다.

(1) 텍스트북 접근법

텍스트북을 통해 배우는 텍스트북 접근법은 흔히 과학자가 하는 것을 배우는 대신에 과학자가 아는 것을 아는 것에 초점을 맞춘다. 이런 텍스트북 접근법은 학생이 혼자서 문서 자료를 공부하고, 교사의 강의를 듣고, 학습지의 활동을 완성하는 것을 요구한다(Scruggs, Mastropieri, & Marshak, 2011). 교사는 대부분 과학 내용에 대한 정교한 지식이 부족하여 내용영역의 배경을 보강하기 위해 텍스트북에 의존한다

(Appleton, 2007). 그러나 장애학생의 경우 언어 결함에 기인한 읽기와 쓰기 문제는 텍스트북의 학습을 어렵게 한다. 실제로 많은 장애학생이 텍스트북을 통해 효과적으로 배우는 데 필요한 문해능력에 부족을 드러낸다(Cawley & Parmar, 2001). 특히 새로운 어휘의 양, 텍스트의 고려 사항, 평가 방법을 포함한 과학과 텍스트북의 교수 특성을 분석할 때, 초급 텍스트북에서는 페이지 당 거의 한 단어에서 네 단어까지 새로운 어휘가 도입되었다고 보고되었다(Mastropieri & Scruggs, 1994). 제한된 문해능력을 지닌 학생은 제한된 어휘를 사용하고, 글을 소리 내어 읽을 수 있어도 텍스트북에서 배우는 것에 대한 배경 지식이 제한되어 있다(Brigham, Berkeley, Simpkins, & Brigham, 2007). 이런 어려움은 실제로 장애학생이 공통적으로 지니고 있는 특성이다(Mastropieri & Scruggs, 1994; Scruggs & Mastropieri, 1993). 그래서 텍스트북 중심 과학과 학습은 일부 학생이 이익을 얻지만 장애학생의 특성과 전반적으로 긍정적인 상호작용을 하는 것으로 보이지 않는다(Carlisle, 1993, 1999; Cawley & Parmar, 2001). 고등학교 화학 텍스트의 단락을 보자.

> 폴리에틸렌과 섬유소와 같은 최고의 중합체(polymers)에서 단량체(monomers)는 모두 동질적이다. 다른 사례에서 단백질과 같은 다른 단량체가 조합될 수 있다. 단백질을 꾸미는 아미노산 단량체가 매우 다른 것으로 보이지만, 각각은 아미노 기능적 집단과 유기산 기능적 집단을 가진다. 그래서 단량체는 모두 탄소, 질소, 산소 원자인 중추를 형성하는 동일한 방식으로 연결된다. 세 개의 아미노산을 지닌 중합체는 트라이펩타이드(tripeptide)라고 불린다.
>
> (Tocci & Viehland, 1996, p. 257.)

이 단락은 이례적으로 이해하기 어려운 것으로 보인다. 이런 사례가 주어지면, 일부 과학 텍스트북은 외국어 텍스트북보다 새로운 어휘 단어를 더 많이 포함하는 것으로 보인다(Groves, 1995; Yager, 1983). 문해능력의 숙달은 과학과와 같은 텍스트 중심이고 어휘가 밀집된 교과에서 교수의 중요한 관심이 된다. 또한 텍스트북 접근법에서 문해보다 더 중요한 것은 텍스트의 명제 구조의 문제이다. Staver과 Bay (1989)는 초등학교 과학 텍스트북의 연구에 개입된 명제의 수와 인지 수준을 비교했다. 1학년 수준에서 날씨 주제에 포함된 한 도해에서 한 계열은 28개 명제와 인지 위계의 5개 수준을 포함한 반면(예: 상호작용적 추론), 다른 주제는 11개 명제와 3개 인지 수준만을 포함했다. 이러한 사례는 전통적인 과학 텍스트북에서 인지 과부하를 나타내어 준다. 그 결과는 학생이 정보를 추리하거나 응용하는데 정보의 덩어리를 통해 이동할 수 없을 것이라는 것이다. 따라서 텍스트북 접근법은 언어 이해와 문해에 대한 지원을 필요로 한다고 할 수 있다.

(2) 활동 중심 접근법

과학과 교육에서 텍스트북을 통해 배우는 텍스트북 접근법과 달리 활동을 통해 배우는 활동 중심 접근법은 흔히 학생이 선언적 지식을 개발하거나 과학자가 아는 것을 아는 대신에 과학자가 하는 일을 하는 것을 돕는데 더 많은 초점을 둔다. 장애학생은 매우 다양한 특성을 나타내지만, 앞에서 언급한 바와 같이 문해능력의 결함은 이들이 공유하는 가장 공통적인 특징이다(Hallahan et al., 2005). 이런 특징에 따라 많은 장애학생이 텍스트북, 강의, 어휘 지식, 지필 시험에 대한 의존을 줄이는 활동 중심 접근법을 통해 과학을 학습하는 데서 이익을 얻는다(Mastropieri & Scruggs, 1994).

활동 중심 접근법은 학생이 과학을 발견하고 실험하도록 허락하는 경험을 제공함으로써 학습을 촉진하는 것을 추구한다. 교사는 발견과 탐구를 통해 학생이 공부하는 내용영역에 관한 지식과 이해를 창조하고 확장하는데 참여한다(Mastropieri & Scruggs, 1995). Scruggs, Mastropieri, Bakken 및 Brigham(1993)은 8학년 학습장애학생과 행동장애학생의 특수교육 교실에서 암석과 광물 단원 및 전기와 자기 단원에 대한 동일한 내용의 교사 강의와 텍스트북 발표 및 활동 중심 접근법을 비교했다. 한 집단은 전자석과 전신기를 만들어 실험한 반면, 다른 집단은 텍스트 읽기와 학습지 완성하기로 동일한 내용을 배웠다. 체험(hands-on) 과학 자료로 배운 학생은 사후 검사에서 실질적으로 더 높이 수행했다. 또한 참가한 학생은 활동 중심 접근법에 대해 분명한 선호를 나타내었다. Brigham, Scruggs 및 Mastropieri(1992)는 대기와 지구 과학 단원에서 이러한 접근법을 비교해서 유사한 결과를 얻었다. 또한 이들은 열정적인 교수가 활동 중심 교수에서도 실질적으로 영향이 있음을 발견했다. 그러므로 교사 요인 및 수업 설계 원리에 관계없이 단순히 활동 중심 교수를 제공하는 것만으로 교사가 학생에게 원하는 종류의 성과를 얻을 수 있는 것 같지는 않다. 채택된 교수 접근법에 관계없이 교수 및 수업 계획에 대한 신중한 고려가 요구된다고 할 수 있다.

활동 중심 접근법에서 교사는 광범위한 과학의 영역을 다루기보다 폭 넓은 이해에 초점을 맞춘다. Carnine(1995)은 교육자가 빅 아이디어(big ideas)에 따라 과학과에서 교수를 구조화하는 것을 제안했다. 그는 빅 아이디어를 학생이 학습해야 하는 자료와 자신의 삶 사이의 의미 있는 관계를 볼 수 있도록 하기 위해 자료를 구성하고 연결하고 적용하는 것을 돕는 중요한 개념이나 이론으로 정의했다. 또한 Carnine(1995)는 교사가 학생이 더 광범위한 개념과 제시된 빅 아이디어와 관련된 사실과 같은 '더 작은 아이디어(smaller ideas)'를 학습하기 위한 메커니즘을 개발하는 것을 돕기 위해 빅 아이디어를 채택함으로써 교수를 계열화한다고 제안했다.

또한 활동 중심 접근법에서 교사는 흔히 학생이 협동학습 집단에서 공부하도록 하기 위해 학습을 구조화한다(Gurganus, Janas, & Schmit, 1995). 이런 집단의 이용은 학생이 과학 문제의 해결에 관해 의사소통을 하고 실험을 하기 위해 집단으로 공부하는 과학과 수업 공동체의 확립을 장려할 수 있다. 협력적으로 구조화된 학습은 학생이 질문을 분명히 하고, 질문을 제기하며, 아이디어를 공유하고, 사고를 명확히 하며, 자신의 급우와 실험을 하고, 브레인스토밍(brainstorming)을 하며, 해결책을 제시하게 한다. 학생은 과학 문제에 대한 여러 가지 관점과 해결책을 얻게 될 수 있다. 예를 들면, 화초 단원에서 학생은 협동학습을 통해 학교의 꽃밭을 설계하도록 배정받을 수 있다. 집단은 어떤 꽃이 이용할 수 있는 토양 및 조명 조건에서 가장 잘 자라는가? 어떤 꽃과 색이 잘 어울리는가? 어떤 재료가 정원을 관리하는데 필요한가?

라는 문제를 제기하고, 이러한 문제를 해결하기 위해 자료를 수집함으로써 정원을 계획할 수 있다. 또한 집단은 전체 수업으로 제안된 정원의 그림과 그들의 설계를 안내한 이유를 공유할 수 있다.

활동 중심 접근법에서 장애학생은 구체적인 자료의 사용과 경험을 통해 학습하는 기회 및 읽기 너무 어려운 텍스트로부터 학습을 하려고 시도하고, 추상적이며 흔히 무의미 어휘를 기억하려고 시도하는 것을 줄일 수 있는 것으로 기대될 수 있다. 특히 특수교육 과학과 수업에서 매우 많은 학생이 활동 중심 접근법을 통해 과학 활동을 즐기며, 실질적인 세상의 자료를 이용하는 활동에서 매우 이익을 얻는 것으로 관찰되고 있다(Scruggs & Mastropieri, 1994).

2) 특수교육 과학과 교육 지원 방법

장애학생은 과학과 교수 접근법과 관계없이 적합한 학습을 촉진하기 위해 적극적인 지원을 요구한다(Scruggs, Mastropieri, & Okolo, 2008). 이러한 지원은 장애학생이 교수 프로그램에서 직면할 것으로 예상되는 주요 문제에 따라 구분될 수 있다.

(1) 언어 학습 지원

과학 학습은 때로 친숙하지 않은 추상적인 어휘의 학습을 요구한다. 친숙하지 않은 어휘와 용어에 대해 높은 수준의 회상을 촉진하는 하나의 방법은 청각적으로 유사한 특정 단어를 이용해 익숙하지 않은 단어를 사용하도록 하는 핵심 단어법(keyword method), 수나 순서 정보를 이용해 단어를 기억하도록 하는 펙워드법(pegword method)과 같은 기억술을 교수하는 것이다. 기억술 교수는 과학과의 다양한 영역을 통틀어 장애학생과 비장애학생의 어휘 및 사실 중심 내용에 대한 우수한 학습 수행을 산출한다. Mastropieri, Scruggs 및 Levin(1985a,b)은 학습장애학생에게 어휘 단어를 가르치는 핵심 단어법을 통해 교수를 받은 학생이 직접교수인 시연 기반 교수전략을 이용해 학습한 학생보다 유의미하고 실질적으로 우수한 성적을 얻었음을 발견했고, Fulk, Mastropieri 및 Scruggs(1992)는 학습장애학생이 시연 기반 교수전략을 이용해 공부한 학생보다 과학과 및 사회과에서 지식의 기억전략을 우수하게 생성하도록 훈련될 수 있음을 증명했다. 그리고 Mastropieri, Scruggs 및 Levin (1985a)은 기억을 개선하려고 의도하는 전략과 이해를 개선하려고 의도하는 전략은 공통으로 배타적인 것으로 간주되지 않지만, 각각의 전략은 특정 학습 목표를 최대화하는데 이용되어야 한다고 주장했으며, Scruggs와 Mastropieri(2000)는 기억 전략 연구의 종합에서 기억전략은 과학 내용에 대해 암기를 촉진하는데 매우 효과적이었다고 주장했다. 분명히 기억전략은 언어 정보의 회상과 같은 목적에 매우 효과적이다.

(2) 텍스트 이해 지원

과학은 어휘 학습에 관한 요구 외에 복잡한 설명적인 텍스트로부터 독립된 공부를 요구한다. 요약(summary)과 같은 읽기 이해 전략은 과학 텍스트를 공부하는 학습장애학생에게 효과적인 것으로 증명되어 왔다(Nelson, Smith, & Dodd, 1992). 그리고 그래픽 표상 및 텍스트의 개요(outline)와 같은 공간 조직자에 관한 연구도 장애학생에게 긍정적인 결과를 산출했다(Bergerud, Lovitt, & Horton, 1988; Bulgren, Lenz, Schumaker, Deshler, & Marquis, 2002; Lovitt & Horton, 1994; Lovitt, Rudsit, Jenkins, Pious, & Benedetti, 1986). 이렇게 과학 텍스트의 구조와 내용 이해를 촉진하는 요약, 학습 안내 등의 그래픽 조직자는 유망한 결과를 산출한다. Bakken, Mastropieri 및 Scruggs(1997)는 학습장애학생에게 설명적인 과학 텍스트 구조와 다른 공부전략을 평가하는 훈련의 효과를 연구했다. 학생은 텍스트 구조의 주요 아이디어, 목록, 계획을 차별화하는 것을 배웠다. 주요 아이디어의 구조는 광합성, 대류와 같은 중심적인 아이디어와 지원적인 진술을 제공했고, 목록 구조는 절지동물이나 암석유형의 예와 같은 현상에 대한 다수의 사례를 제공했으며, 서열 구조는 지질

연대, 태양으로부터 행성의 순서, 소화과정의 단계와 같은 고정된 순서로 요소의 수를 제공했다. 교수 이후에 텍스트 구조와 다른 공부 전략을 확인하는 것을 배운 학생은 자유로운 공부 조건의 학생과 마찬가지로 요약 전략을 이용하는 것을 배웠던 학생보다 매우 뛰어나게 성취했던 것을 발견했다. 이러한 결과는 장애학생이 읽기와 문해기술에서 부족할지라도, 개별 학생의 요구를 충족시키도록 텍스트의 적합화가 적절히 이루어질 때 과학과의 내용을 학습할 수 있음을 나타낸다.

(3) 경험을 통한 학습 지원

대부분의 전문가 단체 및 대학 과학 교육 프로그램은 아동 중심 교수모형(child-centered models of instruction)을 옹호한다(Rutherford & Ahlgren, 1990). 이러한 모형은 적절한 체험활동(hands-on activities)과 더불어 구체적인 경험 및 내용지식을 구성하기 위한 귀납적 탐구모형에 초점을 맞춘다(Mastropieri & Scruggs, 1996). 이러한 모형은 전형적으로 지식 구성의 과정을 강조하며, 학습의 폭에 대해 깊이 및 실제적인 자료의 회상에 대한 적절한 개념의 이해를 촉진한다(Scruggs & Mastropieri, 2007).

체험활동은 텍스트북보다 학생의 실험 및 현미경, 식물과 동물, 암석과 광물, 전기회로와 같은 물리적 자료 조작 학습에 더 많이 초점을 맞춘다. 체험활동은 때로 초점을 어느 정도까지 학습자의 통찰에 두고, 가능한 문제를 적절한 내용 차원에 두고, 과제 외 행동을 위한 유혹을 다양한 조작 자료의 존재로 받아들인다. 또한 학생은 체험활동에서 구체적인 자료의 존재, 경험으로부터 학습에 대한 기회, 읽을 수 없는 일부 어휘와 사실의 많은 양에 관한 중요성을 줄임으로서 이익을 얻을 수 있다. Scruggs와 Mastropieri(1994)는 체험활동으로 실행된 과학과 수업에서 경도 장애학생에 대한 2년 동안의 질적 연구를 수행한 이후 학생이 과학 활동을 매우 즐기며 과학 자료와 직접적으로 상호작용하는 기회를 통해 실질적으로 이익을 얻는 것으로 보인다고 보고했다. Shymansky, Kyle 및 Alport(1982)는 텍스트북의 이용과 더불어 과학 체험활동 프로그램을 이용한 수업에서 학생은 텍스트북 중심 교실에서보다 더 뛰어나게 수행했다고 보고했다. 그리고 Bredderman(1982)은 체험과 텍스트북 프로그램에서 학생을 비교한 결과를 종합해 텍스트북 프로그램에서 아동은 활동 프로그램에서의 아동처럼 그렇게 과정 측정에서 잘 수행하지 않았다고 주장했다. 분명히 모든 학생은 체험활동에 토대를 둔 프로그램에서 과학과 관련된 지식, 과정, 기술을 습득할 수 있다.

(4) 귀납적 사고 과정 지원

활동 중심 접근법을 통해 제공된 경험이 실체적인 이익을 산출한다고 하더라도 과학과 교육은 관찰되고 측정된 현상에 관해 더욱 정교한 추론을 요구한다. 과학자는 빈번히 귀납적 추론을 사용하며, 일반교육 프로그램의 과학 실험실 경험과 같은 활동 중심 학습에서 귀납적 추론 과제에 대처하는데 어려움에 직면하는 학생이 많다(Treagust, 2007). 장애학생은 그런 어려움을 경험할 가능성이 특히 높다(Ellis, 1993).

물리적 현상에 관한 추론

명시적 사고 과정에 대한 교사의 코칭(coaching)은 즉각적인 경험을 통한 유도가 요구되는 교수 환경에서 장애학생을 지원하는 하나의 유망한 접근법이다. 장애학생은 과학과의 활동에서 적절한 지원과 더불어 실험을 수행하고, 관찰을 기록하며, 결과를 논의할 수 있는 것으로 보이지만, 적절한 귀납적인 결론을 도출하는 능력은 덜 분명한 것으로 보인다. Mastropieri, Scruggs 및 Butcher(1997)는 경도 장애학생이 발견 상황에서 효과적으로 학습을 할 수 있는지를 결정하기 위해 이들이 진자 동작에 관한 일반적 결론을 도출하는 학습을 돕는 촉구(prompt)를 제공했다. 이 연구에서 정상적으로 성취하는 학생과 학습장애학생은 단지 적은 수의 촉구 이후에 올바른 결론을 도출하는 것이 가능했다. 그러나 지적장애학생과 학습장애학생은 둘 다 진자시계의 동작에 관해 묻는 전이과제에 곤란을 나타내었다. 이런 전이과제는 정상적으로 성취하는 학생에게는 거의 어려움을 제공하지 않았다. 그리고 Mastropieri, Scruggs, Boon 및 Carter(2001)는 농도와 부력 개념의 맥락에서 발견학습을 조사했다. 이들은 IQ가 농도와 부력에 관한 적절한 귀납적 결론을 도출하는 학생의 능력에 대해 강력히 예언적이었음을 발견했다(전체 점수와 r=.63). 정상적으로 성취하는 학생에 비해 경도 장애학생은 관련된 영역에 지식을 전이할 수 있는 것이 덜 했다. 이러한 결과는 과학 추론 과제가 장애학생에게 채택되지 않을 수 있음을 의미하지 않는다. 귀납적 사고의 촉진이 완전히 성공적이지 않아도, 연역적인 사고를 포함한 교수전략이 더 효과적이 될 수 있었으며, 과학적 추론을 촉구하는 것이 적합할 수 있었다(Woodward & Noell, 1992). 환언하면 교사는 규칙의 적용에 관해 학생에게 일반적인 규칙과 문제를 제공하고, 학생은 제시된 사례에 진자 운동 혹은 부력 개념에 관한 일반적인 규칙을 적용하고, 그 다음 규칙의 특별한 적용에 관해 질문을 받게 될 수 있다는 것이다. 이런 활동은 잠재적으로 과학적 추론을 개발하고, 학업적 학습을 개선하는 것을 도울 수 있다. 유사한 연구에서 Mastropieri, Scruggs, Boon 및 Carter (2001)는 전형적으로 성취하는 학생과 학습장애를 포함한 경도 장애학생의 밀도와 부력 개념의 맥락에서 귀납적 사고를 조사했다. 그들은 심리측정적 IQ가 80 이하일 때 특히 밀도와 부력에 관해 적절한 귀납적 결론을 이끌어내는 학생의 능력에 대한 강력한 예측자라고 보고했다. 또한 기름 유출이라는 관련 영역으로의 지식의 전이는 그들의 전형적으로 성취하는 또래보다 경도 장애학생에게 더 큰 곤란을 제시했다. 이러한 결과는 경도 장애학생이 과학 지식을 구성할 수 있으나, 또래보다 지식을 전이하는 데서 덜 숙련된 것으로 보인다는 것을 나타낸다.

사전 지식으로 추론하기

장애학생은 귀납적 학습과제에 관한 수행이 정상적으로 성취하는 학생의 수행보다 더 낮다고 하더라도, 고도로 구조화된 탐구학습에서 이익을 얻을 수 있다. 이런 연구에서 채택되는 기법을 코치된 정교화(coached elaboration) 및 안내된 탐구(guided inquiry)라고 부른다(김석진, 정동영, 2011; Scruggs, Mastropieri, & Okolo,

2008). 학습장애학생이 일련의 세 개의 실험(Scruggs, Mastropieri, & Sullivan, 1994; Scruggs, Mastropieri, Sullivan, & Hesser, 1993; Sullivan, Mastropieri, & Scruggs, 1995)에서 생명과학과 지구과학의 다양한 진술에 관한 이유를 배웠다. 세 개의 연구를 통틀어 코치된 정교화는 직접교수 혹은 기억술 정교화와 비교되었다. 경도 지적장애학생과 학습장애학생은 그것이 합당한 이유를 결정하기 위해 '개미핥기는 앞발에 긴 발톱이 있다'는 사실을 정교화 하도록 촉구하는 추론전략을 사용하는 것을 배웠다. 코칭은 다음과 유사한 대화를 통해 이루어졌다.

첫 번째 조건은 다음과 유사한 문답을 사용해 내용에 관해 훈련과 연습을 하는 직접교수 절차였다.

실험자: 개미핥기는 앞발에 긴 발톱이 있습니다. 개미핥기가 가지고 있는 것은 무엇인가요?

학　생: 앞발에 긴 발톱.

실험자: 앞발에 긴 발톱, 좋아요.

두 번째 조건은 다음과 유사한 문답을 사용해 사실 및 사실에 대해 설명하는 직접교수 절차였다.

실험자: 개미핥기는 개미를 파내는 것을 돕기 위해 앞발에 긴 발톱이 있습니다. 개미핥기가 가지고 있는 것은 무엇인가요?

학　생: 개미핥기는 앞발에 긴 발톱을 가지고 있어요.

실험자: 예, 개미핥기는 앞발에 긴 발톱을 가지고 있습니다. 좋아요. 개미핥기가 이런 긴 발톱을 가지고 있는 이유는 무엇인가요?

학　생: 개미를 파내기 위해

실험자: 개미를 파내기 위해, 좋아요.

세 번째 조건은 다음과 같은 명시적인 질문을 통해 설명을 구성하도록 학생에게 질문을 하는 코치된 정교화 절차였다.

실험자: 개미핥기는 앞발에 긴 발톱이 있습니다. 개미핥기의 앞발에 긴 발톱이 있는 것은 왜 의미가 있습니까?

학　생: 모르겠습니다.

실험자: 그래요. 함께 생각해 봅시다. 개미핥기가 먹는 것은 무엇입니까?

학　생: 개미?

실험자: 개미, 좋아요. 개미핥기는 개미를 먹습니다. 개미가 사는 곳은 어디인가요?

학　생: 개미는 땅에 있는 구멍에 살아요.

실험자: 땅에 있는 구멍에, 그래서 개미핥기의 앞발에 긴 발톱이 있는 것은 무엇때문일까요?

학　생: 아, 그것은 개미를 파내는 데 도움이 됩니다.

실험자: 예, 그것은 개미를 파내는 데 도움이 됩니다. 훌륭해요.

(Scruggs et al., 2008, p. 6.)

모든 조건에서 학생은 표적 내용에 관해 실험자와 상호작용하는 동일한 양의 시간을 보냈다. 과제를 학습하고 간격을 채운 후에 학생은 각 동물에 관한 사실(긴 발톱)과 그런 사실에 대한 설명(개미를 먹기 위해 땅을 파헤치는)을 회상하도록 질문을 받았다. 첫 번째 조건에서 학생은 많은 학생이 실험자로부터 어떤 투입 없이 이러한 사례에서 제공하도록 기대될 수 있는 방법에 대한 테스트로서 설명을 요청받았다. 세 가지 실험에서 학생은 세 번째 조건인 코치된 정교화 조건에서 최상으로 그러한 사실에 대한 설명과 마찬가지로 사실(개미를 먹기 위해 땅을 파헤치는)을 기억했다. 회상은 어떤 설명이 거의 없이 독립적으로 구성된 직접적인 실제 조건에서는 낮았다. 가장 흥미로운 결과는 코치된 정교화를 받은 학생은 동일한 정보를 직접적으로 제공받은 학생보다 설명을 더 잘 회상했다는 것이었다. 이것은 이런 조건에서 학생이 사실을 명백히 설명하지 않았기 때문에 흥미롭다. 오히려 학생은 실험자의 질문에서 그 자신만의 설명을 도출했다. 그러나 이 조건에서 질문은 매우 명시적이었고, 학생의 답변 구성을 직접적으로 겨냥했다. 전반적으로 경도 장애학생은 안내된 탐구와 고순위 질문으로부터 이익을 얻을 수 있으나, 이러한 방법을 이용한 교수는 고도로 구조화되고 지원적이 되어야 한다.

3. 장애범주별 과학과 교육의 실제와 방향

1) 시각장애학생의 과학과 교육

시각장애학생의 과학과 교육은 흔히 활동 중심 과학과 교육과정 자료나 점자 프로그램 교수를 통해 이루어져 왔다. Baughman과 Zollman(1977)은 시각장애학생의 과학과 학습을 촉진하기 위해 다양한 자료의 개발 및 그 효능의 평가를 강조했으나, Linn(1972), Thier(1971) 등은 맹학생을 위한 과학 자료의 적합화를 강조했다. 이런 강조점은 현재에도 여전히 시각장애학생의 과학과 교육에 영향을 미치고 있으며, 유의미하게 공헌하고 있다.

자료를 개발해 활용한 교사는 활동 중심 자료의 사용으로 인해 시각장애학생의 과학에 대한 이해와 관심이 증대했다고 주장한다. 특히 Long(1973), Struve, Thier, Hadary 및 Linn(1974, 1975)은 시각장애학생의 활동 중심 자료의 효율성에 대한 증거를 제시했으며, Hadary(1977)는 과학과와 예술을 통합한 활동 중심 교육과정과 자료가 초등학교의 시각장애학생에게 성공적이었다고 보고했다. 반면 Linn(1972)은 물리학의 상호작용과 체제 단원 및 생명과학의 생애 주기 단원의 실행을 위해 적합화된 자료의 활용 결과를 보고했다. 이 적합화된 자료는 정안학생이 참여하는 활동의 개념과 동일한 개념을 시각장애학생에게 제시하기 위한 것이었다. 예를 들면, 혼합물, 용액, 비용액에 관한 교수에서 정안학생은 전형적으로 시각기술에 의존해 액체를 용액 또는 비용액으로 구분하지만, 시각장애학생은 용액에서 느낄 수 있거나 용액이 혼합되면 흔들면서 들을 수 있는 고체 재료를 포함한 용액을 제공받아 용액의 차이점을 결정할 수 있었다. 또한 시각장애학생은 전구 대신에 소형 모터를 사용해 폐쇄회로를 테스트했으며, 종이와 연필을 플라스틱 보드로 대체한 그래프와 히스토그램의 작성을 통해 자료를 기록하고 해석했다. 이 결과 시각장애학생은 대부분의 성과 측정에서 효과적이었다고 보고되었다. 그리고 Linn과 Thier(1975)는 중복 시각장애학생에 대해 적합화된 자료를 활용해 과학과 교수의 결과를 보고했는데, 특정 조작기술에 대해서는 긍정적인 결과가 보고되었지만, 과정기술에 대해서는 그런 결과가 보고되지 않았다.

또한 Franks와 Butterfield(1977), Franks와 Huff(1976a, 1976b, 1977a, 1977b), Franks와 Murr(1978)는 시각장애학생이 시력을 사용하지 않고 새로운 개념을 숙달할 기회를 허락하는 다양한 자료의 적합화에 관해 보고했다. 이런 자료는 심장, 곤충 판별 모형, 선형 측정을 가르치기 위한 조작 및 광센서 사용에 관해 가르치는 데 사용되는 다중 촉감 모형(multi-textured models)을 포함했다. Baughman과 Zollman (1977)은 고등학교 시각장애학생이 적합화된 장비의 사용만이 아니라 측정, 미터법, 진자, 속도의 학습을 촉진하기 위해 적합화된 미터 스틱, 타이머, 주사기, 저울, 그래프 보드, 볼륨 큐브, 광 검출기 시스템을 사용한 실험에서 물리학 내용을 이해하고 보유할 수 있었다고 보고했다. 그리고 Mallinson(1967)은 과학과 교과서 자료를 점자 프로그램 교수 양식으로 적합화하고, 시각장애학생이 이러한 자료를 사용해 내용을 배울 수 있는지를 평가한 결과, 57명의 중학교 시각장애학생이 모두 일련의 학습을 성공적으로 학습했다고 보고했다.

2) 청각장애학생의 과학과 교육

청각장애학생의 과학과 교육은 활동 중심 과학과 교육과정의 적합화로 이루어진 사례들이 많다. Borron(1978)은 AAAS가 개발한 교육과정인 SAPA(Science: A Process Approach)의 적합화된 판의 효과를 연구했다. SAPA는 간단한 경험으로 시작해서 더 복잡한 것으로 진행되는 계층적으로 구성된 교육과정으로 안내된 탐구를 강조하며, 학생은 조작을 사용한 문제를 통해 공부하는 것과, 분류, 관찰, 측정, 추론, 예상과 같은 과학 과정기술[2]을 채택했다. Borron(1978)에 의해 이루어진 특정 적합화는 언어 단순화 및 필수 방향 어휘 사전 교수, 선행조건 정보 사전 교수, 개념에 관한 추가 연습을 제공하기 위한 추가적인 학습활동 주입, 추가적인 응용활동 제공을 포함했다. 이들이 보고한 결과는 청각장애학생이 적합화를 통해 SAPA 단원을 숙달할 수 있었다는 것이었다.

Bybee와 Hendricks(1972)는 취학 전 청력이 손상된 학생을 위해 학생 스스로 구체적인 경험을 통해 개념을 습득하고 사고력의 신장을 돕기 위한 탐구 중심 학습모형에 순환학습(Learning Cycle Model)을 도입한 SCIS(Science Curriculum Improvement Study)의 물질 및 유기체 단원을 적합화해 성공적인 결과를 보고했다. SCIS에 의해 탐색, 발명 및 발견에 대해 권고된 교수 계열은 일관적으로 유지되었으나, 적합화는 Borron(1978)에 의해 기술된 것과 유사하게 이루어졌다. 예를 들면, Bybee와

2) SAPA에서는 과학 과정기술을 크게 기초 과정기술(basic process skill)과 통합 과정기술(integrated process skill)로 나누고 있다. 기초 과정기술은 일련의 사물이나 현상에 질서를 부여하기 위해 사용하는 특정한 방법이나 절차를 의미하는 분류(classifying), 한 사람에게서 다른 사람에게로 정보를 전달하는 과정이나 절차를 의미하는 의사소통(communication), 직접적인 관찰에 의한 증거를 넘어서서 이전 경험에 근거하여 일련의 관찰 사실을 설명하거나 해석하는 추론(inferring), 사물이나 현상의 특징에 관련된 정량적인 값을 추정하기 위해 도구를 사용하는 과정인 측정(measuring), 자신이나 주위의 세계에 대한 정보를 얻기 위해 감각 기관을 이용하는 과정인 관찰(observing), 현재 이용할 수 있는 기존 지식에 근거하여 미래에 일어날 것으로 생각되는 현상에 대해 진술하는 예상(predicting), 기존에 알고 있던 것과 관찰한 것 사이의 불일치에 대한 인식에 근거해서 불확실성, 의혹, 미해결 과제 등을 제기하는 기술인 질문(questioning), 아이디어, 관찰 결과 및 그들의 관계 등을 표현함에 있어서 수 체계를 사용하는 수 사용(using numbers), 공간 관계와 시간에 따른 변화에 대한 기술인 시-공간 관계 사용(using space-time relationships)을 포함한다. 그리고 통합 과정기술은 사물이나 현상에 대해 물리적으로 기술할 수 있거나 주어진 과정을 따라 수행할 수 있도록 정의하는 조작적 정의(defining operationally), 많은 수의 현상을 설명하는 데 사용할 수 있는 잠정적인 일반화의 진술인 가설 설정(hypothesizing), 특정 요인의 영향을 알기 위해 그 상황이나 현상에 영향을 미칠 수 있는 요인을 확인하고 조절하는 변인 통제(controlling variables), 가설의 검증이나 질문에 적절한 대답의 기초가 될 수 있는 일련의 자료 수집 활동을 계획하는 실험 설계(designing experiments), 수집된 자료에 내재되어 있는 특정 형태나 의미를 찾아내는 자료 해석(interpreting data), 구체적인 실제 사물이나 현상을 이용하여 마치 실제로 작용하거나 적용되는 것처럼 보이는 기제, 도식, 구조 등을 고안해 내는 모형 설정(formulating models)을 포함한다.

Hendricks(1972)는 자료 그 자체보다 교수방법의 수정에 대한 큰 필요성을 강조했다. 의사소통 기법은 판토마임, 그림, 어휘 카드를 포함했다. 프레젠테이션의 반복은 단원에서 정보를 제시할 때 느린 프리젠테이션과 함께 강조되었다.

Sunal과 Sunal(1982)은 청각장애학생을 대상으로 과학을 가르치는 다감각적 접근 방식을 통합하기 위해 Houghton Mifflin 과학 시리즈에서 정보를 성공적으로 적합화한 것을 보고했다. 유사하게 Hadary, Haushalter 및 Rosenberg(1976)는 청각장애학생과 함께 American University에서 개발한 활동 지향 교육과정의 성공적인 실행에 관해 보고했다. 교육과정은 SCIS, SAPA, ESS의 측면에 기초했으며, 예술 활동의 통합을 포함했다(Hadary & Cohen, 1978).

Boyd와 George(1973)는 청각장애학생을 대상으로 주기적으로 가르친 과학과 교육과정과 신체적 조작을 추가한 연구자가 개발한 탐구 실험실 과학 접근법의 효과를 비교했다. 초기 수업은 학생이 생물과 무생물의 범주로 사물을 분류하기를 요구한 반면, 그 다음 범주화는 학생이 모양, 크기, 질감, 무게, 냄새, 맛, 점도, 용해도, 부력으로 사물을 분류하기를 요구했다. 기초 탐구와 과학 과정기술이 점차적으로 도입되었다. 통제집단은 학교가 과학과 교수에 사용한 정규 교육과정을 준수한 것으로서 기술되었다. 긍정적인 결과가 탐구 접근법에서 보고되었다.

청각장애학생을 대상으로 한 연구에서 Van Wagner(1980)는 다양한 활동 중심 과학과 교육과정 자료와 무 처치 통제 조건의 조합 효과를 비교했다. 두 조건 간에 유의한 차이는 획득되지 않았다. 이러한 결과는 다른 보고서의 결과를 반박했으며, 독립 측정이 교수에 충분히 민감하지 않았다는 사실이나 실행된 특별한 활동이 이 연구에 참여했던 청소년 학생에 의해 이미 알려진 개념을 포함했다는 사실 때문일 것이다.

3) 지적장애학생의 과학과 교육

지적장애는 적응행동과 인지기능에서의 제한으로 규정된다(Schalock & Luckasson,

2004). 지적장애학생의 교육에서 중요한 쟁점은 여러 가지 중에서도 개별 학생이 지닌 특정 곤란과 잠재력에 맞추어 차별화된 적절한 개별적인 지원을 개발하여 실행하는 일이다. 그러므로 지적장애학생의 인지 수준과 행동 수준에 있어서의 개별 특성에 대한 평가는 제공할 지원을 적합하게 조직하고 조정하기 위해서뿐만 아니라 교육 프로그램과 중재의 내용을 개발하고 실행하기 위해서도 중요하다.

이와 같은 입장에서 지적장애학생의 과학과 교육은 학생의 접근을 촉진하는 방법과 실제 및 적합한 조정과 적합화에 중점을 두고 있다(Algozzine & Ysseldyke, 2006; Wehmeyer, 2002; Wehmeyer, Lance, & Bashinski, 2002). 과학과는 일반교육 교육과정의 중요한 내용 영역이다. 그러나 지적장애학생에게 과학을 가르치는 것은 어려운 도전이 된다. 왜냐하면 지적장애학생은 텍스트북 공부와 구두 표현에 초점을 맞춘 교사 주도의 교수를 통해 과학과 관련된 새로운 개념을 습득하는 과정에서 직면하는 학습 곤란에 따라 교수 실제의 변화를 요구하기 때문이다. 이런 요구에 따라 지적장애학생의 과학과 교육은 학생 주도 학습, 지식의 구성, 실험, 실제 생활과의 연결, 다감각적 경험의 제공과 기술의 사용, 학생의 개별 요구에 적절한 방법과 실제의 적합화와 같이 학생의 활동을 통한 학습에 초점을 맞춘 교수 실제에 대한 관심이 증대되고 있다(Salend, 1998).

현행 과학과 교육 접근법은 탐구 중심의 과학과 교수가 과학적 추리뿐만 아니라, 과학 아이디어나 개념에 대한 더 깊은 이해를 촉진한다고 가정한다. 이런 가정은 지적장애학생의 과학과 교수와 관련해 지적장애학생에게 적절한 지원을 제공하는 것과 지적장애학생의 학습을 촉진할 수 있는 과학과 교수 실제를 선택하고 적합화하는 것을 쟁점으로 제기한다. Brooke과 Solomon(2001)은 지적장애학생의 과학 개념 학습에 관한 체험활동의 유용성을 연구한 결과 지적장애학생은 집중과 더불어 관찰한 현상의 원인을 탐색한 외에 호기심과 창의력도 개발했다고 보고했으며, Mastropieri, Scruggs 및 Butcher(1997)는 귀납적 사고와 연역적 사고 전략의 조합 및 발달적으로 적절한 활동과 전략이 지적장애학생의 학습을 촉진한다고 주장했다. 이처럼 체험활동과 탐구 지향 과학 교수가 텍스트 중심 및 강의 중심 교수와 비교하여 지적장애학생에게 이득이 된다는 주장과 달리 구성주의 원리와 귀납적 추론 접근법에 기초한 탐구학습은 적어도 특정 과학 과제와 학습절차의 맥락에서 지적장애학생의 학습 및 일반화를 효과적으로 촉진하지 않는다는 주장도 있다(Mastropieri et al., 2001; Stavroussi, Papalexopoulos, & Vavougios, 2010). 이런 반론에 따라 지적장애학생의 과학과 교수에서 구성주의 원리와 탐구학습에 기초한 교수방법을 지원하는 연구들이 지속적으로 이루어지고 있다.

Scruggs, Mastropieri 및 Wolfe(1995)는 과학과 교수의 실제와 방법과 관련된 관찰, 비교, 토론 등의 특정 기술 연습이 지적장애학생의 사고기술을 촉진할 것이라고 주장했고, Scruggs와 Mastropieri(1995)는 또래 보조의 실행이 경도 지적장애학생의 과학 활동 과정을 촉진하는 성공적인 방법이라고 주장했으며, Farlow(1994)는 협동학습이 중등도 내지 중도 지적장애학생의 의사소통 기술을 촉진하고, 생물학 내용지식을 증대한다고 주장했다. 그리고 Scruggs와 Mastropieri(1995)는 지적장애학생이 보통 탐구학습 요구와 상호작용하는 추론, 주의 곤란, 언어 정보에 대한 기억, 외부 지향성과 같은 그들의 인지 또는 인성 특성을 효과적으로 고려한 적절한 적합화나 수정이 이루어지면 탐구활동 맥락의 과학과 교수에 성공적으로 참여할 수 있다고 주장했으며, Mastropieri 등(1998)은 활동 중심 접근법이 텍스트 중심 접근법과 비교하여 지적장애학생의 참여와 수행에 긍정적인 영향을 미친다고 주장했다.

이와 같이 지적장애학생의 과학과 교육은 어떤 도전을 제시한다. 지적장애학생은 동기요인과 관련한 인성 특성뿐만 아니라 사고과정과 관련한 인지 및 초인지 특성이 과학과 교육의 내용, 목적, 자료, 방법, 절차 등에 관한 선택에 중요한 과제를 제시한다. 적절한 과학과 교수 방법과 실제의 선택은 개별 지적장애학생의 요구, 제한과 잠재력과 직접적으로 관련되어야 한다. 그리고 과학과 교수의 계획 및 실행의 과정에서 지적장애학생의 인지 제한뿐만 아니라 그들의 잠재력도 마찬가지로 강조되어야 한다. 지적장애학생의 교육 중재는 그들의 곤란에 제한되기보다 그들의 역량에 의해 알려져야 한다. 따라서 지적장애학생의 과학과 교수에서 효과적인 실제에 관한 증거를 제공하기 위해 더 이상의 연구가 이루어져야 할 것이다.

4) 지체장애학생의 과학과 교육

지체 및 소근육 운동 장애학생은 조작적인 과학 자료와 장비를 사용하는데 다소 어려움을 경험할 수 있기 때문에 적합화된 장비를 필요로 한다(Mastropieri & Scruggs, 1995). 활동 중심 과학 교수 접근법에서 학생은 흔히 실험실에서 문제를 해결하고 실험을 수행하는 작업을 한다. 교사는 문제와 실험의 필수적인 측면을 보여줌으로써 장애학생이 비장애 또래와 함께 팀을 구성하고, 학생이 과제를 수행하고, 자신의 진보를 점검하고, 실험실 일지 관리를 요청할 때, 고려할 수 있는 단계의 체크리스트를 보급함으로써 이러한 유형의 학습 경험을 극대화할 수 있다. 또한 교사는 모든 학생이 실험실에서 자료와 함께 안전하고 성공적으로 작업할 수 있도록 보장할 수 있다(Kucera, 1993). 예를 들면, 교사는 규칙, 안전 요인, 대피 절차를 게시하고 논의하고 검토하고, 그들에 대한 학생의 지식을 평가함으로써 각각의 실험을 시작할 수 있다. 그들은 인쇄물과 촉각 물질을 사용해 중요한 영역, 자료, 물질에 라벨을 붙일 수 있으며, 모든 학생에게 분진 방지용 고글, 고무 앞치마, 장갑 등의 안전장비를 착용하게 하고, 실험실 파트너를 배정한다. 교사는 어떤 학생이 적합화된 워크스테이션(workstation)과 전문화된 장비를 필요로 하는지를 알아야 한다(Kucera, 1993). 지체장애학생은 적절한 폭의 통로뿐만 아니라 바닥에서 30인치 떨어진 작업 표면을 지닌 워크스테이션, 접근할 수 있는 장비 제어 장치, 적절한 여유 공간과 다리 공간을 필요로 할 수 있다. 또한 지체장애학생은 높이 조절이 가능한 저장 장치, 선반, 조리대, 단동식 레버 조절기(singleaction lever controls), 블레이드형 핸들(blade-type handles), 물, 전기, 가스 라인에 대한 유연한 접근, 경량 소화기를 이용해 이익을 얻을 수 있다.

지체장애학생을 위한 다양한 유형의 교수 효과에 대한 보고서가 있다. Noel(1966)은 지체장애학생이 일반적으로 전형적으로 가르쳤던 것보다 과학 내용을 포함한 더욱 엄격한 학업 내용을 배울 수 있음을 문서화했다. 보고된 결과는 모든 영역에서 성장을 나타내었다. 유사하게 Rayer(1983)는 중등 지체장애학생을 위한 일반교육 학교에 설치된 과학 프로그램의 성공적인 실행에 관해 보고했다. 학생은 활동 실험 접근법을 사용해 배웠으며, 필요한 실험실 장비를 조작하는 기회를 제공받았다. 보고된 결과는 대다수 학생이 프로그램에 머물러 있었고, 5층까지 계단을 오르고 비장애학생에 의한 언어 학대와 같은 장애물이 극복되었다고 나타내었다.

5) 학습장애학생의 과학과 교육

과학과 교수에 대한 접근법과 관계없이 학습장애학생은 적합한 학습을 위해 적극적인 지원을 요구한다(Scruggs, Mastropieri, & Okolo, 2008). 과학과 교수를 위한 텍스트북 접근법의 광범위한 사용과 학습장애학생에 의해 증명된 읽기와 이해의 문제를 감안하면 텍스트 처리를 지원하는 중재는 과학과 교육에서 학습장애학생을 지원하는 유망한 접근법이 된다.

Lovitt, Horton 및 Bergerud(1987)는 중학교 학습장애학생이 과학 내용을 이해하는데 분당 약 135단어를 구두로 읽을 수 있어야 한다고 언급했다. Cawley, Miller 및 Carr(1990)는 13세의 학습장애학생과 경도 지적장애학생의 구두 과학 읽기 수행을 조사한 결과 2학년 읽기 수준과 비교할 수 있는 수준이라고 보고했다. 그리고 DeLuca(1993)는 구어와 문어 그림 어휘 과학 테스트에 관한 중학교 학습장애학생의 수행을 비장애학생의 수행과 비교한 결과, 비장애학생은 장애학생보다 두 형태 모두에서 유의미하게 더 나은 수행을 했으나, 장애학생은 구어형태보다도 문어형태에서 더 유의하게 낮은 수행을 했다고 보고했다.

이와 같이 학습장애학생은 읽기와 문해기술이 부족하지만, 다수의 연구는 효과적인 공부 안내(study guides)와 그래픽 조직자를 이용한 적합화와 수정이 적절히 이루어질 때 과학 내용을 학습할 수 있음을 나타내고 있다. Lovitt, Rudsit, Jenkins, Pious 및 Benedetti(1985)는 중학교 학습장애학생을 위해 정밀교수와 공부 안내를 제공하는 것을 포함해 물리학의 읽기 자료를 수정한 결과, 각 실험조건과 통제조건 사이에 유의한 차이가 있었다고 보고했다. Kyle, Shymansky 및 Alport(1982)는 텍스트북을 이용한 접근과 체험 접근을 이용한 교실에서 질적 분석을 수행한 결과, 체험 교실에서 학생은 측정된 모든 준거에 관한 텍스트북 중심 교실에서 그들보다 뛰어나게 수행했다고 보고했다. 그리고 Bredderman(1982)은 체험과 텍스트북 프로그램에서 학생을 비교한 과학 과정 검사를 포함한 27개 연구를 종합한 결과, 텍스트북 프로그램에서 학생은 활동 프로그램에서의 그들처럼 그렇게 과정측정에서도 잘 수행하지 않았다고 보고했으며, Bay, Staver, Bryan 및 Hale(1992)는 직접교수와 발견교수의 효과를 비교한 결과, 발견 방법으로 배운 학생이 직접교수 방법으로 배운 학생보다 더 뛰어난 수행을 했다고 보고했다. 또한 Scruggs, Mastropieri, Bakken 및 Brigham(1993)은 학습장애학생의 과학 수행에 대한 텍스트북과 체험 접근법을 비교한 결과, 학습장애학생은 읽기 접근법보다 활동중심 접근법을 통해 학습할 때 단원 테스트에서 유의하게 더 높은 성취를 했다고 보고했다. 이러한 연구에서 구성주의자의 입장은 장애학생에 대한 과학과 교수에 타당한 가정이 되는 것으로 보였다. 학생이 적극적으로 추리할 때 그들은 지식 구성을 촉진하는 자료와 더불어 적극적인 탐색을 통해 더욱 많이 학습하고 기억하며 이해한다. 분명히 모든 학생은 체험 교수에 토대를 둔 활동 중심 접근법에서 과학과 관련된 지식, 과정, 기술을 습득할 수 있다.

연구과제

(1) 특수교육 기본 교육과정 과학과 교과서의 용어를 정리해 보자.
(2) 특수교육 과학과 교육을 위한 활동중심 교수접근법을 개발해 보자.
(3) 장애영역별로 과학과 교수를 위해 수정된 자료를 비교해 보자.

참고문헌

김석진, 정동영 (2011). 안내된 환경 탐구활동을 통한 지적장애아동의 생물개념 변화 분석. **지적장애연구, 13(3)**, 1-21.

Achieve. I. (2013). Next generation science standards: Achieve, Inc. on behalf of the twenty-six states and partners that collaborated on the NGSS. Retrieved from http://www.nextgenscience.org/

Algozzine, B., & Ysseldyke, J. (2006). *Teaching students with mental retardation: A practical guide for every teacher.* Thousand Oaks, CA: Corwin.

American Association for the Advancement of Science. (1991a). *Access in word and deed.* Washington, DC: Author.

American Association for the Advancement of Science. (1991b). *Access to science literacy.* Washington, DC: Author.

American Association for the Advancement of Science. (1991c). *Laboratories and classrooms in science and engineering.* Washington, DC: Author.

American Association for the Advancement of Science. (l99ld). *Workshops and conferences for scientists and engineers.* Washington, DC: Author.

American Association for the Advancement of Science. (1992). Science for all Americans: What's out and what's in. *2061 Today,* 2, 4.

Appleton, K. (2007). Elementary science teaching. In S. K. Abell & N. G. Lederman (Eds.), *Handbook of research on science education* (pp. 493-535). Mahwah, NJ: Erlbaum.

Atwood, R. K., & Old-ham, B. R. (1985). Teachers' perceptions of mainstreaming in an inquiry oriented elementary science program. *Science Education, 69,* 619-624.

Bakken, J. P., Mastropieri, M. A., & Scruggs, T. E. (1997). Reading comprehension of expository science material and students with learning disabilities: A comparison of strategies. *Journal of Special Education*, *31*, 300-324.

Baughman, J., Jr., & Zollman, D. (1977). Physics labs for the blind. *The Physics Teacher, 15,* 339-342.

Bay, M., Staver, J., Bryan, T., & Hale, J. (1992). Science instruction for the mildly handicapped: Direct instruction versus discovery teaching. *Journal of Research in Science Teaching*, *29*, 555–570.

Behrmann, J. (1991). Science foundation to seek persons with disabilities for science careers. *Indiana Counterpoint, 11(3),* 1, 6.

Bergerud, D., Lovitt, T. C., & Horton, S. (1988). The effectiveness of textbook adaptations in life science for high school students with learning disabilities. *Journal of Learning Disabilities*, *21*(2), 70–76.

Borron, R. (1978). Modifying science instruction to meet the needs of the hearing impaired. *Journal of Research in Science Teaching, 15,* 257-262.

Boyd, E., & George, K. D. (1973). The effect of science inquiry on the abstract categorization behavior of deaf children. *Journal of Research in Science Teaching, 10,* 91-99.

Bransford, J. D., & Donovan, M. S. (2005). Scientific inquiry and how people learn. In National Research Council (Ed.), *How students learn: History, Mathematics, and Science in the classroom* (pp. 397–419).

Bredderman, T. (1982). The e ects of activity-based science in elementary schools. In M. Rowe & W. Higuchi (Eds.), *Education in the 80's* (pp. 63–75). Washington, DC: National Education Association.

Brigham, F. J., Berkley, S., Simpkins, P., & Brigham, M. S. P. (2007). *Comprehension strategy instruction* (Alert No. 12). Reston, VA: Division for Learning Disabilities & Division for Research of the Council for Exceptional Children.

Brigham, F. J., Scruggs, T. E., & Mastropieri, M. A. (1992). Teacher enthusiasm in learning disabilities classrooms: Effects on learning and behavior. *Learning Disabilities Research & Practice*, *7*, 68–73.

Brooke, H., & Solomon, J. (2001). Passive visitors or independent explorers: Responses of pupils with severe learning difficulties at an interactive science centre. *International Journal of Sciena Education, 23,* 941-953.

Bulgren, J. A., Lenz, B. K., Schumaker, J. B., Deshler, D. D., & Marquis, J. G. (2002). The use and effectiveness of a comparison routine in diverse secondary content classrooms. *Journal of Educational Psychology*, *94*, 356–371.

Bybee, R. W., & Hendricks, P. A. (1972). Teaching science concepts to preschool deaf children to aid language development. *Science Education, 56,* 303-310.

Carlisle, J. (1993). Understanding passages in science textbooks: A comparison of students with and without learning disabilities. *National Reading Conference Yearbook, 42,* 235-242.

Carlisle, J. (1999). Free recall as a test of reading comprehension for students with learning disabilities. *Learning Disability Quarterly, 22,* 11-22.

Carnine, D. (1995, April). *The BIG accommodation for the middle grades.* Presentation at the annual meeting of the Council for Exceptional Children, Indianapolis,

Cawley, J., Hayden, S., Cade, E., & Baker-Kroczynski, S. (2002). Including students with disabilities into the general education science classroom. *Exceptional Children,* 68. 423-435.

Cawley, J., Miller, J., & Carr, S. (1990). An examination of the reading performance of students with mild educational handicaps or learning disabilities. *Journal of Learning Disabilities, 23,* 284-290

Cawley, J. F., & Parmar, R. S. (2001). Literacy proficiency and science for students with learning disabilities. *Reading and Writing Quarterly: Overcoming Learning Difficulties, 17,* 105-125.

Corrick, M. E. (Ed.). (1981). *Teaching handicapped students science.* Washington, DC: National Education Association.

Courtade, G. R., Spooner, F., & Browder, D. M. (2007). Review of studies with students with significant cognitive disabilities which link to science standards. *Research & Practice for Persons with Severe Disabilities, 32,* 43-49.

DeLuca, C. (1993). *The performance of students with learning disabilities when presented science vocabulary in an oral versus written form at*. Unpublished manuscript.

Ellis, E. S. (1993). Integrative strategy instruction: A potential model for teaching content area subjects to adolescents with learning disabilities. *Journal of Learning Disabilities, 26,* 358-383.

Esler, W. K., Midgett, J., & Bird, R. C. (1977). Elementary science materials and the exceptional child. *Science Education, 61,* 181-184.

Farlow, L. J. (1994). Cooperative learning to facilitate the inclusion of students with moderate to severe mental retardation in secondary subject-area classes. Paper presented at the annual meeting of the American Association on Mental Retardation (Boston,MA, May 31-June 4). Retrieved from ERIC database.(ED375541).

Franks, F. L., & Butterfield, L. H. (1977). Educational materials development in primary science: Simple machines. *Education of the Visually Handicapped, 9,* 51-55.

Franks, F. L., & Huff, R. (1976a). Educational materials development in primary science: The pull-apart cell. *Education of the Visually Handicapped, 8,* 16-20.

Franks, F. L., & Huff, R. (1976b). Educational materials development in primary science: Insect identification kit. *Education of the Visually Handicapped, 8,* 57-62.

Franks, F. L., & Huff, R. (1977a). Educational materials development in primary science: Dial thermometer instructional unit. *Education of the Visually Handicapped, 8,* 120-128.

Franks, F. L., & Huff, R. (1977b). Educational materials development in primary science: Linear measurement unit for young blind children. *Education of the Visually Handicapped, 9,* 23-28.

Franks, F. L., & Murr, M. J. (1978). Biological models for blind students. *Visual Impairment and Blindness, 72,* 121-124.

Fulk, B. J. M., Mastropieri, M. A., & Scruggs, T. E. (1992). Mnemonic generalization training with learning disabled adolescents. *Learning Disabilities Research & Practice, 7*, 2-10.

Groves, F. H. (1995). Science vocabulary load of selected secondary science textbooks. *School Science and Mathematics, 95*, 231-235.

Gurganus, S., Janas, M., & Schmit, L. (1995). Science instruction what special education teachers need to know and what roles they need to play. *Teaching Exceptional Children, 27*(4), 7-9

Hadary, D. E. (1977). Science and art for visually handicapped children. *Journal of Visual Impairment and Blindness, 71*(5), 203-209.

Hadary, D. E., & Cohen, S. H. (1978). *Laboratory science and art for blind, deaf, and emotionally disturbed children: A mainstreaming approach.* Baltimore, MD:

University Park Press.

Hadary, D. E., Haushalter, R., & Rosenberg, R. (1976). Breaking sound barriers for the deaf child. *Science and Children, 14,* 33.

Hallahan, D. P., Lloyd, J. W., Kauffman, J. M., Weiss, M. P., & Martinez, E. A. (2005). *Learning disabilities: Foundations, characteristics, and effective teaching* (3rd ed.). Boston: Allyn & Bacon.

Kucera, V. (1993). Diophantine equations in control: A survey. *Automatica, 29*(6), 1361-1375.

Kyle, W. C., Jr., Shymansky, J. A., & Alport, J. M. (1982). Alphabet soup science. *The Science Teacher, 49,* 49-53.

Lamendola, A. (1976). Science and the emotionally disadvantaged child. *Science and Children, 13,* 17-18.

Lederman, J. S., & Stefanich, G. P. (2004). Addressing disabilities in the context of inquiry and nature of science instruction. In L. B. Flick & N. G. Lederman (Eds.), *Scientific inquiry and nature of science* (pp. 55-74). Dordrecht, The Netherlands: Springer.

Linn, M. C. (1972). An experiential science curriculum for the visually impaired. *Exceptional Children, 39,* 37-43.

Linn, M. C, & Thier, H. D. (1975). Adapting science material for the blind (ASMB): Expectation for student outcomes. *Science Education, 59,* 237-246.

Long, N. (1973). *Science Curriculum Improvement Study (SCIS): Its effects on concept development and manipulative skills in visually handicapped children.* Unpublished doctoral dissertation, University of California, Berkeley.

Lovitt, T. C., & Horton, S. V. (1994). Strategies for adapting science textbooks for youth with learning disabilities. *Remedial & Special Education, 15,* 105-116.

Lovitt, T., Horton, S., & Bergerud, D. (1987). Matching s tudents with textbooks: An alternative to readability formulas and s tandardized tests. *British Columbia Journal of Special Education, 2,* 49-55.

Lovitt, T., Rudsit, J., Jenkins, J., Pious, C., & Benedetti, D. (1985). Adapting science materials for regular and learning disabled seventh graders. *Remedial and Special*

Education, *7*, 31-39.

Lovitt, T. C., Rudsit, J., Jenkins, J., Pious, C., & Benedetti, D. (1986). Adapting science materials for regular and learning disabled seventh graders. *Remedial and Special Education*, *7*(1), 31-39.

Mallinson, G. G. (1967). *Programmed learning materials for the blind.* Kalamazoo, MI: Western Michigan University. (ERIC Document Reproduction Service No. ED 014 193)

Mastropieri, M. A., & Scruggs, T. E. (1992). *Guidelines for effective mainstreaming in science.* West Lafayette, IN: Purdue University, Department of Educational Studies.

Mastropieri, M. A., & Scruggs, T. E. (1994). Text-based vs. activities-oriented science curriculum: Implications for students with disabilities. *Remedial and Special Education*, *15*, 72-85.

Mastropieri, M. A., & Scruggs, T. E. (1995). Teaching science to students with disabilities in general education settings practical and proven strategies. *Teaching Exceptional children, 27*(4), 10-13.

Mastropieri, M. A., & Scruggs, T. E. (1996). Current trends in science education: Implications for special education. In C. Warger & M. Pugach (Eds.), *Curriculum trends, special education, and reform: Refocusing the conversation* (pp. 42-52). New York: Teachers College Press.

Mastropieri, M. A., Scruggs, T. E., & Butcher, K. (1997). How effective is inquiry learning for students with mild disabilities? *The Journal of Special Education*, *31*, 199-211.

Mastropieri, M. A., Scruggs, T. E., Boon, R., & Carter, K. B. (2001). Correlates of inquiry learning in science: Constructing concepts of density and buoyancy. *Remedial and Special Education*, *22*(3), 130-137.

Mastropieri, M. A., Scruggs, T. E., & Levin, J. R. (1985a). Maximizing what exceptional students can learn: A review of research on the keyword method and related mnemonic techniques. *Remedial and Special Education*, *6*(2), 39-45.

Mastropieri, M. A., Scruggs, T. E., & Levin, J. R. (1985b). Mnemonic strategy instruction with learning disabled adolescents. *Journal of Learning Disabilities*, *18*(2), 94-100.

Mastropieri, M., A., Scruggs, T. E., Mantzicopoulo, P., Sturgeon, A., Goodwin, L., &

Chung, S. (1998). A place where living things affect and depend on each other: Qualitative and quantitative outcomes addociated with inclusive science teaching. *Science Education, 82,* 1630180.

Mathias, M., & Johnson, R. A. (1981). Some thoughts on teaching science to the mentally handicapped secondary student. In M. E. Corrick (Ed.), *Teaching handicapped students science* (pp. 75-78). Washington, DC: National Education Association.

McGinnis, J. R. (2003). The morality of inclusive verses exclusive settings: Preparing teachers to teach students with mental disabilities in science. In D. Zeidler (Ed.), *The role of moral reasoning on socio-scientific issues and discourse in science education* (pp. 196-215). Boston: Kluwer.

National Research Council. (2007). *Taking science to school: Learning and teaching science in grades K-8*. Washington, DC: National Academies Press.

Nelson, J. R., Smith, D. J., & Dodd, J. M. (1992). The effects of teaching a summary skills strategy to students identified as learning disabled on their comprehension of science text. *Education & Treatment of Children, 15*, 228-243.

Noel, A. (1966). Effectiveness of an academically oriented teaching program with crippled children. *Exceptional Children, 32,* 325-327.

Patton, J. R., & Andre, K. E. (1989). Individualizing for science and social studies. In J. Wood (Ed.), *Mainstreaming: A practical approach for teachers* (pp. 301-351). Columbus, OH: Merrill.

Patton, J. R., Polloway, E. A., & Cronin, M. E. (1986). *Science instruction for mildly handicapped students: A status report.* Unpublished manuscript, University of Hawaii, Honolulu.

Rayer, P. (1983). A science link with Tulse hill. *Special Education Forward Trends, 10,* 29-31.

Rutherford, F. J., & Ahlgren, A. (1990). *Science for all Americans.* New York: Oxford University Press.

Salend, S. J. (1998). Using an activities-based approach to teach science to students with disabilities. *Intervention in School and Clinic, 34*(2), 67-72, 78.

Schalock, R. L., & Luckasson, R. (2004). American Association on Mental Retardation's definition, classification, and system of supports and its relation to international trends and issues in the field of intellectual disabilities. *Journal of Policy and Practice in Intellectual Disabilities,* 1, 136-146.

Scruggs, T. E., & Mastropieri, M. A. (1993). Current approaches to science education: Implications for mainstream instruction of students with disabilities. *Remedial and Special Education*, *14*, 15-24.

Scruggs, T. E., & Mastropieri, M. A. (1994). The construction of scientific knowledge by students with mild disabilities. *Journal of Special Education, 28*, 307-321.

Scruggs, T. E., & Mastropieri, M. A. (1995). Science and mental retardation: An analysis of curriculum features and learner characteristics. *Science Education, 79*, 251-271.

Scruggs, T. E., & Mastropieri, M. A. (2000). The effectiveness of mnemonic instruction for students with learning and behavior problems: An update and research synthesis. *Journal of Behavioral Education*, *10*, 163-173.

Scruggs, T. E., & Mastropieri, M. A. (2007). Science learning in speeial education: the cade for constructed uersus instructed learning. *Exceptionality, 15*, 57-74.

Scruggs, T. E., Mastropieri, M. A., Bakken, J. P., & Brigham, F. J. (1993). Reading versus doing: The relative effects of textbook-based and inquiry-oriented approaches to science learning in special education classrooms. *Journal of Special Education*, *27*(1), 1-15.

Scruggs, T. E., Mastropieri, M. A., & Marshak, L. (2011). Science and social studies. In J. M. Kauffman & D. P. Hallahan (Eds.), *Handbook of special education* (pp. 445-455). New York: Taylor and Francis.

Scruggs, T. E., Mastropieri, M. A., & Okolo, C. M. (2008). Science and social studies for students with disabilities. *Focus on Exceptional Children*, *41*(2), 1-24.

Scruggs, T. E., Mastropieri, M. A., & Sullivan, G. S. (1994). Promoting relational thinking: Elaborative interrogation for students with mild disabilities. *Exceptional Children*, *60*, 450-457.

Scruggs, T. E., Mastropieri, M. A., Sullivan, G. S., & Hesser, L. S. (1993). Improving reasoning and recall: The differential effects of elaborative interrogation and mnemonic elaboration. *Learning Disability Quarterly*, *16*, 233-240.

Scruggs, T. E., Mastropieri, M. A., & Wolfe, S. (1995). Scientific reasoning of students with mental retardation: Investigating preconceptions and conceptual change. *Exceptionality, 5*, 223-244.

Shymansky, J., Kyle, W., & Alport, J. (1982). How elective were the hands-on science programs of yesterday? *Science and Children*, *20*, 14-15.

Staver, J. R., & Bay, M. (1989). Analysis of the conceptual structure and reasoning demands of elementary science texts at the primary (K-3) level. *Journal of Research in Science Teaching, 26*(4), 329-349.

Stavroussi, P., Papalexopoulos, P. F., & Vavougios, D. (2010). Science education and students with intellectual disability: Teaching approaches and implications. *Promblems of Education in the 21st Centry, 19*, 103-112.

Struve, N. L., Thier, H. D., Hadary, D. E., & Linn, M. C. (1974). Materials centered science and manipulative skill. *Child Development, 40*(5), 16-17.

Struve, N. L., Thier, H. D., Hadary, D. E., & Linn, M. C. (1975). The effect of an experiential science curriculum for the visually impaired on course objectives and manipulative skills. *Education of the Visually Handicapped,* 7, 9-14.

Sullivan, G. S., Mastropieri, M. A., & Scruggs, T. E. (1995). Reasoning and remembering: Coaching students with learning disabilites to think. *The Journal of Special Education*, *29*, 310-322.

Sunal, C. S., & Sunal, D. W. (1982). *Adapting science for hearing impaired early adolescents.* (Final Report). Morgantown: West Virginia University. (ERIC Document Reproduction Service No. ED 219 267)

Thier, H. (1971). Laboratory science for visually handicapped elementary school children. *New Outlook for the Blind, 65,* 190-194.

Tocci, S., & Viehland, C. (1996). *Holt chemistry: Visualizing matter*. New York: Holt, Rinehart & Winston.

Treagust, D. F. (2007). General instructional methods and strategies. In S. K. Abell & N. G. Lederman (Eds.), *Handbook of research on science education* (pp. 373-391). Mahwah, NJ: Erlbaum.

Van Wagner, B. (1980). *Cognitive growth via hands-on science activities for severe and profound hearing impaired students in a self-contained classroom.* Unpublished doctoral dissertation, University of Northern Colorado, Greeley, CO.

Wehmeyer, M. L. (2002). *Teaching students with mental retardation: Providing access to the general curriculum*. Baltimore: P. H. Brookes.

Wehmeyer, M. L., Lance, G. D., & Bashinski, S. (2002). Promoting access to the general curriculum for students with mental retardation: A multilevl model. *Education and Training in Mental Retardation and Developmental Disatilities,* 37, 223-234.

Woodward, J., & Noell, J. (1991). Science instruction at the secondary level: Implications for students with learning disabilities. *Journal of Learning Disabilities, 24*(5), 277-284.

Woodward, J., & Noell, J. (1992). Science instruction at the secondary level : Implications for students with learning disabilities. In D. Carnine & E. Kameenui (Eds.), *Higher order thinking: Designing curriculum for mainstreamed students* (pp. 39-58). Austin, TX: PRO-ED.

Yager, R. E. (1983). The importance of terminology in teaching K-12 science. *Journal of Research in Science Teaching, 20*, 577-588.

제3장 특수교육 과학과 교육의 성격과 목표

성격이란 기본적으로 개인이 지닌 특유한 성질이나 품성을 말한다. 그러나 그것이 사람을 벗어나서 어떤 사물이나 현상 따위에 적용될 때는 그 자체로 지니고 있는 성질을 말한다. 그리고 성질이란 사물이나 현상이 본디부터 가지고 있는 고유한 본바탕을 말한다. 이런 성격의 의미에 따르면 과학과 교육의 성격은 과학과 교육이 본디부터 가지고 있는 고유한 본바탕을 말한다고 할 수 있다. 과학과 교육의 본바탕을 알아야 과학과를 제대로 묘사하고, 제대로 가르칠 수 있다. 대부분의 사람이 텔레비전과 신문에서 과학에 대한 지식을 획득하고, 텍스트에 대한 비판에 참여한다. 이런 상황에서 과학과 교육은 어떤 성격을 지녀야 하는가? 과학의 본성에 대한 이해를 강조해야 하는가? 과학 지식을 일상의 문제해결에 이용하는 능력을 강조해야 하는가? 그런 태도를 강조해야 하는가? 또한 성격은 대부분 그 주체에 따라 달라지지만, 그 목적에 따라서도 달라진다. 이는 과학과 교육의 성격이 과학이라는 교과의 특성에 따라 규정될 수도 있지만, 교육목표에 따라서도 규정될 수 있다는 의미이다. 이런 관점에서 이 장에서는 먼저 특수교육 과학과 교육의 성격이 무엇인지를 알아본 다음, 그와 관련해 특수교육 과학과 교육의 목표를 알아본다.

1. 특수교육 과학과 교육의 성격

1) 과학과 교육과 과학적 소양

흔히 과학과는 과학적 소양(scientific literacy)을 기르는 교과라고 정의한다. 과학적 소양이라는 용어는 1940년대 James Bryant Conant에 의해 사용되기 시작했고(Holton, 1998), 1958년 Paul DeHart Hurd가 '과학 소양(science literacy)'이라는 제목의 논문에서 과학적 소양을 과학 및 그 응용에 대한 이해라고 설명했다(Hurd, 1958). 이런 과학적 소양은 1983년 UNESCO에서 '모두를 위한 과학(science for all)'이라는 표어 아래 학교 과학을 위한 새로운 목적을 설정하면서 과학과 교육목표로 선정되었고(UNESCO, 1983), 1985년 미국과학진흥협회(AAAS)에서 과학, 수학, 기술 교육을 개혁하기 위해 시작한 장기 프로젝트인 Project 2061에서 과학과 교육목표로 선정되면서 과학과 교육목표를 규정하는 용어가 되었다(AAAS, 1995).

Project 2061의 조직자들은 76년의 주기를 지닌 핼리 혜성(Halley's comet)에 맞추어 1985년 그 해에 학교에 입학하는 아동이 2061년 혜성이 되돌아오기 이전에 증언해야 할 모든 과학의 변화와 기술의 변화를 언급했다. 이들은 학생이 21세기의 성인으로서 필요로 할 지식과 기술에 대한 장기 비전(vision)에 따라 교육개혁을 이루어야 한다는 의미에서 Project 2061이라는 명칭을 선정하고, 다음 세대가 알아야 하고, 할 수 있어야 하는 가장 중요한 것을 과학과의 교육목표로 설정하고, 이를 과학적 소양이라고 규정했다(AAAS, 1995).

과학적 소양은 보편적으로 수용되는 정의를 찾기 어려운 용어로 "사람이 만든 세상에서, 그리고 과학적, 기술적 아이디어의 세상에서 적절한 수준으로 역량 강화를 하는 방식에 대한 이해와 자신감과 함께 기능하는 능력"(UNESCO, 1993), "일상생활 또는 진로에서 건전한 과학 지식을 창조적으로 활용해 문제를 해결하고, 결정을 하며, 삶의 질을 개선하는 능력"(Holbrook & Rannikmae, 1997), "자연적인 세상과 인간 활동을 통해 그것에 이루어지는 변화를 이해하고, 결정하는 것을 돕기 위해 과학 지식을 이용하며 문제를 확인하고 증거 중심 결론을 도출하는 능력"(OECD, 2003), "과학에 대한 지식이 세상과 상호작용할 수 있는 방법을 어떻게 변화시키며, 그것이 광범위한 목적을 성취하는 데 어떻게 사용될 수 있는지에 대한 이해"(Rychen & Salganik, 2003, p. 10) 등으로 정의된다. 이러한 과학적 소양을 요구하는 주장은 거시적 관점과 미시적 관점의 두 가지로 그 근거를 구분할 수 있다(Thomas & Durant, 1987; Shortland, 1988). 전자는 국가, 과학 또는 사회에서 발생하는 혜택을 강조하는 것과 관련되는 반면, 후자는 개인의 삶의 향상과 관련된다(Laugksch, 2000).

거시적 관점에서 과학적 소양을 옹호하는 첫 번째 이유는 과학적 소양과 국가의 경제적 안녕과의 연결과 관련된다(Laugksch, 2000). 국가의 부(富)는 국제 시장에서 경쟁의 성공에 의존한다. 국제 경쟁력은 선진국의 경우 새로운 첨단 기술 제품에 대한 세계적인 경쟁을 유지하거나 포착하기 위해, 개발도상국의 경우 소규모 틈새시장을 개척하기 위해 활발한 국가 연구 및 개발 프로그램에 의존한다. 이런 연구 및 개발 프로그램의 기반은 과학자, 엔지니어 및 기술적으로 숙련된 인력의 안정적인 공급이다. 시민이 적절한 수준의 과학적 소양을 지닌 국가만이 이런 인력의 공급을 지속할 수 있다. 이런 주장 외에 과학적 소양이 개인을 경제의 생산 부문에 더욱 지적으로 참여할 수 있게 한다는 견해도 있다(Walberg, 1983). 그러므로 과학적 소양은 개인이 다양한 방식으로 국가의 경제적 안녕에 영향을 미치는 인적 자본으로서 공헌할 수 있도록 하기 때문에 강조되어야 한다고 주장된다.

경제적 관점과 관련해 과학적 소양을 옹호하는 두 번째 주장은 대중의 높은 수준의 과학적 소양이 과학 그 자체에 대한 더 큰 지원으로 해석된다고 제시한다(Laugksch, 2000). 이것은 많은 수의 신입생이 과학에 매료될 것이기 때문에, 그리고 "과학에 대한 대중의 지지는 적어도 과학자가 하는 일에 관한 최소 수준의 일반적인 지식에 의존한다고 제안되기 때문에 이루어진다"(Shortland, 1988, p. 307). 대중이 과학자가 성취하고자 하는 것을 중요시하지 않는 한 과학이 공적 기금으로 재정 지원을 받기는 쉽지 않다. 그리고 대중이 과학의 목적, 과정, 능력을 더 많이 이해할수록 과학에 대한 비현실적이고 실현 불가능한 기대를 덜 가지게 될 수 있다. 비현실적인 기대는 과학에 대한 신뢰의 상실과 종국적으로 과학에 대한 지원의 철회로 이어질 수 있는 반면, 과학적 소양의 증대된 수준은 과학에 대한 이런 잠재적인 문제를 막을 수 있으며, 과학적으로 소양이 있는 대중이 내린 결정은 그렇지 않은 사람이 내린 결정보다 더 나을 가능성이 높아 대중의 의사결정의 질을 유의미하게 향상시켜 더욱 민주적인 의사결정을 촉진할 수 있다(Laugksch, 2000, p. 85). 특히 Prewitt (1983)는 과학적으로 정통한 시민이 정치 과정, 공공 정책 결정 및 사회 변화에 의미 있는 개입과 참여를 통해 과학-기술의 토대로 사회에서 민주적 실제를 뒷받침하는 데 도움이 된다고 주장한다. 그러므로 과학적 소양은 과학에 대한 더 큰 지원을 유도하고, 대중의 더 많은 이익을 유도하는 동력으로써 강조된다.

과학 자체가 과학적 소양을 더욱 증진함으로써 이익을 얻을 수 있는 세 번째 방법은 과학에 대한 대중의 기대와 관련된다(Laugksch, 2000). 대중이 과학의 목적, 과정, 능력에 대해 더 많이 이해할수록 과학에 대한 비현실적이고 실현 불가능한 기대를 하지 않게 될 수 있다. 물론 과학에 대한 대중의 지지와 관련하여 대중은 과학 정책의 결정 과정에 영향을 미칠 권리가 있다. 런던왕립학회(The Royal Society of Science)의 대중의 과학 이해에 관한 보고서에 따르면 과학적으로 소양을 갖춘 대중은 " ... 올바른 결정을 내릴 것이기 때문이 아니라 쟁점에 대한 적절한 이해에 비추어 이루어진 결정이 그런 이해가 결여된 것에서 이루어진 결정보다 더 낫기 때문에 공공의 의사결정의 질을 유의미하게 향상시킬 수 있다"(Royal Society, 1985, p. 9)고 했다. 또한 시민은 과학에 대해 정당한 관심을 갖고 있다. 대중은 과학의 많은 부분이 공적 자금으로 충당되고, 과학 및 기술 연구의 산물이 필연적으로 공공 및 사생활의 여러 측면에 영향을 미칠 것이기 때문에 과학에 합법적인 관심을 갖는다(Thomas & Durant, 1987). 시민의 과학적 소양 증대는 개인이 민주적 권리를 행사하도록 격려함으로써 더욱 민주적인 의사 결정을 촉진할 수 있으며, 이는 스스로 좋은 것으로 간주될 수 있다. 그 외에 과학적 소양의 증대는 사람이 자신의 민주적 권리를 현명하게 행사하도록 자극함으로써 더욱 효과적인 의사결정을 촉진할 수 있다(Thomas & Durant, 1987). 이런 주장을 지지하면서 Prewitt(1983)는 과학적으로 정통한 시민이 정치 과정, 공공 정책 결정 및 사회 변화에 의미 있는 참여와 개입을 통해 과학-기술 토대를 지닌 사회의 민주적 실제를 뒷받침하는 것을 돕는다고 주장했다.

사회 내의 관계 수준에서 운영되는 마지막 과학적 소양에 대한 주장은 과학과 문화 간의 관계와 관련된다(Laugksch, 2000). 과학이 실행되는 국가의 일반적인 건강은 과학을 광범위한 문화에 효과적으로 통합하는데 달려있다(Thomas & Durant, 1987). 과학은 일반적으로 대중에게 전문화와 전문성의 전형으로 보이게 된다. 이런 분열 과정 때문에 과학은 공통적인 문화의 번영에서 그 자체를 잘라낸다. 더 광범위한 문화로부터 과학을 고립시키면 대중은 과학을 제대로 이해하지 못하게 되고, 결과적으로 대중은 과학에 대해 지나친 찬사와 두려움을 섞어서 반응하게 된다(Laugksch, 2000, p. 85). 과학에 대한 지나친 예찬과 두려움에 대항하기 위해서는 대중의 과학적 소양이 증진되어야 한다.

이와 같이 과학적 소양을 증진시키는 데 찬성하는 주장의 거시적 관점은 국가 경제, 과학 그 자체, 과학 정책 결정, 민주적 실제뿐만 아니라 사회 전반에 대한 이익을 포함한다. 이런 거시적 관점에서 과학적 소양을 주장하는 것과 달리 미시적 관점의 과학적 소양에 대한 주장은 개인에 대한 과학적 소양의 직접적인 이득으로 돌아가서 과학 기술에 대한 향상된 이해는 과학 지배적이고 기술 지배적인 사회에 거주하는 모든 사람에게 이익이 된다고 제안한다(Thomas & Durant, 1987). 이러한 이익, 즉 과학적 소양에 따른 이익은 일상생활의 과학 및 기술 관련 문제를 다루는데 자신감을 가지며, 진로의 선택에서 도움을 받을 수 있을 뿐만 아니라 지적, 미학적, 도덕적으로도 이익을 얻을 수 있게 한다(Laugksch, 2000).

과학적 소양이 있는 개인은 자신이 살고 있는 사회에서 더욱 효과적이고 효율적으로 자신의 생활방식을 선택할 수 있다. 예를 들면, 식이 요법, 흡연, 백신 접종, 선별 프로그램 또는 가정과 직장에서의 안전에 관한 개인의 결정은 모두 과학에 대한 이해를 통해 이루어져야 한다. 또한 과학의 본성과 결과에 대한 더 큰 친숙성은 개인이 적절한 과학 방법에 의해 수집되고 한정된 증거가 없으면서 과학적이고 사실적이라고 주장되는 진술, 신념, 실제로 구성되는 의사 과학(pseudo-scientific) 정보에 저항하도록 도울 수 있다. 대중은 알려지지 않은, 예를 들어, 식이 요법이나 대체 의학에 대한 오해의 소지가 있는 아이디어에 매우 취약하다(Royal Society, 1985, p. 10).

과학적 소양의 지적, 미학적, 도덕적 이익은 서로 밀접히 관련된다(Laugksch, 2000. p. 87). 과학에 대한 지식은 교육 받은 사람이라는 것을 의미하는 중요한 요소이며, "과학은 지적으로 가능하고 고귀한 기획이다"(Shortland, 1988, p. 310). 특히 Snow(1962)는 "물리적 세계, 그 지적 깊이, 복잡성과 분절에서 과학의 구인은 인간 마음의 가장 아름답고 훌륭한 공동 작업"(p. 14)이라고 주장했다. 이처럼 과학적 소양은 지적 문화 그 자체의 증진에 기여한다. 이런 주장과 관련하여 "과학은 현대 정신의 독창적인 창조 활동"(Shortland, 1988, p. 310)이라고 하는 미학적 주장도 있다. 특히 Shortland(1988)는 과학을 "20세기의 대성당 건물 ... (그리고) 20세기의 예술"(p. 310)이라고 묘사하면서 과학은 문학, 음악, 공연 예술로서 진정으로 경작된 마음의 핵심이라고 단언한다(Shortland, 1988). 이런 주장은 아름다운 건물과 그림을 보존하는 것과 같은 이유로 과학적 소양을 옹호해야 한다고 제시한다. 그리고 "과학의 내부 규범이나 가치는 일상생활의 규범이나 가치 이상으로 멀리 떨어져 있어 더 넓은 문화로 전이하면 인간 문명화의 주요한 진전을 알릴 신호"(Shortland, 1988, p. 311)라고 제시하는 윤리적 주장도 있다. 모든 사람이 과학적 소양을 증진하면 과학의 규범과 가치에 대한 더 깊은 이해가 이루어질 것이라는 것이다.

이와 같이 과학적 소양을 주장하는 이유는 거시적으로 사회 전체의 이익을 위해서와 미시적으로 개인의 이익을 위해서이다. 그러나 사회 전체와 개인의 이익은 중첩될 수 있다(Thomas & Durant, 1987). 이것은 개인의 이익과 사회의 이익이 별개로 구분되는 것이 아니라 개인의 이익이 사회의 이익과 직결될 수 있음을 의미한다. 이 말은 과학과 교육이 개인의 이익과 사회 전체의 이익을 도모하기 위해 과학적 소양을 강조하는 교과임을 함의한다. 따라서 특수교육 과학과 교육도 특수교육을 받는 학생 개인의 이익과 더불어 사회 전체의 이익을 도모하는 성격을 지니고 있다고 할 수 있다.

2) 과학을 통한 교육과 과학적 소양

교사는 교육자이다. 교육은 과학 교사의 초점영역이며, 과학은 단지 교육을 위한 수단이 된다. 이 점을 고려하면 과학과 교육은 '교육을 통한 과학(science through education)'보다 '과학을 통한 교육(education through science)'이 되어야 한다(Holbrook, & Rannikmae, 2007). 과학을 통한 교육이란 과학과 교육의 성격을 자극하는 교수 · 학습 접근법을 나타내기 위해 제안된 용어이다. 이 용어가 제안하는 본질은 역사과가 학생을 역사가가 되도록 가르치는 것이 아닌 것과 국어과가 학생을 언어학자가 되도록 가르치는 것이 아닌 것과 같이 과학과 교육도 과학자의 방식을 강조해서는 안 된다는데 있다. 학교에서 과학과는 교육의 일부분이며, 과학과의 내용은 과학의 본성은 물론 개인 영역과 사회 영역의 발달을 촉진하기 위해 선정되었다(그림 1-1 참조). 그러므로 과학과 교육은 교육을 통한 과학보다 과학을 통한 교육이 되어야 한다.

교육을 통한 과학은 학생이 근본적인 과학 지식, 개념, 이론, 법칙을 학습하며, 과학자가 되기 위해 학습 발달의 일부로서 탐구학습을 통한 과학 과정을 담당하고, 과학자의 관점에서 과학의 본성을 평가하며, 실제적인 작업을 맡아 과학자의 작업을 평가하고, 과학 및 과학자에 대한 긍정적 태도를 개발하며, 체계적 과학과 학습의 부분으로 구어, 문어, 상징, 표, 그래픽 양식과 관련된 의사소통 기술을 습득하고, 과학 쟁점에 도전적인 의사결정을 하며, 사회에 과학을 적용하고, 과학자가 직면한 윤리적 쟁점을 평가해야 한다는 철학적 관점을 요구한다(Holbrook, & Rannikmae, 2007). 반면 과학을 통한 교육은 사회의 사회-과학 쟁점을 이해하고 처리하는데 중요한 과학 지식과 개념을 학습하며, 사회의 사회-과학 쟁점과 관련된 과학의 배경을 더욱 더 이해하기 위해 과학적 문제해결을 조사하는데 종사하고, 사회의 관점에서 과학의 본성을 평가하며, 창조성, 주도성, 안전한 작업 등과 관련된 개인적 기술을 개발하며, 사회의 발달과 과학적 노력에서 주요한 요인으로 과학에 대한 긍정적인 태도를 개발하고, 사회의 맥락에서 과학 아이디어를 더 잘 표현하기 위해 구어, 문어, 상징, 표, 그래픽 양식과 관련된 의사소통 기술을 습득하며, 사회에서 제기되는 쟁점과 관련된 사회-과학의 의사결정을 하고, 책임 있는 시민이 되며, 과학 관련 진로를 이해하는 것과 관련된 사회적 가치를 개발하는 것을 요구한다(Holbrook, & Rannikmae, 2007). 이런 과학을 통한 교육은 '과학에 의한 교육(education by science)'으로 일컬어지기도 하며, 교육학 이론, 방법에 따라 과학 개념, 법칙, 이론, 방법 등을 이용하는 응용 교육학을 의미한다(조희형, 박승재, 1995). 그러므로 과학과 교육은 인간의 추리, 상상, 창조성 등을 통해 과학 지식을 추리하고 검증하고 결정하는 과학의 본성을 전달하는 것과 더불어 학생의 개인 영역과 사회 영역을 고려해 학생을 작은 과학자로 만들기보다 사회에서 일상생활을 하는 중에 직면하는 문제를 과학적으로 탐구하고 해결하도록 하는데 그 본질이 있다.

이와 같은 과학을 통한 교육을 언급할 때도 과학적 소양은 고려되어야 한다(UNESCO, 1993). 학교에서 과학적 소양은 교수와 관련된 다른 모든 목표와 동일하게 받아들여져야 한다. 그러나 이것은 과학적 소양에 내재된 개념 지식, 개인과 사회의 가치가 구분되지 않아야 한다고 의미하지는 않는다. 의사소통 기술이 소양(literacy)의 중요한 구성 요소인 반면, 과학적 소양에 대한 접근법이 단순히 언어 또는 텍스트와 어떻게 결합되는지를 보는 것은 어렵다. 의사소통 기술의 구성요소로서 언어능력은 과학과 교육 영역 모형(그림 I-1 참조)에서 개인 영역의 일부이기 때문에 과학과 교육만이 아니라 모든 교과 영역에서 학습하는 공통 내용이다. 그래서 과학적 소양은 언어의 숙달 이상을 의미한다(Holbrook, & Rannikmae, 2007).

과학적 소양의 토대는 대부분의 학교 교육과정이 빠른 속도로 확대되고 있는 교과영역에 대해 보장되는 것보다 더 광범위한 지식의 구성요소 개발을 강조하고 있지만, 불가피하게 알아야 하는 과학 지식의 개념화와 관련된다(Schibeci & Lee, 2003). 과학 지식 자체와 이런 지식과 연결된 의사소통은 사회에서의 기능을 위한 지식과 의사소통을 위한 방법을 제공할 필요가 있으며, 이는 문화적, 지역적으로 국한될 가능성이 있다.

〈표 3-1〉 교육을 통한 과학과 과학을 통한 교육의 철학적 유사성과 차이성 비교

교육을 통한 과학	과학을 통한 교육
근본적인 과학 지식, 개념, 이론 및 법칙을 학습한다.	사회의 사회-과학 쟁점을 이해하고 처리하는데 중요한 과학 지식과 개념을 학습한다.
과학자가 되기 위해 학습 발달의 일부로서 탐구학습을 통한 과학의 과정을 떠맡는다.	사회의 사회-과학 쟁점과 관련된 과학 배경을 더 잘 이해하기 위해 과학적 문제해결을 조사하는데 종사하는 책임을 맡는다.
과학자의 관점에서 과학의 본성을 평가한다.	사회의 관점에서 과학의 본성을 평가한다.
실제적인 작업을 맡아 과학자들의 작업을 평가한다.	창조성, 주도성, 안전한 작업 등과 관련된 개인의 기술을 개발한다.
과학과 과학자에 대한 긍정적 태도를 개발한다.	사회의 발달과 과학의 노력에서 주요한 요인으로서 과학에 대한 긍정적인 태도를 개발한다.
체계적 과학 학습의 일부분으로 구어, 문어, 상징, 표, 그래픽 양식과 관련된 의사소통 기술을 습득한다.	사회의 맥락에서 과학 아이디어를 더 잘 표현하기 위해 구어, 문어, 상징, 표, 그래픽 양식과 관련된 의사소통 기술을 습득한다.
과학의 쟁점에 도전적인 의사결정을 한다.	사회에서 제기되는 쟁점과 관련된 사회-과학의 의사결정을 한다.
사회에 과학을 적용하고, 과학자가 직면한 윤리의 쟁점을 평가한다.	책임 있는 시민이 되고, 과학 관련 진로를 이해하는 것과 관련된 사회적 가치를 개발한다.

출처: Holbrook, J., & Rannikmae, M., (2007). The nature of science education for enhancing scientific literacy. *International Journal of Science Education, 29*(11), 1354.

과학적 소양은 사회에서 기능하는 능력 혹은 기능할 수 있는 잠재력을 가리키는 것으로 기대된다(Kolsto, 2000; Millar, 1996). 이것은 현재의 기술 진보를 뒷받침하는 과학에 대한 이해를 포괄할 수 있지만, 그것은 거대한 약속이며, 어떤 한 개인의 능력을 초월한다(Shamos, 1995). 사회의 과학에 대한 전체적인 이해는 학교 과학과 교육의 표적이 될 수 없다. 오히려 과학적 소양은 사회 내의 과학에 대한 자각과 평범한 시민이 갖추지 못한 이해를 제공할 수 있는 전문가의 인식과 관련된다(DeBoer, 2000; Shamos, 1995). 그러나 그것은 여전히 과학 주도 기술이 점점 더 중요한 역할

을 하는 민주 사회에서 결정을 가능하게 하지 않는다. 또한 기술 발전의 이점은 일부 사람에게는 크게 될 수 있으나, 다른 사람에게는 큰 단점이 될 수 있으며, 건강과 관련된 부작용, 환경의 지속 가능성, 혹은 경제적 이익이 가장 적절한 과학 기술을 선택하는데 핵심 요인이 될 수 있다는 인식을 발전시키지 않는다(Roth & Lee, 2004; Sadler & Zeidler, 2005). 과학적 소양은 이 모든 것을 수용하는 것으로 간주된다.

과학적 소양은 학교 수준에서 과학과 교육목표를 요약하고(AAAS, 1989; NRC, 1996), 필요한 과학과 교육의 성격을 강조하는데 이용될 수 있다는 것이 주요한 이점이다. 과학적 소양은 산만한 세부 사항의 사용을 피하고, 직관적으로 정확한 것으로 보이는 복잡한 아이디어를 설득력 있게 묘사한다(Baumert, 1997). 그러나 과학적 소양은 과학의 특정 아이디어에 대한 지배적인 역할을 옹호하고, 과학의 본성에 대한 이해를 촉진하며(AAS, 1993; NRC, 1996), 그에 따라 과학과 교육의 성격을 사회의 과학에 대한 이해에 집중하는 시각 및 과학과 교육의 성격을 주로 사회 내의 시민의 기능을 증진시키는 것과 관련된다고 보는 시각의 서로 다른 두 가지 시각에 직면한다(Holbrook, & Rannikmae, 2007).

첫 번째 시각은 과학 교사 사이에 매우 널리 퍼져있다. 이것은 과학에 본질적이며, 과학의 본성에 대한 개념을 구축하는데 요구되는 필수적인 근본적인 아이디어가 있다는 관념을 바탕으로 한다. 과학과 교육의 성격은 개념적인 과학의 구성요소에 의해 지배되며, 개인 및 사회의 측면에 초점을 맞추지 못한다. 과학과 교육의 과학 지배적인 성격은 단기적인 관점으로 기술되어 왔으며(Maienschein, 1998), 과학적 소양(scientific literacy)에 대한 장기적인 관점과 구분하기 위해 과학 소양(science literacy)이라고 명명되어 왔다.

두 번째 시각은 과학적 소양을 빠르게 변화하는 세계의 도전 과제에 적응하고, 책임 있는 역할을 할 수 있게 하는 요구로 본다. 이것은 개념의 이해에서 파생되고 과학의 본성과 연결된 건전한 과학 아이디어에 기초한 사회의 맥락에서 추론 기술의 필요를 인식한다. 이 관점은 무엇보다 과학적 소양이 모두를 위한 것으로(Roth & Lee, 2004), 과학 진로에만 초점을 맞추거나 과학의 전문화를 위한 학술적 과학 배경

만을 제공하는 것과 거의 관련이 없다고 인식한다. 이런 두 번째 관점은 본질적으로 두 가지 유형의 학교 과학과의 과정, 즉 일반적인 교육을 위한 과정과 전문가를 위한 과정에 대한 필요를 반박하며, 전문가 과정은 단순히 과제 수행 시간의 증대와 함께 전자의 연장, 즉 더 많은 과학과 수업이 될 것이라고 인식한다(Holbrook, 1998). 이런 방향은 과학 지식을 사회의 이익을 위해 현명하게 사용하는 책임 있는 시민을 주요한 초점으로 한다. Roth와 Lee(2004), Jenkins(1999) 등은 이것을 시민 과학(citizen science)이라고 불렀다. 이것은 과학의 본성과 함께 개인 영역과 사회 영역을 강하게 포함한다. 그리고 그 교수는 과학을 통한 교육의 맥락에서 이루어지며, 쟁점 기반 혹은 맥락 기반이지만(Zeidler et al., 2005), 과학 아이디어는 당면한 쟁점에 제한된다. 그러나 이것은 역사적인 관점을 제거하지 않고, 학생의 구성주의 학습과 함께 교사의 지식 투입을 배제하지도 않는다.

> 학교 과학과 교육은 변화된 사회의 맥락에 반응하고, 자신이 살아갈 세계를 형성하는데 시민으로서 공헌하도록 어린 사람을 준비시키는 것을 돕는 것을 필요로 한다. (Jenkins, 1990, p.707.)

이상에서와 같이 과학과 교육은 과학의 본성에 대한 이해와 더불어 개인 영역과 사회 영역도 포함해 교육을 통한 과학이 아니라 과학을 통한 교육이 되어야 한다고 요구되고 있다. 과학과 교육이 과학을 통한 교육이 되어야 하는 이유는 학생이 일상생활을 하는 중에 직면하는 개인의 문제와 사회의 문제에 대해 과학적 의사결정을 하도록 해야 하기 때문이다. 이런 과학을 통한 교육도 과학적 소양을 토대로 한다. 과학과 교육에서 과학 지식을 이용하기 위해 학생의 능력을 개발하는 것은 개인의 지적 기술의 발달을 가리키며, 개인 영역을 포함하는 것을 나타낸다. 그리고 과학과 교육이 사회에서 책임 있는 역할을 담당하도록 할 수 있도록 하는 것은 학생의 과학적 소양을 증진하기 위한 것으로써 사회 영역을 포함하는 것을 나타낸다. 이러한 사회 영역은 과학과 교육의 성격에 대한 핵심 원동력으로써 한 개인이 지역사회, 체제,

국가 또는 학교 상황에서와 같이 더 적은 집단 수준에서 책임 있는 태도로 행동할 수 있는 사회적 가치를 개발하고, 기술이나 책임 수준에 상관없이 직장 세계에서 기능을 할 수 있게 하며, 변화하는 사회에서 과학 및 기술에 대한 적절한 대중의 이해를 필요로 하는 필요성에 대처하는 법을 배우기 위한 개념적 배경이나 학습의 기술을 소유하는 것을 요구한다. 이러한 과학과 교육의 성격은 특수교육 과학과 교육에서도 그대로 요구되어야 한다. 즉, 과학과 교육은 과학적 소양의 증진을 위해 과학의 본성에 대한 이해만이 아니라 과학을 통한 개인의 발달과 사회의 가치를 개발하는 것이기 때문에 특수교육 과학과 교육도 학생의 과학적 소양의 증진을 위해 과학의 본성에 대한 이해만이 아니라 개인 발달과 사회의 가치를 개발하는 성격을 강조해야 한다는 것이다.

2. 특수교육 과학과 교육의 목표

1) 과학의 목적과 과학과의 교육목표

과학은 인류 문명의 발전 중에서 비교적 늦게 발전한 분야이다. 역사상 근세 이전에는 한편에 철학자의 전통이 있었고, 또 다른 한편에 장인(匠人)의 전통이 있었다. 이러한 시대에 철학자의 전통이나 장인의 전통과 구별되는 과학의 전통이 있었다고 보기는 어렵다. 그러나 과학은 문명이 나타나기 이전부터 시작된 분야이다. 근세 이전의 철학자나 장인도 과학의 성격을 지닌 기술, 사실, 생각을 하고 있었다. 결국 과학은 진리를 깨달으려는 노력에 뿌리를 두고 있다고 할 수 있다. 진리를 추구하는 일은 과학만이 아니라 종교, 예술, 문학 등에서도 가능하다. 그러나 과학은 그 과정에서 특수한 목적을 가짐으로써 다른 분야와 구별된다고 할 수 있다. 이러한 과학이 추구하는 목적을 흔히 자연에서 일어나는 현상을 기술(descriptions), 설명(explanation), 이해(understanding), 예상(anticipation), 통제(control)하는데 있다고 한다.

첫째, 기술은 대상이나 과정의 내용과 특징을 있는 그대로 나열하거나 기록하는 행위를 말한다. 즉, 기술은 관찰과 실험을 통해 자연 현상을 사실대로 기록하는 행위를 뜻하며, 일반적으로 관찰과 측정이 선행된다. 자연 현상에 관한 과학 지식의 일차적 자료로 볼 수 있는 관찰과 측정의 결과는 기술적 정보로서 기술적 개념과 지식의 바탕이 된다. 이처럼 기술적 개념과 지식은 자연의 사물에 대한 기술을 통해 획득됨으로써 직관이나 형식적 사고에 의해 얻어진 개념 및 지식과 구분된다(조희형, 박승재, 1994, p. 26). 그러나 현대의 과학 및 과학 지식은 자연 현상을 일어난 그대로 기술하는 관찰이나 일련의 목적을 달성하기 위한 과학적 조사에만 국한되지 않는다. 특히 진보되고 이론적인 과학적 지식일수록 조직적인 실험에 더 의존한다(조희형, 박승재, 1994, p. 26). 실험의 결과로 얻어진 자료는 관찰을 통해 얻어진 자료나 탐색적 조사를 통해 얻어진 자료와 정확도나 가치 등에서 차이가 날 수밖에 없다(조희형, 박승재, 1994, p. 28). 그러나 이 과정에서도 기술은 이루어진다. 그러므로 과학의 목적은 자연 현상의 특징을 객관적, 조직적, 학문적으로 기술하는 과학적 기술에 있다고 할 수 있다.

둘째, 설명은 일반적으로 질문에 대한 답, 즉 '왜 그러한가'에 대한 답을 말한다. 설명은 이론과 가설이 갖는 주요한 역할 가운데 하나이며, 현상에 대한 깊이 있는 이해를 주려는 목적을 갖는다. 과학자는 어떤 현상을 명명하고 분류하고 기술하는데 그치지 않고 그 원인을 캐내어 설명하려고 한다. 선행요인과 특수사건 사이에 존재하는 가능한 관계를 발견하여 입증될 수 있는 일반화를 만들어낸다(남철우, 김석중, 2006, p. 15). 단순히 어떤 현상이 무엇이냐를 알려고만 하지 않고 그 현상이 어떻게 제공되는가를 알려고 한다. 만약 자연과학자가 열이 금속을 팽창시킨다는 사실을 나타내는 원칙을 찾아내려고 한다면 그는 다음과 같은 설명을 할 수 있다. 물체에 열에너지를 가하면 그 열에너지는 분자의 운동에너지로 전환되어 분자의 운동이 활발해진다. 분자의 운동이 활발해짐에 따라 분자간의 공간이 커지고 이러한 현상은 물체의 팽창으로 나타난다. 따라서 한 물체의 온도 증가는 그 물체의 팽창을 초래한다고 말할 수 있다. 이러한 일반화는 인간에게 관찰하는 현상에 대한 이해를 쉽게 하고, 일단 이런 과학적 원칙을 받아들이면 그것을 얼마든지 다른 사실에 적용할 수 있는 것이다(남철우, 김석중, 2006, p. 15). 그러므로 과학의 또 하나의 목적은 어떤 현상을 설명할 수 있는 일반화, 즉 개념적인 틀을 만드는 과학적 설명이라 할 수 있다.

셋째, 이해는 주어진 정보와 자료의 의미를 파악, 적용, 분석하거나 다른 의미와 관련지우는 현상을 말한다. 이는 이해가 주어진 지식을 단순히 기억하는 것이 아니라 기존의 지식과 통합하여 체계화하는 과정임을 의미한다. 어떤 정보나 자료 그리고 지식을 이해하고 있다는 말은 그것의 의미를 다른 말로 표현할 수 있으며, 내・외연에 의해 새로운 의미를 추리해 낼 수 있다는 것을 뜻한다. 일반적으로 이해는 논리적 추리를 통해 대상을 아는 경우를 말하며, 바로 이 점에서 직접적인 관찰을 통한 지각이나 관찰과 경험을 통해 대상을 아는 인식과는 구분된다(조희형, 박승재, 1994, p. 34). 앞에서 언급한 자연 현상에 대한 설명의 궁극적인 목적은 그것에 대한 지식을 획득하고 이해하는데 있다. 자연 현상은 설명이 잘 될수록 그것에 대한 이해의 정도도 그만큼 높아지는데, 이 때문에 설명과 이해가 밀접한 연관성이 있다고 생각할 수 있다. 그러나 설명이 논리적인 측면을 갖는 반면에 이해는 심리적인 측면을 갖는다는 점에서 설명과 이해가 서로 다른 점이 있다(조희형, 박승재, 1994, p. 34). 자연에는 설명보다 이해가 요구되는 현상이 나타나기 때문에 과학적 이해는 과학의 주요한 목적의 하나가 된다.

넷째, 예상은 어떤 일을 직접 당하기 전에 미리 생각해 두는 것으로 과학은 단순히 일반화를 만드는 것뿐만 아니라 일반화가 새로운 조건에서도 작용되는 방법을 예측하는 것이다. 과학자는 널리 알려진 사실이나 받아들여진 일반화를 취해서 그로부터 미래의 사건이나 혹은 현재까지 관찰되지 않은 현상에 대한 예측을 할 수 있다. 측정 자료, 이론, 법칙을 연구함으로서 자연과학자는 미래에 일어날 일식(日蝕)의 날짜를 정확하게 예측할 수 있다(남철우, 김석중, 2006, p. 15). 예측은 비록 현상을 통제할 수는 없으나, 그것이 일어난 원인을 정확하게 제시함으로써 위험에 대한 경고를 하는 것과 같은 실제적인 과학적 해결책을 제시하기도 한다(조희형, 박승재, 1994, p. 37). 그러므로 과학의 또 다른 목적은 미래의 사건이나 현재까지 관찰되지 않은 현상을 예측하는 과학적 예상에 있다고 할 수 있다.

다섯째, 통제는 일정한 방침이나 목적에 따라 행위를 제한하거나 제약하는 것으로 어떤 사건을 통제한다는 말은 그것이 일어나도록 또는 일어나지 못하도록 억제하거나 어떤 목적에 맞게 조절할 수 있다는 것을 의미한다. 자연과학자는 자연의 법칙을 철저히 파악함으로써 예측을 할 수 있을 뿐만 아니라, 자연 현상을 통제할 수 있는 영역을 넓히려 한다. 자연의 힘을 통제하는 것이 과학자의 가장 깊은 욕망이다. 자연의 일관성이나 계속성을 인정함으로써 한번 일어난 것이 다시 일어날 수 있다는 가정을 내릴 수 있고, 어떤 특별한 조건을 일으키는 요인이나 관계를 발견하기 위해 자연 현상의 성질을 예측할 수 있다. 각 분야에 대한 철저한 지식을 획득함으로써 과학자는 바람직한 조건을 만들고 바람직하지 않은 것을 막을 수 있게 된다. 즉, 이러한 지식이 그들로 하여금 홍수가 나는 강을 막아서 생기는 에너지를 자원으로 사용하게도 하고, 많은 인명을 앗아가는 전염병도 예방할 수 있게 하는 것이다(남철우, 김석중, 2006, p. 15). 따라서 과학의 실제적인 목적은 어떤 목적에 따라 자연현상을 조절하려는 과학적 통제에 있다고 할 수 있다.

이와 같이 과학은 자연 현상을 객관적, 조직적, 학문적으로 기술하며, 자연 현상을 개념적 틀로 설명하고, 자연 현상을 이해하며, 자연 현상을 예상하고, 자연 현상을 통제하는 것을 목적한다. 이러한 목적의 과학은 과학과 교육에서도 목적으로 요구되나, 근본적인 과학 지식, 개념, 이론, 법칙을 배우고 과학자의 관점에서 과학의 본성을 평가하는 것보다 사회의 사회-과학 쟁점을 이해하고 처리하는 데 필요한 과학 지식과 개념을 배우고 사회의 관점에서 과학의 본성을 평가하는 것 등을 더욱 요구한다고 할 수 있다.

2) 과학과 교육의 역사와 과학과 교육목표

과학은 19세기에 유럽과 미국에서 학교 교육과정의 일부가 되었다. 그 이유는 대다수 과학자의 요청 때문이었다. 공개적으로 과학을 가르치는 것에 찬성한 사람 중

주목할 만한 사람은 Darwin의 진화론의 지지자이면서 경험 현상을 넘어서는 어떤 것의 존재도 알 수 없다는 불가지론(agnosticism)을 주창한 영국의 생물학자인 Thomas Huxley(1825~1895), 진화론과 지식의 종합을 주장하면서 사회보다 개인이, 종교보다 과학이 더 우월하다고 주장한 Herbert Spencer(1820~1903), 모든 지질 현상이나 생물 현상은 과거나 현재나 같은 과정을 거쳐 일어나는 것이라는 동일과정설(uniformitarianism)을 널리 받아들이게 하는 데 공헌한 Charles Lyell(1797~1875), 전기와 자기 현상을 탐구하는 전자기학(electromagnetics)의 이해에 크게 공헌한 Michael Faraday(1791~1867), 투명 물질 가운데 많은 미립자가 분산되어 있는 경우 투사된 광선이 사방으로 산란되어 광선의 통로가 흐리게 보이게 되어 하늘이 파랗게 보인다는 틴들 현상(Tyndall phenomenon)을 설명한 John Tyndall(1820~1893), 교양교육의 충실한 프로그램에는 인문학뿐만 아니라 과학도 포함되어야 한다고 주창한 Charles Eliot(1834~1926) 등이었다(DeBoer, 1991). 당시 인문학은 최고로 고결하고 가치 있는 교육 성과로 이어지는 것으로 생각된 과목으로 확고한 위치를 차지하고 있었다. 과학자는 과학의 유용성을 주장할 때 과학을 너무 지나치게 물질주의적이고 미덕이 없는 것으로 제시하지 않기 위해 조심해야만 했다. 그래서 과학자는 과학 및 기술이 지배적이 되어 가는 세계에서 과학의 실제적인 중요성을 논의하는 것 외에 과학은 최고 수준에서 지적 훈련, 즉 대부분의 형식교육을 특징짓는 연역 논리뿐만 아니라, 자연 세계를 관찰하고, 그것에서 결론을 이끌어 내는 귀납 과정에 대해서도 훈련을 제공한다고 했다. 학생은 실험실에서 독자적인 탐구와 조사를 통해 이런 사고방식을 배울 수 있었다. 독립의 태도는 개인이 가능한 임의의 권한을 초과할 수 없도록 보호하고, 그들을 열린 민주주의 사회에서 더욱 효과적으로 참여하는 것이 가능하도록 보호하는 것을 도울 수 있었다. 그래서 20세기 초에 모든 학생의 사고와 지적 발달의 독립은 중요한 교육목표로 강조되었다.

20세기 초반 동안 과학과 교육은 생활과의 관련성 및 사회 공헌을 토대로 더욱 더 정당화되었다. 이 때 Clarence Kingsley는 "중요한 것은 논리적으로 조직된 과학으로서 특정 주체의 요구보다 생활 활동에 대한 과학 지식의 적용이 중요하다"(National

Education Association, 1918, p. 8)고 주장했다. 그러나 1930년대에는 한편에서 자연계에 대한 광범위한 지적 이해와 과학적 사고 방법 사이의 올바른 균형 및 다른 한편에서 효과적인 생활에 대한 과학의 효용 간의 균형을 강조했다. 그리고 1940년대에는 과학의 사회 관련성을 다시 분명하게 강조했다. 특히 1945년 Harvard General Education Committee는 일반교육에서 과학과 교수는 주로 광범위한 통합 요소, 즉 과학 및 사고의 다른 양식의 비교, 개별 과학의 상호 비교와 대조, 과학과 그 자체의 과거와 일반적인 인간사와의 관계, 과학과 인간 사회와의 관계로 특징지어져야 한다고 하면서 이것은 과학이 모든 학생의 교육에 지속적으로 기여할 수 있는 영역이라고 주장했다(National Society for the Study of Education, 1947, p. 20).

이와 같은 관념은 제2차 세계 대전과 더불어 과학의 발달이 사회를 파괴하는 잠재력을 지니고 있다는 자각에 따라 완화되었다. 이런 과학에 대한 공공의 반과학 태도와 사회에서 과학의 역할에 대한 철저한 비판에 대한 우려는 과학을 가르치는 새로운 이유를 만들어 내었다. 한편에서 대중은 과학과 관련된 위험이 있다면 그런 위험에 관해 지적 판단을 내리기 위해 지식과 기술을 필요로 했으며, 다른 한편에서 시민은 과학이 세상에서 양심적인 힘을 발휘하는 정도까지 과학을 지지할 수 있기를 희망했다. 이런 입장에서 과학과 교육은 "모든 학생에게 그 자신과 사회의 이익을 위한 것이며, 우연히 복지나 과학의 미래에 대한 관심을 포함한다"(National Society for the Study of Education, 1947, p. 61)고 주장되었다.

제2차 세계 대전 이후 과학과 사회의 관계에서 또 다른 변화는 과학 및 기술의 발전이 국가 안보를 위한 중요한 자원이라는 인식의 증대였다. 특히 1960년대에 가까워지면서 과학 교육계는 1957년 소비에트연방(Soviet Union)에 의한 지구 궤도 위성 Sputnik의 진입에 따라 과학 지식의 전략적 역할에 점점 더 관심을 갖게 되었다. 그 당시 과학 교육자는 제2차 세계대전 직후와 마찬가지로 과학을 이해하고 과학자의 연구에 동조하는 시민을 배출해야 한다고 강조했다. 또한 과학의 위협과 약속에 관해 제2차 세계 대전 이후에 등장했던 시민의 책임 주제도 상당 부분 입증되었다. 그러나 모든 사람이 국가 안보 우려의 토대 위에서 정당화되는 과학과 교육에 편안해하지는 않았다. 과학 교육자는 과학과 교육의 목적이 질적으로 달라야 한다고 믿었고, 과학을 가르치는 것은 여전히 개인의 발달을 위해 개인이 변화하는 사회에서 생활에 적응하도록 돕는 것이어야 한다고 주장했다. 그러면서 과학을 가르치는 새로운 목표로 제시한 것이 과학적 소양이었다. 그러나 이 당시 과학적 소양은 특정 정의 없이 문화의 힘으로써 과학에 대한 폭 넓은 이해를 말하는 의미로 사용되었다 (DeBoer, 2000).

1970년대에 접어들며 대다수 과학 교육자는 학생의 흥미와 발달 요구를 희생시키면서 학문의 구조에 크게 초점을 맞추는 것은 교육에서 현명하지 못하다는 것을 깨달았다. 과학의 기술적 적용과 함께 과학과 사회 사이의 관계는 다시 과학과 교육과정의 목표로 촉진되었으며, 과학적 소양이라는 용어는 과학의 광범위한 연구를 기술하는데, 특히 과학의 일상적인 적용과의 관계에서 사용되었다. 과학과 사회의 관계로서 과학적 소양은 미국의 과학교사협회(National Science Teachers Association: NSTA)에 의해 1970년대를 위한 학교 과학과 교육목표로 확인되었으며, 과학적 소양을 지닌 사람은 "그가 다른 사람과 그 자신의 환경과 상호작용하는 것으로서 일상의 결정을 하는데 과학 개념, 과정 기술, 가치를 사용하는" 그리고 "과학, 기술, 사회, 경제 발달을 포함한 사회의 다른 측면 사이의 관계를 이해하는"(NSTA, 1971, pp. 47-48) 사람으로 정의되었다.

1970년대와 1980년대 초반에 과학적 소양은 사회의 맥락에서 과학과 더욱 강력하게 동일시되는 것으로 규정되었다. Gallagher(1971)에 의하면, "민주주의에서 미래 시민의 경우 과학, 기술, 사회의 상호 관계를 이해하는 것은 과학의 개념과 과정을 이해하는 것만큼 중요할 수 있다"(p. 337). 그리고 Hurd(1970)에 의하면, 과학의 사회 맥락은 일반적인 교육목표의 과학을 가르치는 오직 적절한 맥락이었다. 1982년에 NSTA는 과학과 교육목표를 "과학, 기술, 사회가 서로 영향을 미치는 방법을 이해하며, 일상의 의사결정에 이런 지식을 사용할 수 있는 과학적 소양을 갖춘 개인을 개발하는 것"(NSTA, 1982)이라고 진술했고, Hofstein과 Yager(1982)는 과학은 학생의 개인 요구와 관련하여, 그리고 현대 생활의 중요한 측면-농업 생산의 맥락에서 화학-

과 관련하여 가르쳐져야 한다고 하면서 학생은 과학을 사회적, 문화적 힘으로, 그리고 과학과 나머지 인간 지식 사이의 관계로 자각하게 되어야 한다고 주장했다. 이러한 과학-기술-사회(science-technology-society: STS) 교육과정의 목표는 학생에게 과학과 사회의 상호작용에 관한 지식 및 과학 관련 사회 문제에 관한 결정을 하는 능력을 주는 것이었다. 많은 STS 옹호자의 경우 STS 교육의 최고 목표는 사회적 행동이었다. 학생은 과학 관련 사회 문제를 확인하고, 문제가 사회에서 수행되는 맥락을 분석하며, 결정을 하는데 포함된 핵심적인 개인과 집단을 알고, 과학 관련 문제 그 자체를 조사하고, 실행 계획을 수립하고, 그 계획을 적절한 곳에 실행할 수 있어야 했다(Ramsey, 1989). 이러한 제안이 특히 논란의 여지가 있게 된 것은 과학 분야의 내용이 아닌 사회 문제가 과학을 가르치는 것의 주제를 조직하는 것으로 사용되어야 한다는 것이었다. 20세기 초에 Kilpatrick(1918)에 의해 사회적으로 관련된 문제를 교육과정을 조직하는 토대로 하는 '프로젝트 방법(project method)'이 소개되었지만, 이 방법을 제외하고 과학과 교수는 항상 과학 내용을 중심으로 조직되었다. 그래서 과학과 교육이 주로 과학 내용에 관한 것인지 아니면 과학 중심 사회 문제에 관한 것인지에 대한 논쟁이 이루어졌다. 이런 논쟁과 더불어 교육에 표준 중심 개혁(standard- based reform)이 요구되면서 과학과도 모든 학생에게 더 높은 표준과 평가와 책무성을 요구하게 되었다.

1989년 AAAS에 의해 발표된 프로젝트 2061의 '모든 미국인을 위한 과학(science for all Americans)도 표준 중심 개혁 요청에 대한 하나의 응답이었다. 이 보고서의 목적은 교육자가 모든 학생에 의해 습득될 수 있는 과학적 소양을 만드는 것을 시작할 수 있도록 하기 위해 과학과의 교육목표를 명확히 하는데 있었다. 프로젝트 2061에서 제안한 학습 성과는 "자연 세계에 정통하고 그 일치를 존중하는 것, 수학, 기술, 과학이 서로 의존하는 중요한 방식 일부를 자각하는 것, 과학의 핵심 개념과 원리를 이해하는 것, 과학적 사고방식을 위한 능력을 가지는 것, 과학, 수학, 기술이 인간 기획임을 아는 것, 자신의 강점과 한계에 관해 암시하는 것을 아는 것, 개인 및 사회의 목적을 위해 과학 지식과 사고방식을 사용할 수 있는 것"(AAAS, 1989, pp. xvii-xviii)

이었다. 그리고 학습의 공통적인 핵심은 (1) 내용이 장기 고용 전망과 개인의 결정 능력을 향상시키는가? (2) 내용이 과학 및 기술과 관련된 정치적 결정을 내리는 데 지적으로 참여하도록 돕는가? (3) 내용이 인류 역사에서 그렇게 중요한 과학, 수학, 기술의 측면을 제시하거나 문화에 매우 전반적이어서 일반적인 교육이 그들 없이는 불완전한가? (4) 내용이 인간 존재에 대한 지속적인 의문을 깊이 생각하도록 돕는가? (5) 내용이 다음의 삶에서 그것이 가져올 것과 관계없이 현재 아동의 삶을 풍부하게 하는가?(AAAS, 1989, pp. xix-xx)라는 준거를 토대로 선정되었다. 그리고 미국의 국립과학원(National Academy of Sciences)이 '모든 미국인을 위한 과학'을 발표한 직후 모든 학생이 과학적 소양을 성취하도록 보장하기 위해 1992년에 시작한 국가 과학 교육 표준(National Science Education Standards)의 목표는 모든 학생이 일련의 내용표준을 숙달함으로써 과학적 소양을 성취하는 것이라고 규정하고, 이런 내용표준의 판별을 위한 다섯 가지 가정을 제시했다.

(1) 사람은 모두 일상적으로 이루어지는 선택을 위해 과학 정보를 사용하는 것을 필요로 한다.
(2) 사람은 모두 과학과 기술을 포함한 중요한 문제에 관한 공적 토론과 논쟁에 지적으로 참여할 수 있게 되는 것을 필요로 한다.
(3) 사람은 모두 자연계에 관한 이해와 학습에서 올 수 있는 흥미와 개인의 만족감을 공유할 가치가 있다.
(4) 점점 더 많은 직업이 사람이 배우고, 추리하고, 창의적으로 사고하고, 결정을 하고, 문제를 해결할 수 있는 것을 요구하는 진보된 기술을 요구한다. 과학 및 과학의 과정에 대한 이해는 이러한 기술에 필수적인 방법으로 기여한다.
(5) 세계 시장에서 속도를 유지하기 위해 미국은 동등한 능력을 갖춘 시민이 있어야 하는 것을 필요로 한다.

(National Research Council, 1996, pp. 1-2.)

이상의 과학과 교육의 역사는 과학과의 교육목표와 과학적 소양의 의미를 시대의 상황에 따라 여러 가지로 제시했다. 이러한 과학과 교육의 역사에서 나타난 과학과 교육목표를 요약하면 다음과 같다(DeBoer, 2000, pp. 591-593).

세계의 문화적 힘으로서 과학에 관한 교수·학습

과학은 지적 유산의 일부로서 그 중요성의 토대로 교육과정의 한 부분을 차지한다. 그것은 세대를 거쳐 다음 세대로 전달되어야 하는 문화적 경험의 중요한 부분이다. 적어도 19세기 중반 이래 교육과정에서 과학의 지지자는 지식이 풍부하고, 문화가 풍부하며, 소양을 갖춘 개인이 자연계가 작동하는 방식에 관한, 사고의 과학적 방식에 관한, 사회에 미치는 과학의 효과에 관한 어떤 일을 알아야 한다고 주장해 왔다. 문화의 연구로서 과학은 그것에 대한 현재의 이해와 마찬가지로 과학 아이디어에 대한 역사적인 발전을 가르치기 위해 필요하다.

직업 세계를 위한 준비

과학과 교수는 학생에게 직업 세계에서 유용하며, 과학 및 기술이 큰 역할을 하는 세계에서 그의 장기 고용 전망을 촉진할 지식과 기술을 제공해야 한다. 과학은 학생에게 잠재적인 과학 관련 진로에 대한 인식과 궁극적으로 과학자로서의 진로를 갖게 할 더 이상의 공부를 위한 기회를 제공할 수 있다. 과학의 공부와 기술 분야의 성공적인 고용의 연결은 19세기 이래로 자주 제기된 요점이다.

일상생활에 직접 적용되는 과학에 대한 교수 · 학습

자연계가 작동하는 방식에 대한 지식은 일상생활에 유용하다. 과학의 개념과 원리는 학생이 자신의 일상생활에서 과학의 응용을 보는 그런 방식으로 선택되고 가르쳐질 수 있다. 마찰, 빛, 전기, 열, 증발 및 응축, 식물 영양, 인체 해부학 및 생리학, 건강 및 질병, 광합성, 신진 대사, 미생물학 등에 대한 이해는 모두 자연 세계와 함께 더 많은 정보와 지적 경험에 기여한다. 이것은 적어도 20세기 초반 이래 과학을 가르치는 특별한 목적이었으며, 진보주의 시대의 교육 특징이었다. 이것은 인류의 역사 동안 여러 시대에 걸쳐 과학을 가르치는 대중적인 목적의 일부가 되어 온 기술의 응용에 대한 친숙함과 혼동되어서는 안 된다.

학생을 박식한 시민이 되도록 가르치기

과학과 교육은 과학 관련 사회 문제를 지적으로 처리하고, 책임감 있게 투표하고, 적절한 경우 사회에 미치는 과학의 영향과 관련된 정책에 영향을 미치도록 준비된 박식한 시민을 개발하도록 도울 수 있다. 유전자 변형 식품, 호수 원천 냉각, 원자력 발전소, 지구 온난화, 불소화된 물, 에너지 보존 등과 관련된 문제는 매일 우리가 직면하는 문제이다. 시민은 자신이 이러한 쟁점에 대한 자각, 사회에서 이루어진 그것과 관련한 결정방법에 대한 이해, 자신과 지역사회에 영향을 미치는 정책을 지능적으로 실행할 수 있도록 하기 위해 그 자신이 직접 그들을 조사하는 기술을 지니는 것을 필요로 한다. 민주 사회의 성공은 이러한 종류의 시민 참여에 의존한다.

자연계를 조사하는 특별한 방식으로 과학에 관해 배우기

과학은 자연계를 보는 특별한 방식이다. 학생은 이 사고 방식을 소개 받고, 그것이 우리의 세계에 대한 지식을 창출하는 중요한 수단이기 때문에 스스로 그것을 사용하는 방법을 배워야 한다. 또한 학생은 과학의 방법이 다른 사람에 의해 올바르게 사용되었을 때와 그렇지 않을 때를 인식할 수 있어야 한다. 자료의 타당성, 증거의 본질, 객관성과 편견, 일시성과 불확실성, 자연계의 규칙성과 단일성의 가정은 모두 학생이 자각해야 하는 중요한 개념이다. 동시에 학생은 과학의 한계와 세계에서 기능적인 사고의 다른 방식의 힘을 인식하는 것을 필요로 한다. 과학의 영역 바깥에 우리의 존재에 대한 정서적, 영적 측면이 있으며, 이것과 과학의 본성 간의 경향은 학생이 과학이 무엇인지, 과학이 아닌 것이 무엇인지를 충분히 이해할 수 있도록 하기 위해 도출되어야 할 필요가 있다.

대중 매체에 나타나는 과학 보고서 및 토론 이해

과학과 교육은 미디어에 등장하는 과학에 관한 보고 및 토론을 비판적으로 따를 수 있고, 자신의 일상 경험의 일부인 과학 및 과학 관련 쟁점에 관한 대화를 받아들일 수 있는 시민을 개발해야 한다. 개인은 과학적 발견에 대한 이야기를 읽고 이해할 수 있어야 하며, 과학 윤리와 관련된 토론을 따르고, 읽거나 들었던 내용을 서로 의사소통할 수 있어야 한다. 민주주의 원리는 모든 사람이 지식을 보유하고 적절한 경우 이러한 문제에 관해 정보를 지니고 의견을 제공하기 위해 지식, 지적 기술, 관심을 개발할 합리적인 기회를 갖는 것을 요구한다.

미적 호소를 위해 과학에 관해 배우기

자연계는 강력한 심미적 호소력을 지니고 있으며, 그 지식은 사람에게 많은 개인적인 만족을 제공할 수 있다. 학생은 매우 다양한 동식물에 대한 감사와 동물 행동의 매혹적인 복잡성, 지질 구조에서 발견되는 자연의 아름다움, 바다와 하늘에 의해 유지되는 신비를 개발할 수 있도록 하기 위해 자연의 역사에 대한 공부를 해야 한다. 과학과 교수는 미적 고려 사항을 염두에 두고 이러한 자연 현상에 대한 직접적인 경험을 제공할 수 있다. 19세기에 자연주의 연구가 오늘날보다 더욱 일반적이었을 때 과학을 가르치는 것은 흔히 자연의 진리와 아름다움에 대한 탐색의 토대 위에서 정당화되었다.

과학에 공감하는 시민 준비

과학과 교육은 과학에 대한 공감적인 태도와 과학 전문 지식을 활용하려는 의지를 지닌 시민을 준비함으로써 과학 그 자체를 발전시켜야 한다. 이런 목적은 국가에서 점증된 반과학적 태도에 대한 반응으로써 2차 세계 대전 직후에 가장 두드러지게 나타났다. 19세기 인류의 진보와 그런 진보 이면의 동력으로서 과학에서의 신념은 과학에 대한 의구심을 순수하게 유익한 힘으로 길러 주기 시작했다. 이런 목적은 과학이 균형을 이루고 선을 위한 힘이며, 과학에 대한 자각과 과학의 방법이 학생의 입장에서 과학에 대한 인식으로 이어질 것이라는 가정에 기초했다.

기술의 본질과 중요성 및 기술과 과학의 관계 이해

과학과 교육은 기술의 중요성 때문에, 그리고 기술이 과학에 대해 지닌 밀접한 관계 때문에 과학과 교육은 기술의 본성 및 과학과 기술의 상호 의존성에 대한 논의를 포함해야 하며, 기술적 설계를 계획, 수행, 평가하는 데 필요한 기술의 연습을 포함해야 한다. 기술 교과는 물리적 세계를 다루며, 기술 설계는 과학 원리에 의존하고, 과학 탐구의 방법과 평행하기 때문에 과학과 교육과정의 합법적인 부분이 되며, 기술 교과는 학생의 일상적인 경험에서 구체적인 사물을 다루기 때문에 그 공부는 학생에게 더욱 직접적으로 흥미롭고 동기가 되는 잠재력을 지니고 있다. 교육의 역사를 통해 기술은 과학을 가르치는 것과 밀접하게 관련되어 있지만, 과학과 교육과정에서 그 역할은 다소 불확실하다. 20세기 상반기 동안 과학을 가르치는 것은 흔히 기술 응용에 초점을 맞추었다. 그러나 1950년대 후반에는 기술을 가르치는 것에서 벗어나 과학의 원리를 가르치는 방향으로 나아가려고 한 구체적인 노력이 있었다. 지난 몇 십 년 동안 과학 교육자 사이에서 기술과 과학의 명백한 통합이 이루어졌다.

3. 특수교육 과학과 교육목표로서 과학적 소양

1) 과학적 소양의 개념과 과학과 교육목표

과학적 소양은 과학과 교육의 바람직한 목표로서 보편적으로 인정을 받고 있지만, 그 의미는 명료성이 거의 없고, 정확히 그것이 교육과정 준비와 관련해 지니는 의미에 관한 합의도 거의 이루어지지 않고 있다(Hodson, 2003). 일부는 과학적 소양을 합리적인 이해의 수준에서 과학 및 공학의 문제에 관한 신문과 잡지의 기사를 읽는 능력으로 보는 반면, 다른 일부는 그것을 전문적인 과학자, 공학자, 기술자로서 진로에 본질적인 지식, 기술, 태도를 소유하는 것으로 본다. 또 일부는 STS를 강조해 과학, 기술, 사회의 상호작용에 대한 더 많은 고려를 포함하기 위해 과학과 교육과정의 지식 토대의 확장을 주장하는 반면, 다른 일부는 교육과정 의사결정자에게 세계시장에서 경제 성장의 지속과 효과적인 경쟁에 본질적인 것으로 보이는 지식과 기술에 집중하도록 촉구한다. 이런 과학적 소양의 개념에 대한 해석의 차이는 연구 및 과학적 소양을 갖춘 개인의 특성과 그러한 개인이 할 수 있어야 하는 특성에 관한 개인의 지각에 기초한다.

과학적 소양의 정의에 대해 토대를 제공하려고 한 초기 시도의 하나는 Pella, O'Hearn 및 Gale(1966)의 연구였다. 이들은 1946년과 1964년 사이에 출판된 논문을 100편 선정해 과학적 소양과 관련이 있는 주제의 출현 빈도로 과학적 소양을 갖춘 개인을 (1) 과학과 사회의 상호 관계, (2) 자신의 작업에서 과학자를 통제하는 윤리, (3) 과학의 본성, (4) 과학과 기술의 차이, (5) 과학의 기초 개념, (6) 과학과 인문학의 상호 관계에 대한 이해를 지닌 사람으로 규정했다(Pella, O'Hearn, & Gale, 1966). 이들의 과학적 소양의 개념에 관한 연구는 Showalter(1974)에 의해 과학적 소양을 갖춘 개인은 (1) 과학 지식의 본질을 이해하고, (2) 우주와 상호작용하는데 적절한 과학 개념, 원리, 법칙, 이론을 정확히 적용하며, (3) 문제해결, 의사결정, 우주에 대한 자신의 이해를 증진시키는데 과학 과정을 사용하고, (4) 과학의 근원이 되는 가치와 일치하는 방식으로 우주의 다양한 측면과 상호 작용하며, (5) 과학과 기술의 합작 기업과 이들과 사회의 다른 측면과의 상호 관계를 이해하고 인식하며, (6) 자신의 과학과 교육의 결과로서 우주에 대해 더욱 풍부하고 만족스럽고 흥미진진한 관점을 개발하고, 자신의 삶 전체를 통해 이런 교육을 계속 확장하며, (7) 과학 및 기술과 관련된 많은 조작 기술을 개발하는 일곱 개의 차원으로 정교화했다. 이들의 연구는 과학적 소양을 특수성의 정도로 정의했다는데 특징이 있다(Laugksch, 2000).

Pella, O'Hearn 및 Gale(1966)이 과학적 소양에 대해 해명한 25년 이후 AAAS의 Project 2061의 산물인 '모든 미국인을 위한 과학(Science for All Americans)' (AAAS, 1989)은 과학적 소양을 갖춘 사람을 "과학, 수학, 기술이 각각 강점과 한계를 지닌 상호 의존적인 인간 기획임을 자각하고, 자연적인 세상에 친숙해 그 다양성과 통일성을 인식하며, 개인과 사회의 목적을 위한 사고에 과학 지식과 과학적 방법을 사용하는 사람"(AAAS, 1989, p. 4)으로 정의하고, 과학적 소양을 갖춘 것으로 간주되기 위해 "전체 학교 경험의 결과로서 모든 학생이 습득해야 하는 지식, 기술, 태도를 명시하는"(p. 3) 일련의 권고 사항을 제시했다. 그런데 이 내용은 과학적 소양을 증진시키기 위한 두 가지 주장에 지배되어 있었다. 그 하나는 개인의 자기 충족, 즉 개인이 다른 일 중에서 개인적으로 성취하고 책임감 있는 삶을 이끌 수 있도록 준비하는 것을 중심으로 하고, 다른 하나는 미국의 미래가 개인이 받은 과학과 교육의 질에 의존한다는 믿음에 기초하고 있었다. 즉, 이 주장은 국가의 사회 경제 요구에 기초한다는 것이었다(Fourez, 1989). 이런 주장은 광범위한 목표이기 때문에 '모든 미국인을 위한 과학'에 포함된 권고안은 다음과 같이 과학적 소양에 대한 매우 광범위하고 포괄적인 정의를 반영했다(Laugksch, 2000).

첫째, 과학적 소양을 갖춘 것으로 간주되기 위해 숙달해야 하는 내용의 범위는 물리학, 화학, 생물학 등의 전통적인 핵심 개념과 원리에 제한되지 않을 뿐만 아니라, 수학, 기술, 사회 과학의 내용도 포함한다(AAAS, 1989). 특히 과학적 소양의 개념 모형에 사회 과학을 포함한 것은 새로운 것이며, 모든 미국인을 위한 과학은 과학적으로 개인이 "종(種)으로서 그 자신에 관한 것"(AAAS, 1989, p. 67)을 알아야 하는 것과 마찬가지로 그런 사람이 "개인 및 집단 행동, 사회 조직, 사회 변화의 과정과 관련된 인간 사회"(p. 77)에 관해 알아야 하는 것에 관한 내용을 포함한다.

둘째, '모든 미국인을 위한 과학'에서 과학적 소양을 갖춘 사람에 대한 개념은 일부 그런 개인의 과학적 노력에 대한 이해를 나타낸다. '모든 미국인을 위한 과학'에 의하면 과학적 소양은 아는 방식을 매우 성공적으로 만드는 과학, 수학, 기술과 관련된다(AAAS, 1989). 그 초점은 결과적으로 과학적 세계관, 탐구의 과학적 방법, 과학적 기획의 본질, 수학 및 수학 과정의 특징, 과학과 기술의 연결, 기술 그 자체의 원리, 기술과 사회와의 관계에 관한 것이다(AAAS, 1989). 또한 이 보고서는 수학, 기술, 과학에 걸쳐 있는 체제, 모형, 안정성, 변화의 패턴, 진화, 규모와 같은 공통 주제에 대한 권고 사항을 포함하며, '모든 미국인을 위한 과학'에 의하면 그것은 학문의 경계를 초월한다(AAAS, 1989). 지구를 우주의 중심으로 바꿔 놓기, 물질과 에너지 결합, 시간과 공간 등과 같이 "우리의 문화유산의 중요성을 뛰어넘는 과학적 노력의 역사에서 일부 에피소드"(AAAS, 1989, p.111)에 관한 권고사항은 과학적으로 소양을 갖춘 개인이 숙달해야 할 지식 기반을 완성한다.

셋째, '모든 미국인을 위한 과학'에 포함된 권고 사항을 과학적 소양에 대한 매우 광범위하고 포괄적인 정의에 반영하는 방법은 과학적 소양을 갖춘 개인이 소유하고 나타내어야 하는 가치, 태도, 기술과 관련된다. 이러한 '마음의 습관(habits of mind)'은 분명히 정확하게 기록되어 있으며, "과학, 수학, 기술에 고유한 가치, 과학 및 기술의 사회적 가치, 일반적인 사회 가치의 강화, 과학과 수학을 이해하는 그 자신의 능력에 대한 사람의 태도에 내재된 가치"(p.133) 뿐만 아니라 계산 기술, 조작 및 관찰 기술, 의사소통 기술, 비판-반응 기술과 같은 특별한 기술을 포함한다(AAAS, 1989). 사고와 행동 방식과 마찬가지로 이런 지식과 학습에 대한 관점의 공유는 과학적으로 소양을 갖춘 개인을 그 자신의 삶과 관련된 결정에 관해서뿐만 아니라 신기술의 사용 및 환경과 문화에 대한 그들의 함의의 평가와 같이 일반적으로 사회에 영향을 미치는 쟁점과 관련해서도 "흔히 증거, 양적 고려 사항, 논리적 주장, 불확실성을 포함하는 문제에 현명하게 대처할 수 있도록 한다"(p. 13)(AAAS, 1989).

또한 OECD는 국제 학생 평가 프로그램(Programme for International Student Achievement: PISA) 2006 과학에서 과학적 소양의 본질은 과학과 관련된 생활 상황에 과학적 이해를 적용하는 능력을 포함한다고 규정하고, 과학적 소양을 (1) 질문을 확인하고, 새로운 지식을 습득하고, 과학 현상을 설명하고, 과학 관련 쟁점에 관해 증거에 기초한 결론을 도출하기 위한 과학 지식과 그런 지식의 사용, (2) 인간 지식과 탐구의 한 형태로서의 과학의 특징적 특징에 대한 이해, (3) 과학과 기술이 우리의 물질적, 지적, 문화적 환경을 형성하는 방법에 대한 자각, (4) 건설적이고 관심 있고 반성적인 시민으로서 과학 관련 쟁점 및 과학 아이디어에 참여하려는 자발성이라는 개인의 네 가지 상호 관련된 특징으로 언급했다(OECD, 2006). 그리고 PISA 2015 과학에서는 과학적 소양을 반성적인 시민으로서 과학 관련 쟁점과 과학의 아이디어에 참여하는 역량으로 정의하고, 과학적 소양을 갖춘 사람은 현상을 과학적으로 설명하고, 과학 탐구를 평가하고 설계하며, 자료와 증거를 과학적으로 해석하는 역량을 요구하는 과학 및 기술에 관한 합리적인 담론에 기꺼이 참여한다고 기술했다(OECD, 2016).

이와 같이 매우 다양하게 개념화 되는 과학적 소양은 그러한 정의 사이에서 더욱 의미 있게 구분하기 위해 어떻게 사용되는지와 관련하여 학습된 것으로서의 소양, 능력으로서의 소양, 사회에서 기능할 수 있는 것으로서의 소양이라는 또 다른 범주로 구분될 수 있다(Laugksch, 2000). 학습된 것으로서의 소양에서부터 사회에서 기능할 수 있는 것으로서의 소양으로 이동하면, 점점 더 획득한 과학적 소양으로 과제를 수행하게 될 수 있다는 것과 일상생활에 대처하는데 과학적 소양을 사용할 수 있게 된다는 것에 더욱 강조점이 주어진다(Laugksch, 2000). 즉, 사회에서 가능할 수 있는 과학적 소양을 갖추면 학습된 과학적 소양이나 능력으로서의 과학적 소양을 갖춘 것보다 더욱 과학적 소양으로 과제를 수행하며 과학적 소양을 일상생활에 사용할 수 있게 된다는 것이다.

과학적 소양의 일부로 요구되고 지적 능력을 포함하나 그런 능력을 획득하는데 명백히 진술된 목적을 요구하지 않는 과학적 소양의 정의는 학습된 범주에 포함된다. 반면 맥락이 과학적 소양을 갖춘 개인이 조작하는데 필요하거나 과학 관련 신문기사 읽기, 식량, 건강, 피난처 등과 관련된 실용적인 문제해결과 같은 특별한 활동을 수행하는 것을 요구하면, 그런 과학적 소양의 개념은 능력의 범주에 배치된다. 그리고 과학적 소양을 갖춘 개인이 소비자 혹은 시민과 같이 사회에서 특별한 역할을 수행해야 하는 경우의 과학적 소양의 정의는 사회에서 기능할 수 있는 범주에 사용된다(Laugksch, 2000). '모든 미국인을 위한 과학'에서 사용된 과학적 소양의 개념도 과학적 소양이 일반적으로 사회 및 국가 수준에서 전 세계 및 지역의 문제에 대한 효과적인 해결책을 개발하고, 지구의 생명 지원 시스템을 파괴하는 위험 없이 자연을 존중하는 것과 마찬가지로 개인의 수준에서 시민이 교조주의자와 엉터리 예술가의 희생양이 되는 것을 방지하기 위해 더 나은 의사결정에 활용하는 것 등을 요구해 사회에서 기능할 수 있는 것으로서의 과학적 소양 범주에 속한다(AAAS, 1994), PISA 2015의 과학적 소양도 역량을 강조하기는 하지만 반성적인 시민으로서 사회의 과학 관련 쟁점과 담론에 자발적으로 참여하는 것을 요구하여 사회에서 기능할 수 있는 것으로서의 과학적 소양의 범주에 속한다고 할 수 있다. 이런 범주에 속하는 과학적 소양을 갖춘 개인은 사회에서 특별한 역할을 수행하고, 영양, 건강, 에너지 활용과 같은 자신의 개인적 혹은 경제적 안녕에 영향을 미치는 사회 맥락의 광범위한 다양성에서 과학적 소양을 필요로 하고 사용하는 것을 보장하는 시민과 소비자로 받아들여진다(Jenkins, 1993).

이와 같은 과학적 소양의 개념에 대한 검토는 과학적 소양이 그동안 다양한 의미를 지니고 있었고, 앞으로도 계속 그럴 가능성이 있음을 보여준다. 그러나 여기서 내릴 수 있는 결론의 하나는 과학적 소양이 보통 일반적인 교육목표에 대한 과학의 광범위하고 기능적인 이해를 함의하고, 과학자와 같이 특정 과학 진로를 위해 준비하는 것이 아니라, 사회에서 특별한 역할을 수행하는데 필요한 역량을 구비해 사회에서 적절히 기능하도록 하는 것으로서 그것이 과학과의 교육목표가 되어야 한다는 것이다. 이러한 과학적 소양의 요구는 모든 학생, 특히 다문화, 다언어 학생과 장애 학생의 경우 도전 과제가 된다. 과학적 소양은 우수한 학생에게만 제한되어서는 안 된다. 현대 세계의 기능은 과학의 이해를 요구하기 때문에 모든 학생이 과학적 소양을 갖춰야 한다(Westby & Torres-Velasquez, 2000). 따라서 특수교육 과학과 교육도 학생이 사회에서 특별한 역할을 수행하는데 필요한 역량을 구비해 사회에서 적절히 기능하도록 준비하는 것을 목표로 해야 한다고 할 수 있다.

2) 과학적 소양의 구성 요소와 과학과 교육목표

과학적 소양은 미국 등에서 사용하는 용어인 반면, 영국에서는 '과학에 대한 대중의 이해(public understanding of science)'라는 용어로 사용되고, 프랑스에서는 '과학 문화(la culture scientifique)'라는 용어로 사용된다(Durant, 1993). 이런 과학적 소양이란 용어에 대한 단순한 개념화는 대중이 과학에 관해 알아야 하는 것과 대중이 누구인가에 대한 관점의 차이 때문에 다양한 의미로 해석된다. 과학적 소양의 개념에 대한 해석의 차이는 연구 및 과학적 소양을 갖춘 개인의 특성과 그러한 개인이 할 수 있어야 하는 특성에 관한 개인의 지각에 기초한다. 과학적 소양은 과학의 분류학, 시간 관계, 인과 관계에 대한 전문 지식과 이러한 지식을 언어로 암호화하는 능력 및 언어와 개념을 반영하는 능력 등을 요구한다. 과학과 학습에 필수적인 개념과 언어 코드(code)의 본질과 과학 탐구에 효과적인 참여에 필요한 사회적 상호작용의 본질을 고려해 과학적 소양의 구성요소를 분석하면 과학 알기(knowing science), 과학 말하기(talking science), 마음의 과학적 습관(scientific habits of mind)으로 구분된다(Lee & Fradd, 1998).

(1) 과학 알기

학생에게 과학을 가르치는 전략은 학생이 필요한 과학 용어와 내용 및 개념 지식을 아는 것을 보장해야 한다. 과학 알기는 단순히 용어를 아는 것보다 더 많은 것을 요구한다. 이것은 과학 분류학, 시간 및 물리적, 심리적 인과 관계와 관련된 인지 개념을 개발하는 것을 포함한다(Inagaki, 1997; Montangero, 1996; Wellman, Hickling, & Schult, 1997). 교실 담론에 참여하기 위해 학생은 자신이 사용하고 관찰하는 재료, 활동, 개념을 이해해야 한다. 이런 지식은 학생이 특정 활동과 사상을 언급하는데 이용하는 자신의 용어 목록을 확장해야 하는 것을 의미한다. 과학은 친숙한 사물과 사상에 대한 새로운 용어의 학습을 요구한다. 예를 들면, 비는 강수의 형태이고, 물이

웅덩이에서 마르는 것은 증발이고, 뜨는 물체는 부력이 있다는 등이다.

과학 용어는 이야기 텍스트의 어휘와 다르다. 이야기 텍스트의 경우 어휘 항목은 대부분 학생의 경험 유무에 관계없이 쉽게 그림으로 표현되거나 시각화될 수 있다. 작은 회색 망아지가 무거운 짐을 지고 길거리를 느릿느릿 걸어가는 것으로 나타날 수 있고, 기사는 갑옷을 입고 말에 올라 불을 내뿜는 용과 싸우는 것으로 묘사될 수 있다. 그러나 대부분의 과학 용어는 쉽게 그림으로 나타낼 수 없다. 아무도 따뜻한 기단이나 차가운 기단 또는 고기압이나 저기압 지역을 볼 수 없다. 지도에 표시된 선은 기단을 볼 수 있는 실질적인 그림이 아니라, 이러한 현상에 대한 추상적 표현이다. 과학의 담론은 기술, 명칭 붙임, 정의, 설명을 포함한다. 기술되고 설명된 실체는 학생에게 존재로 전달되어야 한다(Ogbom, Kress, Martins, & Mc-Gillicuddy, 1996).

또한 과학 알기는 과학 분류체계에 대한 이해를 요구한다. 전형적으로 학령기 전 아동은 자신이 아닌 다른 사람의 관점으로는 개념을 이해하지 못한다. 이들은 색, 모양, 크기와 같은 지각 속성으로 분류를 시작하나, 동시에 두 가지 속성으로 분류를 할 수 없다. 학교에 입학하면 과학 개념의 발달이 시작된다. 학생은 하나 이상의 지각 속도로 무리 짓기를 시작하고, 쉽게 분명해지지 않는 원리에 기초해 동물, 식물과 같은 추상적 분류학 원리로 무리 짓기를 시작한다. 학생이 적절하게 분류 체계를 이용하는 것으로 보이지만, 초등학교 동안 그들의 분류학을 위한 정당화는 빈번히 과학적 추론을 이용하지 않는다(Panofsky et al., 1990).

또한 과학 알기는 시간, 원인, 결과의 특별한 개념화를 요구한다. 과학 알기는 시간과 관련한 변화에 대한 이해를 포함한 통시적 사고를 요구한다(Montangero, 1996). 과학 실험의 결론을 야기하는 증거나 가설은 통시적 사고에 의존한다. 식물과 동물은 시간에 따라 성장한다. 날씨 상황은 시간에 따라 변한다. 물질은 시간의 경과에 따라 고체에서 액체로 기체로 상태가 변한다 등등. 물의 순환과 관련된 활동에 필요한 통시적 사고의 본질을 고려해 보자. 물의 순환 단원에서와 같이 학생은 물질은 세 가지 상태에 있을 수 있고, 이러한 상태는 온도 변화에 의해 영향을 받는다는 것을 배운다. 학생은 물질의 변화 상태와 관련된 활동을 통해 원인과 결과의 계속적인 시간 원리를 이해해야 한다. 학생은 용해의 원인(따뜻한 온도)이 시간의 경과에 따라 발생하고, 시간이 지남에 따라 발생하는 효과(용해)를 초래한다는 것을 이해해야 한다. 용해의 속도가 온도와 용해되는 얼음의 양에 따라 달라질 수 있지만, 과정은 항상 동일하다. 12세 학생은 일반적으로 물의 순환에 포함된 원인-결과의 계속적 측면을 이해한다. 7세 학생은 원인-결과의 계속적 측면의 이해에 어려움을 지닌다. 이들은 얼음에 태양이 비치자마자 녹는 것과 같이 원인과 결과의 직접적인 관계를 기대한다. 또한 이들은 얼음이 천천히 녹아야지 빨리 녹으면 과정이 다르다고 가정한다. 학생은 그림에서 일어나고 있는 것에 대해 적합한 설명을 할 수 있기 이전에 오랫동안 얼음이 녹는 것이나 병든 나무가 말라가는 것과 같은 물리적 변화를 나타내는 일련의 그림을 주문하거나 그릴 수 있다.

(2) 과학 하기

학생은 교육과정을 진행하는데 필요한 사회적 지식과 전략을 갖추고 있어야 한다. 즉, 학생은 교실 토론, 과학 프로젝트, 그 밖의 수업 활동에 참여할 수 있어야 한다. 학생은 전적으로 교훈적 가르침에 의존하기보다 오히려 경험을 통해 자신의 지식을 구성하는 학습에 대한 발견 접근법에 참가할 수 있어야 한다. 학생은 교실 토론에 참가하고, 과학 프로젝트를 만들고, 과학 활동에 기여할 수 있어야 한다. 학생은 재료를 안전하게 다루는 방법을 알고, 체계적, 논리적 계열로 활동을 완성하기 위해 다른 학생과 협력해야 한다.

문화는 학생이 과학에 참여하는 방식에 중요한 역할을 한다. 아이티인이나 아시아인과 같은 문화 집단의 학생은 스스로 결정하기보다 해야 하는 것을 잘 들어야 한다는 기대로 사회화되어 왔다(Cheng, 1991; Hallman, Etienne, & Fradd, 1992). 이런 학생은 과학에서 요구하는 탐구과정에는 익숙하지 않고 기계적 암기를 중시한다.

(3) 과학 말하기

학생은 과학적 소양의 방식으로 말을 할 수 있게 되어야 한다. 학생은 학업 유형 양식인 기술, 설명, 비교 및 대조, 가설, 추론, 설득에 이용되는 문장 및 텍스트 구조의 유형을 알아야 한다(Cope & Kalantzis, 1993; Freedman & Medway, 1994). 학생은 과학 하기에 참가하기 때문에 성인이나 많은 경쟁 동료는 과학적 기술과 설명 모델링에 의해 경험을 언어로 중재해 주어야 한다.

과학의 언어는 특정 용어뿐만 아니라 특정한 구문론과 담론 구조를 요구한다. 과학의 설명은 이야기 언어보다 사전식으로 더욱 치밀하고 구조적으로 더욱 복잡하다(Unsworth, 1999). 과학적 소양은 빈번히 동사를 명사구로 바꾸는 개념의 명사화를 포함한다. 예를 들면, “인간은 동물을 죽였다. 인간은 식량과 의복을 위해 동물을 필요로 한다”는 것이 “식량과 의복을 위한 인간의 동물 수렵은 많은 문화에서 필수불가결한 요소였다”가 된다. 과학의 언어 학습은 과학 용어 학습 이상을 포함한다. 이것은 또한 전문화된 추상적인 문법 학습을 포함한다. 과학 학습에서 학생은 경험을 과학 개념을 언급하는 문어 구조로 재구성한다. 명사화는 과학적 소양에 대한 일반적인 은유의 한 형태이다(Ogbom et al., 1996). 명사화는 설명에 중요한 추리의 고리 발달을 촉진한다. 한 단계에서 다음 단계로 나아가기 위해서는, 이전의 것에 대해 명확히 요약해야 한다. 예를 들면, 빛은 공기보다 물에서 느린 속도로 통과한다. 이러한 속도 저하는 방향 변화를 유도한다. 빛의 만곡을 굴절이라고 한다. 일련의 사건을 표현함으로써 요약된 이런 사건은 설명의 다음 단계에서 참여자의 역할을 할 수 있다. 명사화는 원인-결과 계열을 통해 설명할 수 있는 수단의 하나이다.

이야기와 과학 텍스트에서 설명을 위한 개념의 근거는 다르다. 이야기 과제는 특성과 목표 주도 행동의 정서 반응에 대한 이해를 요구한다. 학생은 이야기를 해석하기 위해 자신의 감정에 대한 자각과 목표 주도 행동을 사용할 수 있다. 그리고, 그때, 그런 다음, 그래서와 같은 비교적 단순한 접속사가 흔히 이야기 요소 사이의 신호 관계를 나타내는데 충분하다. 과학 활동의 대다수는 시간 관계, 일시적인 인과 관계의 이해와 분류하는 능력에 대한 더욱 복잡한 수준을 요구한다. 이런 이해 없이 학생은 이러한 관계를 암호화하는데 용어와 언어의 구조를 이해하기 쉽지 않다. 학생은 주어진 설명을 이해하지 못하고 자신이 과학 활동에서 관찰한 것에 대해 설명을 생성할 수 없게 된다.

설명을 이해하고 꺼내는 능력은 일시적인 인과 관계의 이해, 이러한 관계를 나타내는데 사용하는 언어의 접속사(예: 때문에, 그래서, 그 전에, 그 후에, 그리고 나서, 그 때, 그 동안에, 만약 그렇다면, 그것을 위해서) 및 개념을 표현하는데 사용하는 구절의 구조에 대한 이해를 요구한다(Donaldson, 1986). 이러한 접속사는 각각 복잡한 인지 토대를 가진다. 예를 들면, 접속사 '때문에'와 '그래서'는 인과관계 방향, 시간 순서, 추론 방향에 관한 정보를 나타낸다.

인과관계 방향과 시간 순서에 대한 정보

때문에는 첫 번째로 일어난 사건에 대한 원인을 이끌어 낸다.
얼음은 기온이 너무 따뜻해졌기 때문에 녹았다.

그래서는 다음에 일어난 사건에 대한 결과를 이끌어 낸다.
기온이 너무 따뜻해졌다, 그래서 얼음이 녹았다.

추론 방향에 대한 정보

때문에는 근거를 이끌어 낸다.
우리는 눈이 32°F에서 녹고, 지금은 40°F이기 때문에 눈이 녹을 것임을 안다.

그래서는 결론을 이끌어 낸다.

눈은 32°F에서 녹고 지금은 40°F이다, 그래서 우리는 눈이 녹을 것임을 안다.

과학적 소양의 발달을 촉진하는 것은 교사가 과학 개념과 이러한 개념을 암호화하는 언어의 구조와 담론의 구조를 동시에 가르치는 것을 요구한다.

(4) 마음의 과학적 습관

교사는 학생의 과학 알기, 과학 하기, 과학 말하기가 그 자신의 태도와 그 자신의 능력과 학교에 관한 가치 및 일이 이루어졌거나 설명된 방법에 관한 그 자신의 문화 경험이나 세계관에 의해 영향을 받는다는 것을 인식해야 한다. 과학 학습은 설명에 대한 필요성을 포함한다. 이것은 교사가 아는 것과 학생이 아는 것을 필요로 하는 것 및 학생이 아는 것을 필요로 하는 것과 학생이 알기를 원하는 것의 차이를 가정한다. 결과적으로 교사는 학생이 알고 싶어 하도록 도발하고, 자극하고, 요구하고, 구슬러야 한다(Ogbom et al., 1996, p. 12). 학생이 과학 하기를 원하도록 해야 할 뿐 아니라 자신이 과학 하기를 할 수 있다는 것을 믿어야 한다. 또한 학생이 배운 것에 영향을 받는다는 학생의 과학에 대한 이해는 현상 설명에 적절한 방법이다. 즉, 원인이 있는가? 무엇을 원인으로 여기며, 원인의 증거로 여겨지는 것은 무엇인가? 전략 교수는 학생의 마음의 과학적 습관과 과학 알기, 과학 하기, 과학 말하기를 촉진해야 한다.

이와 같은 과학적 소양의 구성요소는 특수교육 과학과 교육에서도 다루어져야 한다. 사회문화적 이론에 따르면 개인은 자신의 환경에서 활동을 하고, 이런 활동을 반영하기 위해 도구를 내면화한다. 그 결과 변화된 현실(artifacts)과 정신적 현실(mentifacts)이 환경 및 개인의 세계관의 변화를 이끈다(Westby & Torres-Velasquez, 2000). 이런 관점에서 과학과 교육은 학생이 급변하는 기술 세계의 과학 활동을 준비할 수 있도록 도와주어야 한다. 특히 특수교육을 요구하는 학생은 과학에 대한 경험을 거의 하지 못하고, 과학과의 성취와 기술 세계의 경쟁에 필요한 학습을 거의 받지 못했다. 그러나 이러한 학생도 과학적 소양의 구성요소를 통해 과학과의 성취와 기술 세계의 경쟁에 필수적인 상징적 도구의 획득이 가능할 수 있다. 특히 AAAS와 미국의 국립과학원(National Academy of Science)과 전국과학교사협회(National Science Teachers Association)는 과학과 교육의 첫 번째 우선순위는 과학과 교육에 의해 전통적으로 빈약하게 지원되었던 집단의 학생을 포함해 과학적 소양을 길러야 한다고 했다(Nelson, 1999). 그러므로 특수교육 과학과 교육은 과학적 소양의 구성요소를 중심으로 특별한 요구를 지닌 학생의 과학적 소양을 길러 이들의 삶을 풍부하게 해야 할 것이다.

연구과제

(1) 특수교육 과학과 교육의 성격을 잘 드러내는 교수 사례를 조사해 보자.
(2) 특수교육에서 '과학을 통한 교육'을 실행하고 있는 교수 사례를 조사해 보자.
(3) 특수교육 과학과 교육목표를 실현하기 위해 해결해야 할 과제를 조사해 보자.

참고문헌

남철우, 김석중 (2006). **통합과학교육론**. 서울: 학문사.

조희형, 박승재 (1994). **과학론과 과학교육**. 서울: 교육과학사.

American Association for the Advancement of Science. (1989). *Science for All Americans.* Washington, D.C.

American Association for the Advancement of Science. (1994). *Science for all Americans*. New York: Oxford University Press.

American Association for the Advancement of Science (1993). *Benchmarks for science literacy*. New York: Oxford University Press.

American Association for the Advancement of Science. (1995). *Project 2061: Science literacy for a changing future, a decade of reform*. Washington, DC: Author.

Baumert, J. (1997). Scientific literacy: A German perspective. In W. Graber & C. Bolte (Eds.), *Scientific literacy* (pp. 167-180). Kiel, Germany: Institute for Science Education(IPN).

Cheng, L. (1991). *Assessing Asian language performance: Guide for evaluating IEP students.* Oceanside, CA: Academic Communication Associates.

Cope, B., & Kalantzis, M. (Eds.) (1993). *The powers of literacy: A gene approach to teaching writing*. Pittsburgh, PA: University of Pittsburgh Press.

DeBoer, G. E. (1991). *A history of ideas in science education.* New York: Teachers College Press.

DeBoer, G. E. (2000). Scientific literacy: Another look at its historical and contemporary meanings and its relationship to science education reform. *Journal of Research in Science Teaching, 37*(6), 582-601.

Donaldson, M. L. (1986). *Children's explanations*. New York: Cambridge University Press.

Durant, J. R. (1993). What is scientific literacy? In J. R. Durant & J. Gregory (Eds.), *Science and culture in Europe* (pp. 129-137). London: Science Museum.

Fourez, G. (1989). Scientific literacy, social choices, and ideologies. In A. B. Champagne, B. E. Lovitts, & B. J. Callinger (Eds.), *This year in school science. Scientific literacy* (pp. 89-108). Washington, DC: AAAS.

Freedman, A., & Medway, P. (1994). *Learning and teaching genre*. Portsmouth, NH: Heinemann.

Gallagher, J. (1971). A broader base for science teaching. *Science Education, 55,* 329-338.

Hallman, C. L., Etienne, M. R., & Fradd, S. (1992). *Haitian value orientations.* Gaineville: University of Florida.

Hodson, D. (2003). Time fo action: Science education for an alternative future. *Internal Journal Science Education, 25*(6), 645-670.

Hofstein, A., & Yager, R. E. (1982). Societal issues as organizers for science education in the 80s. *School Science and Mathematics, 82*(7), 539-547.

Holbrook, J. (1998). Operationalising scientific and technological literacy: A new approach to science teaching. *Science Education International, 9*(2), 13-19.

Holbrook, J., & Rannikmae, M. (1997). Supplementary teaching materials: A new approach to science teaching. *Science Education International, 9(2),* 13-19.

Holbrook, J., & Rannikmae, M., (2007). The nature of science education for enhancing scientific literacy. *International Journal of Science Education, 29*(11), 1347-1362.

Holton, G. (1998). 1948: The new imperative for science literacy. *Journal of College Science Teaching, 8,* 181-185.

Hurd, P. D. (1958). Science literacy: Its meaning for American schools. *Educational Leadership, 16,* 13-16.

Hurd, P. (1970). *New directions in teaching secondary school science*. Chicago: Rand McNally.

Inagaki, K. (1997). Emerging distinctions between naive biology and naive psychology. *New Directions in Child Development, 75,* 24-44.

Jenkins, E. (1990). Scientific literacy and school science education. *School Science Review, 71*(256), 43-51.

Jenkins, T. C. (1993). Lipid metabolism in the rumen. *Journal of Dairy Science, 76,* 3851-3863.

Jenkins, E. (1999). School science, citizenship and the public understanding of science. *International Journal of Science Education, 21,* 703-710.

Kilpatrick, W. (1918). The project method. *Teachers College Record, 19,* 319-335.

Kolstor, S. D. (2000). Consensus projects: Teaching science for citizenship. *International Journal of Science Education, 22*(6), 645-664.

Laugksch, R. C. (2000). Scientific literacy: A conceptual overview. *Science education, 84*(1), 71-94.

Lee, O., & Fradd, S. H. (1998). Science for all, including students from non-english-language backgrounds. *Educational Researcher, 27*, 12-21.

Maienschein, J. (1998). Scientific literacy. *Science Magazine, 281*(5379), 917.

Millar, J. D. (1996). Scientific literacy for effective citizenship. In Robert E. Yager (Ed.), *Science/technology/society as reform in science education.* Albany, NY, SUNY Press.

Montangero, J. (1996). *Understanding changes in time.* Bristol, PA: Taylor & Francis.

National Education Association (1918). *Cardinal principles of secondary education: A report of the commission on the reorganization of secondary education.* (U.S. Bureau of Education Bulletin No. 35). Washington, D.C.: U.S. Government Printing Office.

National Research Council. (1996). *National science education standards.* Washington, DC, National Academy Press.

National Science Teachers Association (1971). NSTA position statement on school science education for the 70's. *The Science Teacher, 38*, 46-51.

National Science Teachers Association (1982). *Science-technology-society: Science education for the 1980s.* Washington, D.C.: Author.

National Society for the Study of Education. (1947). *Science education in American schools: Forty-sixth yearbook of the NSSE*. Chicago: University of Chicago Press.

Nelson, G. D. (1999). Science literacy for all in the 21st century. *Educational Leadership, 57*(2), 14-17.

Ogbom, J., Kress, G., Martins, I., & McGillicuddy, K. (1996). *Explaining science in the classroom.* Bristol, PA: Open University Press.

OECD. (2003). *The PISA 2003 assessment framework: Mathematics, reading, science and problem solving knowledge and skills*. Retrieved December, 2005, form www.pisa.oecd.org/dataoecd/46/14/33694881.pdf.

OECD. (2006). *Assessing scientific, reading and mathematical literacy: A framework for*

PISA 2006. Paris: OECD.

OECD. (2016), *PISA 2015 Assessment and Analytical Framework: Science, Reading, Mathematic and Financial Literacy,* PISA, OECD Publishing, Paris. http://dx.doi.org/10.1787/9789264255425-en

Panofsky, C. P., John-Steiner, V., & Blackwell, P. (1990). The development of scientific concepts and discourse. In L. C. Moll (Ed.), *Vygostsky and education: Instructional implications and applications of sociohistorical psychology* (pp. 251-267). New York: Cambridge University Press.

Pella, M. O., O'Hearn, G. T., & Gale, C. G. (1966). Referents to scientific literacy. *Journal of Research in Science Teaching, 4,* 199–208.

Prewitt, K. (1983). Scientific illiteracy and democratic theory. *Daedalus, 112*(2), 49–64.

Ramsey, J. (1989). Curricular framework for community-based STS issue instruction. In J. Penick (Ed.), *Education and urban society: Issues-Based education,* 1, 40-53.

Roth, W. M., & Lee, S. (2004). Science education as/for participation in the community. *Science Education, 88,* 263–291.

Royal Society. (1985). *The public understanding of science.* London: Royal Society.

Rychen, D. S., & Salganik, L. H. (Eds.) (2003), *Defining and Selecting Key Competencies,* Contributions to the Second DeSeCoSymposium, Geneva, Switzerland, www.oecd.org/pisa/35070367.pdf.

Sadler, T. D., & Zeidler, D. L. (2005). Patterns of informal reasoning in the context of socioscientific decision making. *Journal of Research in Science Teaching, 42*(1), 112–138.

Schibeci, R., & Lee, L. (2003). Portrayals of science and scientists, and Science for Citizenship. *Research in Science & Technological Education, 21*(2), 177–192.

Shamos, M. (1995). *The myth of scientific literacy.* New Brunswick, NJ: Rutgers University Press.

Shortland, M. (1988). Advocating science: Literacy and public understanding. *Impact of Science on Society, 38*(4), 305–316.

Showalter, V. M. (1974). What is united science education? Part 5. Program objectives and scientific literacy. *Prism II, 2*(3 4).

Snow, C. P. (1962). *The two cultures and the scientific revolution.* Cambridge, UK: Cambridge University Press.

Thomas, G., & Durant, J. (1987). Why should we promote the public understanding of science? In M. Shortland (Ed.), *Scientific literacy papers* (pp. 1-14). Oxford, UK: Department for External Studies, University of Oxford.

UNESCO. (1983). *Science for all*. UNESCO Office for Education in Asia and the Pacific. Bangkok.

UNESCO. (1993). *International forum on scientific and technological literacy for all*. Final report. Paris: Author.

Unsworth, L. (1999). DEveloping critical understanding of specialized language of school science and history texts: A functional grammatical approach. *Journal of Adolescent and Adult Literacy, 42,* 508-521.

Walberg, H. J. (1983). Scientific literacy and economic productivity in international perspective. *Daedalus, 112*(2), 1-28.

Wellman, H. M., Hickling, A. K., & Schult, C. A. (1997). Young children's psychological, physical, and biological explanations. *New Directions in Child Development, 75*, 7-25.

Westby. C., & Torres-Velasquez, D. (2000). Developing scientific literacy: A sociocultural approach. *Remedial and Special Education, 21*(2), 101-110.

Zeidler, D. L., Sadler, T. D., Simmons, M. L., & Howes, E. V. (2005). A research based framework for socio-scientific issues education. *Science Education, 89*(3), 357-377.

제4장 특수교육 과학과 교육내용

교육내용은 흔히 사람이 살아가는 데 필요한 행위를 가르치고 배우는데 필요한 요소들이다. 이런 의미에서 과학과 교육내용은 학생이 앞으로 원만히 살아가도록 가르치기 위해 과학 분야에서 알아야 하고, 이해해야 하며, 할 수 있어야 하는 요소의 집합이라고 할 수 있다. 전통적으로 과학과 교육내용은 오랜 세대를 거치면서 학생에게 전수되어야 하는 정련된 내용이 있다는 입장을 지니고 있었다. 그러나 이 입장은 과학 및 기술의 급속한 발전으로 인해 폭발하는 지식의 양을 감당하기가 불가능하다는 점에서 한계에 봉착하게 되었다. 그래서 대안으로 학생이 많은 양의 지식을 전달받기보다 스스로 탐구해서 지식을 습득해야 한다는 입장이 대두되었다. 이런 입장에서 현재 과학과 교육내용은 전통적으로 요구되어 오던 체계화된 과학 지식보다 학생 스스로 습득하는 과학 지식을 더욱 요구한다. 이 장에서는 과학적 소양과 관련해 요구되고 있는 과학과 교육내용을 알아본 다음, 표준 중심 개혁 운동과 관련해 강조되고 있는 과학과의 교육내용을 토대로 특수교육 과학과 교육내용을 알아본다.

1. 과학적 소양과 특수교육 과학과 교육내용

교육내용은 대부분 Tyler(1950)와 Bloom 등(1956)의 분류학(taxonomy)을 도입해 학습 목표로 전달되어야 하는 내용과 학생이 수행해야 하는 행동의 2차원 행렬로 제시되어 왔다. 과학과의 교육내용도 전통적으로 물리학, 화학, 생물학, 지구과학이라는 네 가지 내용 범주와 기능, 정보, 이해, 적용이라는 네 가지 행동 범주의 행렬로 제시되어 왔다. 그러나 이런 교육내용의 제시방식에 대해 교육심리학이나 내용영역에서 훈련을 받은 교육과정 전문가는 흔히 다른 접근법을 채택한다(Haertel & Calfee, 1983). 심리학자는 정신 구조와 관련해 목표를 기술하는 반면, 내용 전문가는 교육과정 구조를 보는 경향이 있다.

과학과 교육의 내용 전문가인 Klopfer(1971)가 초・중등학교에서 과학과 교수의 성과로 추구해야 할 학생 행동의 전체 범위에 Bloom의 인지 범주 외에 과학 탐구과정, 실험실 작업 수행 기술, 학생의 과학에 대한 태도, 과학 및 문화의 다른 측면, 학생의 개인과의 관계에 대한 지향을 포함해야 한다고 제안한 이후, 과학과 교육내용의 제시 방식은 다양하게 모색되어 왔다. 그러나 행렬구조에 기초한 과학과의 내용 제시방식은 매우 다른 요소를 동일한 차원에 배치하는 문제 및 내용과 행동의 구분이 어려운 경우가 있다는 등의 문제를 극복하지 못하고 있었다. 이런 실정에 과학과의 내용 제시방식에 새로운 틀을 제시한 것이 OECD의 '국제 학생 평가 프로그램(Program for International Student Assessment: PISA)'의 과학 프레임워크(framework)였다.

PISA의 과학 프레임워크는 전통적으로 교육내용을 제시해 오던 행렬모형 대신 학생의 역량(competencies)을 제시하는 개념모형으로 그 모형을 대체했다. 이 개념모형의 제시 이후 학교교육을 통해 기르고자 하는 학습자의 전체적인 능력을 단편적인 지식과 기능보다 역량으로 정의하고, 이를 반영하는 교육과정의 설계가 국제적으로 보급되어 가고 있다(정영근, 2014). PISA의 개념모형은 역량을 과학 행동에 적절한 개념으로 동의해 인정을 받았다.

역량이란 처음에 직무분석을 수행하는 평가센터에서 사용했던 관리의 개념이었다. 이 개념은 어떤 사람이 숙달해야 하는 활동이나 과제 및 사람이 과제를 성공적으로 해결하는데 필요한 지식, 태도, 기술, 기타 특성의 두 가지 측면을 병합한 개념이다. 이런 두 측면을 이용해 Kane(1992)은 개인의 역량 수준을 전문가 실제의 범위를 정의하는 영역을 효과적으로 수행하는 직업과 관련된 지식, 기술, 판단을 사용할 수 있는 정도로 정의했다. PISA 2015 과학 프레임워크는 과학적 소양을 위해 요구되는 역량이 개인, 지역 · 국가, 세계의 맥락 요구에 영향을 받으며, 과학 지식과 태도에 의해 영향을 받는다고 규정했다(그림 4－1 참조)

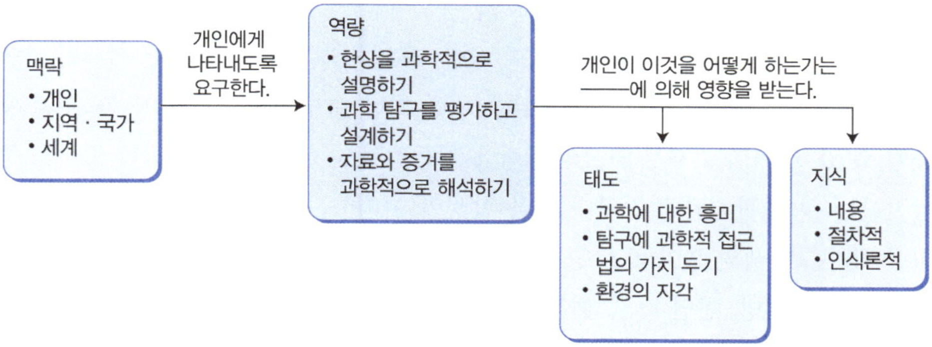

[그림 4-1] PISA 2015 과학 평가 네 측면의 상호 관련성

출처: OECD (2016). *PISA 2015 Assessment and Analytical Framework: Science, Reading, Mathematic and Financial Literacy,* PISA, OECD Publishing, Paris. p. 23.

PISA 2015 과학 프레임워크를 구성하는 맥락, 역량, 태도, 지식은 상호 관련된다. 이런 맥락, 역량, 태도, 지식의 내용은 각각 다음과 같다.[1)]

---

1) 이 내용은 OECD (2016). *PISA 2015 Assessment and Analytical Framework: Science, Reading, Mathematic and Financial Literacy,* PISA, OECD Publishing, Paris. pp. 23-37의 내용을 요약해 재정리한 것이다.

1) 맥락

맥락은 상황으로도 번역되는 개념으로 학문 분야에 따라 약간씩 다르게 규정된다. 이런 맥락 혹은 상황은 학습자에게 노출되는 현실적 영역을 의미하는 것으로 그 자체는 학습을 위한 메시지가 되며, 학습은 맥락 혹은 상황을 해독하는 수단이 된다(Freudenthal, 1991). 이런 맥락은 '상황 맥락'과 '사회 문화 맥락'으로 구분될 수 있다(한국교육과정평가원, 2006). 상황 맥락은 텍스트의 생산과 수용 과정에 직접적으로 개입하는 맥락으로 언어 행위의 주체인 화자(話者)와 청자(聽者), 주제, 목적 등을 포함하고, 사회 문화 맥락은 텍스트의 생산과 수용 과정에 간접적으로 작용하는 맥락으로 역사적 · 사회적 상황, 이데올로기, 공동체의 가치, 신념 등을 포함한다.

PISA 2015는 자신, 가족, 또래집단인 개인 맥락, 지역 · 국가 맥락, 전 세계의 삶인 세계 맥락과 관련한 상황에 초점을 둔다. 기술 기반 주제는 일반적인 맥락으로서 활용될 수 있다. 어떤 주제는 역사의 맥락에서 설정될 수 있는데, 이는 과학 지식을 향상시키는 것에 관련된 과정과 실행을 학생이 이해하는가를 측정하는데 활용된다. 이런 맥락은 학생의 흥미 및 학생의 삶과의 연관성을 고려해서 선택된다. 그 적용 영역은 건강과 질병, 천연 자원, 환경의 질, 위험, 과학과 기술이다. 이런 영역에서 과학적 소양은 삶의 질을 유지 및 향상시키고, 공공 정책을 개발하는데 있어서 개인과 공동체에 특별한 가치를 갖는다.

2) 역량

PISA 2015 과학 프레임워크는 과학적 소양을 깊게 생각하는 시민으로서 과학과 관련된 사안과 과학에 대한 관념을 활용할 수 있는 능력으로 정의하고, 과학적 소양을 위해 요구되는 역량을 현상을 과학적으로 설명하기, 과학적 탐구를 평가하고 설계하기, 자료와 증거를 과학적으로 해석하기라는 세 가지로 정의했다.

(1) 현상을 과학적으로 설명하기

현상을 과학적으로 설명하기는 일련의 자연 현상과 기술 현상에 대한 설명을 인지하고 제공하며 평가하는 역량을 말한다. 과학의 문화적 성취는 낮과 밤이 자전하는 지구에 의해 생겨난다는 생각이나 보이지 않는 미생물로 인해 질병이 생길 수 있다는 생각과 같은 자연계에 대한 우리의 이해를 바꾼 일련의 설명적 이론을 개발하는 데서 이루어져 왔다. 이런 지식은 우리가 질병을 예방하거나 전 세계의 인간과의 신속한 의사소통을 가능하게 함으로써 인간의 생활을 지원하는 기술을 개발할 수 있게 한다. 따라서 과학적, 기술적 현상을 설명하는 역량은 과학의 주요 설명적 아이디어에 대한 지식에 달려있다. 그러나 현상을 과학적으로 설명하는 것은 이론, 설명적 아이디어, 정보, 사실, 즉 내용지식(content knowledge)을 회상하고 사용하는 능력 이상을 요구한다. 또한 과학적으로 설명을 제공하는 것은 그런 지식이 어떻게 유도되었는지, 그리고 어떤 과학적 주장에 관해 우리가 지닐 수 있는 자신감의 수준에 대한 이해를 요구한다. 이 역량의 경우 개인은 이런 지식을 얻기 위해 과학 탐구에 사용되는 표준 형식과 절차에 대한 지식인 절차적 지식(procedural knowledge) 및 과학에 의해 생산된 지식을 정당화하는 데서 그들의 역할과 기능에 대한 이해인 인식론적 지식(epistemic knowledge)을 요구한다.

(2) 과학적 탐구를 평가하고 설계하기

과학적 탐구를 평가하고 설계하기는 과학적 탐구를 설명하고 평가하며, 과학적으로 질문을 하는 방법을 제안하는 역량을 말한다. 과학적 소양은 학생이 자연계에 관해 신뢰할 수 있는 지식을 창출하는 과학적 탐구의 목적을 어느 정도 이해하고 있다는 것을 함의한다(Ziman, 1979). 실험실이나 현장에서 관찰과 실험을 통해 수집하고 획득한 자료는 실험적으로 검증할 수 있는 예측을 가능하게 하는 모형 및 설명적 가설의 개발로 이어진다. 그러나 새로운 아이디어는 일반적으로 이전 지식에 관해 구축된다.

과학자는 스스로 고립되어 일하는 경우가 거의 없다. 과학자는 동료와의 광범위한 협력을 통해 국가적으로나 세계적으로 참여하는 연구 집단 또는 팀의 구성원이 되어 일한다. 새로운 지식의 주장은 항상 잠정적인 것으로 인식되며, 과학 공동체가 과학 지식의 객관성을 보장하는 메카니즘인 동료검토를 필요로 할 때는 정당성이 부족할 수 있다(Longino, 1990). 따라서 과학자는 발견한 내용과 증거를 얻는 데 사용한 방법을 출판하거나 보고하는 책임을 지닌다. 이렇게 함으로써 경험적 연구는 적어도 원칙적으로 반복되고 결과가 확인되거나 도전을 받는다. 그러나 측정은 절대로 정확할 수 없다. 이들은 모두 어느 정도의 오류를 포함한다. 실험 과학자의 작업은 대부분 측정을 반복하고, 더 큰 표본을 수집하고, 더욱 정확한 도구를 만들고, 결과에 대한 신뢰도를 평가하는 통계 기법을 사용해 불확실성을 해결하는데 전념한다.

또한 과학은 원인과 결과를 확립하기 위한 실험의 토대가 되는 잘 확립된 절차를 가지고 있다. 통제의 사용은 과학자가 감지한 성과에서 어떤 변화가 하나의 특정 특징의 변화에 기인할 수 있다고 주장하는 것을 가능하게 한다. 이런 기법을 사용하지 않으면 효과가 혼란스럽고 신뢰할 수 없는 결과가 발생한다. 마찬가지로 이중 맹검법(double blind trials)[2]은 과학자가 결과는 실험의 주제나 실험자 자신의 영향을 받지 않았다고 주장할 수 있게 한다. 분류학자와 생태학자와 같은 과학자는 설명을 요구하는 자연계의 기본 패턴과 상호 작용을 확인하는 과정에 참가하고 있다. 진화, 판구조론, 기후 변화와 같은 경우에 과학자는 일련의 가설을 조사하고 증거에 부합하

2) 이중 맹검법은 환자와 의사 양쪽에 치료용 약과 플라시보(placebo: 새로 개발된 약을 시험하거나 환자에게 심리적 효과를 주기 위한 약)의 구별을 알리지 않고, 제3자인 판정자만이 그 구별을 알고 있는 약효의 검정법을 말한다. 이 검정법은 암시 작용 등의 심리적 효과를 피해 약의 효과를 올바르게 평가하기 위해 쓰인다. 비교 시험법의 일종으로, 비교되는 약의 겉모양 · 맛 · 냄새 · 무게 · 점도(粘度) 등을 서로 구별할 수 없는 상태가 바람직하며, 평가에 직접 관여하지 않는 제3자가 조제하고, 긴급한 때 이외에는 그 내용을 공개하지 않는다. 한편, 일반적으로 환자 쪽 또는 의사 쪽에만 투약내용을 알리지 않을 경우는 단순 맹검법이라 한다.

지 않는 것을 제거한다. 이런 역량을 갖춘 재능은 내용지식, 과학에 사용된 일반적인 절차에 대한 지식인 절차적 지식, 과학에 의해 진전된 어떤 요구를 정당화하는 데서 이러한 절차의 기능인 인식론적 지식을 이끌어낸다. 절차적 지식과 인식론적 지식은 두 가지 기능을 한다. 첫째, 이런 지식은 개인이 과학 조사를 평가하고 그들이 적절한 절차를 밟았는지의 여부와 결론이 정당화되는지의 여부를 결정하기 위해 요구된다. 둘째, 이런 지식을 지닌 개인은 최소한 과학적 의문이 어떻게 적절히 조사될 수 있는지를 폭넓게 제안할 수 있어야 한다.

(3) 자료와 증거를 과학적으로 해석하기

자료와 증거를 과학적으로 해석하기는 자료, 주장, 논쟁을 다양한 표현으로 분석하고 평가하며, 과학적으로 올바른 결론을 내리는 역량을 말한다. 자료 해석은 모든 과학자의 핵심 활동으로 과정에 대한 일부 초보적인 이해는 과학적 소양에 필수적이다. 자료 해석은 처음에 패턴을 찾고 파이 차트(pie charts), 막대그래프(bar graph), 산점도(scatter plot), 벤 다이어그램(Venn diagrams)과 같은 간단한 표와 그래픽 시각화를 구성하기 시작한다. 더 높은 수준의 자료 해석은 더욱 복잡한 자료 세트의 사용과 스프레드시트(spreadsheets)와 통계 패키지에 의해 제공되는 분석 도구의 사용을 요구한다. 그러나 이 역량을 단순히 이런 도구를 사용할 수 있는 능력으로 보는 것은 잘못이다. 실질적인 지식의 체계는 신뢰할 수 있고 타당한 증거를 구성하는 내용과 자료를 적절히 제시하는 방법을 인식하기 위해 요구된다.

과학자는 자료를 그래프, 차트 또는 점차 복잡한 시뮬레이션이나 3D 시각화로 표현하는 방법을 선택한다. 어떤 관계 또는 패턴은 표준 패턴에 대한 지식을 사용해 읽어야 한다. 불확실성이 표준 통계 기법에 의해 최소화되었는지의 여부도 고려해야 한다. 이 모든 것은 절차적 지식의 체제로 흡수된다. 과학적 소양을 지닌 개인은 불확실성이 모든 측정의 고유한 특징이며, 결과에 대한 확신을 표현하기 위한 하나의 기준은 우연히 발견이 이루어질 확률을 결정하는 것임을 이해하도록 기대될 수 있다. 그러나 이것은 어떤 일련의 자료를 얻는데 적용된 절차를 이해하는 것만으로는 충분하지 않다. 과학적 소양을 지닌 개인은 자신이 적절하고 후속 주장이 정당한지의 여부를 판단할 수 있어야 한다(인식론적 지식). 예를 들면, 많은 일련의 자료는 여러 가지 방식으로 해석될 수 있다. 논쟁과 비판은 어느 것이 가장 적절한 결론인지를 결정하는 데 필수적이다. 논증은 새로운 이론, 새로운 자료 수집의 방법이든, 오래된 자료에 대한 새로운 해석이든, 과학자와 기술자가 새로운 아이디어를 위한 그들의 사례를 만들기 위해 사용하는 수단이다. 과학자 사이의 의견 불일치는 평범하고 특별한 것이 아니다. 어떤 해석이 최상인지를 결정하는 것은 과학 지식(내용지식)을 요구한다. 핵심 과학 아이디와 개념에 관한 합의는 이런 비판과 논증의 과정을 통해 성취되어 왔다(Longino, 1990). 사실 대부분이 전문적인 과학자의 특징으로 보일만한 모든 경험적 증거에 대해 비판적이고 회의적인 성향을 보인다. 과학적 소양을 지닌 개인은 논쟁과 비판의 기능과 목적 및 그들이 과학에서 지식의 구성에 필수적인 이유를 이해한다. 그 외에 이들은 자료에 의해 정당화 되는 주장을 구성하고, 다른 사람의 주장에서 어떤 결함을 확인할 수 있어야 한다.

3) 지식

과학적 역량은 모두 지식을 필요로 한다. 예를 들면, 과학의 현상을 설명하려면 과학의 내용에 대한 지식인 내용지식이 필요하다. 그러나 과학적 탐구를 평가하고 설계하기와 자료와 증거를 과학적으로 해석하기는 무엇을 아는가에 대한 지식 그 이상을 요구한다. 이러한 역량이 요구하는 지식은 과학 지식을 확립하는데 사용되는 여러 가지 연구 방법과 실천・실험의 기본이 되는 표준적인 절차에 대한 절차적・과정적 지식 및 과학 조사의 일반적인 실제의 근거를 이해하고 이론, 가설, 자료와 같은 기본적인 용어의 의미를 이해하는 인식론적 지식을 필요로 한다.

(1) 내용지식

내용지식은 과학이 만들어 낸 자연계에 대한 사실, 개념, 관념, 이론에 대한 지식을 말한다. 이는 우주의 역사와 규모에 대한 이해, 물질의 입자 모형, 자연 도태에 의한 진화론 등을 포함한다. 이런 내용지식을 갖추려면 자연계를 이해하고, 개인, 지역·국가, 세계의 맥락에서의 경험을 이해해야 한다. 이런 내용지식을 기술하는 용

〈표 4-1〉 과학의 내용지식

물리에서 요구하는 지식
• 물질의 구조(예: 입자 모형, 결합) • 물질의 특성(예: 상태의 변화, 온도와 전기의 전도성) • 물질의 화학 변화(예: 화학 반응, 에너지 전환, 산성·염기성) • 운동과 힘(예: 속도, 마찰), 떨어진 거리에서의 움직임(예: 자석, 중력과 정전기의 힘) • 에너지와 에너지의 변형(예: 보존, 손실 화학적 반응) • 에너지와 물질의 상호작용(예: 빛과 주파, 소리와 지진파)
생물에서 요구하는 지식
• 세포(예: 구조와 기능, DNA, 식물과 동물) • 유기체의 개념(예: 단세포와 다세포) • 인간(예: 건강과 영양 및 소화, 호흡, 순환, 배설, 번식과 이들 사이의 관계와 같은 하부체계) • 인구(예: 종, 진화, 생물의 다양성, 유전적 변이) • 생태계(예: 먹이사슬, 물질과 에너지의 흐름) • 생물권(예: 생태계 서비스, 지속가능성)
지구과학에서 요구하는 지식
• 지구계의 구조(예: 대륙권, 대기권, 수권) • 지구계의 에너지(예: 에너지원, 세계 기후) • 지구계의 변화(예: 판구조론, 지구화학적 순환, 건설적인 힘과 파괴적인 힘) • 지구의 역사(예: 화석, 기원, 진화) • 우주 안의 지구(예: 중력, 태양계, 은하수) • 우주의 역사와 규모(예: 광년, 빅뱅이론)

출처: OECD (2016). *PISA 2015 Assessment and Analytical Framework: Science, Reading, Mathematic and Financial Literacy,* PISA, OECD Publishing, Paris. p. 26.

어로 '계(systems)'라는 용어를 사용할 수 있다. 이는 사람이 물리, 생명, 지구과학에서 나온 개념과 지식의 요소가 상호의존적이거나 또는 학문간 관련 있는 맥락에서 어떻게 적용되어야 하는지를 이해해야 한다는 생각을 전하려는 데 목적이 있다. 하나의 범주에서 하위 체계로 보이는 것이 더 작은 범주에서는 전체 체계로 보일 수 있다. 예를 들면, 순환계는 그 자체가 하나의 독립체로 또는 인간 몸의 하부 체계로 간주될 수 있고, 분자는 원자의 안정적인 배열로 연구될 수도 있고, 세포나 기체의 하위 체계로 연구될 수도 있다. 따라서 과학 지식을 적용하고 과학적 능력 · 자질을 보여주려면 특정 맥락에서 어떤 체계와 어떤 범위를 결정할 수 있어야 한다.

(2) 절차적 지식

절차적 지식은 과학자가 과학 지식을 확립하기 위해 사용하는 절차 · 과정에 대한 지식으로서 오류를 최소화하고 불확실성을 줄이기 위해 반복적인 측정, 변인 조작, 자료를 보여주고 소통하기 위한 표준적인 절차와 같은 실제적인 조사를 하는 데 기초가 되는 실천 · 실습 · 실험과 개념에 대한 지식이다(Millar, Lubben, Gott, & Duggan, 1995). 과학의 근본적인 목적은 물질계를 설명하는 것이다. 먼저 잠정적인 설명을 하고, 이후 경험적인 탐구를 통해 검증한다. 경험적 탐구는 종속변인과 독립변인의 개념, 변인의 통제, 측정의 유형, 오류의 형식, 오류의 최소화 방법, 자료에서 관찰된 공통 패턴, 자료의 제시 방법과 같은 확고하게 확립된 개념에 의존한다. 이것은 과학 자료의 수집, 분석, 해석을 뒷받침하는 과학 탐구에 필수적인 개념 및 절차에 대한 지식이다. 이런 아이디어는 증거의 개념(concepts of evidence)이라고 불리는 절차적 지식의 체계를 형성한다(Gott, Duggan, & Roberts, 2008; Millar, Lubben, Gott, & Duggan, 1995).

절차적 지식은 과학자가 신뢰할 수 있고 타당한 자료를 얻기 위해 사용하는 표준 절차에 대한 지식이라고 할 수 있다. 이런 지식은 과학 탐구를 수행하는 데도 필요하며, 특정 주장을 지지하는데 이용될 수 있는 증거에 대한 비판적인 검토에 참여하는 데도 필요하다. 예를 들면, 학생은 과학 지식과 관련된 확실성의 정도에 차이가 있다는 것을 알게 될 것이고, 그래서 학생은 빛의 속도에 대한 측정(이미 더욱 정확한 도구를 이용해 여러 번 측정된)과 남극의 어획량이나 캘리포니아의 사자 수 측정과 관련된 신뢰도가 다른 이유를 설명할 수 있을 것이다. 검증될 수 있는 절차적 지식의 일반적인 특성은 〈표 4-2〉와 같다.

〈표 4-2〉 **절차적 지식**

절차적 지식
• 종속 변인, 독립 변인, 통제 변인을 포함한 변인의 개념
• 측정의 개념(예: 양적(측정), 질적(관찰)), 척도, 범주 변인과 연속 변인의 이용
• 반복 측정과 평균화와 같은 불확실성을 평가하고 최소화하는 방법
• 복제 가능성(동일한 양에 대한 반복 측정 사이의 일치성)과 자료의 정확성(측정된 양과 측정된 참 값 사이의 일치성)을 보장하는 기제
• 표, 그래프, 차트를 사용해 자료를 추상화하고 표현하고, 이들을 적절히 사용하는 일반적인 방법
• 변인 통제 전략과 실험 설계에서 그 역할 또는 혼동된 결과를 피하고 가능한 원인 기제를 확인하기 위한 무작위 통제 시도의 사용
• 주어진 과학 문제를 위한 적절한 설계의 본질, 예: 실험, 현장 기반 또는 패턴 추구

출처: OECD (2016). *PISA 2015 Assessment and Analytical Framework: Science, Reading, Mathematic and Financial Literacy*, PISA, OECD Publishing, Paris. p. 28.

(3) 인식론적 지식

인식론적 지식은 과학에서 지식을 구축하는 과정에 필수적인 특정 구성요소의 역할을 이해하고 특징을 정의하는 것을 의미한다(Duschl, 2007). 이러한 지식을 지닌 사람은 예를 들어 가며 과학 이론과 가설 또는 과학적 사실과 관찰 사이의 차이를 설명할 수 있다. 이들은 표현적, 추상적, 수학적인 것에 상관없이 모형이 과학의 핵심적인 특징이며, 이런 모형이 물질계에 대한 정확한 그림이라기보다 지도와 같다는 것을 안다. 이러한 학생은 물질의 어떤 입자 모형이 물질의 이상적인 표현이라는 것을 인식할 수 있으며, 원자, 특히 수소의 구조를 묘사한 것, Bohr의 원자모형(atomic model)[3)]이 어떻게 우리가 원자와 그 원자를 구성하는 부분에 관해 알고 있는 것에 대한 제한된 모형인가를 설명할 수 있다. 이들은 과학에서 사용되는 이론의 개념이 추측이나 직감의 동의어로서 사용되는 일상 언어에서의 이론의 개념과 동일하지 않다는 것을 인식한다.

절차적 지식은 변인 통제 전략이 의미하는 바를 설명하기 위해 요구되며, 인식론적 지식은 변인 통제 전략의 사용이나 측정의 복제가 과학에서 지식을 확립하는데 핵심적인 이유를 설명하기 위해 요구된다. 과학적 소양을 갖춘 사람은 과학자가 지식에 대한 주장을 발전시키기 위해 자료를 사용하며, 그런 주장이 과학의 평범한 특징이라는 것을 이해한다. 특히 이들은 과학에서 Copernicus의 지동설 주장과 같이 일부 주장이 가설 귀납적이고, 에너지 보존과 같이 일부 주장은 귀납적이며, Darwin의 진화론이나 Wegener의 대륙 이동설과 같이 일부 주장은 최상의 설명에 대한 추론임을 안다. 또한 이들은 과학 공동체가 새로운 지식에 대한 주장을 검증하기 위해 확립한 기제로서 동료 검토의 중요성과 역할을 이해한다. 이처럼 인식론적 지식은 과학자가 참여하는 과정과 실제에 대한 논거, 과학적 탐구를 안내하는 구조와 정의된 특징에 대한 지식, 그리고 과학이 자연계에 대해 만든 주장에 대한 신념의 기초가 되는 토대를 제공한다. 과학적 소양에 필수적인 인식론적 지식의 주요 특성은 〈표 4-3〉과 같다.

3) 원자의 중심부에는 원자핵이 있고 그 주위를 전자가 궤도운동하고 있는 행성모양의 원자모형이다. 물질의 최소 단위인 원자에 대해 1906년 Thomson이 최초로 원자는 양전하가 구의 내부에 균일하게 분포되어 있고 음전하인 전자가 양전하 속에 건포도처럼 박혀있다는 원자모형을 제안했으나, 1911년 Rutherford는 양전하가 핵 속에 밀집되어 있으며, 전자가 이 핵의 주위를 돌고 있다는 원자모형을 제안했다. 수소 원자에서 나오는 발머 계열과 같은 선스펙트럼을 설명할 수가 없는 Rutherford의 원자모형의 문제점을 해결하고 기체 원자의 선스펙트럼을 설명하기 위해 1913년 Bohr는 원자구조와 원자 스펙트럼의 이론에 근거한 원자모형을 제시했다. 이런 Bohr의 이론도 수소 바로 다음 원소인 헬륨에 적용하기 힘든 현상이 발생해 현재는 원자핵 주위에 전자가 구름처럼 퍼져 있다는 '전자구름 모형'으로 원자를 나타낸다.

〈표 4-3〉 인식론적 지식

인식론적 지식
과학의 구인과 정의된 특징 • 과학적 관찰, 사실, 가설, 모형, 이론의 본질 • 인간의 요구에 대한 최적의 해결을 위한 기술과 구분되는 자연계를 설명하기 위한 과학의 목적과 목표, 그리고 과학적이거나 기술적인 문제와 적절한 자료를 구성하는 것 • 과학의 가치(예: 공공성, 객관성, 편견의 제거에 대한 책임) • 과학에서 사용되는 추론의 본질(예: 연역, 귀납, 최상의 설명에 대한 추리, 유추, 모형 기반)
과학에 의해 생산된 지식을 정당화하는 데 있어서 이런 구인과 특징의 역할 • 과학적 주장이 자료와 추론에 의해 지지되는 방법 • 지식, 목적(설명적인 가설을 검증하거나 패턴을 확인하는), 설계(관찰, 통제된 실험, 상관 연구)를 확립하는데 있어서 경험적 탐구의 다양한 형태의 기능 • 측정 오차가 과학 지식의 신뢰도에 영향을 미치는 방법 • 물리적, 체계적, 추상적 모형의 이용과 역할 및 한계 • 협력과 비판의 역할, 그리고 동료 평가가 과학적 주장의 신뢰도를 확립하는데 도움을 주는 방법 • 사회적, 기술적 쟁점을 확인하고 언급하는 데 있어서 다른 형태의 지식과 함께 과학 지식의 역할

출처: OECD (2016). *PISA 2015 Assessment and Analytical Framework: Science, Reading, Mathematic and Financial Literacy,* PISA, OECD Publishing, Paris. p. 28.

4) 태도

사람의 과학에 대한 태도는 사람이 과학과 기술, 그리고 그들에게 영향을 미치는 특정 사안에 대해 갖는 흥미, 관심, 반응에 중요한 역할을 한다. 과학과 교육의 목표 중 하나는 학생을 과학적 사안에 참여하게 하는 태도를 기르는 것이다. 이러한 태도는 개인, 지역 · 국가, 세계의 이익을 위해 학생이 과학 기술 지식을 획득하고 적용하도록 도우며, 학생의 자기 효능감의 발달을 가져온다(Bandura, 1997).

태도는 과학적 소양의 구성 중 일부를 형성한다. 즉, 개인이 갖는 과학적 소양이란 특정 태도, 믿음, 동기를 부여하는 오리엔테이션, 자기 효능, 가치를 포함한다. PISA에서 사용하는 태도의 구성은 과학과 교육에서의 정서 영역에 대한 Klopfer(1976)의 구조와 태도 연구에 대한 고찰(Gardner, 1975; Osborne, Simon, & Collins, 2003)을 근거로 한다. 이러한 고찰에서 나온 주된 차이점은 과학에 대한 태도(attitudes towards science)와 과학적 태도(scientific attitudes) 사이에 있다. 과학에 대한 태도는 과학적 사안이나 활동에 보이는 흥미의 수준으로 측정되는 반변, 과학적 태도는 믿음, 신뢰의 근거로서 실제적인 증거를 가치 있게 다루는가를 측정하는 것이다.

PISA 2015 평가는 학생의 과학에 대한 태도를 과학 및 기술에 대한 흥미, 환경에 대한 자각, 탐구에 대한 과학적 접근에 대해 가치 두기의 세 가지 영역에서 평가하는데, 이는 과학적 소양의 구성에 핵심이 되는 것으로 여겨진다. 이러한 세 가지 영역은 과학에 대한 긍정적인 태도, 환경과 환경적으로 지속가능한 생활 방식에 대한 자각, 탐구에 대한 과학적인 접근에 가치를 두는가가 과학적 소양을 갖춘 사람의 특징이기 때문이다. 따라서 학생이 얼마나 과학에 흥미를 갖고 있는지, 학생이 얼마나 그 가치와 시사하는 바를 알고 있는지는 의무교육의 결과·산출에 대한 중요한 측정으로 여겨진다.

과학 및 기술에 대한 흥미가 태도의 한 영역으로 선택된 것은 과학에 대한 흥미가 성취, 코스 선택, 직업 선택, 평생교육과 확실한 관련이 있기 때문이다. 대부분의 학생은 14세가 되면 과학에 대한 흥미를 나타낸다(Ormerod & Duckworth, 1975; Tai, Qi Liu, Maltese, & Fan, 2006). 나아가 과학에 대한 흥미를 지닌 학생은 과학과 관련된 직업을 추구하는 경향이 있다. 많은 OECD 국가에서 과학에 대한 연구를 하고자 하는 많은 학생, 특히 여학생에 대한 정책 관심으로 인해 과학에 대한 태도의 측정이 PISA 평가의 중요한 측면이 되었다. 그 결과 태도에 대한 평가 결과는 젊은 사람들 사이에서 과학 연구에 대한 흥미가 낮아지고 있는 것에 대한 정보를 제공한다(Boe, Henriksen, Lyons, & Schreiner, 2011). PISA에 의해 학생, 교사, 학교 설문지를 통해 수집된 다른 많은 양의 정보와 상호 연결시키면, 이는 과학에 대한 흥미 감소의 원인에 대한 통찰력을 제공한다.

탐구에 대한 과학적 접근에 가치를 두는 것이 과학에 대한 태도의 세 영역 중 하나로 선택된 것은 탐구에 대한 과학적 접근이 새로운 지식을 생성하는데 매우 성공적이기 때문이다. 과학에서 뿐만 아니라 사회과학, 경제, 스포츠에서도 과학적 탐구의 핵심 가치와 계발은 논리적 믿음의 근거로서 실제적인 증거를 믿는 것이다. 탐구에 대한 과학적 접근의 가치를 인식하는 것은 평가를 타당하게 하는 과학과 교육의 근본적인 목표의 하나로 간주된다. 과학 탐구에 대한 이해와 지지란 학생이 과학 및 기술과 관련된 생활 상황에 직면하면 이들이 증거를 모으고, 창의적으로 사고하고, 논리적으로 인과 관계를 밝히고, 비판적으로 답하고, 결과를 소통하는 과학적 방법을 알아내고 거기에 가치를 둘 수 있다는 의미를 내포한다. 학생은 탐구에 대한 과학적 접근이 어떤 기능을 갖고, 왜 과학적 접근이 대부분의 상황에서 다른 방법보다 더 성공적인가를 이해할 수 있다. 그러나 과학적 접근에 가치를 두는 것이 개인이 과학의 모든 측면을 긍정적으로 생각해야만 한다거나 그러한 방법을 활용해야 한다는 것은 아니다. 따라서 이 구인은 물질과 사회 현상을 조사하는 과학적 방법・도구의 활용과 그러한 도구를 사용해서 얻는 통찰에 대한 학생의 태도를 측정하는 도구가 된다.

환경에 대한 자각은 국제적인 관심사이고 경제와도 관련되어 있다. 이 영역에서의 태도는 1970년대 이래 광범위한 연구의 주제가 되어 왔다(Bogner & Wiseman, 1999; Eagles & Demare, 1999; Rickinson, 2001; Weaver, 2002). 2002년 12월에 UN은 2005년 1월을 시작으로 해 10년의 기간을 '지속 가능한 발전을 위한 UN 10년 교육(the United Nations Decade of Education for Sustainable Development)'으로 선언한 규정을 승인했다(UNESCO, 2003). 환경은 국제 실행 계획(UNESCO, 2005)에서 문화를 포함한 사회 및 경제와 함께 지속가능한 발전을 위한 모든 교육 프로그램에 포함되어야 하는 지속 가능성의 세 분야의 하나로 다루어진다. 환경 문제의 중요성을 지구상의 생명 유지와 인간의 생존에 놓고 생각하면, 오늘날의 젊은 세대는 생태계의 기본 원리를 이해하고 그에 맞추어, 즉 생태계의 기본 원리에 따라 생활해 나가야 한다는 것을 알아야 한다. 이는 환경에 대해 자각하고 환경에 대해 책임감을 갖게 하는 것이 현대 과학과 교육의 중요한 요소라는 것을 의미한다.

이상에서와 같이 과학적 소양을 위해 개인, 지역·국가, 세계의 맥락 및 과학 지식과 태도에 의해 영향을 받는 역량을 제시하는 모형은 전통적인 과학과 교육내용을 제시하는 행렬모형을 대신하고 있다. 역량이란 어떤 일을 해낼 수 있는 힘이나 기량으로써 알아야 하는 것보다 할 수 있는 것을 강조하는 개념이다. 그렇다면 학생이 과학적 소양을 위해 갖추어야 하는 역량과 그런 역량을 위해 필요로 하는 지식과 태도는 장애학생에게도 그대로 요구되어야 하는지가 문제이다. 역량 모형을 채택한 PISA는 물론 대부분의 대규모 평가(large-scale assessment)는 모든 학생의 역량을 기술하는 것을 목표로 한다. 여기에는 장애학생도 포함된다. 장애학생의 역량을 평가하기 위해서는 학생이 불공정한 조건에 직면하지 않도록 하기 위해서는 조정(accommodation)을 제공해야 한다(Südkamp, Pohl, & Weinert, 2015). 그러므로 장애학생은 조정을 통해서라도 비장애학생에게 요구되는 역량과 그에 필요한 지식과 태도를 습득해야 하며, 이를 위해 특수교육 과학과 교육내용은 비장애학생과 동일한 역량과 그에 필요한 지식과 태도를 요구한다고 할 수 있다.

2. 표준 중심 개혁과 특수교육 과학과 교육내용

1980년대부터 구미에서 이루어진 교육과정의 변화는 학교 중심 교육과정(school-based curriculum)의 개발에서 국가 교육과정(national curriculum)의 개발로의 이동이었다. 이런 교육과정의 변화는 미국, 영국, 호주, 스웨덴, 뉴질랜드, 노르웨이, 프랑스 등과 같은 OECD의 회원국 대부분이 의무교육 기간을 중심으로 모든 학생을 위한 국가 수준의 공통 교육과정을 도입하고자 하는 시도로 이루어졌다(Piper, 1989, p. 3). 이러한 국가 교육과정의 강화는 표준 중심 개혁 운동과도 관련된다.

표준 중심 개혁은 엄격한 학업 표준 및 표준에 도달하는 정도를 측정하는 평가를 요구한다(Thurlow, 2002). 이 개념은 내용표준과 수행표준을 정의하고, 이에 대한 진보를 측정해야 한다는 신념에 기초한다. 이런 표준 중심 개혁은 1980년대부터 요구되어 1990년대에 교육 정책 논의에서 광범위하게 사용되어 왔다. 그러나 표준 중심 개혁은 이 용어를 사용하는 사람이 모두 동일한 의미로 사용하지는 않는다. 표준 중심 개혁의 개념은 (1) 학생에 대한 학업 기대, (2) 이러한 기대의 습득을 촉진하기 위한 교육체제의 핵심 요소의 정렬, (3) 성과 측정을 위한 학생 성취 평가의 사용, (4) 학교의 교육과정 및 교수와 관련한 결정 책임의 분권화, (5) 교육 서비스 향상을 촉진하기 위한 주와 교육구의 지원 및 기술적 보조, (6) 측정된 수행의 토대 위에서 학교 또는 학생에 대해 보상이나 제재를 가하는 책무성 조치라는 여섯 가지 특징 중 일부 또는 전부를 포함한다(Hamilton, Stecher, & Yuan, 2008). 이렇게 다양한 표준 중심 개혁의 의미는 맥락에 따라 각각 다르게 사용된다(Wilson & Floden, 2001).

1989년 AAAS에 의해 발표된 Project 2061의 '모든 미국인을 위한 과학(Science for All Americans)'도 표준 중심 개혁 요청에 대한 하나의 응답이었다(DeBoer, 2000). 이 보고서에서 채택된 학업의 공통적인 핵심은 (1) 내용이 장기적인 고용 전망과 개인의 결정 능력을 향상시키는가? (2) 내용이 과학 및 기술과 관련된 정치적 결정을 내리는 데 지적으로 참여하도록 돕는가? (3) 내용이 인류 역사에서 그렇게 중요한 과학, 수학, 기술의 측면을 제시하거나 우리 문화에서 매우 전반적이어서 일반적인 교육이 그들 없이는 불완전한가? (4) 내용이 인간 존재에 대한 지속적인 질문을 깊이 생각하도록 돕는가? (5) 내용이 나중의 삶에서 그것이 가져올 것과 관계없이 현재 아동의 삶을 풍부하게 하는가?라는 다섯 가지 준거의 토대에서 선정되었다(AAAS, 1989, pp. xix-xx). 미국의 국립과학원(National Academy of Sciences)은 '모든 미국인을 위한 과학'을 발표한 이후 모든 학생이 과학적 소양을 성취하도록 보장하기 위해 노력했다. 1992년에 시작된 국가 과학 교육 표준(National Science Education Standards)은 국가 목적 설정과 이를 충족시키는 표준을 포함한 교육 개혁에 대한 미국 정부의 접근법의 일부이다. 국가 표준의 목표는 모든 학생이 일련의 내용표준을 숙달함으로써 과학적 소양을 성취하는 것이었다.

이와 같은 국가 교육과정의 강화와 표준 중심 개혁의 요구에 따라 미국의 경우 국가 경쟁력 강화와 학생의 학업성취도 증대를 위해 2010년 6월에 영어와 수학의 공통 중핵 표준(Common Core State Standards: CCSS)을 발표하고, 2011년 7월에 과학 표준인 A Framework for K-12 Science Education과 2013년 4월에 차세대 과학 표준(Next Generation Science Standard: NGSS)을 발표했다. CCSS는 교과에서 모든 학생이 반드시 알고 할 수 있어야 할 것을 표준으로 제시하는 것을 통해 첫째, 학생이 무엇을 배워야 하는지에 대해 명료하고 일관된 이해를 제공해서 교사와 부모가 학생의 학습을 돕기 위해 무엇을 해야 하는지를 알려주고, 둘째, 대학이나 직장에서의 성공에 요구되는 지식과 기능을 반영하면서 탄탄하고 실생활에 적절하게 설계하며, 셋째, 이를 통해 미국의 학생을 국제 사회에서 경쟁력을 갖추는 것을 그 목적과 표준의 개발 원리로 하고 있다(온정덕, 2014, p. 53). 그리고 NGSS는 물리학, 생명과학, 지구 및 우주과학, 공학 · 기술 및 응용과학이라는 네 개 분야에 초점을 맞추어 주제별로 학생이 알고 할 수 있어야 하는 것에 대한 진술인 수행 기대(performance expectation), 과학 및 공학 실행(scientific and engineering practice)과 관통 개념(crosscutting conceptions) 및 학문 핵심 아이디어(disciplinary core ideas)라는 세 가지 차원으로 구성된 토대(foundation), 같은 학년 수준의 다른 학문의 핵심 아이디어와의 관계, 학년 수준을 초월한 학문의 핵심 아이디어와의 관계, 공통 중핵 표준과의 관계를 설명하는 연계(connection)로 구성되어 있다(Grooms, Enderle, & Sampson, 2015).

NGSS의 수행 기대는 국가 교육과정이 등장하면서 성취기준을 제시하는 방식의 중요한 요소로 다루어져 왔다. 이런 수행 기대를 NGSS는 아는 것을 적용하는 능력의 평가를 강조하기 위해 표준으로 제시하고 있다(백남진, 2014, p. 104).

NGSS의 토대를 구성하는 첫 번째 차원인 과학 및 공학 실행은 핵심 기능과 관련된 것으로서 과학 탐구과정을 의미한다. 과학 탐구과정이라는 용어 대신 실행(practice)이라는 용어를 사용한 것은 '탐구(inquiry)'라는 용어의 부정확하고 다양한 의미 때문에 대체된 용어이다. 실행은 이전에 과학 과정기술(scientific process skills)로 언급되었던 것을 포함하며, 과학 탐구에 참여하는 것은 기능뿐 아니라 각 실행에 구체화된 지식을 필요로 한다는 것을 강조하기 위한 것이다(이광우 외, 2014). 실제로 과학 및 공학의 실행은 실질적인 문제 상황에서 문제를 해결하는 일련의 과정으로 과학 및 공학을 수행하는 방법이 된다. 이런 과학 및 공학 실행은 (1) 질문하기 및 문제 정의하기, (2) 모형 개발하기 및 이용하기, (3) 조사 계획하기 및 수행하기, (4) 자료 분석하기 및 해석하기, (5) 수학 및 계산적 사고 이용하기, (6) 설명 구성하기 및 해결책 설계하기, (7) 증거로 논증에 참여하기, (8) 정보 획득하기, 평가하기 및 의사소통하기를 포함한다. 이들은 사고를 명료화 하고 과학적 방법에 주의를 모으기 위해 과학 조사에 사용된다. 이러한 과학 및 공학의 실행 요소의 내용은 〈표 4-4〉와 같다.

NGSS의 토대를 구성하는 두 번째 차원인 관통 개념은 과학 및 공학 분야의 공통 적용을 통해 과학 및 공학의 연구를 통합하는 것이다(Committee on Conceptual Framework, 2012, p. 2). 관통 개념은 물리학, 생명과학, 지구 및 우주 과학, 공학을 연결하는 주제 또는 개념을 말한다. 이런 의미에서 관통 개념은 과학이나 과학에 대한 지식을 통합하는 방법을 나타낸다. 즉, 이 개념은 과학이 서로 관련이 거의 없는 다수의 분리된 개별 주제 영역보다 더욱 광범위하게 연결되어 이해되어야 한다는 신호를 보낸다. 이러한 관통 개념은 (1) 패턴, (2) 원인 및 결과: 기제 및 설명, (3) 규모, 비율 및 수량, (4) 시스템 및 시스템 모형, (5) 에너지와 물질: 이동, 순환, 보존, (6) 구조와 기능, (7) 안정성 및 변화를 포함한다(Duschl, 2012). 이러한 관통 개념 각각의 특징은 다음과 같다(Duschl, 2012, pp. 36-38).

(1) 패턴: 형태와 사상에서 관찰된 패턴은 조직과 분류를 안내하며, 그들에 영향을 미치는 관계와 요인에 관한 의문을 자극한다.

(2) 원인 및 결과-기제 및 설명: 사상은 때로 단순하고 때로 다면적인 원인을 지닌다. 과학의 주요한 활동은 인과 관계와 그것이 매개되는 기제를 조사하고 설명하는 것이다. 그 다음 이런 기제는 주어진 맥락에서 검증되고, 새로운 맥락에서 사상을 예측하고 설명하는 데 사용될 수 있다.

(3) 규모, 비율 및 수량: 현상을 고려할 때, 크기, 시간, 에너지의 다양한 측정에서 관련성이 있는 것을 인식하고, 규모, 비율 또는 수량의 변화가 시스템의 구조 또는 수행에 영향을 미치는 방법을 인식하는데 중요하다.

〈표 4-4〉 과학 및 공학 실행

질문하기 및 문제 정의하기	
과학은 "하늘은 왜 푸른가?" 또는 "암을 유발하는 원인은 무엇인가?"와 같은 현상에 관한 질문으로 시작한다. 과학자의 기초적인 실행은 이미 알려진 것을 확정하고, 어떤 질문이 아직 만족스럽게 대답되지 않았는지를 결정하기 위해 현상에 관해 경험적으로 대답할 수 있는 질문을 만들어내는 능력이다.	공학은 "우리는 어떻게 화석 연료에 대한 국가의 의존을 줄일 수 있는가?"나 "특정 질병을 줄이기 위해 할 수 있는 일은 무엇인가?" 또는 "우리는 자동차의 연비를 어떻게 향상시킬 수 있는가?"와 같이 해결해야 할 필요가 있는 문제로 시작한다. 공학의 기초적인 실행은 문제를 명확히 하고, 성공적인 해결을 위한 준거를 결정하고, 제약 조건을 확인하기 위해 질문을 하는 것이다.
모형 개발하기 및 이용하기	
과학은 흔히 자연 현상에 관한 설명을 개발하는 데 도움이 되는 모형 및 시뮬레이션(simulations)의 구성과 사용을 포함한다. 모형은 관찰 가능 범위를 넘어서서 미처 보지 못한 세계를 시뮬레이트하는 것을 가능하게 한다. 모형은 가설적인 설명을 검증하기 위해 "만약 ... 그렇다면 ... 그러므로" 형식의 예측을 가능하게 한다.	공학은 현존 시스템을 분석해서 발생할 수 있는 결함을 확인하거나 모형 및 시뮬레이션을 이용해서 새로운 문제에 대한 가능한 해결책을 검증한다. 공학은 제안된 시스템을 검증하고, 설계의 강점과 한계를 인식하기 위해 다양한 종류의 모형을 설계하고 이용한다.
조사 계획하기 및 수행하기	
과학적 조사는 현장에서나 실험실에서 수행될 수 있다. 과학자의 주요한 실행은 자료로 계산되어야 하는 것과 변수를 확인하는 실험에서 명확히 하는 것을 요구하는 체계적인 조사를 계획하고 수행하는 것이다.	공학 조사는 준거 또는 매개 변수를 명시하고 제안된 설계를 검증하는 데 필수적인 자료를 얻기 위해 수행된다. 과학자와 마찬가지로 공학자는 관련 변수를 확인하고, 그들을 측정할 방법을 결정하고, 분석을 위해 자료를 수집해야 한다. 이들의 조사는 다른 조건 하에서 설계의 효과성, 효율성, 내구성을 확인하는 데 도움이 된다.
자료 분석하기 및 해석하기	
과학적 조사는 의미를 도출하기 위해 분석되어야 하는 자료를 산출한다. 자료는 대개 스스로 말하지 않기 때문에 과학자는 자료에서 유의미	공학 조사는 설계의 검증에서 수집된 자료의 분석을 포함한다. 이를 통해 다른 해결책을 비교할 수 있으며, 특정 설계 준거를 얼마나 잘

<table>
<tr><td>한 특징과 패턴을 확인하기 위해 표, 그래픽 해석, 시각화, 통계 분석과 같은 도구를 사용한다. 오류의 원천이 확인되고 확실성의 정도가 계산된다. 현대 기술은 대용량 자료 집합을 수집하여 분석을 위한 2차 원천을 더욱 쉽게 제공한다.</td><td>충족시키는지, 즉 주어진 제약 조건 내에서 문제를 최상으로 해결하는 설계를 결정할 수 있다. 과학자와 마찬가지로 공학자는 주요 패턴을 확인하고, 결과를 해석하는 다양한 도구를 요구한다. 과학의 진전은 제안된 해결책을 더욱 효율적이고 효과적으로 분석하게 한다.</td></tr>
<tr><th colspan="2">수학 및 계산적 사고 이용하기</th></tr>
<tr><td>과학에서 수학 및 계산은 물리적 변수와 그들의 관계를 나타내는 근본적인 도구이다. 그들은 시뮬레이션을 구성하고, 자료를 통계적으로 분석하고, 양적 관계를 인식하고 표현하며 적용하는 것과 같은 과제에 사용된다. 수학적, 계산적 접근법은 그러한 예측의 검증과 함께 물리적 시스템의 동작에 대한 예측을 가능하게 한다. 또한 통계 기법은 중요한 패턴을 확인하고 상관관계를 확립하는 데 매우 중요하다.</td><td>공학에서 확립된 관계와 원리에 대한 수학적, 계산적 설명은 설계 과정의 필수적인 부분이다. 예를 들면, 구조 공학자는 설계의 수학적 기반 분석을 작성해 그들이 사용에서 예상되는 스트레스를 견딜 수 있는지와 그들이 수용 가능한 예산 내에서 완성될 수 있는지를 계산한다. 또한 시뮬레이션은 문제에 대해 제안된 해결책과 요구된다면 개선으로서 설계의 개발을 위한 효과적인 검증 토대를 제공한다.</td></tr>
<tr><th colspan="2">설명 구성하기 및 해결책 설계하기</th></tr>
<tr><td>과학의 목적은 물질세계에 대한 설명적인 판단을 제공하는 이론의 구축이다. 이론은 경험적 증거, 더 큰 설명력, 그것이 설명하는 현상의 폭에 대한 여러 독립적인 계열을 가지고 있고, 설명적인 일관성과 절제를 지니고 있을 때 받아들여진다.</td><td>공학 설계의 목적은 물질세계의 과학 지식과 모형에 기초한 문제에 대한 체계적인 해결책이다. 각각의 제안된 해결책은 바람직한 기능, 기술적 가능성, 비용, 안전성, 미학 및 법적 요구사항의 준수에 대한 경쟁 준거와 균형을 조정하는 과정에서 나온다. 보통 하나의 최상의 해결책은 없고, 다양한 해결책이 있다. 최적의 선택은 제안된 해결책이 준거 및 제약 조건을 얼마나 잘 충족시키는지에 의존한다.</td></tr>
<tr><th colspan="2">증거로 논증에 참여하기</th></tr>
<tr><td>과학에서 추론과 논증은 증거의 강점과 약점을 분명히 하고 자연 현상에 대한 최상의 설명을 확인하는데 필수적이다. 과학자는 조사 중인 현상에 대한 최상의 설명을 위해 자신의 설명을 방어하고, 자료의 단단한 토대에 기초해 증거를 명확히 하고, 다른 사람의 증거와 비평에</td><td>공학에서 추론과 논증은 문제에 대한 최상의 해결책을 찾는데 필수적이다. 공학자는 설계 과정 전체를 통해 자신의 동료와 협력한다. 중요한 단계는 경쟁 아이디어 분야에서 가장 유망한 해결책을 선택하는 것이다. 공학자는 대안을 비교하고, 검증 자료에 기초해 증거를 명확히 하고,</td></tr>
</table>

비추어 자신의 이해를 조사하고, 동료와 협력해야 한다.	자신의 결론을 방어하기 위해 논증을 하고. 다른 사람의 아이디어를 비판적으로 평가하고, 최상의 해결책을 확인하기 위해 자신의 설계를 수정하는데 체계적인 방법을 사용한다.
정보 획득하기, 평가하기 및 의사소통하기	
과학은 과학자가 자신의 결과를 분명히 그리고 설득력 있게 전달할 수 없거나 다른 사람의 결과를 배울 수 없으면 발전할 수 없다. 따라서 과학의 주요한 실행은 아이디어와 탐구의 결과를 구두로, 서면으로, 표, 다이어그램, 그래프 및 방정식의 사용으로, 그리고 동료와 광범위한 논의에 참가함에 의해 전달하는 것이다. 따라서 과학은 획득한 정보의 과학적 타당성을 평가하고, 그런 정보를 제안된 설명에 통합하기 위해 논문과 같은 과학 텍스트, 인터넷, 심포지엄 또는 강의에서 의미를 도출하는 능력을 요구한다.	공학은 그들의 설계의 이점이 명확하고 설득력 있게 전달되지 않으면 새롭거나 향상된 기술을 생산할 수 없다. 공학자는 구두 및 서면으로, 도표, 그래프, 그림, 모형의 사용과 함께, 동료와 광범위한 논의에 참가함을 통해 자신의 아이디어를 표현할 수 있어야 한다. 또한 과학자와 마찬가지로 그들은 동료의 텍스트에서 의미를 도출하고, 정보를 평가하며, 그것을 유용하게 적용할 수 있어야 한다.

출처: Bybee, R. (2011). Scientific and engineering practices in K-12 classrooms: Understanding A Framework for K-12 Science Education. *The Science Teacher, 78*(9), 34-36.

(4) 시스템 및 시스템 모형: 연구 아래서 시스템을 정의하는 것, 즉 그 경계를 명시하고 해당 시스템의 모형을 명확하게 하는 것은 과학 및 공학 전반에 적용할 수 있는 아이디어를 이해하고 검증하는 도구를 제공한다.

(5) 에너지와 물질-이동, 순환, 보존: 에너지와 물질의 흐름을 시스템의 내부, 외부 및 시스템 내에서 추적하면 시스템의 가능성과 한계를 이해하는 데 도움이 된다.

(6) 구조와 기능: 사물이나 생물이 형체를 갖추는 방식과 그 하부 구조는 그 속성과 기능의 대부분을 결정한다.

(7) 안정성 및 변화: 자연계 및 내장 시스템 모두에 대해 안정성 조건과 시스템의 변화율 또는 발전 속도 결정 요인은 연구의 중요한 요소이다.

관통 개념은 과학 단체들이 이전에 통합 개념 또는 공통 주제로 언급한 개념으로 모든 과학 분야의 중요한 부분이 될 수 있고, 또한 공학 시스템에도 응용된다. 다시 말하면, 과학의 다른 영역을 통틀어 증명될 수 있는 관통 개념은 이해를 강화하고 일반화된 학습을 촉진할 수 있다. 예를 들면, 규모, 비율 및 수량은 식물의 성장과 발달, 진자 운동 및 화학 반응에서 중요한 고려 사항으로 증명된다.

또한 관통 개념은 과학적 소양을 언급하는데 매우 중요하다. 관찰된 패턴을 설명할 수 있고, 과학이 토대가 되는 기제를 찾음으로써 인과관계를 조사한다는 처음의 두 개념은 과학의 본성에 근본적이다. 그 다음의 규모, 비율 및 수량의 개념은 사물의 크기와 이질적인 요소 간의 수학적 관계와 관련된다. 그리고 나머지 네 가지 개념, 즉 시스템과 시스템 모형, 에너지와 물질, 구조와 기능, 안정성과 변화는 첫 번째 개념이 다른 세 개념에 의해 조명된다는 점에서 상호 관련된다. 또한 각 개념은 실질적으로 과학의 모든 영역에서 발생하는 것으로 분리되어 있으며, 공학 시스템의 중요한 고려 사항이기도 하다(NRC 2011, pp. 4).

NGSS의 토대를 구성하는 세 번째 차원인 학문 핵심 아이디어는 물리학, 생명 과학, 지구 및 우주 과학, 공학 · 기술 및 과학 응용이라는 네 분야의 핵심 지식을 나타내는 것이다. 여기에 공학 및 기술이 포함된 이유는 인간이 만든 세계를 이해하는 중요성을 반영하고, 과학, 공학 및 기술의 교수 · 학습을 통합해야 한다는 가치를 인식하도록 하기 위해서이다(Committee on Conceptual Framework, 2012, p. 2). 이런 학문의 핵심 아이디어 차원은 물리학, 생명 과학, 지구 및 우주 과학, 공학 · 기술 및 과학 응용의 핵심 내용에 초점을 맞춘다. 물리학은 물질과 그 상호작용, 운동 및 안정: 힘과 상호작용, 에너지, 정보 전송을 위한 기술에서 파동과 그 적용 등을 핵심 내용으로 하고, 생명과학은 분자와 유기체, 구조와 과정, 생태계, 상호작용, 에너지 및 역학, 유전, 속성의 유전형질과 변이, 생물학적 진화, 단일성과 다양성 등을 핵심내용으로 한다. 그리고 지구 및 우주 과학은 우주의 지구, 지구계, 지구와 인간 활동 등을 핵심내용으로 하고, 공학 · 기술 및 과학 응용은 공학 설계, 공학, 기술, 과학 및 사회의 연결 등을 핵심내용으로 한다.

이와 같은 학문의 핵심 아이디어는 (1) 여러 과학 분야에 걸쳐 중요성이 있어야 하며, (2) 복잡한 아이디어를 이해하기 위한 핵심 도구를 제공하고, (3) 학생의 관심사와 삶의 경험에 관한 것으로써 (4) 여러 학년 수준에서 가르치고 배운다(NRC, 2012, p. 31). 그러나 실질적으로 이용 가능한 정보의 풍요를 감안하면 과학과 교육의 중요한 역할은 모든 사실을 가르치는 것이 아니라 충분한 핵심 지식을 지니도록 학생을 준비시켜 다음에 그 자신에 관해 추가적인 정보를 습득할 수 있도록 하는 것이다. 과학 및 공학에 대한 제한된 일련의 아이디어와 실제에 초점을 맞춘 교육은 학생을 과학 정보의 신뢰할 수 있는 원천을 평가하고 선택하며, 과학 학습자, 과학 지식의 사용자 그리고 아마도 그런 지식의 생산자로서 K-12 학년을 잘 벗어나 발달을 지속하도록 그들을 허락할 수 있게 한다(Committee on Conceptual Framework, 2012, p. 31).

이상과 같은 NGSS의 토대를 구성하는 과학 및 공학 실행, 관통 개념, 학문 핵심 아이디어의 관계는 [그림 4-2]와 같다.

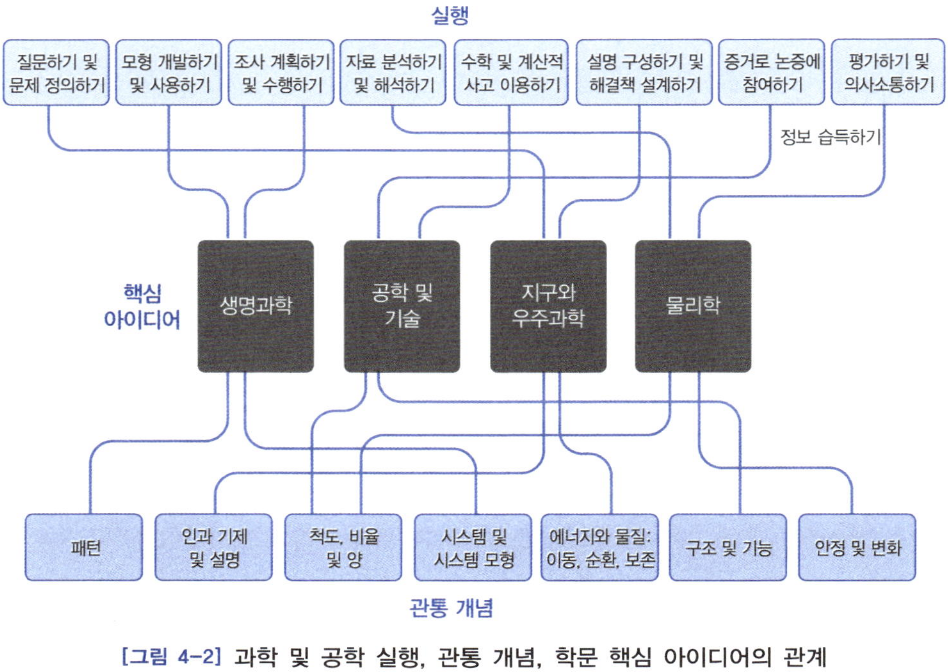

[그림 4-2] 과학 및 공학 실행, 관통 개념, 학문 핵심 아이디어의 관계

NGSS에 포함된 과학 및 공학 실행, 관통 개념, 학문 핵심 아이디어는 A Framework for K-12 Science Education에도 반영되어 있었으며(NRC, 2012), 호주(Australian Curriculum, Assessment and Reporting Authority [ACARA], 2013)와 영국(United Kingdom Department for Education, 2014)의 교육과정에서도 유사하게 강조되고 있다. 이러한 과학 표준의 3차원은 과학자의 실제에 가까운 과학 활동을 반영하고 장려해야 하는 과학과 학습의 더욱 통합된 관점을 나타낸다.

마지막으로 NGSS의 연계는 과학 및 공학의 전 영역에서 핵심 아이디어를 통합하며, 과학과 공학의 학문적 경계를 이어주는 개념이다. 연계는 다른 말로 관련성으로 이해될 수 있는 개념으로 크게 영역 간 연계와 지식 간 연계가 있다(이광우 외, 2014). 이런 학문의 핵심 아이디어는 다수의 종속 사실과 개념을 통합하고, 학교 성적과 삶 전반에 걸쳐 학습의 발달을 위한 프레임 워크를 제공하기 위해 의도되었다.

이상에서와 같이 수행 기대, 토대, 연계로 구성되는 미국의 공통 중핵 과학 표준은 과학 지식을 사용하고 적용하는 방향을 더욱 명확히 지향하고 있다. 지식의 적용은 정보를 조직하고 표현하기 위해 과학 내용지식, 개념적 사고 및 언어 기술의 결합을 요구한다. 이런 미국의 공통 중핵 과학 표준의 구조와 내용은 과학을 배우는 아동의 자연스러운 능력, 개별 사실 대신 핵심 아이디어의 강조, 시간에 따른 진정한 이해의 발달, 지식과 실행의 고려, 과학 교육과 학생의 흥미와 경험의 연계, 형평성 증진을 기본 원리로 하고 있다(Committee on Conceptual Framework, 2012, p. 24). 이 원리를 장애학생과 관련해 설명하면 다음과 같다(Scruggs, Brigham, & Mastropieri, 2013, pp. 51-52).

과학을 배우는 어린 아동의 자연스러운 능력

아동은 자연스럽게 주변 세계와 그것이 작동하는 방식에 호기심을 갖는다. 이런 능력은 어린 시절에 개별 아동에게 발달적으로 적절한 방식으로 장려되어야 한다. 교사가 학생의 현재 기능 수준에서 읽기 또는 수학과 같은 기술 교수를 하는 것처럼 학생의 현재 이해 수준에 과학 교수의 토대를 두는 것이 중요하다. 예를 들어, 발달

장애학생은 더욱 어린 아동과 유사한 과학적 이해를 가질 것이라고 보여 왔다(Scruggs, Mastropieri, & Wolfe, 1995). 이것은 일부 장애학생에게 해당될 수 있다. Mastropieri, Scruggs 및 Butcher(1997)는 학습장애학생이 진자 운동에 관한 관련된 일반화를 위해 귀납적 사고를 사용할 수 있다고 보고했다. 그러나 이들은 독립적으로 관련 추리를 하는 경향이 적었고, 일반교육 학생보다 추가 코칭 및 안내를 더 자주 요구했다. 어쨌든 교사는 과학 교수를 계획할 때 모든 학생의 현재 이해를 고려하는 것이 중요하다.

개별 사실을 넘어 핵심 아이디어에 초점 맞추기

장애학생은 다음 단원과 관련이 거의 없거나 중첩되지 않는 한 단원을 위해 배워야 하는 다수의 새로운 어휘 단어와 개념을 포함한 폭이 넓고 깊이가 깊은 교육과정에서 이익을 얻기 쉽지 않다. 이런 접근법은 장애학생의 상대적 약점에 더욱 초점을 맞추고 상대적 강점에 덜 초점을 맞춘다(Scruggs & Mastropieri, 1993). Mastropieri 등(1998)은 통합 환경에서 학습장애학생은 사실과 어휘에 초점을 맞춘 텍스트북 접근법에 대해 생태계 및 관련된 실험활동에 관한 핵심 아이디어를 강조한 적합화된 교육과정에서 이익을 얻는다고 보고했다. 또한 개별 주제 영역에 걸쳐 적용될 수 있는 빅 아이디어에 초점을 맞추는 것도 권고되어 왔다. 예를 들면, Carnine(1989)는 과학 텍스트북에서 제공된 관련 주제의 분리된 프리젠테이션을 기술하고, 학습장애학생은 "내용영역 교수 요구에서 성공하기 위해 포괄적인 중재의 지원을 필요로 한다"(p. 526)고 결론을 내렸다. 그는 대류의 원리(물질의 순환 운동)가 대기 및 지구과학의 많은 다른 측면에서 관찰된 현상을 설명하는 데 어떻게 사용될 수 있는지를 설명했다. Carnine(1989)는 화학에서 학습장애학생과 동일한 개념을 배웠던 고등학교 과학 교실에 합격하지 못한 학생이 사전 검사에서 17.3%의 정확도로부터 사후 검사의 정확도는 대략 진보된 배치 학생의 수행에 가까운 76.9%까지를 획득했다고 보고했다. 다른 주제 영역에 걸친 이런 개념의 강조는 학습장애학생에게서 흔히 관찰되었던 지식의 일반화 문제를 언급할 것이다(Mastropieri, Scruggs, & Butcher, 1997).

시간에 따른 진정한 이해의 발달

중요한 과학 개념에 관한 학생의 이해 수준은 나이가 들어감에 따라 점차 정교해진다. 그러므로 시간이 지남에 따라 개념 이해를 재검토하고 개발하면 과학에 대한 깊이 있고 철저한 이해를 촉진할 것으로 기대된다. 이것은 어떤 다른 학생에 대한 것처럼 장애학생에 대해서도 진실한 것이다. 사실 수년간의 교수 내에서와 수년간의 교수에 걸쳐 내용 프리젠테이션의 중복성은 장애학생을 위한 효과적인 교수의 중요한 구성 요소로 확인되었다(Mastropieri & Scruggs, 2017).

지식과 실행의 고려

우리는 오랫동안 과학의 원리와 개념에 대한 이해와 관심을 증진시키기 위해 관련 활동을 이용해야 한다고 주장했다(Mastropieri & Scruggs, 1994). 이러한 활동은 과학 방법에 대한 이해를 촉진하고, 과학이 관찰과 발견을 기초로 한다는 아이디어를 강요하며, 단순히 일련의 사실을 합한 것이 아니다. 우리는 다수의 조사에서 적절한 소집단 활동 형태의 도입이 장애학생의 학습 이익을 증대시키는 강력한 증거를 보았다(Mastropieri et al., 1998, Scruggs, Mastropieri, Bakken, & Brigham, 1993).

과학과 교육 및 학생의 흥미와 경험의 연계

과학은 가능한 한 가장 큰 범위까지 학생의 생활 경험과 관심을 반영하고 구축해야 한다. 이런 연계는 생태계(Mastropieri et al., 1998), 단순 기계(Scruggs & Mastropieri, 1994), 대기 과학(Brigham, Scruggs, & Mastropier, 1992)과 같은 내용에서 학생에게 매우 유용하다. 공통적인 친숙한 자료를 사용하는 활동은 이런 연계를 제공하는 데 매우 도움이 될 수 있다. 물론 과학과 교육의 포괄적인 본성을 고려할 때, 모든 과목이 모든 학생에게 유사하게 흥미로울 것이라고 가정하는 것은 현실적이지 않을 수 있다. 그럼에도 불구하고, 모든 교사는 학생의 관심을 증진시키고 생활 경험에 연결을 제공할 수 있는 일을 해야 한다(Brigham, Scruggs, & Mastropier, 1992; Scruggs & Mastropieri, 2017).

형평성 증진

형평성 증진은 특별히 원리가 과학과 교수를 계획하고 실행하는데 필요한 개별 학습을 고려하는 중요성을 강조하는 것처럼 이런 맥락에 특히 적절하다. 형평성 원리의 적용은 기술 교수와 마찬가지로 내용영역의 특수교육 분야에서 근본적으로 중요하다.

이와 같이 공통 중핵 과학 표준의 원리는 장애학생을 위한 고려도 포함하고 있다. 이 표준은 과학과 학습의 언어 측면, 과학 실행, 과학 관통 개념, 다양한 학문 분야의 핵심 아이디어 등 과학 표준의 세 가지 측면에 중점을 둔다. 이러한 측면의 대부분이 장애학생에게 중요한 의미를 갖는다. 그리고 공통 핵심 표준은 성공적인 적용을 위해 장애학생에 대한 세 가지 명시적인 참조를 포함하고 있다(Committee on Conceptual Framework, 2012).

(1) 다양성은, 예를 들면, 특별한 장애학생이 적절한 과학 학습에서 배제되지 않도록 보장하는 것을 ... 포함할 수 있는 방식을 새로운 표준에서 볼 수 있어야 한다. (p. 308)

(2) ... 이러한 [학습] 이론이 과학 및 공학 교육에서 빈약하게 지원을 받아왔던 사람, 즉 여성, 과소 대표된 소수 민족, 영어 학습자, 장애학생을 포함한 학생의 다양한 인구에 대해 동등히 잘 적용되는지의 여부는 분명하지 않다. 개인 간의 이러한 종류의 자연적 차이는 경험적 연구를 통해 더 잘 이해되는 것을 필요로 하며, 평가 설계의 기초로서 지원하는 학습의 인지 모형에 통합되었다. (pp. 317-318)

(3) 평가를 다른 인구 통계 집단 및 장애학생 모두에게 공정하게 개발할 수 있는 방법은 무엇인가? 프레임워크의 실행, 개념, 핵심 아이디어에 대한 이러한 종류의 평가 사례가 개발되고 실행되었는가? (p. 339)

이와 같이 국가 교육과정의 개발과 표준 중심 교육 개혁의 결과로 개발된 미국의 공통 중핵 과학 표준은 모든 학생을 위한 과학 학습을 향상시키기 위한 새로운 노력을 나타낸다. 적절한 지원과 적합화를 통해 장애학생은 잠재적으로 이러한 새로운 표준으로부터 큰 이익을 얻을 수 있다. 그러나 이러한 표준에 대한 요구는 많은 장애학생이 일반적으로 이용할 수 있는 수준보다 더 높은 수준의 지원을 요구할 수 있다.

연구과제

(1) 과학과 교육에서 길러야 할 역량과 과학과의 내용지식 및 태도를 관련 지워 보자.
(2) 특수교육 기본 교육과정의 과학과 교육과정의 내용을 관통 개념과 같은 공통 속성으로 분류해 보자.
(3) 초 · 중등학교 과학과 교육과정에 제시된 장애학생 등 특별한 요구를 지닌 학생을 위한 고려사항을 정리해 보자.

참고문헌

백남진 (2014). 교과 교육과정 성취기준 진술의 개선 방향 탐색: 한국과 미국 과학 교육과정 검토를 중심으로. **교육과정연구, 32**(2), 101-131.

온정덕 (2014). 교과 교육과정 내용 구성 체제 구안. 한국교육과정평가원. **교과 교육과정 개발 방향 설정을 위한 워크숍.** 연구자료 ORNM 2014-24, 49-68.

이광우, 정영근, 이근호, 김사훈, 백남진, 온정덕 (2014). 교과 교육과정 개발을 위한 공통 지침 탐색. 한국교육과정평가원. **교과 교육과정 개발 방향 설정을 위한 공개 토론회.** 연구자료 CRM 2014-49, 6-74.

정영근 (2014), 세계 각국의 교육과정 설계 및 운영 동향. **세계의 교육, 가을호.**

한국교육과정평가원 (2006). **국어과 교육과정개정 시안 수정·보완 연구.** 위탁과제답신보고.

American Association for the Advancement of Science. (1989). *Science for all Americans: Summary*. Washington, D.C: AAAS.

Australian Curriculum, Assessment and Reporting Authority (ACARA). (2013). *Australian curriculum: Science.* Retrieved from http://www.australiancurriculum.edu.au.

Bandura, A. (1997). *Self-efficacy: The exercise of control.* New York: W. H. Freeman and Company.

Bloom, B. S., Engelhart, M. D., Furst, E. J., Hill, W. H., & Krathwohl, D. R. (1956). *Taxonomy of educational objectives: the classification of educational goals; Handbook I: Cognitive domain.* New York: David McKay.

Boe, M. V., Henriksen, E. K., Lyons, T., & Schreiner, C. (2011). Participation in science and technology: Young people and achievement-related choices in late-modern societies. *Studies in Science Education, 47*(1), 37-72.

Bogner, F., & Wiseman, M. (1999), Toward Measuring Adolescent Environmental Perception. *European Psychologist, 4*(3), 139-151.

Brigham, F. J., Scruggs, T. E., & Mastropieri, M. A. (1992). The effect of teacher enthusiasm on the learning and behavior of learning disabled students. *Learning Disabilities Research and Practice*, *7*, 68-73.

Bybee, R. (2011). Scientific and engineering practices in K-12 classrooms: Understanding

A Framework for K-12 Science Education. *The Science Teacher, 78*(9), 34-40.

Carnine, D. (1989). Teaching complex content to learning disabled students: The role of technology. *Exceptional Children, 55*, 524-533.

Committee on Conceptual Framework for the New K-12 Science Education Standards. (2012). *A framework for K-12 science education: Practices, crosscutting concepts, and core ideas*. Washington, DC: The National Academies Press.

DeBoer, G. E. (2000). Scientific literacy: Another look at its historical and contemporary meanings and its relationship to science education reform. *Journal of Research in Science Teaching, 37*(6), 582-601.

Duschl, R. (2007). Science education in three-part harmony: Balancing conceptual, epistemic and social learning goals. *Review of Research in Education, 32,* 268-291.

Duschl, R. (2012). The second dimension-crosscutting concepts: Understanding a framework for K-12 science education. *The Science Teacher,* 79, 34-38.

Eagles, P. F. J., & Demare, R. (1999). Factors Influencing Children's Environmental Attitudes. *The Journal of Environmental Education, 30*(4), 33-37.

Freudenthal, H. (1991). *Revising mathematics education: China Lectures*. Kluwer Academic Publishers.

Gardner, P. L. (1975). Attitudes to Science. *Studies in Science Education, 2,* 1-41.

Gott, R., Duggan, S., & Roberts, R. (2008). *Concepts of evidence. University of Durham.* Downloaded from http://www.dur.ac.uk/rosalyn.roberts/Evidence/cofev.htm,

Grooms, J., Enderle, P., & Sampson, V. (2015). Coordinating scientific argumentation and the next generation science standards through argument driven inquiry. *Science Educator, 24*(1), 45-50.

Haertel, E., & Calfee, R. (1983). School achievement: Thinking about what to test. *Journal of Educational Measurement, 20*(2), 119-132.

Hamilton, L. S., Stecher, B. M., & Yuan, K. (2008). *Standards-based reform in the United States: History, research, and future directions*. Santa Monica, CA: Center on Education Policy, RAND.

Kane, M. T. (1992). The assessment of professional competence. *Evaluation & the Health Profession, 15*(2), 163-182.

Klopfer, L. E. (1971). Evaluation of learning in science. In B. S. Bloom, J. T. Hastings, & G. F. Madeus (Eds.), *Handbook on formative and summative evaluation of student learning*. New York: McGraw-Hill.

Klopfer, L. E. (1976). A structure for the affective domain in relation to science education. *Science Education, 60*(3), 299-312.

Longino, H. E. (1990). *Science as Social Knowledge*. Princetown, NJ: Princetown University Press.

Mastropieri, M. A., & Scruggs, T. E. (1994). Text-based vs. activities oriented science curriculum: Implications for students with disabilities. *Remedial and Special Education, 15*, 72-85.

Mastropieri, M. A., & Scruggs, T. E. (2017). *The inclusive classroom: Strategies for effective differentiated instruction* (5th ed.). Underwood Cliffs, NJ: Prentice Hall.

Mastropieri, M. A., Scruggs, T. E., & Butcher, K. (1997). How effective is inquiry learning for students with mild disabilities? *Journal of Special Education, 31*, 199-211.

Mastropieri, M. A., Scruggs, T. E., Mantzicopoulos, P. Y., Sturgeon, A., Goodwin, L., & Chung, S. (1998). A place where living things affect and depend on each other: Qualitative and quantitative outcomes associated with inclusive science teaching. *Science Education, 82*, 163-179.

Millar, R., Lubben, F., Gott, R., & Duggan, S. (1995). Investigating in the school science laboratory: conceptual and procedural knowledge and their influence on performance. *Research Papers in Education,* 9(2), 207-248.

National Research Council. (1996). *National science education standards*. Washington, DC: National Academy Press.

National Research Council. (2011). *A framework for K-12 science education: Practices, crosscutting concepts, and core ideas*. Washington, DC: National Academies Press.

National Research Council. (2012). *A framework for K-12 science education: Practices, crosscutting concepts, and core ideas*. Washington, DC: The National Academies Press.

OECD. (2016), *PISA 2015 Assessment and Analytical Framework: Science, Reading, Mathematic and Financial Literacy*. PISA, OECD Publishing, Paris.

Ormerod, M. B., & Duckworth, D. (1975). *Pupils' Attitudes to Science.* Slough: NFER.

Osborne, J. F., Simon, S., & Collins, S. (2003). Attitudes towards Science: A Review of the Literature and its Implications. *International Journal of Science Education, 25*(9), 1049-1079.

Piper, K. (1989).. National Curriculum: Prospects and possibilities. *Curriculum Perspectives, 9*(3), 3-7.

Rickinson, M. (2001), Learners and learning in environmental education: A critical review of the evidence. *Environmental Education Research, 7*(3), 207-320.

Scruggs, T. E., & Mastropieri, M. A. (1993). Reading versus doing: The relative effects of textbook based and inquiry-oriented approaches to science learning in special education classrooms. *The Journal of Special Education, 27*(1), 1-15.

Scruggs, T. E., & Mastropieri, M. A. (1994). The construction of scientific knowledge by students with mild disabilities. *Journal of Special Education*, *28*, 307–321.

Scruggs, T. E., Brigham, F. J., & Mastropieri, M. A. (2013). Common Core Science Standards: Implications for students with learning disabilities. *Learning Disabilities Research & Practice, 28*(1), 49-57.

Scruggs, T. E., & Mastropieri, M. A. (2017). Science and social studies. In H. L. Swanson, K. Harris, & S. Graham (Eds.), *Handbook of learning disabilities* (2nd ed.). New York: Guilford.

Scruggs, T. E., Mastropieri, M. A., Bakken, J. P., & Brigham, F. J. (1993). Reading vs. doing: The relative effectiveness of textbook-based and inquiry-oriented approaches to science education. *Journal of Special Education*, *27*, 1–15.

Scruggs, T. E., Mastropieri, M. A., & Wolfe, S. (1995). Scientific reasoning of students with mental retardation: Investigating preconceptions and conceptual change. *Exceptionality*, *5*, 223–244.

Südkamp A., Pohl S., & Weinert, S. (2015). *Competence assessment of students with special educational needs—Identification of appropriate testing accommodations.* Front. Learn. Res. 3: 130.10.14786/flr.v3i2.130

Tai, R. H., Qi Liu, C., Maltese, A. V., & Fan, X. (2006). Planning Early for Careers in Science. *Science, 312,* 1143-1145.

Thurlow, M. (2002). Positive educational results for all students: The promise of standards-based reform. *Remedial and Special Education, 23,* 195-202.

Tyler, R. W. (1950). *Basic principles of curriculum and instruction.* Chicago: University of Chicago Press.

UNESCO. (2003). *UNESCO and the International Decade of Education for Sustainable Development (2005-2015), UNESCO International Science, Technology and Environmental Education Newsletter, Vol. XXVIII, no. 1-2.* UNESCO, Paris.

UNESCO. (2005). *International Implementation Scheme for the UN Decade of Education for Sustainable Development.* UNESCO, Paris.

United Kingdom Department for Education. (2014). *National curriculum in England: science programmes of study* (Publication No. DFE-00182-2013. London, England: Crown Publishing.

Weaver, A. (2002). Determinants of Environmental Attitudes: A Five-Country Comparison. *International Journal of Sociology, 32*(1), 77-108.

Wilson, S. M., & Floden, R., E. (2001). Hedging bets: Standards-based reform in classrooms. In S. F. Fuhnman (Ed.), *From the capitol to the classroom: Standards-based reform in the states* (pp. 193-216), Chicago: National Society for the Study of Education.

Ziman, J. (1979). *Reliable Knowledge.* Cambridge: Cambridge University Press.

제5장 특수교육 과학과 교수 · 학습 방법

장애학생들의 교수 · 학습 방법은 특수성과 보편성을 모두 포괄할 수 있어야 한다. 즉, 장애학생들의 특성을 고려한 개별화된 교수-학습 방법을 사용해야 하며 동시에 공통 교육과정을 적용해야 하는 장애학생들에게는 일반학생들과 마찬가지로 보편적인 교수 · 학습 방법을 적용해야 할 것이다. 공통 교육과정을 장애학생들에게 적용할 때에는 교육과정을 장애학생의 독특한 교육적 요구에 적합하도록 어떻게 수정 · 보완하여 적용할 것인가 하는 것이 중요한 과제가 될 것이다. 과학과 교수 · 학습은 장애학생이 과학에 대한 친근감을 갖게 하고, 과학 지식을 일상생활에 활용할 수 있도록 생활 주변의 소재를 활용하여 일상생활의 문제를 과학적으로 해결하는 생활과학 교육을 강조한다. 이 장에서는 장애학생을 위한 과학과 교수학습의 기본 방향과 계획, 교수학습의 원리, 기초적인 탐구 기능 지도방법, 다양한 수업 방법 및 교수학습 자료의 준비와 활용에 대해 살펴보고자 한다.

1. 과학과 교수 · 학습의 기본방향

특수교육 기본 교육과정의 과학과 교육이 목표로 하는 과학적 소양을 개발하기 위해서는 과학과 교육의 방향 및 학생의 특성과 요구에 적절한 방향으로 과학과 교육이 이루어져야 한다. 과학이 20세기로 접어든 이후부터 학교교육의 중요한 부분이 되었지만, 과학을 학생들에게 가르치는 방법에 대해서는 여전히 논란이 이루어지고 있다. 특히 특수교육 기본 교육과정의 대상이 되는 중도 인지 장애 학생은 학습 속도가 느리고 일반화와 전이의 곤란 등으로 인하여 과학을 가르치는 방법에 대하여 더욱 더 많은 논란이 있다.

교사는 장애 학생의 요구(발달 수준, 생활 연령, 선호, 감각 특성, 학습 동기 및 습관)와 교수 환경에 근거하여 교수 · 학습 방법을 결정해야 한다(이대식, 2006). 특수교육 기본 교육과정을 적용하는 특수교육대상자는 학습 속도가 느리고 반복 학습이 요구되므로 단계적인 지도와 교재 구성이 필요하며, 다양하고 구체적인 장면에서의 교수 · 학습 활동이 이루어져야 한다. 따라서 학생들의 구체적인 경험과 활동을 중심으로 직접 만져 보고 조작해 봄으로써 과학적 사고가 발달되도록 해야 한다. 인지 발달 특성은 개인차가 심하므로 개인의 능력에 따라 내용 수준을 달리 해야 하고, 지도 방법도 학생 개인의 능력 수준, 학습 동기, 학습 특성, 교재의 성격 등에 따라 달라져야 한다(교육과학기술부, 2009b). 특수교육 기본 교육과정에서 제시하고 있는 교수학습의 기본방향은 다음과 같다(교육부, 2015b).

첫째, 교수 · 학습은 학생이 과학에 대한 친근감을 갖게 하고, 과학 지식을 일상생활에 활용할 수 있도록 생활 주변의 소재를 활용하여 일상생활의 문제를 과학적으로 해결하는 생활 과학 교육을 강조한다. 생활 과학 교육을 다른 말로 표현하면 '생활 속의 과학'이라고 할 수 있다. 사회 및 문명의 발달로 인해 생활 주변에서부터 이루어지는 생활 속의 과학이 강조되고 있다. 학교에서만 이루어지고, 학교 생활에서만 활용되는 과학이 아닌 생활 속의 과학을 통해 구체적인 자연 현상과 탐구 방법을 직접 접하고 습득하는 것이 중요하다. 생활 속에서 과학적 탐구 능력의 신장이 이루어지면 실생활 문제에 대한 자발적이고 적극적인 해결 능력의 신장을 가져와서 실생활 문제에 직면했을 때에 탐구적 방법, 즉 과학의 과정을 적용하여 스스로 문제 해결을 할 수 있게 된다(백남권, 2005). 생활 속의 과학 교육을 통해 접하는 문제가 실생활과 밀접하게 관련이 될 수록 과학적 소양도 신장될 수 있다. 장애 학생을 위한 생활 속의 과학이 되기 위해서는 학문으로서의 과학이 아니라 일상생활에서 쉽게 접하는 자연 현상과 사물을 중심으로 과학하는 과정, 즉 자연 현상과 학생 자신을 포함한 인간과의 관계를 이해하고 해결하는 것에 주안점을 두어야 한다(교육과학기술부, 2009b).

둘째, 교수 · 학습은 학교의 실정이나 지역의 특성, 학생의 능력, 자료의 준비 가능성 등을 고려하여 학습 내용과 지도의 시기를 조정한다. 그리고 학습 내용, 학생 수준, 실험 여건, 지도 시간 등을 고려하여 적절한 학습 방법을 정한다. 특수교육 기본 교육과정 적용 장애 학생의 능력, 수준, 동기는 매우 이질적이므로 이를 모두 고려하여 지도 방법을 달리하기는 쉬운 일이 아니다. 그러나 교사가 개별 학생의 능력과 생태학적 환경에 대한 구체적인 사정 및 평가를 실시하여 이를 학습 지도 계획 및 실행에 최대한 반영할 때 교수 · 학습의 효과가 증대될 수 있다(교육과학기술부, 2009a).

셋째, 학교 급별로 기초적인 과학적 지식과 기능적인 과학적 지식의 비중을 달리하여 교수 · 학습 계획을 수립한다. 즉, 초등학교에서는 기초적인 과학적 지식을 중심으로 계획하고, 중학교와 고등학교는 기능적인 과학적 지식을 중심으로 계획한다. 뿐만 아니라 학년군별로 관찰, 분류, 측정, 예상, 추리 등의 기초 탐구과정을 적절히 활용하여 과학적 지식과 방법 및 태도를 습득할 수 있도록 한다. 예를 들면, 초등학교 1~2학년은 관찰과 분류, 초등학교 3~4학년은 분류와 측정, 초등학교 5~6학년은 측정과 예상, 중학교 1~3학년은 예상과 추리, 고등학교 1~3학년은 예상, 추리와 종합을 중점 기초 탐구 과정으로 선정할 수 있다. 이때, 학년군별 중점 기초 탐구과정은 학년군의 진전에 따라 계속 누가적으로 활용한다(교육과학기술부, 2011). 학교 현장에서 일반적인 형태의 접근 방법인 내용(교재) 중심 접근 방법과는 달리, 활동 중심 접근 방법은 내용 적용의 범위보다는 이해의 깊이에 중점을 두고, 교사의 설명이 포함되지만 학생 중심으로 과학적 개념을 탐구하는 기초 탐구과정(관찰, 분류, 측정, 의사 소통, 예상, 추리)의 적용을 강조한다. 이는 학생들에게 직접 조작할 수 있는 교육 자료를 제공하여 문제 해결 활동을 수행할 수 있도록 하며, 개별적인 활동보다는 소집단 활동을 강조하는 접근이다(Rutherford & Ahlgren, 1990). 내용 중심의 교육은 지속적인 실패의 경험으로 인해 동기가 낮은 장애 학생에게 과학 교육에 대한 흥미와 관심을 불러일으키기는 어렵다. 반면에 활동 중심 교수・학습 활동은 학생이 구체적인 경험과 활동을 중심으로 직접 조작 및 탐구 활동을 통해 과학적 사고의 발달을 도모할 수 있다(교육과학기술부, 2009a).

넷째, 개별 학생의 의견을 존중하고 표현할 수 있는 기회를 충분히 제공하여 의사소통 역량을 함양할 수 있도록 한다. 교사의 발문은 학생들의 탐구 활동과 사고 활동을 촉진시켜 주는 매우 중요한 활동이다. 따라서 교사는 발문의 시점과 내용을 미리 계획하여 수업에 임해야 한다(교육과학기술부, 2009b). 또한, 생명을 다룰 때에는 생명의 소중함을 알고 존중하는 인성도 지도할 수 있도록 계획한다.

다섯째, 과학적 개념을 개별적으로 접근하기보다 빅 아이디어를 중심으로 문제 상황과 연계하여 통합적으로 접근할 수 있도록 계획한다. 교과 내 영역은 물론 타 교과와의 융・복합적 접근을 할 수 있도록 계획한다.

여섯째, 과학적 개념을 진로 및 직업 상황과 연계하여 과학 관련 직업 세계를 탐색하고 준비할 수 있도록 계획한다. 또한, 정규 교과 수업 외에 여러 가지 과학 활동에 학생이 적극 참여할 수 있도록 계획한다.

장애학생을 위한 과학과 교육은 학생들의 구체적인 생활 경험과 활동을 중심으로 직접 만져 보고 조작하여 봄으로써 과학적 사고를 발달시키도록 지도하여야 한다. 특수교육 기본 교육과정의 적용 대상이 되는 학생들은 지적장애 학생과 정서・행동장애 학생들로 학습속도가 느리고 반복 학습이 요구되어 단계적인 지도와 교재의 구성이 필요하다. 그러나 이들은 기술을 습득하는 능력이 매우 제한적이기 때문에 계속 다른 사람들에게 의존하여 해결할 수밖에 없는 경우도 있다. 이런 학생들은 생활에 필요한 여러 가지 기술을 습득하기 위하여 참여를 극대화하고 다양한 기술과 활동을 학습할 수 있는 기회를 보장받아야 한다. 따라서 장애학생을 위한 과학과 교육은 학생들의 지적 능력의 제한이라는 점을 부각하여 너무 제한적인 범주로 구성하기보다는 학생들의 부분 참여를 인정하여 보다 다양한 기술을 포함하는 방향으로 개발되어야 한다. 그리고 교육의 방법 또한 부분 참여를 통하여 필요한 기술들의 습득을 지원하는 방법으로 이루어져야 한다(교육부, 2012).

감각을 통한 직접 경험으로부터 개념을 습득하면 단순히 읽거나 암기하는 것보다 더 오래 기억에 남고, 분명하게 조직된다. 과학 활동의 목적 중 하나는 감각 매체를 이해하고 확장시켜 주는 것이라고도 할 수 있으며, 호기심을 자극하고, 질문을 존중하며, 탐색 활동을 격려하여 주는 것이라고도 할 수 있다(하미경, 강경희, 장진섭, 2002). 그러므로 동기 부여를 위하여 놀이, 게임, 조작 등 활동 중심의 수업을 진행할 필요가 있다. 그러나 과학과를 지도하는 교사는 장애 학생들의 지체된 주의 집중력, 의미론적 기억, 논리적인 사고, 외부 지향성 등으로 인하여 나타나는 인지적 · 사회적인 결함을 고려하여 학생들이 탐구 중심 과학 활동의 과정에 어떻게 상호 작용하는지 알고 이를 토대로 교수 · 학습 방법을 적용하여야 한다. 그러나 아무리 인지적 어려움을 지닌 학생이라도 눈으로 확인할 수 있는 과학적 사실이나 현상을 직접 감각으로 체험한다면 더욱 많은 것을 학습할 수 있을 것이다(교육부, 2012).

2. 과학과 교수 · 학습의 계획

1) 과학과 수업 설계

교육은 체계적이고 계획적인 바람직한 행동의 변화로 정의된다. 즉, 교육은 계획적인 프로그램에 따라 이루어지는 일련의 활동을 말한다. 그러므로 학생에게 제공되는 교육 활동은 계획적이고 체계적으로 진행되어야 한다. 수업이란 학습이 촉진되도록 학습자에게 영향을 미치는 모든 일련의 의도된 사건들을 말한다. 즉, 수업이란 학습자가 적절한 학습활동을 하도록 방향을 설정하고, 학습자가 적절한 지식을 얻게 하고, 학습자의 행동을 관찰하고, 학습자의 학습과 행동에 대해 적절한 피드백을 주는 일련의 교육 활동을 말한다. 이와 같은 일련의 교육 활동인 수업은 의도적으로 효과적이고 효율적으로 학습목표를 달성하도록 계획된 경험의 제공을 의미하는 것이다(변영계, 이상수, 2006, p. 24). 그러므로 학생들에게 제공되는 모든 수업은 의도적이고 계획적으로 제공되었을 때 가장 효과적인 활동이 되는 것이다.

교사 전문성의 핵심은 교사의 수업행위에 있다. 교사에게 수업은 그가 하는 일의 전부라고 해도 괜찮을 정도로 그들의 일 대부분을 차지하고 있으며, 따라서 수업에서의 전문성을 배제한 채 교사 전문성을 논의한다는 것은 상상하기 어렵다고 보아야 한다(유한구, 2001, p. 69). 그러나 교사의 수업행위는 단순히 교실 상황에서 수업을 실행하는 것에만 국한되는 것이 아니라 수업을 사전에 계획하고, 실제 실행하며, 사후에 평가 및 개선하는 일련의 모든 수업행위와 관련된 전문적 지식, 경험을 총칭한다. 이러한 교사의 총체적 수업행위는 바로 수업을 설계하는 행위(designing)와 동일하다. 일반적으로, 수업설계는 수업을 계획, 선정, 준비, 제시, 평가, 수정하는 광범위한 기능과 활동이며, 과학적으로 도출된 원리를 효과적이고 효율적인 수업을 위해 기획, 설계, 창조, 실행, 평가하기 위하여 적용하고자하는 자기 교정적・체제접근적인 방법이다(Moallem, 1998; Shrock, 1995, 박기용 외, 2009, p. 170, 재인용).

수업설계란 교육의 한 측면, 즉 수업의 과정을 이해하고 개선하려는 학문 영역이다. 학문으로서의 수업설계는 학습자의 지식과 기술이 바람직한 변화를 가져오기 위하여 적절한 수단을 강구하는 것이다. 또한 높은 질의 수업을 실시하기 위해 과학적 접근 방법이 필요하였으며 그 방법이 바로 수업설계인 것이다(변영계, 2003, pp. 30-32). 수업설계는 효율적인 훈련을 위한 과학적 접근 방식에 대한 연구와 경험의 부족으로 그 필요성이 대두되기 시작하였으며, 효과적인 수업을 위한 수단으로 사용되고 있다(Dick, 1989, 강정찬, 2009, p. 36, 재인용).

체계적으로 잘 설계된 수업은 개인의 성장 발달에 중요한 영향을 끼칠 수 있다. 그러므로 수업을 설계하는 일 즉, 체계적으로 수업을 계획하는 작업을 수행하는 근본적인 이유는 바로 학습자들로 하여금 교육 결손을 면하게 하자는 것이다. 이는 수업의 결과에 영향을 미치면서 복합적으로 상호작용하는 여러 변인들을 동시에 고려하여 상호 간에 영향을 주고받는 유기적이고도 보완적인 관계를 거시적으로 규명해 가는 작업이라고도 할 수 있고 본질적으로 인간이 어떻게 학습하는가에 관한 지식에 그 기초를 두어야 한다는 것이다(김은령, 2007, p. 11).

수업설계는 특정 교과나 프로그램에 대한 교수활동을 위하여 실제적인 절차를 조직하는 전략 및 방안으로 수업 프로그램을 설계, 제작, 실행, 평가하는 체계적 과정을 말한다(윤관식, 2013, p. 29). 학습자들이 수업의 목표에 도달하는데 제공될 수 있는 학습활동은 매우 다양하며, 그 효과도 다양하게 나타날 것이다. 따라서 이러한 학습조건을 가장 적합하게 해주는 매우 전문적이고 체계적인 지식과 과정을 수업설계라고 할 수 있다(변영계, 이상수, 2006, p. 30). 즉, 수업설계는 수업의 계획과 개발 및 시행, 그리고 평가의 체계적 과정이라 할 수 있다.

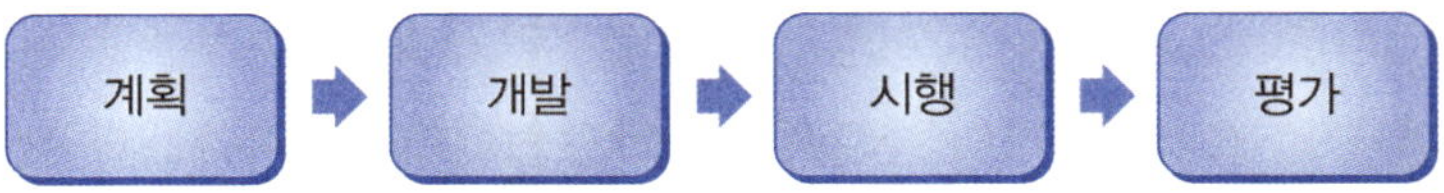

[그림 5-1] 수업설계의 과정

학습자들이 효과적으로 학습 목표에 도달할 수 있도록 하기 위해서는 수업에 대한 체계적이고 명확한 수업설계가 이루어져야 한다. 이와 같이 학생의 효과적인 학습을 위해 교사가 체계적이고 명확한 수업설계를 하는 과정에 필요한 구성 요소를 Borich(2004)은 교육목표와 수업목표 이해, 학생이해, 학습내용 이해와 조직, 교수방법 이해, 묵시적 지식으로 제시하고 있다(박승배 외, 2006, 재인용). 교사들이 수업을 계획할 때 가장 빈번히 접하게 되는 것으로 중시되어야 할 구성 요소로 목표 진술, 학습자 특성, 평가 문항 작성, 수업 활동 계획, 수업 매체의 선정, 수업안 수정을 들 수 있다. 수업설계는 구성 요소들이 통합될 때 학습자에게 좋은 수업을 전달할 수 있는 계획을 위한 하나의 틀을 형성할 수 있다(김은령, 2007, p. 18).

수업설계는 수업의 설계와 개발 및 시행, 그리고 평가의 체계적 과정이라 할 수 있다. 수업설계모형은 수업을 위한 실천적인 적용과정의 구성요소들 간의 관계를 나타내는 것이다. Lippitt(1973)는 수업설계 모형은 다음과 같은 세 가지 특성을 가져야 한다고 주장했다. 첫째, 모형은 미래의 모습에 대해 명확히 기술해야 하며, 둘째, 설계에 관연하고 있는 다양한 집단 들 간에 의사소통을 촉진해야 하며, 셋째, 설계를 실행하기 위한 일련의 활동을 개발할 수 있도록 사람들을 안내해야 한다(변영계, 이상수, 2006, p. 43, 재인용).

Glaser(1962)는 교육과정에 대한 체계적인 접근을 하여 그 구성 요소 간의 상호관계를 편리하게 묘사한 수업 체제 모형을 제시하였다. 이 수업 체제 모형의 특색은 수업 과정을 교사에 의한 계속적인 의사결정 과정으로 상정하고 있는 것이다. 즉 무엇을 가르칠 것인가를 모색하고 결정하여 그것을 수업 목표로 설정하고 그 수업 목표의 달성에 관련되는 학습자의 현재 수준을 진단하며 학습자가 수업 목표를 달성하도록 수업 절차를 처방 전개하여 마지막으로 설정된 목표가 얼마나 달성되었는지를 평가하는 일련의 결정과 실천의 순환과정으로 구성되어 있다. 이를 도식화하면 [그림 5-2]와 같다(김은령, 2007, p. 14, 재인용).

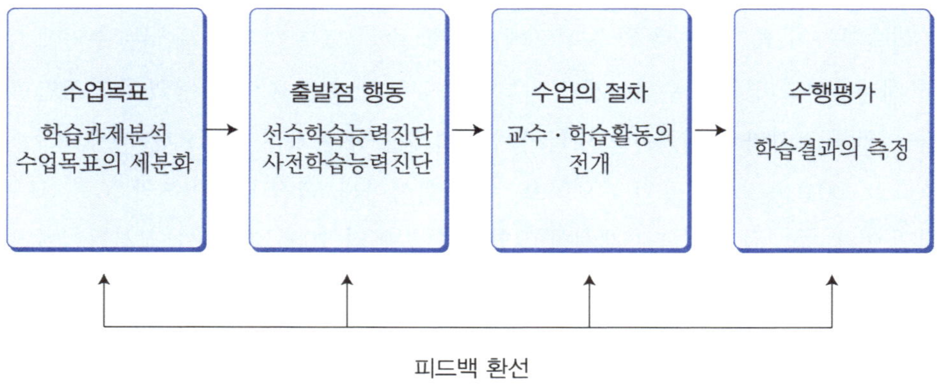

[그림 5-2] Glaser의 수업설계 모형

ADDIE 수업설계 모형은 체계적 수업설계 모형의 가장 기본적인 모형이라 할 수 있다. 대부분의 현존하는 다른 교수 설계 모형은 ADDIE 모형에서 파생된 것이거나 이를 변형시킨 모형이다. 분석(Analysis), 설계(Design), 개발(Development), 실행(Implementation), 평가(Evaluation)의 5단계로 구성되며, 각 단계를 나타내는 영어 단어의 첫 글자를 따서 ADDIE라고 부르게 되었다. 이 5개의 단계가 선형적으로 이루어지기도 하고, 순환적으로 이루어지기도 한다. 한 사이클을 돌아 나온 평가 결과를 기반으로 다시 다음 사이클의 분석에 넣어 개선을 하면서 나선형으로 발전시켜 나갈 수도 있다. 각 단계는 피드백과 수정의 과정들이 복잡하게 얽혀 있다. 이를 도식화하면 [그림 5-3]과 같다(송상호, 박인우, 엄우용 역, 2007, p. 21).

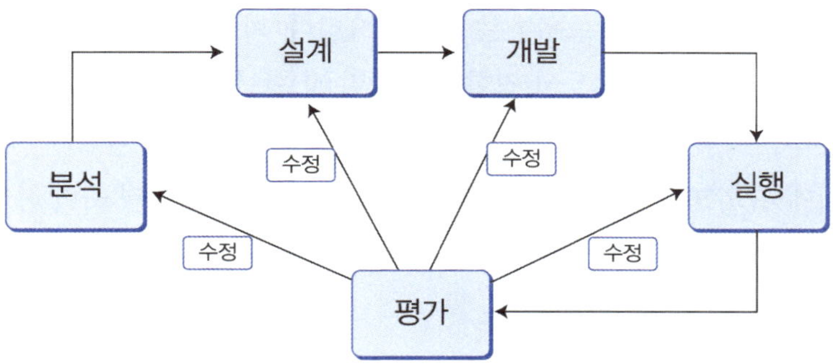

[그림 5-3] ADDIE 수업설계 모형

출처: 송상호, 박인우, 엄우용 역(2007). **수업설계의 원리.** p. 21.

2) 장애학생을 위한 과학과 지도 계획

장애학생을 위한 과학과 학습 지도 계획을 수립할 때에는 학교의 실정이나 지역의 특성, 자료의 준비 등을 고려하여 지도 시기나 활동 내용을 교육 과정의 목표에 어긋나지 않는 범위 내에서 조절할 수 있다. 교사는 교육과정의 목표에 벗어나지 않는 범위 내에서 학교의 경제 및 행정적 지원, 지역 사회의 특성, 계절의 변화 등을 반영하여 지도 시기나 활동 내용을 판단하여 적절한 학습 지도 계획을 세워야 한다(교육과학기술부, 2009b). 예를 들면, 교육부에서 고시한 과학과의 교육 과정에 따라 학교의 실정, 지역의 특성, 학생의 능력, 교원의 조직, 교육 시설, 자료의 준비성을 고려하여 적합하고 발전적인 과학과의 학교 교육 과정을 편성한다. 교사는 과학과 교육 과정의 학년별 내용에 따라 월별로 각 주제를 배치한다. 각 주제의 지도에 필요한 실험 기구와 자료를 정하여 준비한다. 준비된 실험, 관찰 자료를 가지고 수업에 임한다. 과학과의 학교 교육 과정 편성과 운영은 각 학교별 학년 모임, 즉 학년별 교사들의 모임에서 이루어져야 한다. 특별히 과학과는 동물, 식물 등을 준비하여야 하고, 교재 준비에 있어서 여러 교사의 경험과 의견이 중요한 역할을 하기 때문이다. 학년별로 담임 교사나 교과 전담 교사들이 모여서 단원별로 중요한 실험을 사전에 하여 보고 지도 내용이나 방법을 토의하는 것이 중요하다. 학년이 끝나는 2월 초에는 1년 동안 그 학년을 가르친 교사들이 경험을 되살려 각 학년별로 과학과의 연간 계획을 세우고, 필요한 실험 기구와 자료를 미리 요구하도록 한다. 또한 학기가 시작되기 전에 각 학기에 필요한 실험 기구와 실험 자료를 충분하고 철저하게 준비 하여야 한다. 장애학생을 위한 과학과의 영역별 교수·학습 지도 계획을 수립할 때 유의할 사항은 다음과 같다(교육부, 2012).

- **물질 영역**: 학교가 속해 있는 지역의 특성에 따라 학생들이 쉽게 접할 수 있는 맛과 냄새의 종류가 달라질 수 있다. 어촌에서 젓갈이 짠맛으로 학생들이 쉽게 접할 수 있는 것이라면 도시에서는 소금이 될 수 있을 것이다. 교수·학습의 효율성을 높이기 위해서도 지역에서 쉽게 구할 수 있는 자료를 준비하는 것이 좋다. 그러나 교육은 학생의 현재의 삶에 필요한 기술뿐만 아니라 독립적으로 기능 수행을 하기 위해 미래 생활에서 필수적으로 요구되는 기술 및 기능에 대한 지도도 이루어져야 하므로 지역의 특성이 크게 반영되지 않는 보편적인 자료 및 내용도 고려해야 할 것이다. 이 때 주변에서 쉽게 볼 수 있는 친숙한 물체를 활용하여 물질의 특성 및 상태 변화에 대해 지도해야 하며, 물질의 특성 및 상태 변

화에서 배운 과학적 사실과 개념을 우리의 생활환경과 관련하여 적용할 수 있도록 지도해야 한다(교육부, 2015a).

- **에너지 영역**: 에너지 영역의 학습 지도 계획 시 학교가 속해 있는 지역이 대도시, 중소 도시, 주택 지역, 아파트 지역, 농촌, 산촌, 어촌인지에 따라 생활 주변의 소리와 빛이 달라질 수 있다. 또한 저울, 자석, 전기 기구의 종류와 사용도 달라질 수 있다. 따라서 학교가 속한 지역의 특성을 반드시 고려하여 계획을 세워야 한다. 이 때, 여러 가지 생활 경험을 통하여 에너지의 생성과 세기 등을 이해하도록 지도해야 하며, 일상생활에서 많이 활용하는 친근한 도구나 기구부터 도입하여 지식과 개념을 이해하도록 지도한다. 그리고 에너지에 대한 물리학적 지식이나 객관화된 수치의 측정보다는 과학적 사실을 관찰하고 분류하는 등의 기초 탐구에 중점을 두고 학습 체험이 이루어지도록 한다. 또한, 속력은 수치화된 과학적 지식의 습득보다는 빠르고 느림, 빠르기가 증가하고 감소하는 예를 구분하여, 안전과 결부시켜 지도하도록 한다(교육부, 2015a).
- **생명 영역**: 생명 영역도 학교의 실정과 지역의 특성을 고려해야 하는 영역이다. 예를 들면, 식물의 씨앗을 관찰하고 식물을 기르며 성장 과정과 한살이를 관찰하는 '식물의 한살이'의 경우 농촌 지역의 학교와 대도시의 학교가 학습 지도 계획 시 큰 차이가 있을 수 있다. 오히려 이러한 차이가 없다면, 이는 지역의 특성을 고려하지 않은 학습 지도 계획이라고도 볼 수 있다. 지역에 따라 쉽게 접할 수 있는 식물, 동물 등은 무엇이며, 언제 관찰이 가능한지 등을 고려하여 지도 계획을 수립하여야 한다. 생명 영역을 지도할 때 주의할 점은 우리 몸의 구조와 기능을 학습하기 위하여 자신의 신체상을 인식하고, 다양한 교재교구 활용을 통해 신체 기관의 순환과 신체적 · 심리적 성장을 이해하며 생명의 소중함을 느낄 수 있도록 지도한다. 그리고 생물을 관찰하고 특징을 탐구해 봄으로써 우리 주변에는 다양한 생물이 함께 하고 있음을 인식하고, 우리의 삶과 무관하지 않음을 학생 수준별로 지도한다. 그리고 생태계 구성 요소와 이들의 상호작용으로 생태계

평형의 중요성을 이해하며, 유전과 진화를 통해 생명체는 번영하고 소멸함을 다양한 자료 제시를 통해 지도해야 한다(교육부, 2015a).

- **지구와 우주 영역**: 지구와 우주 영역에서는 예를 들면 산촌의 경우 돌의 모습과 산의 모습을 관찰하고 특징을 알아보는 데에 더 많은 시간을 배정할 수 있다. '좋은 환경을 지키는 방법' 또는 '자연 보호 활동'에서도 대도시의 경우 재활용 분리수거나 물건을 아껴쓰기 등이 주된 내용으로 계획될 수 있는 반면에 농촌, 산촌, 어촌의 경우 다른 활동을 계획할 수 있다. 지구와 우주 영역을 지도할 때에는 먼저, 자연현상은 학생의 일상적인 생활 속에서 경험할 수 있는 소재를 중심으로 기초적인 과학적 개념을 습득할 수 있도록 지도해야 한다. 그리고 기후 변화, 장마, 태풍, 지진 등의 자연 재해를 효율적으로 대처하는 방법을 중심으로 지도한다. 또한, 현장체험학습을 통하여 직접적인 경험을 제공하거나 과학관 견학을 통하여 간접적인 경험을 제공한다. 학생의 이해를 돕거나 흥미를 유발하기 위하여 모형이나 시청각 자료, 소프트웨어, 인터넷 자료 등을 활용한다. 단, 모형을 사용할 때는 모형과 실제 자연현상 사이에 차이가 있음을 이해시킨다. 그리고 지구, 달, 별자리 등 학생이 직접 관찰하기 힘든 내용 요소는 미 항공 우주국에서 제공하는 지구, 달, 별자리 등에 대한 영상을 제공하여 학생이 태양계와 우주에 관해서 호기심과 흥미를 갖도록 한다. 기상과 관련하여 기상의 원리에 대한 설명보다는 기상에 따른 대처 방법을 중심으로 지도한다. 별 자리를 지도하거나 박물관 견학 시 스마트 기기를 활용하여 학생에게 다채로운 경험과 정보를 제공할 수 있도록 한다. 영상 자료를 활용하거나 모형을 사용하는 과정에서 학생이 오 개념을 가지지 않도록 지도한다. 특히, 모형을 사용할 때에는 모형과 실제 자연현상 사이의 차이점을 명확히 설명한다(교육부, 2015a).

장애학생을 위한 과학과 지도를 계획할 때에는 지역이나 계절에 따라 자료의 준비나 활동이 어렵거나 탐구 활동이 어려운 경우가 발생할 수 있다. 이와 같은 경우에는 컴퓨터나 비디오 등을 활용하여 간접적인 경험을 제공할 수 있다. 학습 지도 계획에 있어서 교사는 학교의 실정이나 지역의 특성, 자료의 준비 외에도 학생의 동기 및 수준을 고려하여 교육과정의 목표에 벗어나지 않는 범위 내에서 재구성하여 지도할 수 있다.

3. 과학과 교수 · 학습 방법

1) 장애학생을 위한 교수 · 학습 원리

탐구 중심의 교과인 과학과는 교사 중심의 지시적 교수법을 지양하고, 발견 학습 또는 탐구 학습을 통하여 학생들의 자연적인 호기심을 촉진하며, 경험 및 체험을 통하여 몸으로 습득된 이해방식과 앎의 방식을 활용하는 것이 필요하다. 따라서 탐구 중심의 교수 · 학습은 수동적이고 수용 위주의 학습과는 대조적으로 역동적인 인지과정을 거쳐 개인의 경험 세계를 성장시키는 앎의 형태로 구성, 창조된다(교육부, 2015b). Piaget의 발달 단계에 의하면 특수교육 기본 교육과정을 적용하는 장애 학생의 경우 전조작적 · 구체적 조작 활동에 다양한 형태로 참여할 수 있으므로 학생들이 주변의 사물과 현상을 체험하는 구체적인 활동을 동반하여 지도하여야 한다. 그러므로 특수교육 기본 교육과정을 적용하는 장애 학생의 경우, 과학과 교수 · 학습방법으로는 일반적인 탐색 학습, 발명 학습, 발견 학습을 들 수 있는데, 발견 학습이 곤란한 만큼 대개 탐색 학습, 발명 학습의 과정이 주로 이루어진다.

첫째, 탐색 학습은 장애 학생의 경우 추상적 개념 형성이 잘되지 않으므로 개념을 쉽게 획득시키거나 이해하기 위해서는 구체적 조작이 필요하다. 따라서 학생들에게 자료가 배부되면 교사는 가능한 한 지시하지 말고 각자가 자유롭게 만지작거리게 하며, 수업은 마치 학생들을 놀게 하는 것 같이 보일지 모르나 학생들은 실물을 관찰하며 직접 경험을 충분히 할 수 있도록 하는 과정이어야 한다.

둘째, 발명 학습은 탐색 학습 과정에서 관찰한 것을 구체적인 특성에 따라 분류하여 새로운 개념을 발견하고 이름을 붙이는 학습이 이루어진다. 여기서 개념 형성은 원리와 법칙을 찾는 수단이기 때문이다. 즉, 환경 자극을 감각하고 지각하여 개념화를 거쳐 일반화가 이루어지는 일련의 학습 과정이라고 볼 수 있다.

한편, 과학의 과정은 주변 세계를 발견하여 가는 수단이 되기 때문에 때로는 탐구 기능이라고도 한다. 모든 사람들은 일상생활에서 어느 정도 탐구 기능을 사용하며, 과학 이외 분야에서도 이러한 기능들을 사용한다. 이러한 탐구 과정에는 이해의 기반이 되고 좀 더 복잡한 과정을 이루는 구성 요소가 되는 기초 과정(basic process)이 필요하다(조연순, 최경희 역, 1999). 탐구 기능을 위한 기초 과학과정은 관찰, 분류, 측정, 예상, 추리, 의사소통 등을 포함한다.

유능한 과학 교사가 되기 위해서는 기초 과학과정을 철저히 이해하여야 한다. 과학적 탐구 과정에서 기초적 과정은 유아와 초등 저학년생, 발달 장애아 및 학습 부진아를 위한 과학과 교육과정에서 특히 강조되어야 할 영역이다. 수준이 높은 가설 형성, 변화 요인 조절, 자료 해석, 조작적으로 정의, 모델 형성 등의 과정은 기초 과정에 통합하여 적용될 수 있다.

또한 지적장애 학생과 정서・행동 장애 학생들은 직관적인 사고가 가능하도록 구체적인 자료를 제시하여 주고 직접 행동으로 표현하게 해 주며, 학생 주변의 구체적인 사례를 중심으로 학습을 유도하도록 노력하여야 하며, 과중한 수업의 부담으로 싫증을 느끼지 않도록 수업의 양과 수준, 흥미 유발에 유의하여야 한다. 즉, 개인차에 따른 학습 준비성을 잘 파악하여야 한다. 그리고 중도 인지 장애 학생들이 성공하는 수업이 될 수 있도록 학습 활동을 구조화하고, 성공하는 수업에 대하여 즉각적인 보상을 마련하여야 한다. 보상의 기준은 학생의 선호, 흥미, 관심에 의거 계획하여야 한다. 그뿐만 아니라 중도 인지 장애 학생들은 주의 집중력을 증진할 수 있도록 그들의 특성, 흥미를 고려한 다양한 학습 자료를 계획하여야 하며, 단기 기억의 취약성을 고려하여 반복 연습에 의하여 의미 있는 다양한 경험을 가지도록 지도하여야 하고, 학습 실패에 따른 학습된 무기력으로 학습 활동에 수동적인 특성을 고려하여 학습 동기 유발에 특별한 수업 계획이 요구되며, 과잉 학습(over learning)이 필요하다. 즉, 중도 인지 장애 학생의 경우 학습의 기억과 연합에 어려움이 있는 만큼 학습이 완성 수준에 도달한 이후에도 계속적인 반복 연습이 필요하다는 것이다.

지적장애 학생과 정서・행동 장애 학생들의 과학과 지도를 위하여 요구되는 사항들은 다음과 같다.

첫째, 다양한 교수・학습 방법을 적절하게 활용한다. 효과적인 교수・학습 방법은 교사의 학습 내용에 대한 이해와 학습자의 특성에 따라 달라질 수 있다. 그러므로 교사는 먼저 지도 내용에 대하여 충분히 이해하고 이에 근거하여 학습자의 특성을 고려하여 강의, 실험, 조사, 견학 등 다양한 교수・학습 방법을 활용한다.

둘째, 일상생활에서 구체적이고 실제적인 활동과 경험을 중시한다. 과학과를 통하여 탐구하는 현상은 학생들이 일상적으로 당면하는 상황일 수도 있지만, 가르치기 위한 목적으로 설정된 시나리오 탐구 상황, 구조화된 모든 상황에서 수업이 가능하다. 다만, 일상생활에서의 구체적인 활동과 경험을 중시하여 자연스럽게 접할 수 있는 주변의 실물 자료나 생활 사례를 활용하며, 우리 몸의 오감을 최대한 활용한다.

셋째, 교사는 발산적인 사고 과정을 유도하는 발문을 하고, 오개념이 형성되지 않도록 유의한다. 장애 학생도 현상을 발견하고 탐구할 수 있도록 교사가 직접 결과를 제공할 것이 아니라 적절한 자료나 맥락을 제공함으로써 학생들이 적극적으로 참여할 수 있도록 지도하는 것이 필요하다. 또 수업 상황에 적절한 발문을 하고 자칫 형성될 수 있는 과학 개념의 오개념이 형성되지 않도록 한다.

넷째, 학생의 강점을 활용하여 지도한다. 모든 학생은 강약점을 가지고 있고 다양한 차이를 보이고 있다. 장애 학생들은 일반 학생들에 비하여 강점보다 약점이 많으므로 부모 및 교사들은 학생의 약점에 보다 많은 주의를 두는 것이 사실이다. 일반 학생과 비교하기보다는 학생의 차이와 특성을 인정하고 학생의 강점을 활용하여 지도하는 것이 바람직하다. 강점을 활용한 교육은 학생이 잘하는 것, 학생이 특별히 집착하는 것을 활용하여 교육하는 것이다.

다섯째, 학습 자료는 학생의 선호 특성을 고려하여 선정한다. 학습 자료를 선택할 때에는 학생이 좋아하는 색채, 모양, 결, 사물 등을 고려하여 선택해야 한다. 자폐성 장애 학생들은 감각 자극에 대하여 독특한 반응을 보이며 비정상적인 행동 양식을 보인다. 이러한 비정상적인 감각 특성을 문제시하기보다는 학생이 고집하는 감각 자극의 특성을 고려하여 학습 자료를 선택하면 보다 높은 학습효과를 가져올 수 있다. 또 가능한 한 많은 감각 경로를 활용하여 교육한다. 학습은 경험을 통한 행동 변화이다. 이러한 경험은 오감각 기관을 통해서 이루어지게 된다. 보다 다양한 감각 경로를 통하여 경험이 이루어질 때 학습의 효율성과 효과성은 보다 높아질 수 있다. 그러므로 가능한 한 다양한 감각 경로를 활용하여 교육하되, 자폐성 장애 학생의 경우 학생이 매우 혐오스러워하는 자극은 사용하지 않는다.

또 장애 학생이 통합된 일반 학급에서는 공통 교육과정의 과학과를 다루겠지만 일반 학교의 특수 학급에서 과학과를 통합 교과로 구성하여 수업할 수도 있다. 통합 교육 장면에서는 과학 방법적 측면과 과학・기술・사회적 측면, 그리고 교실의 물리적 환경 측면에서 볼 때, 탐구 활동 동안에 정서적・사회적 요구 사항뿐만 아니라, 교사들은 탐구 활동을 하기 전에 물리적 환경을 준비하여야 한다(Scruggs & Mastropieri, 1994). 여기에는 교육 자료, 시간표, 그리고 시설물 등을 준비하고 관리하는 것이 포함된다. 교육 자료는 학생들이 다루고, 조정하고, 모으고, 그리고 분배하기에 유용하면서도 안전성 있는 것이어야 한다. 또 교육 자료의 선택에서 가격, 활용도, 보관성, 그리고 학생의 연령과 기술력 등에 대하여도 추가적인 고려가 되어야 한다. 주어진 시간 내에 특정 활동을 완수하기 위해서 교사들은 세부 시간 계획을 세울 필요가 있다.

그러나 지적 장애 및 학습 장애, 행동 장애를 가지고 있는 중도 인지 장애 학생의 경우는 이러한 행동이 어렵기 때문에 준비 및 계획 단계에서 추가적인 고려가 필요하다(Palincsar et al., 2001; Scruggs & Mastropieri, 2007). 탐구 활동에 경험이 없거나 필요한 기술이 부족한 장애 학생들은 교사가 계획과 준비에 실패하는 경우 성공적으로 활동을 마무리하지 못한다(Holahan et al., 1994; Scruggs et al., 1993). 그러므로 교사들은 통합 학급에서 장애 학생들에게 요구되는 기술 수준과 활동에 대한 사정(assesment)을 해 그들이 학습 활동에 적절히 참여하도록 해야 한다.

또 교사는 교수 방법과 전달 방식, 그리고 학습 활동에 참여하는 학생의 참여 방식과 관련하여 이 두 가지의 상호 관련된 요소들을 변화시킴으로써 장애 학생들이 다루고, 조종하고, 모으고, 분배하기에 유용하면서도 안전성 있는 것이어야 한다. 교육 자료의 선택에서 가격, 활용도, 보관성, 그리고 학생의 연령과 기술력 등에 대하여도 추가적인 고려가 되어야 한다. 주어진 시간 내에 특정 활동을 완수하기 위해서 교사들은 세부 시간 계획을 세울 필요가 있다. 교사들은 학생들이 학습 활동을 할 공간을 충분히 확보할 수 있도록 배려할 필요가 있다. 예를 들면 휠체어를 사용하는 학생일 경우는 작업 공간과 탁자에 쉽게 접근할 수 있도록 해야 한다. 교실의 밝기, 온도 등도 점검되어야 하고 다른 설비도 점검되어야 한다. 또 과학 통합 교육에 참가하는 학생들에 대한 사전 점검 및 준비도 고려되어야 한다. 탐구 활동을 성공적으로 완수하기 위해서, 학생들은 많은 독자적인 학습과 협력적인 집단 상호 작용 기술을 배양할 필요가 있다(Scruggs & Mastropieri, 1994).

2) 탐구기능의 지도

과학은 실험적이고 이론적인 연구를 통하여 과학적 현상을 더 잘 설명하려는 인간의 노력이다(Kuhn, 1970). 이러한 과학을 진전시키는 수단은 과학 지식에 대한 심층적인 이해와 과학적 사고 과정의 엄격한 적용을 포함하는 과학적 탐구이다. 현재 과학과 교육은 과학적 탐구를 교수 · 학습 방법의 우선순위에 두고, 과학적 탐구를 촉진하는 방식을 발견하기 위하여 노력하고 있다. 사람들은 모두 일상생활에서 어느 정도 탐구 활동을 사용하며, 과학 이외의 분야에서도 이러한 활동을 사용한다. 이러한 탐구 활동은 관찰, 분류, 측정, 예상, 추리, 문제 인식, 가설 설정, 변인 통제, 자료 변환, 자료 해석, 결론 도출, 일반화 등을 말한다. 그러나 탐구 활동은 관찰, 측정, 비교, 분류, 예상, 추리 등의 기초 탐구과정과 문제 인식, 가설 설정, 변인 통제, 자료 변환, 자료 해석, 결론 도출, 일반화 등의 통합 탐구과정으로 구분된다(조희형, 최경희, 2007). 특수교육 기본 교육과정의 과학과 교육과정은 대상이 되는 학생의 특성을 고려하여 통합 탐구과정보다 기초 탐구과정인 관찰, 분류, 측정, 예상, 추리, 의사소통을 통하여 과학적 탐구를 수행하도록 강조하고 있다. 즉, 장애학생들에게 지도하는 탐구 활동은 주로 기초 탐구과정(관찰, 분류, 측정, 예상, 추리 등)을 활용하여 지도하며, 해당 학생의 학년군의 진전에 따라 학년군별 중점 기초 탐구과정을 누가적으로 활용한다. 간단한 탐구과정을 통하여 개념을 형성하고, 반복적 지도를 통하여 실생활에 적용하도록 하여야 한다. 그리고 탐구 수행의 모든 과정에서 의사소통이 원활하게 이루어지도록 하고, 탐구 결과를 다양하게 표현하는 활동을 통해 새로운 지식과 개념을 일반화할 수 있도록 지도한다. 탐구 활동을 모둠 학습으로 진행할 경우 과학 탐구에서 상호 협력이 중요함을 인식시켜야 한다. 장애학생을 위한 특수교육 기본 교육과정에서는 탐구, 특히 기초 탐구과정(관찰, 분류, 측정, 예상, 추리, 의사소통)을 강조하고 있다. 이러한 기초 탐구 과정을 장애학생에게 어떻게 적용할 수 있는지를 살펴보면 다음과 같다(교육부, 2012, 2015b, 2015c; 권택환, 하미경, 2000 ; 김미경, 2003 ; Martin, 1997).

(1) 관찰

관찰은 관련 지식과 오감을 사용하여 사물과 현상에 대한 정보와 자료를 얻는 탐구의 가장 기본적인 과정이다(김인순, 2003). 또한 시청각 매체를 사용하여 계획적이고 체계적인 관찰을 하게 하고 관찰 대상의 하위 조직과 구성을 살펴보게 할 수도 있다. 관찰은 사물 또는 현상에 대한 데이터를 모으기 위해 모든 감각-시각, 청각. 촉각, 후각, 미각을 사용하는 것이고, 추론, 측정, 의사소통, 실험 등의 모든 과정을 숙달하는데 있어 기본적인 것이다. 관찰은 물체를 가지고 조작하는 적극적인 참여를 포함하여 단순하거나 복합적인 도구를 가지고 직/간접적으로 감각들을 사용하는 것으로 이 과정은 ① 물체의 속성 묘사하기 ② 활동에 의한 변화 묘사하기 ③ 패턴과 관계에 의한 정확성을 가지고 변화 묘사하기로 이루어진다(Martin, Sexton, Wager, & Gerlovich, 1997).

전조작기에 해당하는 학생들은 모든 감각을 사용하여 색, 모양, 형태 등을 관찰하도록 하며, 구체적 조작기에 해당하는 학생들은 기존의 방법과는 다른 새로운 방법으로 친숙한 것을 관찰하고, 전체에서 부분을 분리하여 자세히 관찰하며, 물체의 빈도나 양을 관찰하도록 한다. 무엇보다도 관찰 기능이 이후의 다른 모든 탐구 기능에 중요한 기초가 되므로 학생이 목적을 가지고 관찰할 수 있는 능력을 가질 수 있도록 지원해야 한다.

관찰은 크게 오감만을 사용하여 정보를 얻는 정성적 관찰과 숫자나 양을 포함한 정량적 관찰로 나눌 수 있으며, 어림과 비교는 정량적 관찰에 포함된다. 정성적 관찰은 사물들의 비교나 다른 사람들과의 의사소통을 보다 명확하고 정확하게 해 준다(교육부, 2015b).

정성적 관찰	정량적 관찰
• 붉은 색을 띤다.(시각) • 시큼한 냄새가 난다.(후각) • 쓴맛이 난다.(미각) • 피부가 까칠하다.(촉각) • 문지르면 금속성 소리가 난다.(청각)	• 내가 너보다 키가 5cm 크다. • 이 책상의 세로 폭은 내 걸음으로 세 걸음 정도이다. • 복숭아의 솜털의 길이는 2mm 정도이다.

〈관찰 활동의 예〉

- 물질의 성질 변화 관찰하기
- 자석 주변에서 나침반의 움직임 관찰하기
- 흙 언덕을 만들고 물을 흘려보낸 후, 깎이는 곳과 쌓이는 곳 관찰하기

(2) 분류

분류는 어떤 목적을 가지고 사물을 그 공통적인 속성이나 조건에 따라 같은 범주로 묶거나 다른 범주로 구분하는 것이다(교육인적자원부, 2001) 즉, 어떤 속성에 따라서 사물 또는 상황을 배열하는 과정이다. 이 과정은 ① 단순한 속성을 사용하여 그룹을 만들고 일련의 관계성을 표현하고 ② 체계적인 관계성을 표현하기 위해서 한 가지 속성을 사용하여 그룹과 하위그룹으로 만들고 ③ 다른 그룹 간의 체계적인 관계성을 표현하기 위해 여러 속성을 함께 사용하여 그룹을 만든다(Martin, Sexton, Wager, & Gerlovich, 1997).

분류는 관찰한 것을 공통적 특성에 따라 조직화하고 범주화하는 것에 중점을 두며, 어떤 특징에 따라 사물을 범주에 포함시키는 것으로 다른 사람이 만들어 놓은 분류 체제를 사용하는 것뿐만 아니라, 새로운 분류 체제를 만들어 사용하기도 한다. 분류체계를 다음과 같이 구조화된 그림으로 표현하면 의사소통에 도움이 된다.

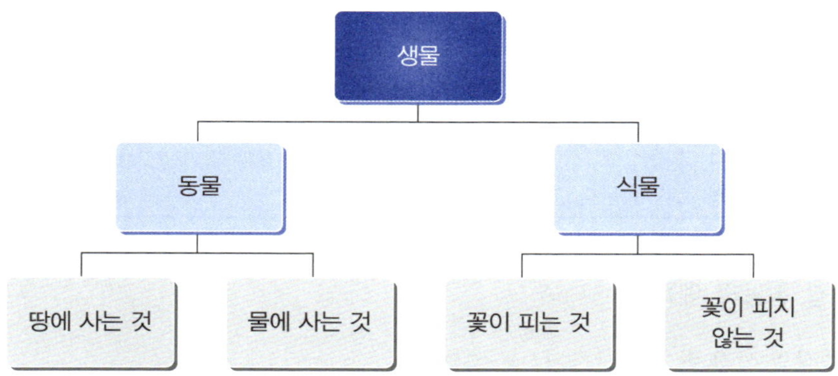

중도·중복 장애 또는 전조작기에 해당하는 학생에게는 사물 또는 현상의 특성과 유사점 및 차이점을 관찰하고 이에 근거하여 분류하게 한다. 구체적 조작기에 해당하는 학생에게는 다양한 방법으로 유사점 및 차이점을 관찰하고 다양한 준거에 따

라 사물을 분류하게 하고 더 나아가서는 상위 범주와 하위 범주로 위계적 분류를 하게 할 수 있다. 기능 수행 수준에 따라 지각적 수준에서 개념적 수준으로 분류가 이루어질 수 있도록 지원한다.

〈분류 활동의 예〉

- 비슷한 특징을 가진 동물들끼리 분류하기
- 비슷한 특징을 가진 식물들끼리 분류하기
- 여러 가지 용액을 관찰하여 분류하기

(3) 측정

측정은 관찰을 수량화하는 활동으로 측정 도구의 선택과 사용, 단위 선택, 측정 범위와 구간, 어림셈, 오차와 정확도, 반복 가능성, 신뢰성 등에 대한 이해가 필요하다(교육인적자원부, 2001). 측정은 어떤 기준으로부터 사물을 비교하는 것으로써 비표준화된 단위(nonstandard units)로부터 시작하여 점차 정확성이 요구되는 표준화된 단위(standard units)를 사용하면서 더 세련된 단계로 발달한다(김인순, 2003).도구나 기계를 사용하여 길이, 넓이, 부피, 무게 등 단위를 붙여야 하는 정량적 자료를 모으는 활동뿐만 아니라 도구나 기계를 사용하지 않고 정량적 자료를 수집하는 어림 또한 측정으로 정의 내릴 수 있다(조희형, 최경희, 2001). 이 과정에는 ① 클립, 손, 발과 같은 비 표준화된 도구를 사용하고 ② 줄자, 양팔 저울 그리고 실린더와 같은 표준화된 도구를 사용하는 과정을 거쳐 관찰, 분류, 추리 등에 정확성을 더 해준다(Martin, Sexton, Wager, & Gerlovich, 1997). 이 때 장애 학생의 수준에 따라 제시하는 기구를 다양하게 하고 측정하는 것의 단위를 조절하여 지원한다.

〈측정 활동의 예〉

- 여러 가지 물체나 장소의 온도 측정하기
- 온도가 다른 두 물체를 접촉할 때 두 물체의 온도 변화 측정하기

(4) 예상

예상은 관찰이나 측정 결과에 기초하여 규칙성이나 경향성을 파악하고 앞으로 어떤 일이 일어날지를 미리 판단하는 과정으로, 관찰, 측정, 비교, 분류의 경험에 기초하여 이루어진다. 즉, 관찰과 이에 근거한 분류나 추리를 통하여 규칙성을 인지하고, 이에 따라 앞으로 어떤 일이 일어날지 예상하게 된다. 주어진 자료의 바깥 부분을 예상하는 것을 외삽이라 하고, 주어진 자료의 빠진 부분을 예상하는 것을 내삽이라고 한다. 현상을 단순히 받아들이기만 하는 특수교육 대상 학생의 경우, 예상 활동을 지속적으로 제공하여 적극적으로 사고할 수 있는 기회를 제공할 필요가 있다. 예상한 것과 실제 결과가 불일치하는 것이 탐구의 가치가 높고 학생의 호기심과 동기를 유발할 수 있다.

〈예상 활동의 예〉

- 집기병 안 양초의 불이 꺼지는 시간을 측정한 것을 바탕으로 하여 크기가 두 배인 집기병을 사용하였을 때 양초의 불이 꺼지는 시간 예상하기
- 지난 한 달 동안의 해 뜨는 시각을 측정한 데이터를 바탕으로 하여 다음 주 일출 시간 예상하기

(5) 추리

추리란 사물이나 사건, 현상을 관찰한 결과를 논리적으로 해석하고 설명하는 과

정을 의미하며, 반드시 관찰에 근거하여야 한다. 따라서 증거가 없거나 매우 적을 경우에 만들어진 단순한 추측과는 다르다. 명확한 사고를 위해서는 관찰과 추리를 구별할 수 있어야 한다. 추리는 직접 관찰한 사실과 이전에 알고 있던 지식이나 경험하였던 사실을 연관시키는 과정을 통하여 이루어진다. 따라서 같은 현상을 관찰하고도 관찰자에 따라 다르게 추리할 수 있다. 다음은 관찰에 근거한 추리의 예를 나타낸 것이다(교육부, 2015b).

관찰		추리
• 운동장에 있는 깃발이 흔들리고 있다.	→	• 밖에는 바람이 불고 있을 것이다.
• 음식에 곰팡이가 있다.	→	• 이 음식은 오래 방치되었을 것이다.
• 저 별은 다른 별 보다 훨씬 밝다.	→	• 저 별은 다은 별보다 지구와 더 가까이 있을 것이다.
• 어떤 용액에 페놀프탈레인 용액을 떨어뜨렸더니 붉은 색으로 변하였다.	→	• 이 용액은 염기성 용액일 것이다.

〈추리 활동의 예〉

- 숲 속에 난 동물의 발자국을 보고 어떤 동물인지 추리하기
- 풀잎에 이슬이 맺힌 까닭에 대하여 추리하기

(6) 의사소통

의사소통은 학생이 관찰, 측정, 분류한 것을 다른 사람에게 알려 주는 것으로, 언어, 그림 또는 다른 표현 수단을 통하여 정보를 전달하는 기능으로 언어적 행동뿐만 아니라 비언어적 행동도 포함한다. 중도 장애를 지닌 특수교육 대상 학생의 경우 보완 대체 의사소통 체계를 활용하여 관찰, 측정, 분류한 것을 전달하게 할 수도 있다.

〈의사소통 활동의 예〉

- 효율적인 에너지 활용 방법 제안하기
- 생태계 보전을 위한 실천 방안 토의하기

이상의 관찰, 분류, 측정, 예상, 추리, 의사소통의 과정은 특수교육 기본 교육과정 과학과에서 강조하는 기초적 탐구 과정이다. 이러한 기초적 탐구 과정은 문제 인식, 가설 설정, 변인 통제, 자료 변환, 자료 해석, 결론 도출, 일반화 등의 통합적 탐구 과정의 선수 학습 요소이다. 그러나 반드시 기초적 탐구 기능을 습득한 다음에 통합적 탐구가 가능한 것은 아니다. 특수교육 기본 교육과정의 적용 대상이 되는 특수교육 대상 학생도 통합적 탐구가 가능하고 필요하다. 그러므로 특수교육 기본 교육과정 과학과를 지도할 때는 기초적 탐구 과정을 중시하되, 기초적 탐구 기능을 학습하지 못하더라도 안내된 탐구 방법을 통하여 통합적 탐구를 할 수 있는 기회도 제공하여야 한다.

3) 과학과 수업 방법

과학수업의 목표와 내용에 따라 다양한 과학 수업 방법이 활용될 수 있다. 전통적인 방식인 교사의 설명 위주의 강의식 수업 방법 외에 학생들을 수업에 효과적으로 참여시키고 학습을 촉진시킬 수 있는 과학 수업 방법을 적극적으로 활용하는 것은 중요한 일이다. 일반적으로 활용할 수 있는 과학과 수업 방법으로는 강의법, 질문법, 시범 실험, 실험, 토의법, 역할 놀이, 과학전 · 올림피아드, 야외 수업, 개념도, 브이 다이아그램, 열린 수업, 협동학습 등이 있다(김찬종, 채동현, 임채성, 2005). 이러한 방법을 장애 학생에게 적용하기에는 각기 장 · 단점이 있다. 이 중에서 장애 학생에게 적용 가능한 과학과 교수 · 학습 방법으로 실험 수업과 협동 학습, 역할 놀이수업, 과학 놀이 수업, 야외 수업, e-learning, STEAM 수업 등이 활용될 수 있다.

(1) 실험 수업

실험은 과학 교육에서 핵심적인 활동으로 여겨지고 있다. 실험을 통한 수업은 학생의 과학 개념 이해와 과학에 대한 흥미 및 동기 유발에 효과적이며 문제 해결 능력 향상과 과학 본성에 대한 이해를 향상시킨다. 다른 과목과 달리 과학수업에서 실험이 필요한 까닭과 근거는 실험의 본성, 실험의 역할 및 기능, 실험을 통하여 얻을 수 있는 결과 등에서 찾아볼 수 있는데, 대표적인 까닭을 다음과 같이 제시할 수 있다(교육부, 2015b).

첫째, 과학은 구체적 대상을 다루지 않고서는 학생들이 이해하기 어려운 복잡하고 추상적인 내용을 많이 포함하고 있다.

둘째, 실험 활동은 학생들이 과학적 방법과 과학의 정신을 인식하는데 도움이 된다.

셋째, 학생들은 대체로 실험활동을 즐거워하기 때문에 실험 활동을 통하여 과학 학습 동기가 유발되고 과학에 대한 흥미를 가지게 된다.

넷째, 실험은 실생활의 문제 상황에 전이할 수 있는 일반화되고 체계적인 사고방식을 학습할 기회를 제공한다.

실험 수업은 절차, 접근 방식, 주요 목표, 초점, 구조화 및 개방화의 정도에 따라 여러 가지 유형으로 나누어진다(양일호 외, 2006). 실험 수업의 형태를 실험의 목적과 이를 위한 수업 방법 및 교사의 역할에 따라 나누면 확인실험, 탐색 실험, 귀납적 실험, 연역적 실험, 기능 개발 실험, 과정 개발 실험 등 6가지의 형태로 나눌 수 있다. 각각의 특징은 〈표 5-1〉과 같다(교육부, 2015b).

장애 학생의 경우 실험 절차가 교사에 의해 주어지며 연역적 접근 방식으로 개념 확인을 주요 목표로 하고 모든 단계에서 안내가 제공되는 구조화를 가지고 있으며, 정답과 과정이 정해져 있는 '확인 실험 수업'의 유형이 적합할 수 있다.

교실 상황에서 실험 · 실습 시 파손되기 쉬운 실험 기구를 사용할 때에는 사용 방법을 사전에 주지시키고 학생들의 안전에 유의하여야 하며, 학습이나 생활에 쓰이

〈표 5-1〉 **실험 수업의 형태**

실험 수업의 형태	실험 목적	교사의 역할
확인 실험	추상적 지식에 대한 구체적 경험을 가지게 한다.	강의나 독서를 통하여 알게 된 추상적 지식과 관련된 현상을 경험할 기회를 제공한다.
탐색 실험	새로운 자료와 현상을 인식하고 흥미를 가지게 한다.	학생들이 개방적 상황에서 새로운 자료와 현상을 탐색하고 조사하게 한다.
귀납적 실험	몇 가지의 과학적 사실을 유의미한 일반화로 조직하게 한다.	학생 스스로 주요한 개념이나 그들 간의 관계를 찾게 한다.
연역적 실험	주요한 개념이나 일반화를 이용하여 주어진 현상을 설명하게 한다.	이미 학습된 포괄적 지식으로 새로운 현상을 설명, 예측, 서술하게 한다.
기능 개발 실험	실험 활동에 필요한 기능을 습득하게 한다.	학생들이 필요한 기능을 습득할 때까지 연습할 기회와 피드백 및 도움을 제공한다.
과정 개발 실험	과학적 문제 해결 능력을 기른다.	학생들이 문제를 해결하는 방법에 관심을 가지도록 하며 탐구 과정을 학습할 수 있도록 한다.

출처: 교육부(2015b). **초등학교 5-1학기 과학과 지도서.**

는 도구의 사용 방법을 익혀 바르고 안전하게 사용하도록 한다. 특히 견학과 야외 수업을 진행할 때에는 현장에서 안전지도를 해야 한다. 또 환경을 오염시키는 폐기물은 처리 방법을 지도하고 그렇게 해야 하는 까닭을 함께 지도한다. 장애학생을 위한 실험·실습 계획과 운용의 유의점은 다음과 같다(교육부, 2015a).

- 실험 기구의 사용 방법을 사전에 지도하여 올바른 사용 방법을 익히도록 하고, 특히 상해나 화상을 입지 않도록 안전 지도를 한다.
- 실험 기구나 재료는 충분히 준비하되, 필요 이상으로 사용되지 않도록 유의하며 실험에 필요한 기자재는 수업 이전에 미리 준비한다.

- 화학 약품을 다룰 때의 주의점을 지도하여 사고가 발생하지 않도록 한다.
- 야외 탐구 활동 및 현장학습 시에는 사전 답사를 실시하거나 관련 자료를 조사하고 안전 지도를 한다.
- 실험 후 발생하는 폐기물을 수거 처리하여 환경을 오염시키지 않도록 유의하여 지도한다.
- 생물을 다룰 때는 생명을 존중하는 태도를 가지도록 하고, 부득이하게 생명을 손상시킬 경우에는 사후 처리에 유의하여 올바른 생명관을 갖도록 한다.
- 간단하고 흥미로운 실험 활동을 개발하여 놀이식으로 운용하여 학생으로 하여금 호기심을 갖고 자연현상의 상태나 변화를 탐구하도록 한다.
- 교사 중심의 확인 실험보다는 학생 중심의 탐구적 실험이 되도록 한다.
- 실험 후 학생과 실험 활동에 대하여 이야기 나누고, 학습 내용을 다양하게 표현하는 활동을 통하여 새로운 지식을 일반화한다.
- 실험 실습 시 모둠 활동을 통하여 협동학습의 효과를 도모한다.

(2) 협동학습

이질적인 학습 능력을 가진 학생들에게 적합한 지도 방법으로, 기능 수행이 낮은 장애 학생들이 통합 상황에서 적절한 과학 교육 지원을 받을 수 있는 전략이다. 협동학습은 이질적인 특성을 가진 구성원으로 이루어진 소집단에서 구성원간의 상호 작용과 협동을 통해 학습 과제 및 목표를 공동으로 달성하는 것이다. 중도 · 중복장애 학생의 경우 협동학습을 통해 주의집중 및 흥미 유발과 유지에 도움이 되는 자극을 제공하고 구체적으로 조작할 수 있는 기회를 갖게 되면 보다 효과적인 학습이 이루어질 수 있다. 효율적인 과학 수업을 위한 협동 학습의 절차는 다음 〈표 5-2〉와 같다(유장순, 2006).

〈표 5-2〉 협동학습의 절차

• 사전 수업 활동 결정하기	① 관계 형성하기, ② 학습 목표 구체화하기, ③ 집단 크기 결정하기, ④ 학생 배경 알기, ⑤ 집단 구성원의 역할 결정하기, ⑥ 교실배정하기(과학실, 자료실, 기타), ⑦ 학습 활동에 필요한 자료 배정하기
• 협동 구조와 과제 설명하기	⑧ 학생들에게 학습 목표 및 활동 설명하기, ⑨ 학습 목표를 위한 행동 준거를 설정하고 설명하기, ⑩ 긍정적 상호 의존성 구조화하기, ⑪ 개별 책무성 설명하기, ⑫ 의사소통 기술 설명하기, ⑬ 수업 전개 과정에서의 긍정적 행동 설명하기
• 감독과 중재	⑭ 수업 구성하기, ⑮ 학습 집단 감독하기, ⑯ 장애 학생 문제 및 공격 행동 시 필요에 따라 개입하기, ⑰ 수업 종료하기
• 평가와 분석	⑱ 학생의 성취를 평가하기, ⑲ 집단의 학습 활동 과정에 대해 피드백하기, ⑳ 학생의 발전을 위한 계획 수정 및 설계하기

(3) 역할 놀이 수업

역할 놀이는 과학 지식 및 개념 학습에 어려움을 갖는 장애 학생들에게 효과적인 방법이다. 역할놀이는 경험 중심 교수·학습 방법으로 학생에게 하나의 상황에서 다양한 역할을 체험하여 그 경험을 통해 개념을 이해하는 데에 도움을 준다. 일반적으로 역할 놀이는 다른 사람의 역할을 받아들이게 하는 방법이지만, 과학과에서의 역할 놀이는 생활 주변의 자연 현상의 역할을 해 보면서 그와 관련된 개념을 익히고 학습의 흥미 및 효과를 증진 시킬 수 있다.

교수 · 학습 방법으로서의 역할놀이는 학생들에게 어떤 상황에 대하여 토론하고, 그 상황속의 인물이 어떤 행동을 할 것인지를 제의하거나 실연해 보이며, 이와 같은 행동의 과정과 그 결과를 평가하고, 결국에는 주어진 문제의 해결책을 제시하는 절차에 따라 수행된다(김찬종 외, 1999). 학생들에게 특수한 상황이나 장면에 처해보도록 하거나 특정 역할을 실행해보게 함으로써 자신과 다른 사람이 가지고 있는 가치관이나 신념을 깊이 있고 명확하게 이해할 수 있도록 하는 실천적 교수 방안이다(서울대학교교육연구소, 1994).

역할 놀이는 과학 교수 · 학습과 관련하여 다음과 같은 특성과 장점을 지닌다(조희형, 박승재, 1995).

- 과학의 사회적 · 경제적 · 환경적 측면의 교수법이다.
- 협동학습을 촉진한다.
- 능동적 학습을 조장한다.
- 실제상황의 실연에 효과적인 방법이다.
- 구두 기능을 실행할 기회를 제공한다.
- 학생들의 흥미를 유발한다.

학생들은 역할 놀이를 경험함으로써 관찰력, 영향력, 동정심, 의사결정 능력을 기르게 된다. 즉, 학생들은 역할 놀이를 통해서 과학이 인간에 의한, 인간을 위한 학문임을 깨닫게 된다(지재화, 2007). 역할 놀이를 교수-학습에 적절하게 활용하면 개인의 성장과 사회적 상호작용에 관한 이해를 효율적으로 증진시킬 수 있다. 학생들이 역할놀이를 통한 교수 · 학습 과정을 통해서 학습하게 되는 내용은 다음과 같다(김종량, 1991; 서울대학교교육연구소, 1994).

- 자신의 견해를 자유롭게 피력할 수 있고,다른 사람의 견해에 주의를 기울일 줄 안다.
- 문제해결을 위하여 다양한 방법을 제안하거나 강구할 수 있다.

- 다른 역할놀이 활동에 보다 열성적으로 임하게 된다.
- 역할놀이를 통해 보고, 듣고, 알게 된 것을 기술 · 해석 · 평가할 수 있으며, 자신의 생활과도 관련지을 수 있다.

다른 사람의 역할을 바꾸어 실행하는 역할 놀이는 다른 사람이나 생물, 심지어 무생물체가 무엇인지 느껴볼 수 있는 기회도 제공한다. 역할 놀이는 약물, 진화, 핵에너지, 유전공학, 흡연 등 사회적으로 의미가 있고 심각한 논쟁거리에 관한 교수-학습에 특히 효과적이다(조희형, 박승재, 1995).

(4) 야외 수업

과학 교육은 주로 교실과 실험실, 야외라는 세 가지 유형의 학습 환경 속에서 이루어진다. 초등 과학을 비롯하여 과학 교육 전반에 걸쳐서 탐구 능력과 과학적 소양이 강조되고 있는데 이들 두 가지 목표는 교실과 실험실 환경에서 어느 정도 달성될 수 있으나 교실에서 다루기에는 너무 비구체적이거나 실험실 여건이 좋지 않을 경우와 자연 환경에 쉽게 접할 수 있는 지역에서는 자연 환경 자체가 탐구 활동을 할 수 있는 좋은 장소가 될 수 있다(정완호 외, 1996). 초등학교 과학과 중에서 생물 분야와 지구 과학 분야는 실험실에서의 탐구 학습보다 자연 환경 그 자체가 좋은 학습 장소가 될 수 있다. 특히 지구 과학 분야는 실험실에서 사용하는 모형 보다는 야외에서의 관찰이 직접적인 경험과 자연 현상의 정확하고 다양한 관찰을 유도할 수 있을 뿐 아니라 학습 동기를 유발시킬 수 있으며 자발적인 관찰 활동을 촉진시킬 수 있다. 야외에서의 탐구 활동은 학교 내 수업에서 경험할 수 없는 다양하며 깊고 높은 수준의 과학 교육이 가능하며 학생들의 탐구력을 자극하고 흥미를 북돋아 준다(김해경, 김정길, 장병주, 1994).

장애학생을 위한 과학 교육에서 야외 학습이 주는 교육적인 의의(이문원, 1985)는 첫째, 현장에서 배움으로써 과학에 대한 이해를 깊게 하고 흥미와 관심을 높인다. 둘째, 현장에서 문제를 파악하고 자료를 수집하고 정리하는 능력을. 기른다. 셋째, 과학자와 과학 기술자의 일을 존중하는 태도를 기르는 좋은 기회가 된다. 넷째, 집단적으로 협력하여 행동하는 태도를 신장시킬 수 있다. Mckenzie 등(1986)은 야외조사 경험이 지질학 교육에 있어서 기본적으로 요구되는 사항이며, 긍정적인 야외 경험은 지질학을 이해하기 위한 기본적인 기술과 지식을 습득하는데 필수적이라고 하였다. 그리고 야외조사는 지질학을 학습하는데 있어서의 범위와 지적인 자극을 설명해 준다고 하였다.

과학과 수업에서 야외 학습의 절차는 교실에서의 사전 준비 단계와 야외 현장 답사 단계, 교실에서의 요약 단계로 이루어진다. 각 단계에서 이루어지는 활동은 다음과 같다(이진구, 2004).

첫째, 준비 단계에서는 먼저 사전학습으로 야외 조사에 필요한 기본적인 개념을 다룬다. 예를 들면, 광물, 암석, 화석, 토양의 구별과 같은 구체적 활동을 통해 필요한 지식을 습득하도록 한다. 야외 조사 지역에 대한 친숙도는 동영상 자료나 사진 자료 등을 통하여 높일 수 있다. 야외 조사 경험이 부족한 장애학생에게는 교사가 답사 지역의 상황을 사전에 설명해 줌으로써 심리적으로 안정시킬 수 있다. 또한 사전에 준비해야 할 사항으로는 일정계획, 주제결정, 전문가 조언, 이동문제와 비용, 코스, 관찰 지점, 장비 등에 대한 준비가 이루어져야 한다.

둘째, 야외 조사 단계에서는 야외 학습에 필요한 기본적인 자료 활동지 및 평가지, 야외 학습 계획 점검표 등을 사전에 준비한다. 그리고 야외 학습장에서는 학생들에게 야외 학습 관찰 지점에 대해 설명한다. 관찰 지점에 나타나는 여러 가지 특징들에 대해 간단한 소개를 하며 활동에 알맞은 인원으로 조를 편성한 후 활동지의 안내대로 각자의 활동을 하게 한다. 각 관찰 지점에 머무는 동안 교사는 가능하면 학생들에게 개별적인 설명을 한다. 교사의 지도하에 학생들은 각 관찰지점에서의 학습 활동을 요약하고 집단토의를 한다.

셋째, 요약 단계에서는 야외에서 제기된 질문에 대한 논의는 야외 조사 후 교실에서 이뤄진다. 그리고 야외 학습이 강의식 교실 학습과 다른 현장 체험학습이며 의도된 학습활동이라는 점을 고려하여 활동지를 통해 달성하고자 하는 개념의 습득에 대한 성취도 평가와 직접 수행해 보는 과학 활동으로서의 야외 학습에 대한 태도 평가가 적절히 시행되어야 한다. 또한 활동을 평가할 수 있는 기행문 형식이나 개선 희망서 형식으로 제출하도록 하여 활동의 평가와 다음 야외 학습에 참고한다(안순호, 1994).

(5) e-learning 활용 수업

멀티미디어 학습, ICT 활용 교육, web 기반 교육이라고도 하는 e-learning 활용 교육은 컴퓨터를 매체로 하는 학습을 의미한다. 시대적 요구에 따른 체계적이고 효율적인 e-learning 활용 교육이 이루어지기 위해서는 일선 학교 내 과학 실험 자료와 관련한 웹 기반 서비스망이 구축되어 있어야 한다. 경험 학습 모형, 탐구 학습 모형, STS 모형을 적용한 수업에서 e-learning 활용 방법(김효남, 2006)을 살펴보면 다음과 같다.

- 경험학습 모형에서의 e-learning 활용: 주로 식물과 동물의 관찰 및 분류에 활용할 수 있다. 실물로 제시할 수 없는 관찰 자료, 예를 들면, 다양한 잎, 줄기, 뿌리를 컴퓨터로 제시하고 특징에 따라 분류하며 이에 따른 연습 문제를 풀어보게 할 수 있다. 또한 하루 동안의 태양의 움직임, 계절의 변화, 달 모양의 변화를 축소 모형의 에니메이션으로 제공할 수 있다.
- 탐구학습 모형에서의 e-learning 활용: 문제 인식, 가설 설정, 실험 설계, 실험, 가설 검증, 적용으로 구성되는 이 모형에서는 문제 인식과 적용 단계에서 활용할 수 있다.
- STS 학습 모형에서의 e-learning 활용: STS 모형에서는 과학 및 기술과 관련있는 사회 문제를 인식하고 해결 방안을 모색하는데, 주된 주제가 환경, 에너지, 자원, 인구 문제가 될 수 있다. 지구 영역에서 환경 문제와 관련하여 환경 오염의 심각성을 e-learning을 활용하여 사진 및 동영상 자료로 제시할 수 있다.

(6) STEAM 수업

STEAM은 과학(science), 기술(technology), 공학(engineering), 예술(arts), 수학(mathematics)이라는 영어 단어의 머리글자를 조합한 용어로 다섯 분야의 내용을 융합한 체계를 나타낸다. 이러한 STEAM에 의한 교육은 STEM(science, technology, engineering, mathematics) 교육을 근간으로 과목간 연계 내지 통합과 예술의 기법을 접목한 교육방식이다. STEM은 미국과학재단(National Science Foundation: NSF)에서 과학(science), 기술(technology), 공학(engineering), 수학(mathematics)의 약칭으로 사용한 용어를 교육 정책이나 교육 연구에서 받아들인 용어이다. 1990년대 STEM이라는 용어를 최초로 사용한 Ramaley에 의하면, STEM 교육은 21세기의 변화와 도전에 적합한 글로벌 시대의 경쟁력을 확보하기 위해 학문의 융합과 실천을 강조한다. 즉, 삶의 문제해결 상황이나 새로운 가치를 만들기 위해 창조적 기회를 제공하는 교육을 강조하고, 국가 발전의 기초로서 과학, 수학의 학교 교육을 강조한다. STEM 교육은 베이비붐 세대의 은퇴에 따른 과학 및 기술 분야 인력의 공백 현상이 예상됨에도 불구하고, STEM 관련 분야의 직업에 흥미를 나타내는 학생들의 수가 급격하게 줄어들고 있는 문제를 해결하기 위하여 시작되었다(van Langen & Dekkers, 2005).

STEM 교육은 현재 전 세계의 모든 분야에서 가장 핵심적인 주제로 논의되고 있으며, 과학과 기술 교육 개혁의 중심을 이루고 있다. 미래 사회는 통섭과 융합의 시대로 수학과 과학을 바탕으로 기술과 공학이 융합되어 발전해 갈 것이다. 이런 융합은 교육에서도 시도되어 왔다. 그러나 STEM 교육은 창의성 및 인문학적 교양 등과 관련된 부분을 간과하고 있다는 문제점이 지적되었고, 여기에 순수예술 및 인문학적 요소 등을 포함하여야 한다고 요구되었다. Sanders(2009)는 STEM 교육에 언어, 사회, 예술 등의 교과를 연결하여 창의적인 교육을 실천할 수 있다고 주장하였으며, Yakman(2008)은 STEM에 체육, 미술, 언어, 인문학을 포함하는 Arts를 추가함으로써 STEAM을 개발하였다.

Miller(2000)에 의하면 과학 기술은 예술의 상상력과 감성, 시각화 원리-사고의 힘을, 예술은 과학 기술의 과학적 발견과 원리를 활용하려는 경향이 강하다. 예술교육은 학생들의 과학 창의적 사고와 혁신적 아이디어를 자극한다. 예술 교육을 통해 학생들이 예술가들처럼 정형화된 틀이나 규칙에 얽매이지 않고 문제를 해결하는 방식을 경험하는 것은 학생들의 창의성 신장과 혁신적이며 적극적인 태도 함양에 기여할 수 있다(Carpenter, 2007). 과학, 기술, 공학, 수학의 융합교육의 결과가 개인의 창의성으로 발현되기 위해서는 반드시 예술과 인문학이 포함되어야 한다(Maes, 2010). 즉, 과학, 기술, 공학, 수학이 빛을 발하기 위해서는 직관, 설계, 감성, 예술이 필요하다는 것이다.

이와 같은 STEAM 교육은 상황 제시, 창의적 설계, 감성적 체험, 보상으로 구성된다(조향숙, 김훈, 허준영, 2012).

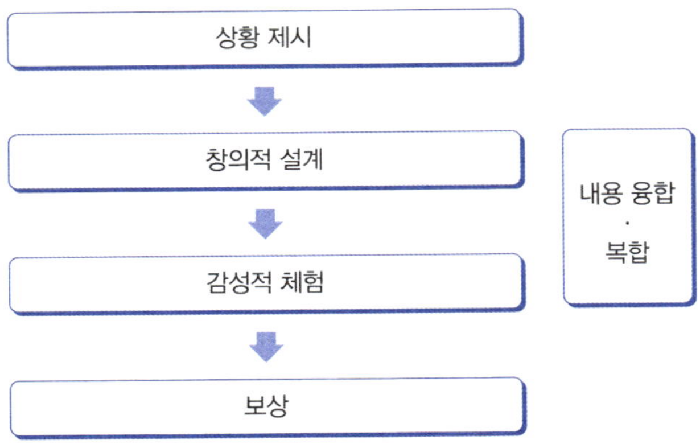

• 상황 제시: 상황을 제시하여 학습 활동을 자기 문제로 인식하게 한다. STEAM의 학습은 전체를 포괄하는 상황을 제시하는 것으로 시작된다. 학습 내용과 활동 사항을 학생 자신의 문제로 인식하게 한다. 제시된 상황과 학생 자신의 관련성을 높임으로 인하여, 몰입의 동기가 생기도록 한다.

• 창의적 설계: 주어진 제약 조건 속에서 필요한 것을 만들어 내기 위하여 시스템,

요소, 프로세스를 창의적 문제해결 노력을 통해 고안하게 한다. 이는 관련된 문제에 대한 해결책이라고 생각하는 모든 아이디어를 말한다. 창의적 설계 단계는 문제의 정의, 설계의 계획, 아이디어의 선정, 제작의 실제라는 절차에 따라 학생이 창의적인 STEAM 활동을 할 수 있도록 프로그램을 구성한다. 이 단계는 자기주도적인 학습과정을 통하여 종합적인 문제해결력을 배양하는 과정으로 일방적인 강의식 수업과 차이를 보이는 부분이다. 이런 창의적 설계의 핵심은 학생 스스로가 창의적으로 생각해낸 아이디어를 학습 활동에 실질적으로 반영하는 경험을 갖게 하는 것이다. 대부분의 수업에서 거의 모든 학생들은 동일한 결과물을 얻는다. 게다가 과학 지식의 대부분도 완성된 이론이기 때문에 실생활에서 마주치는 문제들과는 다르다. 문제해결력을 늘리려면 단순히 지식을 아는 것에서 그치지 않고 활용까지 나아가야 한다. 문제를 스스로 정의하고 해결하는 경험을 도와주는 창의적 설계는 창의적으로 사고하는 습관의 형성에 기여하게 된다.

- 감성적 체험: 경험할 수 있는 학습 활동의 제공으로 인하여, 학습에 대한 새로운 도전 의식을 갖게 된다. 감성적 체험은 학생 스스로 경험하고 체험하면서 마음을 움직이는 감동학습을 강조한다. 상황 제시를 통해 문제를 자신의 것으로 인식하고 창의적 설계과정을 통해 문제를 해결하는 과정에 몰두하면서 학생들이 성취의 기쁨을 느끼게 된다. 이 성취의 기쁨을 바탕으로 새로운 문제에 열정적으로 도전하도록 격려하게 된다. 학습 활동 도입부의 동기유발 그리고 문제해결 이후에 주어지는 보상 체계도 감성적 체험의 요소이다. 학습활동에 대한 감성적 체험 요소만 제대로 작동한다면 하나의 문제를 해결한 이후에 다른 문제에 다시 도전하는 선순환 구조가 완성된다.
- 보상: 학생 스스로 문제를 해결했다고 하는 성공의 경험을 느끼게 해 주어야 한다. 이를 통해서 과학기술 분야에 흥미를 느끼고 동기 부여된, 새로운 문제에 도전하게 한다.

4) 자료 준비 및 활용

과학에 대한 친근감은 과학과 교수·학습 활동에서 학생의 생활 주변에서 볼 수 있는 소재를 활용할 때에 쉽게 형성될 수 있다. 이는 친근감과 더불어 관련 개념의 이해 및 일반화에도 도움이 된다. 예를 들면, 교사가 학생의 생활 주변에서 쉽게 접하는 여러 가지 소리 및 물체를 활용하여 지도를 하면 학생은 학습 활동 이후에 교실 밖에서 이러한 소리 및 물체를 접하게 될 때에 교실에서 이루어졌던 학습 활동을 보다 쉽게 활용할 수 있다. 과학 지식 및 원리에 대한 학문적 접근보다는 학습 내용이 일상생활과 어떻게 연관되는지에 관한 다양한 사례를 준비하여 활용하는 것이 바람직하다. 이를 위해 대상 학생에 대한 생태학적 평가를 실시하여 학교가 속한 지역 사회 내의 다양한 환경에서 과학 학습에 활용할 수 있는 소재를 파악해야 한다. 생활 주변의 소재는 무엇보다도 공통성과 독특성이 조화를 이룰 수 있도록 선정하는 것이 중요하다. 생활환경이 어떠한가에 따라 학습 자료로 활용될 수 있는 소재가 달라질 수 있다. 이러한 특정 생활환경이 갖는 독특한 소재를 선정하는 것뿐만 아니라 모든 생활환경에 포함되는 공통된 소재를 파악하는 것도 중요하다. 생활 주변의 소재를 학습 자료로 뿐만 아니라 학습의 장으로 활용하는 방법 중에 하나로 지역 사회 중심 교수(CBI: Community-Based Instruction)를 활용할 수 있다(교육과학기술부, 2008).

교수 자료의 내용은 목표 달성과 전이를 이룰 수 있도록 조직해야 한다. 이러한 내용은 다양한 방식으로 표상될 수 있다. 청각 장애 학생을 위해서는 시각적 단서와 수화로 정보를 변환시키고 시각장애 학생을 위해서는 음성으로 정보를 변화시키며 가능한 한 문서화된 정보로의 제공보다는 구체적이고 분명한 구어적 설명 및 지시와 그래픽을 통해 제공하는 것이 효과적이다. 감각 장애 학생을 위해서는 다양한 감각 자극을 통해 정보를 폭넓게 경험 할 수 있도록, 그림자료, VCR자료, 실물, 모형, 도감, 컴퓨터, 괘도, OHP, 실물 화상기 등과 같은 다양한 교수 매체를 활용한다(이대식, 2006).

과학과 교수·학습 자료는 쉽고 재미있으며, 타당하고 의미 있으며, 실용적인 기준에 따라 개발되어야 한다. '쉽다'는 기준은 성취 경험, 즉 성공할 수 있는 기회를 제공하고 긍정적 자아 개념을 형성하며 학습 동기를 부여할 수 있어야 한다는 것이다. '재미있다'는 기준은 인지적 집중을 이끌고 학습 동기를 부여할 수 있어야 한다는 것이다. 타당하다는 기준은 학생에게 적절한 학습 목표와 내용으로 구성되어야 한다는 것이다. 의미 있다는 기준은 전이가 가능하며 기억과 인지 능력 향상에 도움이 되어야 한다는 것이다. 실용적이라는 기준은 다양한 학교 및 학급 상황에서 유용하게 쓰일 수 있어야 한다는 것이다(임성민, 2005). 장애학생을 위한 교수학습 자료의 준비와 활용에 대한 유의 사항은 다음과 같다(교육부, 2015a)

- 지역에 따라 자료를 준비하기 어렵거나 탐구 활동이 어려운 내용은 교육과정의 목표에 부합하는 자료나 활동으로 대체한다.
- 과학에 대한 흥미와 호기심을 높일 수 있도록 생활 주변의 소재를 학습 자료로 이용하고 기술, 공학, 예술, 수학 등 다른 분야 내용과 관련된 자료를 활용한다.
- 과학에서의 원활한 의사소통을 위해 다감각적인 의사소통 수단과 방법을 다양하게 활용하여 자료를 구성하고 활용한다.
- 구체적 조작 활동을 직접 경험할 수 있는 학습 자료를 활용한다.
- 학생의 이해를 돕거나 흥미를 유발하기 위하여 모형이나 시청각 자료, 소프트웨어, 인터넷자료 등을 활용한다. 단 모형을 사용할 때는 모형과 실제 자연현상 사이에 차이가 있음을 이해시킨다.
- 학습 내용을 시각적이고 조작적인 다양한 양식으로 제시하고, 학생도 다양한 양식으로 표현하도록 지도한다.
- 개별 학생의 능력과 환경을 고려하여 학습자의 요구에 맞는 단계적 지도와 교재를 활용한다.
- 지속적인 관찰이 요구되는 내용을 지도할 때는 사전에 자료 준비, 관찰자, 관찰 내용 등에 관한 세부 계획을 세운다.

- 탐구 활동이 원활히 수행될 수 있도록 학교 수준에서 필요한 실험 기구 및 재료를 준비한다.
- 인근의 생태공원, 생명과학박물관, 숲, 수목원, 산림과학관, 탐구학습관, 공원 등을 나타낸 지역 과학교육 자원 지도를 활용한다.

연구과제

(1) 장애학생을 위한 과학과 교수 · 학습의 방향을 설명하시오.
(2) 장애학생을 위한 기초 탐구기능 지도 방법을 예를 들어 설명하시오.
(3) 장애학생을 위한 과학과 수업의 지도상의 유의점을 설명하시오.

참고문헌

강정찬 (2009). 비계설정을 위한 블렌디드 수업설계 모형 개발: 설계 기반 연구를 적용하여. 부산대학교 대학원 박사학위논문.

교육과학기술부 (2009a). 초등학교 교육과정 해설(IV) 과학.

교육과학기술부 (2009b). 특수학교 교육과정 해설(II) 과학.

교육과학기술부 (2011). 특수교육 교육과정 별책(2). 과학.

교육부 (2012). 특수교육 기본교육과정 과학과 교사용 지도서 중학교 1-3학년군

교육부 (2015a). 특수교육 교육과정 별책(3). 과학.

교육부 (2015b). 초등학교 5-1학기 과학과지도서.

교육부 (2015c). 초등학교 교육과정 별책(2)-과학.

교육인적자원부 (2001). 초등학교 3,4,5 학년 과학 교사용 지도서.

권택환, 하미경 (2000). 발달 장애 학생 과학과 지도 프로그램: 물체와 물질. 경기도: 국립특수교육원.

김미경 (2003). 과학적 사고 발달을 위한 영유아 과학 교육. 서울: 학지사

김은령 (2007). 초등 사회과 교육과정 운영과 수업설계: 수업설계 분석과 개선방안 모색. 부산교육대학교 교육대학원 석사학위논문.

김인순 (2003). 경험학습모형을 적용한 과학적 탐구활동이 정신지체학생의 탐구능력에 미치는 영향. 단국대학교 대학원 석사학위 논문

김종량 (1994). 교육공학. 문음사.

김찬종, 채동현, 임채성 (1999). 과학교육학개론. (주)북스힐.

김해경, 김정길, 장병주 (1994). 초등학교의 야외 현장 학습에 관한 연구. 한국초등과학교육학회지 13(2), 195-205.

김효남 (2006). e-learning을 활용한 초등 과학 교육. 교원교육, 22(1), 58-67.

박기용, 배영직, 강이철 (2009). 교육실습에서 예비교사의 수업설계 과정에 관한 사례연구. 한국교원교육연구, 26(3), 169-197.

백남권 (2005). 생활 속의 과학 활동 프로그램의 개발과 적용. 초등 교육 연구, 15, 75-92.

변영계 (2003), 수업설계. 학지사.

변영계, 이상수 (2006). 수업설계. 학지사.

송상호, 박인우, 엄우용 역 (2007). 수업설계의 원리. 아카데미 프레스.

서울대학교교육연구소 (1994). 교육학 용어 사전. 하우.

안순호 (1994). 야외지질 학습 프로그램의 개발과 이를 적용한 태도 변화 연구. 한국교원대학교 대학원 석사학위 논문.

양일호, 정진우, 허명, 김석민 (2006). 실험 수업 유형 분류 틀 개발. 한국과학교육학회지, 26(3), 342-355.

유장순 (2006). 일반 학교에 통합된 장애 학생의 성공적인 과학 수업을 위한 지원 체계. 특수교육연구, 13(2), 53-82.

유한구 (2001). 수업 전문성의 두 측면: 기술과 이해. 한국교사연구, 18(1), 69-84.

윤관식 (2013). 수업설계-교수-학습지도안 개발 방법론. 양서원.

이대식 (2006). 특수 아동을 위한 교과 교육의 원리와 요소. 특수교육학연구, 41(2), 95-119.

이문원 (1985). 과학교육. 서울과학교육사.

이진구 (2004). 주말 자율체험학습 운영을 위한 초등학교 4학년 과학과 야외학습장 개발. 한국교원대학교 교육대학원 석사학위 논문.

임성민 (2005). 학습 장애아 과학 교육의 연구 과제. 특수과학 교육, 1(1), 35-41.

정완호, 권치순, 김재영, 임채성 (1996). 초등학교 자연과에서의 야외 수업 실태와 개선 방안 및 지도 방략. 한국 초등 과학 교육학 회지, 15(1), 151-165.

조연순, 최경희 역 (1999). 자율성과 사고력을 키워 주는 초등과학 교육 방법. 이화여자대학교 출판부.

조향숙, 김훈, 허준영 (2012). 현장 적용 사례를 통한 융합인재교육(STEAM)의 이해. 한국교육개발원.

조희형, 박승재 (1995). 과학 학습 지도(계획과 방법). 교육과학사.

조희형, 최경희 (2001). 과학교육 총론. 교육과학사.

조희형, 최경희 (2007). 과학 교육의 이론과 실제. 교육과학사.

지재화 (2007). 역할놀이를 중심으로 한 STS 수업 모형이 학생들의 과학에 대한 태도, 학업 성취도, 문제해결력에 미치는 영향. 이화여자대학교 교육대학원 석사학위 논문.

하미경, 강경희, 장진섭 (2002). 특수 과학 교육론. 교육과학사.

Borich. G. D. (2004). Effective Teching Methods, 5/E. 박승배 외 공역(2006). 효과적인 교수법 5판.

Carpenter, M. (2007). Prettpy, straight up or with a twist. http://www.post-gazette.com/

pg/07218/807248-314.stm

Dick, W. & Reiser, R. A. (1989). *Planning effective instruction,* Needham Heights, MA: Allyn and Bacon. 1989, pp. 2-3.

Holahan, G. G., McFarland, J., & Piccillo, B. A. (1994). Elementary school science for students with disabIlities. *Remedial and Special Education,* pp. 86-93.

Kuhn, T. S. (1970) *The Structure of Scientific Revolutions*, 2nd ed. Chicago: The University of Chicago Press.

Maes, B. (2010). Stop talking about "STEM" education! "TEAMS" is way cooler. Retrieved March 18, 2012, from http://bertmaes.wordpress.com/2010/10/21/teams/

Martin, D. J. (1999). **초등 과학 교육: 구성주의적 접근**(임청환, 권성기, 송명섭, 송남희 공역). 서울: 시그마프레스(원출판년도 1997).

Martin, R., Sexton, C., Wager, K., & Gerlovich, J. (1997). *Teaching science for all children.* Boston: Allyn and Bacon.

Mckenzie, G., Utgard, R., & Lisowski, M. (1986). The importance of field trip. *Journal of College Science Teaching 16*, 17-20.

Miller, R. (2000). *Caring for answer life: Essays on holistic education*. Brandon, VT: Foundation for Educational Renewal.

Moallem, M. (1998). An expert teacher's thinking and teaching and instructional design models and principles: An ethnographic study. Educational Technology Research & Development, 46(2), 37-64.

Palincsar, A. S., Magnusson, S. J., Collins, K., & Cutter, J. (2001). Making science accessible to all: Results of a design experiment in inclusive classroom. *Learning Disability Quarterly,* 15-31.

Rutherford, F. J., & Ahlgren, A. (1990). *Science for all Americans*. New York: Oxford

Sanders, M. (2009). STEM, STEM education, STEM maina. *The Technology and Engineering Teacher, 64*(4), 20-26.

Scruggs, T. E., & Mastropieri, M. A. (1994). The construction of scientific knowledge by students with mild disabilities. *Journal of Special Education, 28*, 307–321.

Scruggs, T. E., & Mastropieri, M. A. (2007). Science learning in special education: The case for constructed versus instructed learning. *Exceptionality, 15*(2), 57-74.

Scruggs, T. E., Mastropieri, M. A., Bakken, K. P., & Brigham, F. J. (1993). Reading vs. doing: The relative effectiveness of textbook-based and inquiry-oriented approaches to science education. *The Journal of Special Education,* 1-15.

Shrock, S. A. (1995). A brief history instructional development. In G. J. Anglin (Ed.), Instructional technology: Past, present, and future(2nd ed.). Englewood, CO; Libraries Unlimited.

van Langen A., & Dekkers, H. (2005). Cross-national differences in participating in tertiary science, technology, engineering and mathematics education. *Computer Education, 41(3)*, 329-350.

Yakman, G. (2008). *STEMA education: An overview of creating a model of integrative education*. PATT [http://www.steamedu.com/2008-PATT-Publication.Pdf].

제6장 특수교육 과학과 수업모형

수업모형은 교사가 과학수업을 설계하고 운영할 때 구체적인 안내 역할을 한다. 교사의 수업능력은 단순한 수업기술이라기보다는 교수 목표를 달성하기 위해 학생과 수업 상황에 적합한 모형을 선정하고, 이를 적절히 활동할 수 있는 능력이다. 특히, 과학수업에서는 과학과 관련된 태도 탐구 능력의 신장, 다양한 과학 개념의 이해, 과학과 관련된 영역들에 대한 종합적 이해와 실천을 추구하기 때문에 교사는 다루는 주제와 장애학생들의 특성에 따라 과학 교육 목표를 달성하는 데 적합한 수업모형을 선정하여 적절히 실행하여야 한다(교육부, 2018). 과학과 수업모형은 학습이론과 과학의 본성에 대한 관점을 바탕으로 구성 개발되며, 수업이론을 기술하는 설명체계로서 수업의 절차 및 방향을 제시한다. 효과적인 과학 수업을 위해서 교사는 과학교과의 내용과 특성, 장애학생의 능력과 성격, 환경 등을 고려하여 다양한 교수학습 방법과 수업모형을 적용할 수 있는 능력을 갖추어야 할 것이다. 이 장에서는 과학교과의 내용과 특성, 장애학생의 능력과 성격, 환경 등을 고려하여 장애학생들에게 적용할 수 있는 다양한 수업모형에 살펴본다.

1. 특수교육 수업모형의 개념

수업모형이란 특정한 상황에서 이루어지고 있는 복잡다단한 수업 현상을 간단하게 체계화해 놓은 조직체라고 할 수 있다. 따라서 교사는 학생과 학교의 여건, 학생의 지적 발달, 학생의 학습에 대한 선행지식, 선수 학습과의 관계, 학습 소재에 따라 알맞은 수업모형을 연구하여 가장 효과적인 수업 모형을 추구해 나가야 할 것이다(정완호 외, 1997).

교수·학습 원리를 바탕으로 교사의 수업활동을 보다 조직적이고 효율적으로 전개하기 위해 여러 가지 수업 모형이 개발되었다. Joyce와 Weil는 다음 〈표 6-1〉과 같이 수업모형을 분류하였다.

〈표 6-1〉 Joyce와 Weil의 수업모형

모 형	설 명	예 시
정보처리 모형	자료를 수집해서 조직하고, 문제를 감지하여 해결책을 모색하며, 그에 필요한 개념과 언어를 형성, 개발하고자 하는 인간의 본능적 요구를 충족시키는 방법들을 강조함	• 탐구훈련 • 유의미학습
개인적 모형	자신을 보다 잘 이해하고, 자신의 교육에 대해 책임을 지며, 질높은 삶을 추구하는 데 있어서 기존의 발달 수준을 넘어서서 모다 강력하고, 보다 분별이 있으며, 보다 창조적인 사람, 즉, 개인의 정의적 발달을 이끌어줌	• 비지시적 교수 • 창의적 문제 해결
사회적 모형	사회성 발달을 위한 것임	• 역할놀이 • 사회과학 탐구
행동체제 모형	행동주의 심리학에 바탕을 두고 있는 것으로서, 관찰 가능한 행동, 명확하게 정의된 과제, 학생의 의사소통 촉진을 위한 방법 강조함	• 완전학습 • 지시적 교수

출처: 김종석, 김언주, 백욱현 편역(1992)에서 발췌 수정

Joyce와 Weil의 4가지 수업모형은 각각 독특한 접근방법을 나타내고 있기는 하지만, 결코 상반되거나 배타적인 것은 아니라 정보처리와 사회적 측면, 개인적 측면의 조화로운 발달을 통한 전인적인 성장이 필요하다. 따라서 교수・학습의 효과를 증진시키기 위해 4가지 유형의 수업모형들을 병행하거나 결합하여 사용할 수 있다(한국특수교육교과교육학회, 2008, p. 197, 재인용).

특수교육 교육과정에서는 직접교수 모형, 경험학습 모형, 탐구학습 모형, 순환학습 모형, 과학・기술・사회 학습 모형 등의 과학과 교수 모형을 활용하되, 학습 내용의 성격과 수업 목표에 따라 적절히 선택하도록 하며, 학생들의 교육적 요구에 따라 교사 주도 교수, 안내된 교수 및 학생 주도 교수를 적절히 활용하도록 강조하고 있다. 또한, 교과 내 영역은 물론 타 교과와의 융・복합적 접근인 STEAM(Science, Technology, Engineering, Arts, Mathematics)에 따라 지도하도록 제시하였다(교육부, 2015a).

교사가 과학 수업을 효과적으로 진행하기 위해서는 각 모형의 철학적, 심리학적 배경, 모형이 사용될 수 있는 적용 환경과 조건, 그리고 모형 자체에 대한 정확한 이해를 바탕으로 수업 내용이나 활동에 적합한 수업모형을 선택해야 한다. 특수교육 교육과정에서 강조하고 있는 과학과 수업모형의 주요 특징과 학습자에 대한 과정, 기대하는 학습 결과를 요약하면 다음 〈표 6-2〉과 같다.

〈표 6-2〉 과학과 수업모형의 주요 특징

수업모형	주요특징	학습자에 대한 가정	기대하는 학습 결과
직접교수	• 교사 중심 전략 • 개념과 기술을 가르치기 위해 교사의 설명과 시범이 학생의 연습과 피드백과 결합되어 사용 • 개념과 일반화를 빠른 시간에 학습 • 학생들의 학습 진보를 확실히 보장 • 학생들의 진전의 명백한 가시화 가능 • 학생들의 외적 동기 증진	교사의 명시적인 안내에 따라 학습 가능	교사는 학생들의 학습 진보를 보장하는 수업을 고안

수업모형	주요특징	학습자에 대한 가정	기대하는 학습 결과
경험학습	• 관찰·분류 등 기초 탐구능력 함양이 목적 • 구체적이고 조작적인 감각 경험 강조 • 새로운 학습 소재를 다룰 때 적합 • 전 조작 단계의 학습자에게 효과적	경험을 통하여 스스로 정보 수집 가능	새로운 정보의 수집과 분류
발견학습	• 규칙성 발견을 통하여 개념을 형성하고 일반화하는 것이 목적 • 학습 지도 계획 단계가 중요하고, 적절한 자료 준비가 필요 • 과학 법칙이나 원리를 귀납적으로 습득할 수 있는 학습 주제에 유용 • 모든 발달 단계의 학생들에게 가능하나 구체적 조작 단계의 학습자에게 효과적	학습 목표를 스스로 발견 가능	새로운 과학 지식의 발견
탐구학습	• 과학의 본질적인 과정인 가설-검증 절차를 체득하는 모형 • 가설을 설정하는 데 배경지식이 필요 • 실험 설계가 중요하고, 변인 통제를 정확히 해야 함. • 형식적 조작 단계의 학습자에게 적합	스스로 탐구 가능	과학의 본성에 대한 바른 이해와 과학 지식의 습득
순환학습	• 과학의 기본 개념 학습 및 인지 발달 촉진이 목적 • 학생들의 개방적 활동과 교사의 교수 활동을 적절하게 결합 • 관찰, 실험을 통하여 새로운 개념을 발견하도록 유도	교사의 안내에 따라 학습 목표 달성 가능	탐구와 개념 습득·적용
개념 변화 학습	• 학생들의 오개념을 과학적 개념으로 변화 시키는 것이 목적 • 학생들의 개념을 충분히 드러낼 수 있는 기회 제공 • 인지적 갈등을 일으켜 학생들의 기존 개념에 불만을 가지게 함. • 많은 학생들이 오개념을 가지고 있는 내용을 가르칠 때 효과적	학습 내용에 대한 오개념 보유	오개념을 과학적 개념으로 변화

수업모형	주요특징	학습자에 대한 가정	기대하는 학습 결과
과학-기술-사회(STS)학습	• 실생활 관련 문제에 대한 해결 방안을 찾아내고 실행하게 하는 것이 목적 • 개인화 ,개별화, 학생들의 다양성 인식 • 다양한 자료의 활용 • 문제와 논쟁에 대한 협동적인 학습	과학·기술과 관련된 실생활 관련 문제 인식 및 해결 가능	실생활 관련 문제해결 방안 도출 및 실행

출처: 교육부(2015b). **5-6학년군 과학 교사용 지도서**, p. 79 발췌 수정

2. 직접교수 모형

1) 특징

직접교수 모형은 교사 중심 전략으로 개념과 기술을 가르치기 위해 교사의 설명과 시범이 학생의 연습과 피드백과 결합되어 사용된다(Eggen & Kauchak, 2006). 교사 중심이 학생이 수동적이라는 것을 의미하지는 않는다. 효과적인 직접교수 수업에서 학생들은 예를 조사하고 연습하고, 교사 질문에 답하는데 아주 적극적이다. 수업 초반에 교사는 내용을 설명하고 묘사하는 것으로, 학생보다 더 많이 말을 하고 중요한 책무를 맡는다. 하지만 수업이 진행됨에 따라 설명에서 질문으로 양식이 옮겨지면서 학생들은 문제를 풀고 예를 분석하기 위한 더 많은 책무를 진다. 직접교수의 효율성은 교사와 학생 사이의 상호작용으로 얻어진다. 직접교수 수업을 계획할 때 교사는 학습할 개념이나 기능이 학생들이 이미 알고 있는 것과 어떻게 연결될 수 있는지 계획한다. 직접교수 모형의 특징은 다음과 같다(홍석준, 2010; 허혜영, 2011).

첫째, 행동주의에 기반을 두고 있지만, 문제해결을 위한 전략을 가르치거나 추상적인 사고 작용을 지도할 때 또는 창의성을 지도할 때 효과적으로 적용할 수 있는 방법이다. 현대적 교육 목표에 맞출 수 있는 까닭은 교수·학습 단계에서 '설명하기'에 상위인지, 전략, 원리 등을 담을 수 있기 때문이다. 특정 전략을 학습시키는 교수·학습 방법으로 교과나 내용에 제약이 별로 없을 정도로 광범위한 적용 범위를 갖는다.

둘째, 적용 대상에 제한이 없다. 대부분의 학생들에게 적용할 수 있으며, 우수한 학생들에게도 효과가 있는 것으로 나타났다.

셋째, 행동이나 사고기능 학습에 효과적이다. 단순히 내용을 학습하거나 암기하는 경우에는 별 도움이 되지 않지만 기본적인 기능을 획득, 학습하는 것을 교육의 목표로 삼을 경우에 효과적인 방법이다.

넷째, 실제적인 학습을 강조한다. 교사의 설명이나 시범은 그 자체로 가치를 갖는 것이 아니라 학생이 교사를 모델로 하여 모방을 통해 학습하게 하려는 것이다.

다섯째, 교사는 학습 과제를 선정하고, 학생에게 과제를 목표로 부과하며, 집단을 조직하거나 수업을 진행하는 중심 역할을 한다. 교사는 학생의 자율적인 활동을 유도하기에 앞서 일정 수준에 이를 때까지 지시와 통제를 통해 학생의 학습을 촉진한다. 학생은 목표와 전략이 먼저 주어지기 때문에 문제해결 능력에 집중할 수 있어 짧은 시간에 학습효과를 높일 수 있다.

여섯째, 직접교수 모형은 귀납적 수업모형에 비해 개념과 일반화를 더 신속하게 가르칠 수 있다. 내용 지향적이거나 개념이나 일반화를 가르치는 데 한정된 시간의 양을 지닌 교사는 이 모형을 활용하면 능률적인 시간 활용이 가능하다. 또한 교사는 학생들의 학습 진보를 보장하는 수업을 고안할 수 있다. 교사는 복잡하고 어려운 과제를 더 간단하고 다루기 쉬운 것으로 분해하는 주의 깊은 계획을 하고, 교수적 비계의 제공은 학생들의 학습 진보를 보장한다.

일곱째, 교사는 학생들의 진전을 가시화하고 명백하게 만들 수 있다. 교사가 학생들의 성장을 감독하고 피드백을 제공함에 따라 학생들은 새로운 내용을 충분히 시험해본다. 교사는 설명에서 질문으로 상호작용의 양식을 변화해 가면서, 학생의 반응을 점검하며, 학생의 실수와 잘못된 개념을 제거해주는 역할을 한다.

여덟째, 학생의 동기를 증진시킬 수 있다. 학습이 진보함에 따라 교사는 학생의 성장을 의식적으로 환기시켜줌으로써 학생들에게 더 잘하고자 하는 동기를 심어주고, 더 잘되었을 때 스스로 기분 좋게 느낄 수 있는 기회를 제공한다.

2) 단계

직접교수 모형은 일반적으로 설명하기 → 시범보이기 → 안내된 연습 → 독자적 연습의 단계로 진행된다. 각 단계의 특징은 다음과 같다(허혜영, 2011).

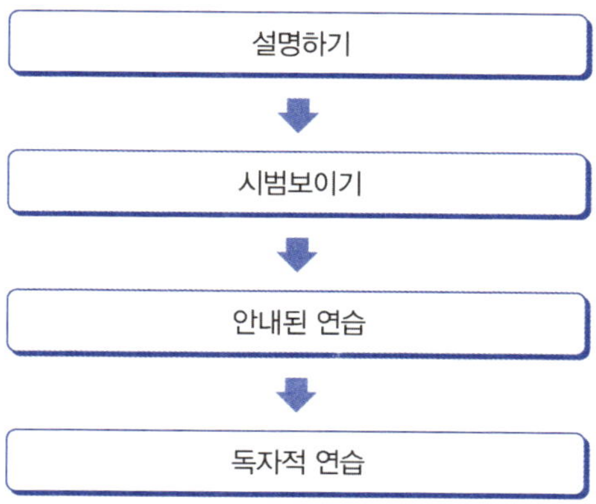

[그림 6-1] 직접교수 모형의 단계

① **설명하기**: 교사는 학생들이 수업에 적극적으로 참여하도록 유도한다. 학생이 주의집중을 하고, 과제를 배울 준비가 되면 학생들에게 수업 내용의 안내를 제공한다. 흔히 목표, 새로운 내용의 간단한 요약 등이 포함된다. 마지막으로, 새로운 개념이 어떻게, 왜 학습되어지는지 미래에 어떻게 유익할 지 설명함으로

동기를 유발시킨다.

② **시범 보이기**: 개념을 설명하고 시범을 보인다. 학생들이 학습하게 될 개념은 교사에게 너무 당연하고 자동적이어서 거의 의식하지 않고 쓰는 개념일 수 있다. 이것을 말로 나타내는 것에 교사는 어려움을 겪게 되고, 설명을 거의 제공하지 않고 급히 지나가 버리는 경우가 있다. 이런 문제를 해결하기 위해서는 개념을 보다 구체적인 부분으로 분해하는 과제 분석을 사용할 필요가 있다. 가장 효과적인 시범은 명확하고 상호작용적이어야 한다. 즉, 학생 이해를 발달시키는 예시와 모델 형성을 충분히 포함시키고, 학생들 간에 사고를 공유할 수 있도록 한다.

③ **안내된 연습**: 이 단계 초기 과정에서는 교사는 학생들이 새로운 기능을 시도할 때 학생 경험이 성공적이도록 교수적 비계를 제공하고, 점차적으로 피드백을 줄이고 학생에게 더 많은 책임을 전이한다. 안내된 연습 과정 중, 교사는 언제 독자적 연습으로 옮겨갈지 결정해야 한다. 그것을 평가하는 방법은 학생의 성공률과 학생 대답의 질을 보는 것이다. 학생의 80~90%가 옳은 반응을 하고, 자신감 있고 빠른 대답을 한다면 준비가 되었다는 신호이다.

④ **독자적 연습**: 이 단계에서 학생은 자동성과 전이력을 발달시키면서 새로운 기능이나 개념을 스스로 연습한다. 독자적 연습에서도 처음에 학생은 교사의 보호 아래 연습을 하고, 나중에 학생들 스스로 과제를 한다. 학생들이 대부분 과제를 잘 해결한다면 교사는 부족한 학생들을 대상으로 개인적으로 지도하지만, 많은 학생들이 똑같은 부분에서 문제를 가진다면 수업을 뒤로 함께 미루고 학생들이 이해하지 못한 부분을 다시 가르치는 것이 필요하다.

3) 적용(교수 · 학습 과정안)

학습 주제	전기회로 꾸미기
수업 목표	전기 회로도의 의미와 기호를 말할 수 있다. 전기 회로를 보고 전기 회로도를 그릴 수 있다.
단계	구체적 활동의 예
설명하기	■ 전기 회로도 제시 ◎ 전기 회로와 전기 회로도의 개념을 설명함.
시범보이기	■ 전기 회로도 그리는 방법 제시 ◎ 전기 회로를 보며 전기 회로도를 그리며, 전기 회로도 그리는 순서를 설명함.
안내된 연습	■ 전기 회로도 그리기 ◎ 전기 회로를 보며 전기 회로도 그리는 방법을 따라하게 함.
독자적 연습	■ 전기 회로 꾸미기 ◎ 전기 회로도를 보고 전기 회로를 꾸며보게 함.

4) 지도상의 유의점

직접교수 모형의 한계점 또는 유의점은 다음과 같다(허혜영, 2011).

첫째, 학생들에게 동기를 장려하거나 학습에 참여시킬 충분한 기회를 주지 못한다. 그러나 이 모형이 학생의 참여나 동기에 전혀 관심을 두지 않는다는 뜻은 아니다. 이와 같은 한계를 극복하기 위해 학생들에게 학습 동기를 고취시킬 수 있는 방법을 강구해야 하며, 학생에게 성취감을 느끼게 하여 학습에 대한 긍정적인 태도를 가지게 하는 방법을 고려해야 한다. 또, 타고난 능력이나 행운과 같은 성공요인 보다는 "너는 진짜 열심히 했고, 점수가 향상되었구나"와 같이 노력의 영향력을 강조하여 그들의 성공을 개인적인 노력의 탓으로 돌려 동기를 증진시킬 수 있다.

둘째, 특별히 낮은 능력의 학생이나 경쟁적인 상황에서 잘 견디지 못하는 학생에게 경쟁은 학습에 부정적인 영향을 끼칠 수 있다. 이러한 영향을 피하기 위해서는 학생의 성장을 보여주는데 있어 교사는 다른 사람과의 경쟁보다는 개인적인 학습 진보를 강조해야 할 것이다. 그러므로 장애학생의 IEP에 따른 평가를 강조하여 개인적인 학습 성취도를 강조하야 한다.

셋째, 부수적인 학습의 가능성이 적다. 교사가 초기 단계에서 설명한 내용과 어떻게 관련이 있는지 결정하여야 하므로, 학생들이 관찰할 만한 충분한 기회가 적으며, 부수적인 학습의 가능성도 최소화 되는 것이다. 그러므로 장애학생들에게 직접 관찰하고 실행 할 수 있는 기회를 충분히 제공하고 독립적인 실행이 가능하도록 해야 한다.

3. 경험학습 모형

1) 특징

Kauchak과 Eggen(1980)에 의해서 고안된 경험학습 모형은 과학교육의 세 가지 주요 목적 즉, 과학 지식, 과학 탐구능력, 과학에 대한 태도의 향상을 모두 달성하는 것이지만, 특히, 탐구능력의 개발에 강조점을 두고 있으며, 학생들로 하여금 직접 물체를 조작하는 경험을 갖도록 하는 기회를 제공한다. 경험학습 모형은 관찰 활동이 주가 되는 수업으로, 어떤 사물과 현상을 접했을 때, 그 생김새, 색깔, 크기, 무늬, 움직임, 촉감 등의 감각을 통해 그 특징을 알아내도록 한다(김인순, 2003, 재인용).

경험학습 모형의 목적은 학생들의 지적 구조를 연마하고, 확장시키며, 변화시키는 기회를 제공하는데 있다. 이 모형은 학생들이 다양한 자료를 통하여 탐구과정 능력을 신장하는 것이 목표이며, 수업 과정을 통하여 특정 개념을 형성하거나 일반화하는 것을 목표로 하지 않는다. 이 모형은 구체적인 물체를 관찰과 분류, 측정 정도의 기초적인 탐구 과정을 통하여, 학생 자신의 지적 구조를 실제 활동에서 나타나는 자료를 조작하는데 적응시킨다(한안진 외, 1996; 정동영 외, 2010).

경험 학습 모형은 자연 현상이나 사물과의 경험이 비교적 적은 구체적 조작 단계의 저학년 학생들에게 자연의 사물과 현상을 직접 경험할 수 있는 기회를 제공함으로써 탐구 과정 기능의 바탕이 되는 자연 현상과 친숙감을 갖게 한다. 이 모형의 일차적 목표는 정보 수집이라고 볼 수 있는데, 이는 과학과 활동의 첫 단계와 대응된다. 다라서 아주 새로운 학습 소재를 도입하는 경우에는 지적 발달 수준과 관계없이 모든 학생들에게 적합할 수 있다(교육부, 2018).

경험 학습 모형은 제시된 자료를 자유롭게 관찰 및 탐색하여 분류 기준을 정하여 분류하거나 관찰 및 탐색한 자료를 정리하는 수업 모형으로, 일반적으로 피아제의 발달 단계상 전조작기나 초기 구체적 조작기 수준의 학생들에게 해당한다고 할 수 있다. 따라서 장애 학생들(특히 지적 장애를 지닌)의 수업에 일반적으로 많이 적용되며, 예를 들어 동물 및 식물 등의 관찰 분류 수업에도 활용할 수 있다.

경험학습 모형의 특징은 다음과 같다(교육부, 2015b).

첫째, 학생들의 구체적이고 조작적인 감각경험을 강조한다. 즉, 학생들이 오감을 이용하여 자연 현상을 실제로 관찰하고 사물을 직접 다룬다.

둘째, 학습활동에서 기본적인 탐구과정에 강조점을 둔다. 특히 관찰과 분류 같은 기초 탐구 과정 기능에 초점을 둔다.

셋째, 특정한 내용 목표를 가지지 않는다. 즉, 학습 활동을 통하여 어떤 개념이나 일반화를 직접적으로 내세우기 보다는 경험을 유발하는데 중점을 둔다.

따라서 교사는 학습지도에 융통성을 가지게 되며, 학습 활동을 학생들의 학습 배경, 흥미, 요구 등에 맞추어 조절할 수 있다.

2) 단계

경험학습 모형은 일반적으로 자유 탐색 → 탐색 결과 발표 → 교사의 안내에 따른 탐색 → 탐색 결과 정리 단계로 진행된다. 각 단계의 특징은 다음과 같다(김인순, 2003; 교육부, 2018).

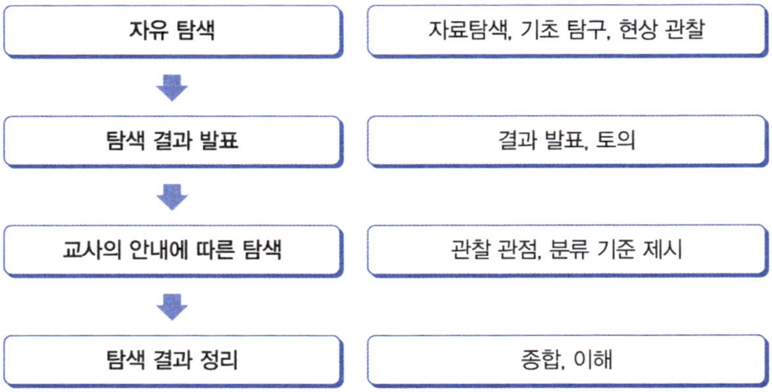

[그림 6-2] **경험학습 모형의 단계**

① **자유 탐색**: 자유 탐색 단계는 주어진 학습 자료를 주어진 학습 자료를 자유로이 만져보고, 눈으로 모양이나 색 등을 살펴보고, 두드려 보고, 맛을 보고, 냄새를 맡아보는 등 여러 가지 방법으로 탐색해 보는 단계이다. 이 단계에서는 기초 탐구 과정 요소인 관찰, 측정, 분류 등을 통하여 주어진 자료에 친숙해지게 한다.

② **탐색 결과 발표**: 이 단계에서는 학생들에게 자유롭게 탐색한 결과를 발표하게 하며, 교사는 학생들이 탐구 기능의 각 특성에 맞는 활동을 했는지 판단한다. 학생들은 발표 활동을 통해 다른 사람들의 발표 내용을 정확하게 청취하고, 자신의 탐색 결과와 비교하고, 토의하면서 주어진 자료에 대한 탐구 결과를 정리한다.

③ **교사의 안내에 따른 탐색**: 이 단계는 교사가 학생들의 관찰 결과에 대해 다양한 유형의 질문을 함으로써 관찰이 미흡하거나, 관찰 과정에서 미처 생각지 못한 점을 학생들이 깨닫게 한다. 또한 교사는 새로운 방향이나 관점을 학생들에게 암시하거나 제시하여 새롭게 탐색할 수 있는 기회를 제공한다. 그리고 학생들이 분류한 내용의 기준이 비과학적이라면 더 과학적인 기준에 접근하도록

안내한다.

④ **탐색 결과 정리**: 이 단계는 토의를 통하여 그 동안 관찰한 내용을 정리하는 단계이다. 교사는 학급 전체의 결과를 종합하여 학생 자신이 탐색한 결과를 스스로 정리했다는 성취감을 심어 줄 수 있다. 학습 소재에 따라서 분류 과정이 필요한 경우 분류 단계를 거쳐 학생 스스로 분류 활동을 해 보게 하고, 교사가 분류 기준을 주고 분류를 해 보게 하는 등의 활동을 한 다음 최종적인 정리를 하는 단계이다.

3) 적용(교수 · 학습과정안)

학습 주제	들과 산에 사는 식물
수업 목표	산과 들에 사는 식물의 종류를 알고 풀과 나무를 비교한다.
단계	구체적 활동의 예
자유 탐색	■ 산과 들의 풍경 관찰하기 ◎ 우리 지역에 있는 산과 들의 풍경 사진을 감상한다.
탐색 결과 발표	■ 산과 들의 풍경 탐색 결과 발표하기 ◎ 산과 들의 차이점을 비교한다.
교사의 안내에 따른 탐색	■ 산과 들에 사는 식물 비교하기 ◎ 산과 들에 사는 식물을 관찰하고 공통점과 차이점을 비교한다.
탐색 결과 정리	■ 산과 들에 사는 식물 특징 정리하기 ◎ 산과 들에는 다양한 식물이 살고 있으며, 산에는 주로 나무가 많고 들에는 주로 풀이 많다.

4) 지도상의 유의점

경험학습 모형을 적용할 때에는 다음과 같은 사항에 유의해야 한다(교육부, 2018).

첫째, 학습자의 발달 수준에 맞는 경험을 선정해야 하고, 아울러 제공되는 다양한 경험을 학생들이 해석하고 일반화 할 수 있도록 도와준다.

둘째, 직접 경험할 수 있는 사물이나 현상을 사전에 충분히 준비한다. 그리고 학생들이 경험활동을 할 시간과 장소도 확보해야 한다.

셋째, 개별적으로 활동하게 할 수도 있으나, 학생들이 적극적으로 참여할 수 있는 동료 집단을 구성해 주어 적극적으로 활동을 하게 도와줄 뿐만 아니라, 자신의 행동이 다른 동료들에게 어떻게 영향을 미치고 있는가를 알게 도와준다.

4. 발견학습 모형

1) 특징

발견학습 모형은 개념 형성을 촉진하는 교수・학습모형으로, 과학의 개념이나 원리를 발견 또는 재발견하는 과정(탐구과정)을 학습자에게 체험시킴으로써, 과학의 성과와 탐구의 과정 및 기법을 통일적으로 파악시키려는 학습법이다. 발견학습 모형은 학습자의 일상생활과 직접 관련 없는 학습내용을 기계적으로 암기하고 연습하는 전통적인 수용학습에 대한 불만에서 비롯되었다. Bruner(1961)는 모든 학습자는 한 사람의 발견자가 될 수 있고, 학습자 스스로 발견한 결과는 강력한 영향력을 발휘할 수 있으며, 발견식 수업은 학습 내용의 파지 및 전이를 보장하여 발견의 기쁨을 학습 할 수 있을 뿐만 아니라 학습자의 동기를 유발하기 때문에 설명식 수업에 비해 강점을 가지고 있다고 하였다(설성수, 2003). 또한 발견학습이 제공하는 유의미한 경험은 자발적인 학습자가 되게 함으로써 정보에 다한 학습과 기억 효과를 높일 수 있다(Wilke & Straits, 2001. 최은미 외, 2012 재인용).

발견 학습 모형은 학생이 자연의 사물과 현상을 관찰하고 기술하는 과정을 통하여 규칙을 찾아내고, 그 결과를 일반화하는 귀납적인 과학 활동을 토대로 개발된 모형이다. 따라서 학습 내용이 주변의 구체적인 사례에서 일반적인 과학개념이나 법칙을 이끌어 내는 경우에 주로 사용된다(교육부, 2018).

발견학습 모형의 특징은 다음과 같다(강성립, 2008 ; 김지용, 2011 ; 송지원, 2012).

첫째, 교재의 기본구조에 대한 철저한 학습을 강조한다. 중심개념과 기본요소를 철저하게 학습함으로써 교과에 대한 이해가 쉽고 망각을 방지할 수 있으며, 전이가 쉽다. 둘째, 학습효과의 전이를 중요시한다. 가장 원리가 되는 것, 공통성이 있는 것들의 요점을 배워 모든 유사한 사태에 대하여 전이가 되도록 한다. 셋째, 발견학습 모형은 학습의 결과보다 과정과 방법을 중요시한다. 학습의 과정과 지식의 생성과정을 동일한 것으로 보고 있다. 급변하는 사회 속에서 그 변화에 대응하는 창조적인 지성과 실천력을 훈련하는 학습이므로 그 과정에 학습의 중점을 두고 있다. 넷째, 발견학습 모형은 학습자의 주체적인 학습을 강조한다.

이 모형은 학생들이 자료 속에 내재되어 있는 논리적 특성을 찾는 것이므로 구체적 조작 능력을 가진 학생들에게 적용할 수 있다. 그러나 다른 발달 단계의 학생들에게도 학습 내용의 특성을 고려하여 얼마든지 효과적으로 적용할 수 있다(교육부, 2015b).

2) 단계

발견 학습 모형은 탐색 및 문제 파악 → 자료제시 및 관찰 탐색 → 추가 자료제시 및 관찰 탐색 → 규칙성 발견 및 개념 정리 → 적용 및 응용 단계로 진행된다. 각 단계의 특징은 다음과 같다(강성립, 2008; 교육부, 2018).

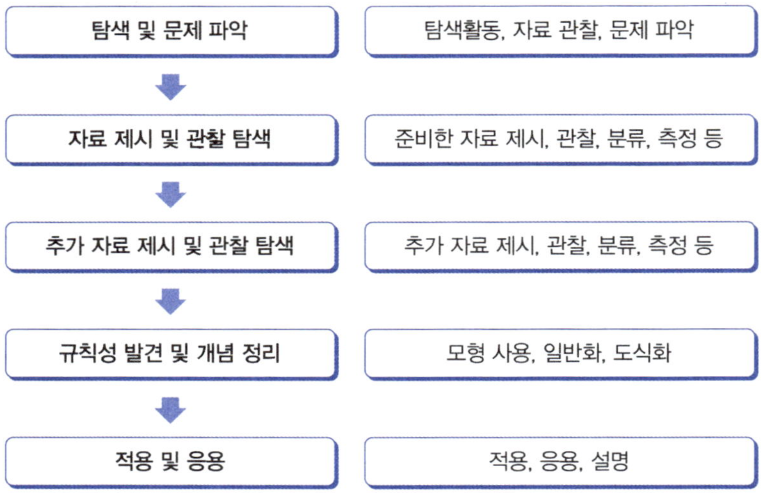

[그림 6-3] 발견학습 모형의 단계

① **탐색 및 문제 파악**: 학습 자료 탐색 및 문제를 파악하는 단계이다. 교사는 주어진 학습 자료를 통하여 학생들이 문제를 파악하도록 도와준다.

② **자료 제시 및 관찰 탐색**: 이 단계는 학생들에게 자유로운 탐색 활동을 하게 하는 단계이다. 현실 세계의 일부인 자료를 제시함으로써 과학 활동을 실세계와 관련짓고, 관찰을 통해 탐구 기능을 발달시키는 기회를 제공한다. 교사는 학습 문제 해결을 위해 필요하다고 판단되는 자료들을 제시하게 된다. 제공되는 자료들은 자연현상을 설명하며 학생들의 생활에 친숙한 자료들로 구성되는 것이 유리하다. 가능한 한 다양하고 많은 관찰을 하도록 격려해야 한다. 그러나 관찰은 이론 의존적이기 때문에 학생의 지적 배경에 따라 상당히 제한적일 수 있다는 것을 고려한다. 학생들의 관찰 결과가 교사가 의도한 학습 결과와 다르더라도 수용하고 정리하는 개방적인 수용 자세가 필요하다.

③ **추가 자료 제시 및 관찰 탐색 단계**: 이 단계는 귀납적인 추론을 자극하는 단계로 학생이 자료에 드러나 있는 규칙성을 연결한다. 교사는 학생에게 처음 관찰과 추가 관찰 사이의 유사점과 차이점을 찾게 하고, 공부하고 있는 내용과 직접적으로 관련이 있는 관찰을 할 수 있도록 유도한다. 제시된 추가 자료는 학생이 더 많은 관찰을 하여 그로부터 추리되는 규칙성을 인식하게 하기 위한 것이다. 이전 자료보다 더 구체적인 자료를 제시하여 목표 개념을 명료화하거나, 상충되는 자료를 제시하여 이미 발견한 개념을 확신시켜 주는 자료를 활용할 수도 있다. 교사는 직접적인 지식 전달보다는 질문 기법을 통하여 학생들의 탐구를 유도하는 것이 바람직하다.

④ **규칙성 발견 및 개념 정리**: 이 단계는 관찰된 규칙성으로부터 일반화를 하게 하는 단계로 관찰 결과를 발표하게 하거나 일반화를 유도하도록 질문을 한다. 관찰에서 얻은 자료를 수집해서 그들 사이의 관계나 이유를 설명하게 한다. 학생이 일반화를 통해 개념을 찾아 낸 다음에는 교사는 학생이 추상적인 개념을 말로 나타내도록 도와서 수업을 정리한다. 학생들이 규칙성을 발견하지 못하거나 개념 형성이 미흡한 경우에는 피드백을 하고, 새로운 자료를 제시하여 학습 목표를 달성하게 한다.

⑤ **적용 및 응용 단계**: 이 단계는 발견한 규칙성이나 개념을 확장하거나 응용하는 활동으로 인지적 정착을 유도하는 단계이다. 교사는 가르친 정보를 학생이 얼마나 잘 이해했는지 알아볼 기회를 가진다. 그리고 학생은 교실에서 얻은 지식을 실생활에 관련짓는 기회를 가진다.

3) 적용(교수 · 학습과정안)

학습 주제	무게에 따른 용수철의 변화 관찰하기
수업 목표	■ 물체의 무게에 따라 용수철의 길이가 변한다는 것을 안다. ■ 무게는 지구가 물체를 잡아당기는 힘의 크기임을 안다.
단계	구체적 활동의 예
탐색 및 문제 파악	■ 용수철 당겨보기 ◎ 용수철을 당겨보고 변화를 관찰한다.
자료 제시 및 관찰 탐색	■ 용수철에 추 매달아 길이 변화 측정하기 ◎ 용수철에 추를 매달아 보고, 용수철이 늘어난 길이를 자로 잰다.
추가 자료 제시 및 관찰 탐색	■ 용수철에 여러 가지 물체를 매달고 늘어나는 길이 측정하기 ◎ 여러 가지 물체를 용수철에 매달아 보고, 각각의 물체마다 용수철이 늘어난 길이를 자로 재어본다.
규칙성 발견 및 개념 정리	■ 무게에 따른 용수철의 길이 변화 정리하기 ◎ 무게에 따른 용수철의 길이 변화를 정리해 본다.
적용 및 응용	■ 용수철을 보고 무게 예상하기 ◎ 늘어난 용수철의 길이를 보고, 물체의 무게를 예상해 본다.

4) 지도상의 유의점

발견학습 모형을 적용할 때의 유의사항은 다음과 같다(교육부, 2015b).

첫째, 교사가 필요한 질문을 제기하여 학생들의 개념 형성 과정을 도울 수 있으나, 학생들이 구체적인 자료를 가지고 활동에 적극 참여하여 개념을 형성하고 일반화할 수 있도록 해야 한다.

둘째, 학생들이 자유롭게 탐구할 수 있는 분위기를 조성하고 탐색 결과를 일반화할 수 있게 풍부하고 정선된 자료를 제공한다.

셋째, 교사의 학습 안내 활동이나 통제를 최소화하고, 학생들 스스로 학습 목표에 도달할 수 있게 학습 환경을 조성한다.

넷째, 규칙성 발견 및 개념 정리 단계에서 관찰 결과 속에 내재한 과학 개념을 발견하는 일은 학생 중심으로 진행 될 수 있도록 인내를 가지고 안내해야 하며, 교사가 직접 지식을 제시하면 학생들의 활동을 제한시킬 수 있으므로 주의해야 한다.

5. 탐구학습 모형(가설 검증 수업 모형)

1) 특징

탐구학습 모형은 학생들에게 과학의 본성을 체득시키기 위해 고안된 학습모형이다. 과학의 본성 중에서 반증주의에 바탕을 두어 학생이 자연에 대한 문제나 의문을 가지고 이를 해결하기 위해서 가설을 형성하고 자료를 모으고 분석함으로써 가설을 검증하고 결론을 유도하는 것이다. 탐구학습 모형에서는 이미 주어진 문제를 인식하는 것이 아니라 어떤 현상으로부터 문제를 이끌어내는 능력이 탐구과정의 중요한 요소가 된다(김찬종, 채동현, 임채성, 1999; 최인학, 김창만, 2014).

이 모형은 대부분 과학자의 실제 연구과정을 수업으로 모형화한 것이다. 따라서 이 모형에 따른 수업에서는 과학의 전반적인 본성을 체득할 수 있는 가설을 다루므로 '가설 검증 수업모형'이라고도 한다(교육부, 2015b). 이 모형에서 학생들은 능동적이며, 주체적으로 가설검증 계획을 수립하고 실험하여 검증하게 되므로 교사는 학생들을 돕는 역할을 하게 된다(송지원, 2012).

이와 같은 탐구학습 모형은 탐구과정을 강조하고 과학의 본성을 익히는 것을 강조하며, 가설설정, 변인통제, 일반화 등과 같은 고차원적인 사고 능력을 요구하므로 일반적으로 초등 고학년에게 적합한 모형이지만, 저학년 학생들에게도 초보적인 수준에서 가설을 검증하는 수업을 실시할 수 있으며, 장애학생에게도 교사의 촉구와 구조화를 통하여 적용할 수 있다. 예를 들면, 장애학생을 위해서는 첫 단계인 탐색 및 문제 파악 단계에서 교사가 직접 탐구 문제를 제기하거나 직접적인 질문을 통하여 학생이 문제를 인식할 수 있도록 한다(교육과학기술부, 2008).

탐구학습 수업모형의 특징을 정리하면 다음과 같다(정미영, 2002; 최인학, 김창만, 2014).

첫째, 과학의 본질적인 가정인 가설-검증 절차를 체득하는 모형이다. 즉, 과학자가 연구하는 과정으로 경험함으로써 과학적인 방법을 익히고 과학지식을 얻는 방법을 학습한다.

둘째, 자료수집 이전에 가설설정이 먼저 이루어지므로 가설을 세울 수 있는 상당한 지식이 요구된다.

셋째, 실험 설계가 중요하다. 실험결과에 문제해결 여부가 달려있으므로 창의적인 실험설계를 해야 한다.

넷째, 변인통제를 정확히 하여 실험의 오차를 최소화해야 한다.

다섯째, 학습활동 시간과 내용 분량의 제약이 없을 때 효과적이다. 그러나 탐구학습 지도에 시간이 많이 걸리고 단순한 개념을 전달하는데 비효율적이다. 또한 과밀학급이나 실험 환경 등의 여건이 부족한 경우 적용하기 어렵다.

여섯째, 교사에게 부담을 주어 타당도와 신뢰도가 높은 탐구능력 평가 방법의 개발이 어렵다.

2) 단계

탐구학습 모형은 탐색 및 문제파악 → 가설설정 → 실험설계 → 실험 수행 → 가설검증 → 적용 및 새로운 문제 발견 단계로 진행된다. 각 단계의 특징은 다음과 같다(최인학, 김창만, 2014; 교육부, 2015b; 교육부, 2018).

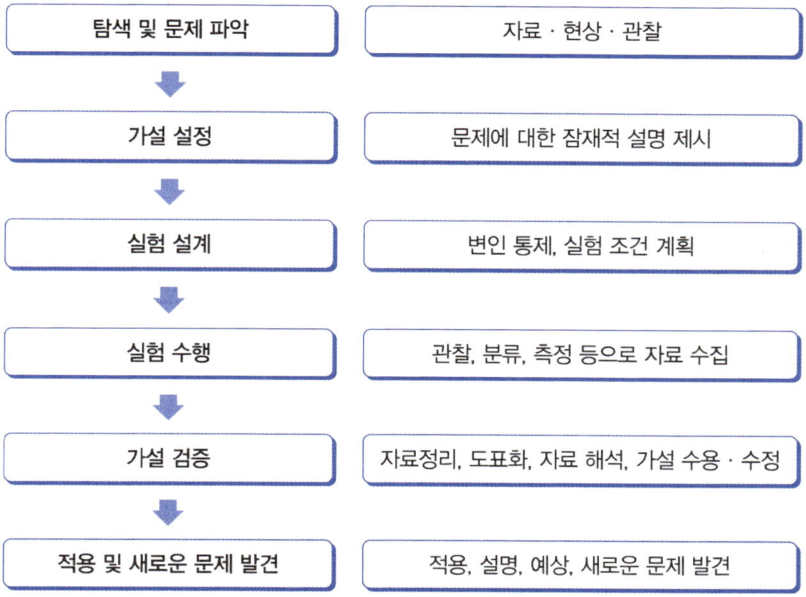

[그림 6-4] **탐구학습 모형의 단계**

① **탐색 및 문제 파악 단계**: 학생들의 자유로운 탐색을 통하여 문제를 파악하게 한다. 그러나 문제파악이 어려운 경우 교사가 시범활동 등을 통해서 탐구 문제를 직접 제기하거나 질문을 통해 문제를 파악하도록 한다. 탐구할 문제의 파악은 주어진 자료의 탐색으로부터 시작하며, 현재 학생들이 주어진 자료에 관한 지식을 어느 정도 가지고 있느냐에 따라 문제 수준과 방향이 결정된다.

② **가설 설정 단계**: 토의를 통해 문제에 대한 잠정적인 해답을 제시하는 단계로 검증 가능한 일반적인 진술로 제시한다. 가설은 현상에 대한 인과론적 혹은 모형적 설명을 의미하나 학생의 수준에 따라 현상에 대한 서술적인 진술(일종의 예상)도 포함할 수 있다. 교사는 학생들이 가설과 관련된 배경 가정들을 명확히 인식해야 한다. 가설 설정은 문제를 해결하는 방안이 현실적으로 해결 가능한 것이어야 한다. 현재 학생들이 보유한 지식 수준에 맞아야 하며, 해결과정

에서 결정적 근거로 활용될 자료의 수집 과정이나 그 신뢰성이 교과 수준에서 보장되는 내용이어야 한다. 그리고 학생 개인 차원 보다는 모둠별로 토의 과정을 거쳐 설정하는 것이 타당한 가설을 찾는데 도움이 될 수 있다.

③ **실험 설계 단계**: 이 단계에서 교사는 공정한 검증을 할 수 있도록 유도한다. 가설 검증 과정에 관련된 다양한 변인을 확인하고, 독립변인, 통제 변인, 종속 변인을 구별하며, 통제 변인의 통제 방법도 고려해야 한다. 또한, 실험 기구의 적절성과 구체적인 실험 절차의 논리성을 충분히 토의하여 결정해야 한다. 교사는 실험 과정이 탐구적으로 이루어지도록 학생들이 실험을 창의적으로 고안하고 능력을 충분히 발휘할 수 있도록 안내해야 한다.

④ **실험 단계**: 이 단계에서는 구안한 실험 절차에 따라 변인을 통제하면서 실제로 실험을 하고, 관찰, 분류, 측정 등을 통하여 실험 자료를 수집하는 단계로 주도적으로 실험을 수행하기 위한 기능과 기술, 그리고 탐구과정기능을 익히도록 하는 단계이다. 그리고 실험자들이 실험 활동 전 과정에서의 활동에 대하여 인식하고 있어야 한다.

⑤ **가설 검증 단계**: 가설 검증 단계에서는 실험 단계에서 얻은 자료를 표나 그래프로 정리하고 해석하여 설정된 가설을 수용할 수 있는지의 여부를 결정하거나 수정 혹은 기각하는 단계이다. 이 단계에서는 자료를 해석하는 능력이 필요하며, 학생의 개념 이해 능력과 논리성, 창의성, 비판적 사고 능력 등이 복합적으로 활용된다. 자료 해석을 통하여 나타난 실험 결과가 가설에 맞으면 가설은 수용되지만, 맞지 않을 경우에는 가설을 수정하거나 새로운 가설을 설정하여 실험 설계 단계에서부터 다시 검증해야 한다.

⑥ **적용 및 새로운 문제 발견 단계**: 앞에서 얻은 지식을 바탕으로 새로운 상황을 예상하거나 실제 상황에 적용하고 응용하는 단계이다. 적용 단계에서 검증된 지식의 유용성을 확인하고, 그 지식을 토대로 새로운 문제점을 발견할 수 있는

기회를 제공한다. 이러한 문제점은 다시 새로운 가설을 설정할 수 있는 조건을 제공하기 때문에 같은 방식으로 새로운 검증을 시도할 수 있다.

3) 적용(교수 · 학습과정안)

학습 주제	식물의 생장 조건
수업 목표	식물이 잘 자랄 수 있는 조건을 안다.
단계	구체적 활동의 예
가설 설정	■ 양지와 음지 식물 비교한 후 햇빛의 유무에 따른 콩나물의 생장에 관한 가설 설정하기 ◎ 학교 주변의 양지와 음지의 식물 모습을 비교하여 햇빛의 유무에 따른 콩나물의 생장 가설을 설정한다.
실험 설계 및 수행	■ 햇빛이 콩나물의 생장에 미치는 영향과 관련된 실험을 설계하고 수행하기 ◎ 햇빛의 유무에 따른 콩나물 생장 상태 비교를 위한 실험을 설계하고 수행한다.
가설 검증	■ 햇빛에 따른 콩나물의 생장 상태를 보고 가설 검증하기 ◎ 햇빛에 따른 콩나물의 생장 상태를 관찰하여 가설을 검증한다.
적용 및 새로운 문제 발견	■ 식물의 생장에 필요한 조건 발견하기 ◎ 식물이 잘 자라기 위한 조건을 발견한다.
정리	■ 식물의 생장 조건 정리하기

4) 지도상의 유의점

탐구학습 모형을 적용할 때의 유의사항은 다음과 같다(교육부, 2015b).

첫째, 학생들 스스로 탐구할 수 있는 기회를 제공한다.

둘째, 학생들의 발달 수준을 고려하여 교사의 안내 정도를 조정한다.

셋째, 형식적 조작단계의 학생들에게 적당한 모형이지만 교사의 적절한 질문과 안내에 의하여 적용할 수 있는 발달 범위를 확장하여 사용할 수 있다.

넷째, 학생들 스스로 여러 가지 상황 속에서 다양한 방법으로 사고하여 탐구 능력을 기를 수 있는 기회를 제공하여야 진정한 탐구 수업이 이루어진다.

다섯째, 실험 과정이 구체적으로 왜, 그리고 어떻게 이루어져야 하는지에 대하여 가능한 한 학생들이 생각하도록 해야 하며, 단순한 기계적 기능으로서의 실험이 되지 않도록 한다.

6. 순환학습 모형

1) 특징

순환학습모형은 Karplus(1974)가 제안하여 미국의 과학 교육과정 개선 연구(SCIS, Science Curriculum Improvement Study :1970~1974) 초등 과학 교육과정으로 도입된 학습 모형으로 탐색, 개념 도입, 개념 적용의 세 단계가 하나의 고리처럼 이루어져서 과정이 되풀이 되는 것을 의미한다(김찬종, 채동현, 임채성, 2005). 순환학습에서 '순환'의 의미는 이들 3단계가 하나의 고리를 이루어서 이어지고, 이러한 고리가 다시 다음 과정으로 되풀이되기 때문이다. 탐색 단계는 학생들이 스스로 활동과 상호작용을 통해 발견할 수 있는 기회를 제공하는 단계이고, 개념 도입 단계는 교사가 개념(용어 혹은 원리)를 소개하여 학생들이 탐색할 수 있는 기회를 제공하는 단계이고, 개념 적용 단계는 학생들에게 새로운 상황에서 학습한 과학개념을 적용할 수 있도록 추가적인 기회를 부여하는 단계이다(김지용, 2011). 이 때 각 단계별 전략은 피아제 이론의 동화, 조절, 평형화와 같다. 순환학습 모형은 피아제의 인지 발달 이론에 바탕으로 두고 탐구적 학습활동을 통해 인지구조의 변화를 촉진시킬 수 있도록 학습내용을 조직한다. 또한 순환학습에서는 구체적 경험을 제공하여 구체적 조작기 또는 장애학생들에게도 효과적인 학습이 가능하다. 현재는 POE(예상-관찰-설명),

PEOE(예상-설명-관찰-설명), 4E(탐색-설명-확장-평가), 5E(관여-탐색-설명-정교화-평가), 7E(관심유도-관여-탐색-도전-설명-정교화-평가) 모형으로 제안되고 있다(최인학, 김창만, 2014).

Lawson 등(1989)은 순환 학습 과정에서 적용되는 사고 유형에 따라 순환 학습을 서술적, 경험-귀납적, 가설-연역적 순환 학습의 세 가지 형태로 구분하였다. 서술적, 경험-귀납적, 가설-연역적 순환 학습의 세 가지 형태의 특징을 정리하면 다음과 같다.

〈표 6-3〉 서술적, 경험-귀납적, 가설-연역적 순환학습의 세 가지 형태의 특징

서술적 순환학습	탐색단계	학생들이 그 현상을 탐색하여 그 규칙을 발견하고 묘사한다.
	개념도입 단계	학생들은 수집한 자료를 발표하고, 교사와 함께 용어를 도입한다.
	개념적용 단계	같은 개념들을 포함하고 있는 현상들을 논의하거나 탐색한다.
경험-귀납적 순환학습	탐색 단계	교사는 서술적, 인과적인 질문을 제기하고, 학생은 질문에 대한 대답을 칠판에 적는다. 그리고 교사가 다시 대답에 대한 인과적인 질문을 제시한다. 인과적 질문에 대답하기 위해 여러 가설들이 발표되고, 가설검증을 위해 이미 수집한 데이터를 조사한다.
	개념 도입 단계	탐색한 현상에 대한 가장 적절한 설명에 대하여 용어를 도입한다.
	개념 적용 단계	같은 개념들을 포함하고 있는 현상들을 논의하거나 탐색한다.
가설-연역적 순환학습	탐색 단계	학생들은 인과적인 질문이 제기된 현상을 탐색한다. 학습토의에서 가설이 제기되고, 토의를 통해 가설을 확장하고 실험을 구상하여 실험을 수행한다.
	개념 도입 단계	데이터를 비교, 분석하고 용어를 도입하여 결론을 유도한다.
	개념 적용 단계	같은 개념들을 포함하고 있는 현상들을 논의하거나 탐색한다.

출처: 송지원(2011). 과학교수학습모형에 따른 이론과 실제. 동국대학교 교육대학원, 석사학위 논문

2) 단계

순환 학습 모형은 일반적으로 다음과 같이 탐색 → 개념 도입 → 개념 적용의 3단계가 순환적으로 진행된다(교육부, 2018).

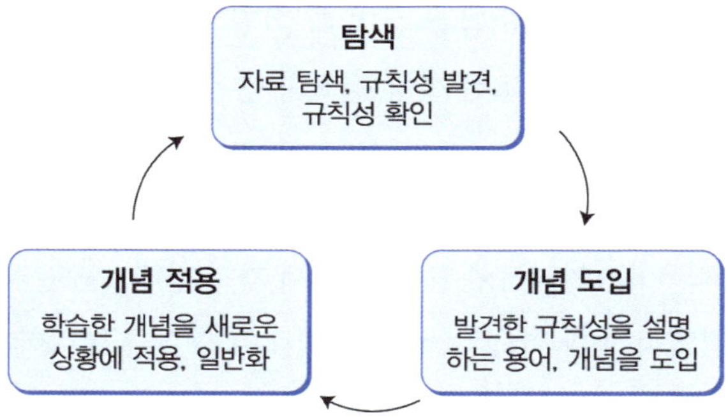

[그림 6-5] **순환학습 모형의 단계**

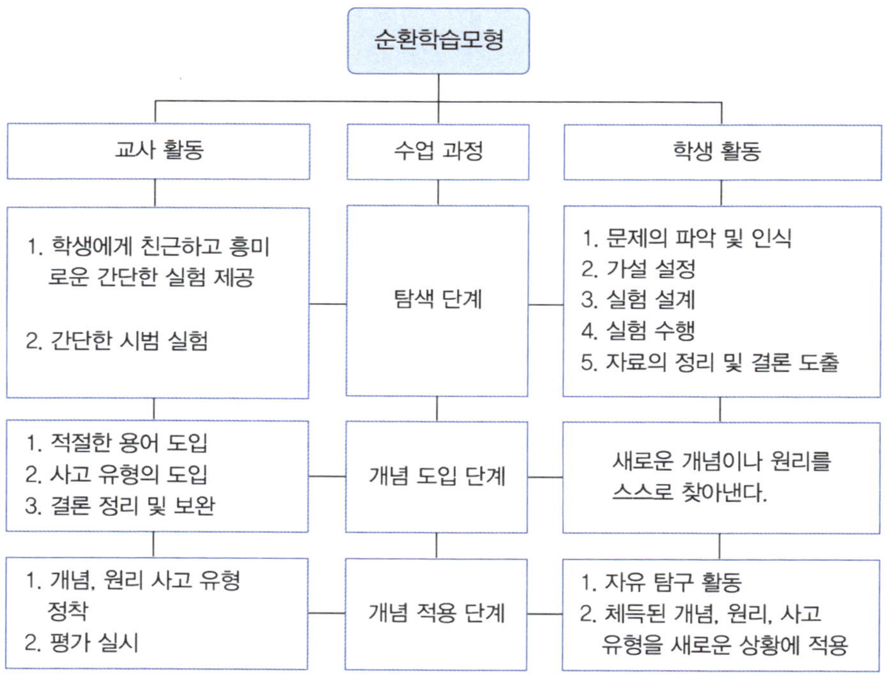

[그림 6-6] **순환학습에서 단계별 교사와 학생의 활동**

출처: 정완호, 권재술, 정진우, 김효남, 최병순, 허명 (2001). **과학과 수업 모형.** p. 34

순환학습 모형에 따른 수업과정에서 각 단계에 따른 교사와 학생의 활동을 그림으로 나타내면 [그림 6-6]과 같다.

순환학습 모형의 각 단계의 특징은 다음과 같다(정동영 외, 2010; 교육과학기술부, 2008).

① **탐색 단계**: 이 단계에서는 학생들에게 너무 친숙하지도 너무 낯설지도 않는 자료를 통해 학생이 충분한 직접 경험을 할 수 있게 한다. 탐색 단계를 통해 학생은 비평형 상태, 즉 인지적 갈등을 경험하며 문제 해결(평형 상태)을 하려는 내적 요구가 생기게 된다. 탐색 단계에서는 탐색을 통해 관찰하고 발견한 새로운 규칙성을 가능한 한 많이 확인하여 교사의 도움 없이 자신의 언어로 설명하도록 해야 한다. 그러나 장애 학생을 위해서는 교사의 적절한 촉구가 주어져야 하며, 학생의 다양한 의사소통 수단을 활용할 수 있도록 해야 한다.

② **개념 도입 단계**: 학생이 경험한 규칙성을 설명하고 기술하기 위해서 과학적 개념을 도입하는 단계로, 이때 교사는 탐색 단계에서 학생이 사용하고 표현한 언어나 명칭을 과학적 용어나 개념과 연결시켜주는 교사주도의 지도를 하게 된다. 이를 통해 학생의 인지적 상태가 비평형 상태에서 평형 상태로 변화되도록 지도해야 한다.

③ **개념 적용 단계**: 탐색 단계와 개념 도입단계를 통하여 학습한 개념을 사용하여 새로운 상황이나 현상에 적용하고 일반화하는 단계로 새로운 개념의 적용가능성의 범위를 확장하여 발전적으로 전개하는 단계이다. 특히 장애 학생에게는 이 개념 적용 단계의 적용에 보다 더 주안점을 두고 교사가 구체적으로 적용 가능한 실생활의 상황을 분석하여 제시하는 것이 필요하다.

3) 적용(교수 · 학습과정안)

학습 주제	여러 가지 물체의 수평잡기
수업 목표	물체의 수평잡기를 통해 수평의 개념을 안다.
단계	구체적 활동의 예
탐색	■ 수평잡기 놀이하기 ◎ 친구들과 함께 수평잡기 놀이를 해본다.
개념 도입	■ 수평의 개념 알기 ◎ 수평이란 무엇일지 말해본다. ◎ 수평의 개념을 알아본다.
개념 적용	■ 여러 가지 물체의 수평잡기 ◎ 여러 가지 물체의 수평을 잡아 본다.

4) 지도상의 유의점

순환학습 모형을 적용할 때의 유의사항은 다음과 같다(교육부, 2015b).

첫째, 도입 단계인 탐색 단계에서 학생들에게 친근하고 흥미로우며 인지적 갈등을 효과적으로 일으킬 수 있는 간단한 실험을 구안하여 제공한다.

둘째, 탐색 단계에서 제시되는 학습 자료는 학생들에게 너무 익숙하거나 지나치게 생소하면 탐색의 적극성이 떨어질 수 있다.

셋째, 학생들의 선입 개념이나 사고 유형에 의하여 학생들이 쉽게 동화할 수 없는 학습 상황에서는 학생들에게 간단한 시범 실험이나 자료를 제시한 뒤 토론 활동 등을 통하여 인지적 갈등을 유발한다.

넷째, 개념 적용 단계에서 학생들의 수준을 고려하여 보충 학습이 필요한 학생에게 설명하거나 구체적 경험을 제공한다.

다섯째, 5E 모형을 사용할 경우에 학습 주제에 따라 1~2차시 이상이 소요될 수도 있다.

7. 개념 변화 학습 모형(인지갈등 수업모형)

1) 특징

역사적으로 볼 때, 과학 이론이나 개념 등 과학 지식은 다양한 방식으로 계속 변화하여 자연관이나 세계관의 변화로 이어지기도 한다. 과학자는 주변 세계에 대한 기존 과학 지식의 설명 체계에 문제가 있거나 한계가 있을 경우 설명력이 더 높은 새로운 체계를 개발한다. 대표적인 예가 천체 운동에 대한 이해를 바꾼 지동설과 생명 진화에 대한 이론이라고 할 수 있다. 과학의 이러한 속성과 관련하여, 학생들이 자발적으로 구성하여 가지고 있는 선개념에 대한 연구는 1980년대 이후 활발하게 이루어졌으며 여러 측면에서 매우 충격적인 결과를 보여 주었다. 과학 수업 전후에 학생들의 머릿속은 백지 상태가 아니라 오개념을 능동적으로 구성하여 가지고 있으며, 이러한 오개념은 과학 학습에 심각한 장애 요인이 된다는 사실이다. 자연 사물이나 현상에 대한 학생의 직관적 개념, 즉 오개념은 쉽게 과학 개념으로 대체되거나 변화하지 않으므로 이를 위하여 특별히 고안된 수업 모형이 개념 변화 학습 모형이다(교육부, 2015b).

학생들의 오개념은 쉽게 과학적 개념으로 대체되거나 변화되지 않는다. 학생들의 오개념을 과학적 개념으로 바꾸기 위한 네 가지 조건을 Posner 등(1982)이 제안하였다. 첫째, 자신의 생각에 불만을 가진다(dissatisfactory). 둘째, 새로운 개념을 이해할 수 있다(intelligent). 셋째, 새로운 개념이 그럴 듯하다(plausible). 넷째, 새로운 개념의 활용 가능성이 많다(fruitful). Posner(1982)가 제안한 네 가지 조건을 기초로 하여 개념변화를 바탕에 둔 수업 모형들이 공통적으로 제시하고 있는 개념변화의 조건을 살펴보면 다음과 같다. 첫째, 학생들이 자신과 동료의 생각을 인식할 수 있도록 자신의 생각을 충분히 표현할 수 있는 기회가 제공되어야 한다. 둘째, 인지갈등을 일으켜서 자신의 생각에 불만족을 느껴야 한다. 셋째, 학생들에게 과학적 개념이 이해 가능하고, 그럴듯하며 활용가능성이 높음을 보여주는 기회를 마련해야 개념의 변화가 일어나게 된다(송진웅 외, 2003, 재인용).

개념 변화 학습 모형은 자연 사물이나 현상에 대하여 학생들이 수업 전에 가지고 있던 선개념 중에서 오개념을 인지적 갈등을 통하여 올바른 과학적 개념으로 변화시켜 주는 것을 핵심으로 하기 때문에 학생들이 수업을 하기 전에 자신이 지닌 오개념을 파악하는 것이 매우 중요하다(교육부, 2018). Driver(1983)는 학습은 학생들이 능동적으로 의미를 재구성함으로써 일어나는 개념의 변화이며 이와 같은 개념 변화는 상충법을 이용한 교수법, 경험중심의 학습과제, 학습자들 사이의 토론과 협력을 통한 학습법, 학습자가 현재 가지고 있는 개념의 연장 및 확장 또는 과학적 지식에 의한 대체적 지식체계의 교환을 위한 교수-학습 자료와 전략 등을 통해서 촉진시킬 수 있다고 하였다. 그 중 대체적 개념 체계의 교환에 따른 개념의 변화를 중요시 하고 그와 같은 변화를 유발하기 위한 교수-학습 전략을 제시하였다. 이 모형은 학생들이 자신들의 생각을 표현하고 재구성하며 재구성한 생각의 타당성을 평가한 뒤 이를 응용하고 검토하는 단계로 이루어져 있다(강호감 등, 2007).

2) 단계

개념 변화 학습 모형은 일반적으로 개념 표현 → 개념 재구성 → 개념 응용 → 개념 변화 검토 단계로 진행된다. 그 과정은 다음 [그림 6-7]과 같다(교육부, 2018).

개념 변화 학습 모형의 각 단계의 특징은 다음과 같다(김민지, 2011; 교육부, 2015b).

① **개념 표현 단계**: 학생들이 학습할 내용과 관련된 각자의 생각(오개념)을 표현한다. 이 단계에서 교사는 학습내용과 관련된 현상이나 예를 제시하고, 학생들은 이를 관찰하고 자신의 언어로 설명하도록 한다(송진웅 외, 2003). 학생들은 현상에 대하여 자신의 생각을 글로 정리하거나 그림으로 표현한다. 이 과정을 통해 학생들의 개념이 자연스럽게 표현된다.

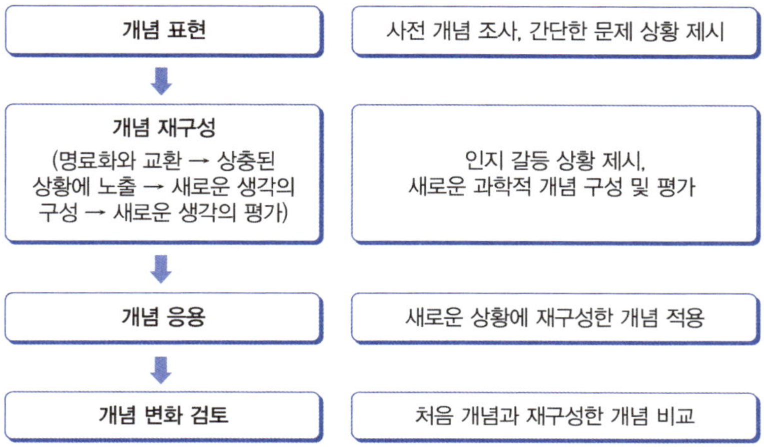

[그림 6-7] 개념 변화 학습 모형의 단계

② **개념 재구성 단계**: 개념 재구성 단계는 다시 명료화와 교환, 상충된 상황에 노출, 새로운 생각의 구성, 새로운 생각의 평가의 하위단계로 구성된다. 첫 번째 하위 단계인 '명료화와 교환' 단계에서는 학생들이 자신의 생각을 서로 발표하도록 유도한다. 학생들은 이 과정을 통하여 다른 학생들의 생각에 비추어 자신들이 가지고 있는 생각의 의미를 명료화하도록 한다. 또한 자신의 생각과 다른 학생들의 생각을 비교해 보고 각 생각의 장단점을 생각해 볼 수 있다. 두 번째 하위 단계인 '상충된 상황에 노출' 단계에서는 학생들의 생각과 상충되는 현상이나 사건을 제시한다. 이를 통해서 학생들은 자신의 생각으로는 문제를 해결할 수 없음을 인식하고 자신의 생각에 불만을 갖게 되고 현상에 대하여 의문을 가지게 된다. 이 과정을 통해 자신의 생각을 바꾸려는 동기를 제공한다(강호감 외, 2007). 세 번째 하위 단계인 '새로운 생각의 구성' 단계에서 학생들은 자신의 부족한 생각을 대체할 수 있는 새로운 생각을 구성한다. 학생들이 스스로 구성하기 어려운 과학개념은 교사가 제시해 줄 수도 있다. 이를 위해 교사는 새로운 생각의 장점이 잘 드러나도록 하는 방안 등을 통하여 새로운 생각이 학

생들에게 잘 수용되도록 해야 한다(송진웅 외, 2003). 또한 새로운 생각은 학생들이 쉽게 이해할 수 있어야 한다. 마지막으로 '새로운 생각의 평가' 단계에서는 새로운 생각이 얼마나 타당한지 평가하는 단계로 유의할 점은 사람을 평가하는 것이 아니라 새로운 생각을 평가해야 한다는 것이다. 이 단계를 통해서 학생들은 새로운 생각이 옳다는 것을 충분히 인식해야 한다(강호감 외, 2007). 평가를 위해서는 특정한 상황을 이용하게 되며 새로운 생각이 이 상황을 설명하는데 얼마나 적절한지를 학생들이 느껴볼 수 있는 기회를 제공해야 한다(김민지, 2011).

③ **개념 응용 단계**: 학생들에게 새롭게 구성한 생각에 대한 다양한 상황을 제시하여 재구성한 생각을 실생활에 적용 및 응용해 볼 수 있는 경험을 갖도록 한다. 이 과정을 통해 새로운 생각이 얼마나 활용 가능성이 많은지를 인식하게 한다(강호감 외, 2007).

④ **개념 변화 검토 단계**: 학생들의 생각이 어떻게 어느 정도 변화되었는지를 검토한다. 이 단계에서는 학생들이 새롭게 학습한 생각과 수업 전에 갖고 있던 이전의 생각을 스스로 비교해 보는 기회를 갖는다. 자신의 생각이 얼마나 변화되었는가를 경험하는 것은 새로운 생각의 학습을 스스로 확인해 보게 함으로써 학습과정에 대한 반추를 가능하게 한다(송진웅 외, 2003).

3) 적용(교수 · 학습과정안)

학습 주제	식물의 구조
수업 목표	식물의 구조에 대해서 알아봅시다.
단계	**구체적 활동의 예**
개념 표현	■ 문제 상황 알기 ◎ 자신이 생각하는 식물의 구조를 그림으로 그려보고 설명한다.

개념 재구성	■ 자신의 생각 표현하기 ◎ 자신이 생각하는 식물의 구조에 대하여 모둠 친구들과 이야기를 나누어 본다. ■ 갈등 상황 제시하기 ◎ 다양한 식물의 구조가 잘 나타난 사진을 보고 식물의 구조를 알아본다. ■ 뿌리, 줄기, 잎의 다양한 모습 관찰하기 ◎ 뿌리, 줄기, 잎의 여러 가지 형태에 대하여 알아본다.
개념 응용	■ 생활에서 적용해보기 ◎ 생활 속에서 이용 되는 식물이야기를 읽으며 식물이 우리 생활에서 이용되는 예를 알아본다.
개념 변화 검토	■ 자신의 처음 생각과 비교해 보기 ◎ 자신이 처음 가졌던 생각과 공부하고 난 후의 생각을 비교해 본다.

4) 지도상의 유의점

학생들이 자신이 기존에 지니고 있던 생각으로 설명될 수 없는 새로운 경험을 함으로써 인지 갈등을 경험하여 그 생각의 한계를 인식하고 이를 불편하게 느끼게 되는 것이 중요하다. 이것이 바로 학생 자신이 주체적으로 참여하는 개념 변화의 기본 요건이 되기 때문이다(송진웅 외, 2003). 개념 변화 학습 모형은 과학의 모든 내용에 적용 가능한 것이 아니며, 비교적 많은 학생들이 오인을 가지고 있는 내용을 가르칠 때 사용해야 한다(최인학, 김창만, 2014). 개념 변화 학습 모형을 적용할 때의 유의점은 다음과 같다(교육부, 2015b).

첫째, 이 수업 모형의 절차에 따라 수업을 전개할 때 한 제재의 학습에는 대체로 2차시의 시간이 요구된다.

둘째, 가능한 한 학생들 스스로 새로운 과학적 개념을 생각하여 내도록 유도한다.

셋째, 새로운 개념의 평가 단계에서는 학생이 얼마나 성취하였는지를 알아보는 것이 아니라, 새로운 개념이 얼마나 적절하지를 평가한다.

8. S-T-S 수업모형(과학-기술-사회 수업모형)

1) 특징

STS란 과학(Science), 기술(Technology), 사회(Society)의 영문 첫 글자를 만든 합성어로, 사회 내에서 과학과 기술에 대한 탐구를 하는 것이며 사회 내에서 과학적, 기술적, 사회적 현상이 상호작용하고 서로 영향을 주고받는 방식이다. 즉 사회적 의미, 과학과 인간과의 관계, 과학과 기술과의 관계, 과학과 실생활과의 관계 등을 강조하는 것이라고 말할 수 있다. STS는 지나치게 학문적이거나 전문적인 지식교육을 지양하고 학생의 일상생활 및 사회적 경험과 관련 있는 문제를 중심으로 과학을 가르치고 학생의 판단력과 문제해결능력을 향상시킨다. 이는 보통의 시민을 위한 과학 지식을 이해하고 현실 사회적 상황에서 목적에 맞는 과학의 개념 지식과 과정 기술을 실용화할 수 있는 민주시민으로 육성하는 것이라고 말할 수 있다(남철우 외, 2002).

과학-기술-사회의 관계에 관한 교육을 의미하는 STS(Science Technology Society) 모형은 실제적인 문제와 이러한 문제를 해결할 수 있는 능력의 획득을 강조하며 토의, 역할 놀이, 현장 견학 등과 같은 방법을 활용하며 생활 속의 과학을 강조하는 모형이다. STS 모형은 문제로의 초대, 탐색, 설명 및 해결 방안의 제시, 실행의 과정으로 이루어진다. 이 모형에서 교사는 교과서뿐만 아니라 다양한 수업자료를 사용하며 교실 상황에서 벗어나 학생의 경험에 관한 주제를 다룬다. 또한 지역적인 문제를 다루고 해결을 위해 지역적 정보와 자료를 이용할 수 있다(교육과학기술부, 2008).

현재 STS 교육은 전 세계적으로 과학 교육의 주요 관심사가 되었으며, 우리나라는 1992년 개정된 제6차 교육과정에서 이러한 STS 교육 정신이 구체적으로 반영되기 시작하였다(정동영 외, 2008). 일상생활과 거리가 먼 내용과 소재는 학생들의 흥미를 끌 수 없기 때문에 장애학생들을 위한 교육과정은 교육과정 전체가 장애학생의 실생활과 관련 깊어야 하며 이를 통해 습득하는 지식은 실생활에 활용할 수 있는 것이어야 한다. 발달장애학생의 교육과정은 전체가 생활중심 교육과정이며, 과학 교육의 궁극적 목표도 실생활에의 적용이다. 따라서 탐구 활동을 통한 학습을 하는 내용의 선정과 소재를 모두 우리 생활환경에서 선정해야 한다. 발달장애학생들의 탐구 활동도 일상생활과 거리가 먼 것은 학생들의 흥미를 끌지 못한다. 이런 문제점을 보완하기 위하여 과학의 사회적 의미, 과학과 기술과의 관계,과학과 인간 및 과학과 실생활과의 관계를 강조하는 이른바 과학-기술-사회(STS) 교육 과정 운동이 일어나고 있는 것이다(교육부, 1999). 따라서 과학의 사회적 의미, 과학과 기술과의 관계, 과학과 인간 및 과학과 실생활과의 관계를 강조하는 과학-기술-사회 교육과정은 장애학생들을 위한 교육과정으로 중요하며 STS 수업모형이 장애학생들을 위한 실제적인 수업모형이 될 수 있다.

미국과학교사협회(NSTA)는 미국과학교사협의회 의견서(NSTA Position Statement (NSTA, 1982))에서 STS를 인간의 경험적인 맥락에서 과학을 가르치고 학습하는 것이라고 정의하였다(표영수, 2005, 재인용). NSTA는 1982년에 발표했던 내용을 더 구체화 시켜 1990년에 새로운 의견서를 발표했다. 이 의견서에는 STS교육의 목적이 과학적으로 교양있는 시민을 길러 내는 것이라고 밝혔으며, STS교육의 특징에 대해서 다음과 같이 제시했다(NSTA, 1990).

- 지역적 관심과 영향이 있는 문제를 인식한다.
- 문제해결을 위해서 지역적 정보와 자료를 사용한다.
- 이용할 수 있는 정보를 찾는데 학생들이 능동적으로 참여한다.
- 과학수업에서 주어진 수업시간, 주어진 교실, 주어진 교육체제를 탈피해서 운영한다.
- 과학과 기술이 각 개인에게 주는 영향에 수업의 초점을 맞춘다.
- 과학내용은 학생들이 시험을 준비하기 위한 지식 이상의 것이라는 관점을 갖는다.
- 학생들이 그들 자신의 문제를 해결하는데 사용할 수 있는 과학 탐구능력을 강조한다.

- 직업, 특히 과학과 기술에 관련된 직업의 인식을 강조한다.
- 학생들이 그들이 인식한 문제를 다루고, 자연세계에 대한 질문에 답하도록 유도함으로써 그 과정에서 시민 정신을 발휘할 수 있는 기회를 제공해 준다.
- 과학과 기술은 미래에 강한 영향을 주는 주된 요인임을 설명한다.
- 학습과정에서 어느 정도의 자율성을 부여한다.

2) 단계

STS 모형은 문제로의 초대 단계, 탐색 단계, 설명 및 해결, 방안 제시 단계, 실행 단계로 이루어진다. STS 수업 모형의 각 단계의 특징은 다음과 같다(교육부, 2015b).

① **문제로의 초대 단계**: 과학 및 기술과 관련된 일상생활이나 사회 문제를 제기하고 문제의 심각성을 인식한다. 주변 환경 관찰, 의문, 예기치 않은 현상 등을 통하여 흥미와 호기심을 유발한다.

② **탐색 단계**: 문제에 대한 이해를 심화하고 관련된 과학 이론이나 개념을 조사하여 해결 방안을 모색한다. 가능한 대안을 토의하고, 정보를 검토하며, 구체적인 현상을 관찰하고 자료를 수집한다.

③ **설명 · 해결 방안 제시 단계**: 과학적인 측면에서 자연 현상을 설명한다. 기술적인 측면에서 인간 적응과 관련된 문제를 해결하게 한다. 앞에서 모색한 해결방안에 대하여 모델을 만들거나 설명하고, 새로운 방식으로 설명하는 식으로 구체화하고 이에 대하여 토의한다. 동료와의 토의를 통하여 여러 가지 대안 중에서 가장 알맞은 것을 선택하여 결론을 도출한다.

④ **실행 단계**: 직접 실천에 옮기거나 실행과 관련이 있는 사람들에게 영향력을 행사한다. 정보와 생각을 교환하고 새로운 의문점을 제시하는 과정을 통하여 개념을 심화시키거나 사고를 촉진시킨다.

문제로의 초대	• 환경 관찰하기 • 의문 제기하기 • 질문에 대한 가능한 대답 고려하기 • 예기하지 않은 현상 기록하기 • 학생들의 지각의 다양성 확인하기
↓	
탐색	• 중심이 되는 역할에 참여하기 • 가능한 대안을 토의하기 • 정보 살피기 • 자료를 사용하여 실험하기 • 구체적인 현상 관찰하기 • 모형 설계하기 • 자료를 수집하고 조직하기 • 문제 해결의 전략 채택하기 • 적절한 자원 선택하기 • 다른 사람과 해결책 토의하기 • 실험을 설계하고 수행하기 • 선택 평가하기 • 토의에 참가하기 • 조사의 척도를 정의하기 • 자료 분석하기 • 정보 교환 및 아이디어 교환하기
↓	
설명 및 해결 방안제시	• 모델을 구축하고 설명하기 • 새로운 설명을 구상하기 • 해결 방안을 검토하고 토의하기 • 동료의 평가를 이용하기 • 다양한 해결 방안 수집하기 • 적절한 결론 맺기 • 이미 존재하는 지식과 경험에 해결책을 통합하기
↓	
실행	• 지식 및 기술 응용하기 • 지식 및 기술 이전하기 • 정보 및 아이디어 교환하기 • 새로운 질문하기 • 제품 개발 및 아이디어 향상 촉진하기 • 모델과 아이디어를 사용하고 토론을 유도하고 타인의 동의 구하기 • 사회의 결정권자에 접근하여 바람직한 행동과 진로 독려하기

3) 적용(교수 · 학습과정안)

학습 주제	지진 대비 방법 알아보기
수업 목표	지진을 대비하는 방법을 안다.
단계	구체적 활동의 예
문제로의 초대	▪ 지진에 안전한 집을 만드는 방법과 관련된 문제 파악하기 ◎ 지진이 발생하여 건물이 무너진다는 것에 관해 심각성을 인지하도록 한다.
탐색	▪ 지진에 안전한 집을 만드는 방법 탐색하기 ◎ 지진에 무너지지 않게 건물을 짓는 방법을 인터넷으로 검색하여 조사하게 한다.
설명 및 해결 방안 제시	▪ 내진설계 알기 ◎ 학생들이 조사한 자료를 바탕으로 해결방안을 제시한다.
실행	▪ 내진설계를 적용한 모형 집 만들기 ◎ 내진설계 중 면진 구조로 만든 집 모형을 만든다.

4) 지도상의 유의점

발달장애학생의 교육 과정은 생활중심 교육 과정이며 과학교육의 궁극적 목표도 실생활의 적용에 있다. 일상생활 속에서 탐구 활동의 내용과 소재를 선정하는 것이 바람직하고 특히 과학과 학습활동에서는 과학과 사회, 과학과 기술, 과학과 인간간의 관계를 강조하는 STS교육의 적용이 요구되며 특수교육 학교 현장에서는 다음과 같은 점에 유의하여 지도해야 한다(표영수, 2005).

첫째, 과학교육의 본질에 대한 근본적인 재고가 필요하다. 교육 과정을 중심으로 한 지식 전달 수업에서 학생들의 판단력, 문제해결력, 창의력, 적용력을 발휘하게 하는 수업으로의 변화가 요구된다. 특히 학생들의 개인차가 심한 장애학생의 경우에는 개인별 능력에 맞는 과학교육이 필요한데 이를 위해서는 무엇보다도 교사의 훈련이 필요하다. 발달장애학생들의 학습 원리, 학생들의 오개념(비장애 학생들이 갖는 오개념과 구별되는지 여부), 관심사항, 학습동기, 다양한 학습교재 발굴, 교사들 간의 협동, 교육 과정 개발 등 다양한 분야의 기술과 능력이 요구된다. 장애학생들의 과학과를 지도함에 있어서 잊어서는 안 될 중요한 것은 비록 학생들에게는 생활중심의 포괄적 과학학습이 가능하지만 지도하는 교사는 이러한 접근이 산발적인 투입에 그치지 않고 체계적인 지도가 되도록 노력해야 된다는 것이다. 특수교육 교사는 학생 개인별로 선수학습과 후속학습을 고려하고, 부족한 탐구능력이 신장될 수 있도록 과학과 교과 연구에 대한 관심을 잃지 말아야 할 것이다.

둘째, 과학과 교육 과정 운영의 묘를 살려야 한다. 많은 개념을 가르치려고 하다가 흥미나 관심을 떨어뜨리기보다는 중요한 그리고 큰 개념을 이해하도록 가르쳐야 한다. 일반학교와는 달리 특수학교는 학생들에게 과학의 개념을 체계적으로 가르치는 것이 목적이 아니므로 STS 교육의 이러한 측면을 적극적으로 도입해도 무방할 것이다. 교사가 학생에 대한 분석이 되어 있다면 교육 과정의 융통성 있는 운영을 실시해도 될 것이다. 그러나 장애영역별로 접근 가능성은 앞으로 연구가 다양하게 이루어져야 할 것이다.

셋째, 과학이 과학으로서의 제 위치를 찾도록 해야 한다. 과학은 암기하는 것이 아니고 질문하고 예상하고 설명하는 것임을 알게 해야 한다. 이를 위해서는 먼저 교사들의 교육이 선행되어야 한다. 지속적이며 현장중심의 현직 연수가 수행되어야 한다. 특수교육 교사들은 아직도 과학교과의 지도와 접근 방법에 어려움을 느끼고 있다. 따라서 과학은 이론이 아니며 우리의 생활과 밀접한 관련이 있음을 교사들이 먼저 인식하고 이러한 내용을 장애학생의 수준에 맞게 적용해 나가는 원리와 방법을 연구해 나가야 하겠다.

과학과는 궁극적으로 일상생활 속에서 과학적 소양을 길러 주는 교과이다. 과학이 과학수업 시간에만 국한되고, 학생들의 생활과는 무관한 교과로 그친다면 과학적 소양인의 육성은 기대할 수 없다. 학생이 속한 사회와의 관련성을 강조하는 STS 과학 교육은 전통적 과학과 지도방법에 비해 발달장애 학생의 과학적 소양 함양에 많은 도움을 줄 것이고, 나아가 일상생활 속에서 만나게 되는 다양한 장면에서 의사결정 능력을 신장시킬 것이다.

연구과제

(1) 장애학생을 위한 수업모형 선정 방법을 설명하시오.
(2) 장애학생을 위한 과학과 수업모형의 특징을 설명하시오.
(3) 장애학생을 위한 과학과 수업모형의 적용상의 유의점을 설명하시오.

참고문헌

강성립 (2008). 발견학습모형을 기반으로 한 ICT활용 중학교 과학수업이 학생들의 자기주도적 학습능력 및 과학적 태도에 미치는 효과. 한국교원대학교 교육대학원 석사학위 논문.

강호감, 공영태, 권혁순, 김재영, 배진호, 송명섭 (2007). 초등과학교육론. 교육과학사.

교육과학기술부 (1998). 특수학교 교육과정 해설. 서울: 교육과학기술부.

교육과학기술부 (2008). 특수학교 교육과정 별책. 서울: 교육과학기술부.

교육부 (1999). 특수학교 교육과정 해설(Ⅱ). 서울: 서울특별시인쇄공업 협동조합.

교육부 (2015a). 특수교육 교육과정 별책3 특수교육기본교육과정, 교육부.

교육부 (2015b). 5-6학년군 과학 교사용 지도서. 교육부.

교육부 (2018). 3-4학년군 과학 교사용 지도서. 교육부.

김민지 (2011). Driver의 개념변화 학습 모형을 적용한 초등 과학 수업이 학습 부진학생과 일반학생의 오개념 교정에 미치는 효과. 대국교육대학교 교육대학원 석사학위논문.

김인순 (2003). 경험학습모형을 적용한 과학적 탐구활동이 정신지체학생의 탐구능력에 미치는 영향. 석사학위 논문, 단국대학교 대학원.

김종석, 김언주, 백욱현 편역(1992). 교수-학습의 이론과 실제. 서울 : 도서출판 성원사

김지용 (2011). 과학수업모형을 적용한 예비과학교사의 융합과학 수업 사례 분석. 석사학위논문, 단국대학교 교육대학원.

김찬종, 채동현, 임채성 (1999). 과학교육학개론. 서울: 북스힐.

남철우, 최춘호, 김정길, 김석중, 송판섭, 한광래, 최도성 (2002). STS 교수-학습이 초등학교 과학적 태도 교육에 미치는 효과. 한국초등 과학교육학회. p. 159-160.

설성수 (2003). 발견학습 수업을 통한 중학생들의 역학적 진동 개념의 변화, 한국교원대학교 교육대학원 석사학위논문.

송지원 (2012). 과학교수학습 모형에 따른 이론과 실제. 동국대학교 교육대학원, 석사학위 논문.

송진웅, 권성기, 김인환, 윤성규, 임청환 (2003). 과학과 교재 연구 및 지도. 시그마프레스.

정동영, 김희규, 명경미, 이은정, 임소인, 전혜인, 정동일 (2010). 특수교육 과학교육론, 교육과학사.

정미영 (2002). 가설검증 수업모형이 초등학교 과학 학습에 미치는 효과. 한국교원대학교 교육대학원, 석사학위논문.

정완호, 권재술, 정진우, 김효남, 최병순, 허명 (1996). 과학수업모형의 비교 분석 및 내용과 활동 유형에 따른 적정 과학수업모형의 고안. **한국과학교육학회지,16(1)**, 13-24.

최인학, 김창만 (2014). **통합과학 교과교육 이해와 적용**. 도서출판 참과학.

최은미, 김동렬, 문두호 (2012). 중학교 과학 '식물의 구조와 기능' 단원에 발견 학습을 적용한 탐구수업의 효과. **교사교육연구, 51(1)**, 90-105.

표영수 (2005). **중학교 특수학급 정신지체 학생의 과학교과교육을 위한 수업 지도 연구**. 단국대학교 교육대학원, 석사학위 논문.

한국특수교육교과교육학회 (2008). **특수교육 교과교육론**. 서울: 교육과학사.

한안진, 강호감, 권치순, 김효남, 우종옥 (1996). **새 초등과학 교수법**. 서울: 교육과학사.

허혜영 (2011). **전기 회로 단원 수업에서 귀납적 모형과 직접 교수 모형의 적용에 따른 초등학생의 과학 개념 이해도 및 과학적 태도**. 청구교육대학교 교육대학원 석사학위 논문.

홍석준 (2010). **중학생의 과학 탐구기능 향상을 위한 명시적 교수법의 개발 및 적용 사례 분석 – 기초 탐구기능을 중심으로**. 단국대학교 대학원 석사학위 논문.

National Science Teachers Association (1982). *NSTA Position Statement on Science-Technology-Society: Science Education for the 1980s.* Washington DC: National Science Teachers Association.

National Science Teachers Association (1990). *NSTA Position Statement on Science/Technology/Society: A New Effort for Providing Appropriate Science for All*. Washington DC: National Science Teachers Association.

Wilke, R. R., & Straits, W. J.(2001). The effects of discovery learning in a lower-division biology course. Advances in *Physiology Education, 25*(2), 62-69.

제7장 특수교육 과학과 교육매체

장애학생들을 위한 과학과 교육은 과학에 대한 친근감을 가지게 하고, 과학 학습이 일상생활에 활용될 수 있도록 생활 주변의 소재를 학습 자료로 활용해야 한다. 특수교육 교육과정에서는 과학 지식 습득에 치중하기보다는 학생들이 탐구 활동과 과학적 사고에 관심을 갖도록 한다. 이를 위하여 과학적 사실이나 개념을 주입하여 암기하게 하기보다는 자연 현상을 관찰하고 오감을 활용하여 경험하고, 능동적으로 조작하고 변형해 보도록 지도하도록 하고 있다. 뿐만 아니라 학생의 구체적 조작 활동을 우선으로 하고, 컴퓨터를 활용한 실험과 인터넷과 멀티미디어 등의 적절한 활용을 강조하고 있다. 최근 컴퓨터나 인터넷 등 정보통신기술의 발달로 인해 장애학생들을 위한 특수교육 분야의 다양한 교수-학습 매체가 개발되고 있으며, 이로 인해 장애학생의 의사소통 방법 확대와 생활 전반에 보조지원을 제공하여 교육권 확보에 큰 역할을 하고 있다. 특히 교육에 정보통신기술과 다양한 교육 매체의 발달은 구체적인 조작활동과 직간접적인 경험이 필요한 장애학생의 과학과 교육의 효과를 극대화하는데 중요한 영향을 주었다. 이 장에서는 장애학생의 과학과 교육을 위한 교육매체의 기초적인 개념과 기능을 살펴보고, 장애학생을 위한 과학과 교육에 활용할 수 있는 교육매체의 종류와 특성을 알아보고자 한다. 그리고 장애학생을 위한 과학과 교육에 교육매체를 어떻게 활용할 수 있는지를 살펴본다.

1. 과학과 교육매체의 개념과 기능

1) 과학과 교육매체의 개념

매체(media)란 'medium'의 복수형인 'media'를 번역한 것으로, 라틴어 'medius'에 어원을 두고 있다. 이는 영어로 '사이(between)'의 의미를 가지며, 어떤 것을 전달하는 매개가 되는 수단으로 사용목적이나 형태에 따라서 대중매체(mass media)와 다중매체(multimedia), 교육매체(instructional media) 등으로 구분된다. 대중매체는 신문이나 방송, 출판 등과 같이 많은 사람들에게 지식과 정보를 전달하는 매체를 말하며 다중매체는 문자와 그림, 소리, 동영상 등이 동시에 사용되는 복합매체로서 컴퓨터와 정보통신기술의 발달과 함께 점차 그 활용도가 높아지고 있다(홍순정, 박선희, 2007). 교육매체(혹은 수업 매체)는 교육의 목적을 효율적으로 달성하기 위해 활용하는 시청각 기자재와 수업 자료를 모두 포괄하는 것이다. 교육매체는 교육목표를 효과적으로 달성하기 위해 교수자와 학습자 사이, 혹은 학습자와 학습자 사이에서 학습에 필요한 의사소통이 발생하도록 도와주는 다양한 형태의 매개수단이라고 할 수 있다(한국특수교육교과교육학회, 2008).

과학과 교육매체의 개념은 광의의 개념과 협의의 개념에서 살펴볼 수 있다. 광의의 과학과 교육매체의 개념은 학습자의 과학교육을 위한 교육목적을 달성하기 위해 교수자와 학습자 간의 의사소통에 사용되는 모든 수단을 포괄한다(권성호, 2000). 즉 광의의 과학과 교육 매체는 과학과 교수-학습 과정에 동원될 수 있는 학습 자료를 포함한 일체의 교육환경을 말하며, 인적자원(교사), 교과서, 시청각 기자재, 물리적인 교육환경이나 시설뿐만 아니라 교사의 교수방법, 학습 환경의 조성이나 분위기 등과 같은 총체적인 교육환경을 의미한다. 반면, 협의의 과학과 교육매체의 개념은 과학과 교수-학습과정을 통해 학습자에게 학습내용을 전달하기 위한 과학 교과서를 비롯한 모든 실물매체 즉 컴퓨터, OHP, 그림, 사진, 동영상 등과 실물자료와 표본, 장난감 등과 같은 시청각 교육매체를 의미한다(홍순정, 박선희, 2007). 시청각 교육

매체는 시각과 청각을 통해 각종 정보를 효과적으로 전달할 목적으로 사용하는 매체를 말한다. 전통적으로 과학과 교육에서 주로 사용되어 오던 시청각매체는 일반적인 칠판과 괘도, 융판을 비롯해서 OHP, 슬라이드, 녹음기, 라디오, TV, 비디오 등을 들 수 있는데, 일방적인 전달로 상호작용이 없다는 특성을 가지고 있다. 그렇지만 최근에 많이 사용하고 있는 시청각 교육매체는 CD, 컴퓨터나 쌍방향 TV 등과 같은 다양한 멀티미디어 교육매체로 일방적인 전달보다는 학습자와 매체 간에 상호작용을 통한 학습과 이를 통한 자기 주도적인 학습이 가능하다는 특성을 갖는다.

광의의 과학과 교육 매체의 정의	협의의 과학과 교육 매체의 정의
• 과학과 교수-학습 과정에 동원될 수 있는 학습 자료를 포함한 일체의 교육환경 • 인적자원(교사), 교과서, 시청각 기자재, 물리적인 교육환경이나 시설 • 학습 환경의 조성이나 분위기, 교사의 교수방법	• 과학과 교수-학습과정을 통해 학습자에게 학습내용을 전달하기 위한 실물(시청각)매체 • 컴퓨터, OHP, 그림, 사진, 동영상 • 실물, 표본, 놀잇감

특수교육분야에서 기기 또는 매체와 지식을 연결시키고자 하는 노력은 장애학생의 기능성을 개발하거나 향상시켜 독립적인 생활을 영위하는 것과 밀접하게 연관된다. 즉, 장애학생의 개인적 요구, 장애로 인한 신체적·기능적 요구들을 지원 및 보상해줄 수 있는 특수교육의 공학적 서비스가 반드시 필요하다는 것이다. 미국의 경우, 과학기술관련 「장애인지원법」과 「장애인교육법(Individuals with Disabilities Education Act: IDEA, PL 101-476)」에서는 장애학생을 위한 보조공학적 지원에 대해 상세히 기술하고 있으며, 우리나라의 「장애인등에 관한 특수교육법」(일부 개정 2008. 2. 29 법률 제정 8852호) 제21조 제2항과 제3항, 통합교육을 받고 있는 장애학생을 위한 교재 및 교구 등의 학습보조기기의 지원을 보장하고 있으며, 동법 제28조 제4항에서는 " 각급학교의 장은 특수교육대상자의 교육을 위하여 필요한 장애인용 각종 교구, 각종 학습보조기, 보조공학 기기 등의 설비를 제공하여야 한다"고 명시하

여 장애학생을 위한 적절한 교육적 조치로 보조공학 기기의 제공을 의무화하고 있다. 그리고 동법 시행령에서 제16조 제2항에서 "일반학교의 장은 법 제21조 제2항에 따라 통합교육을 실시하는 경우에는 배치된 특수교육대상자의 성별, 연령, 장애의 유형 · 정도 및 교육활동 등에 맞도록 정보 접근을 위한 기기, 의사소통을 위한 보완 · 대체기구 등의 교재 · 교구를 갖추어야 한다"고 규정하고 있으며, 제26조에서는 "교육감은 법 제28조 제4항에 따라 각급학교의 장이 각종 교구 · 학습보조기 · 보조공학 기기를 제공할 수 있도록 특수교육지원센터에 필요한 기구를 갖추어 두어야 한다"고 규정하여 장애학생을 위한 특수교육에 있어서 교육매체와 특수교육공학 혹은 보조공학의 지원 및 개발의 필요성을 강조하고 있다.

특수교육공학이란 지식이나 기능의 부족으로 인해 정상적인 학습이나 활동에 제한을 받는 모든 특수교육대상자의 실제적인 목적을 달성하기 위해 필요로 하는 모든 장치나 도구 및 그와 관련된 서비스라 정의할 수 있다(강혜경, 박은혜, 2002). 이때 특수교육공학 장치란 장애학생의 교육적 목적을 성취하기 위해 사용하는 모든 교육공학 및 보조공학의 소프트웨어 또는 하드웨어를 뜻한다(육주혜, 전경일, 2004). 특수교육공학 서비스란 특수교육공학 장치를 교육적인 목적으로 선택, 구입, 활용하는데 장애학생을 직접적으로 돕는 것으로 정의할 수 있다. 이러한 특수교육공학에는 보조공학 기기의 지원이 포함된다(한국특수교육교과교육학회, 2008).

장애학생을 위한 보조공학은 1980년대 후반부터 미국에서 사용되기 시작한 용어로, 장애인이 직면한 문제에 대해 공학기술을 응용하여 개선시키는 기술을 의미한다(노동부, 한국장애인고용촉진공단, 2006). 즉, 보조공학 기기란 기존의 제품, 수정된 제품, 개별적으로 맞춤 제작한 것과 상관없이 장애학생의 기능적 역량을 증진시키거나 개선하는데 사용되어지는 품목, 장비, 또는 제품과 이러한 지원을 받기 위한 서비스까지도 포함하는 것으로 규정하고 있다. 이러한 정의는 의하면 장애학생을 위한 보조공학은 광범위하게 적용될 수 있으며, 물리적이고 장치적인 기기뿐 아니라 서비스까지도 포함됨을 알 수 있다(한국특수교육교과교육학회, 2008). 보조공학(Assistive Technology: AT)의 개념은 보조공학 기기(assistive technology device)와 보조공학 서비스로 구분할 수 있다(육주혜, 이근민 역, 2002). 보조공학 기기란 장애인의 기능을 증진, 유지, 향상시키기 위해 사용하는 기존 또는 개작 제품이나 맞춤 제작한 장비와 제품 시스템을 뜻한다(육주혜, 남윤석, 정동일, 2004). 보조공학 서비스란 보조공학 기기를 선택, 구입, 사용하는 데 장애인을 직접적으로 돕는 것을 뜻한다.

2) 교육매체의 기능과 역할

Mcluhan(2002)은 모든 매체와 기술은 인간 능력의 확장과 관련된다고 하였다. 이러한 측면에서 교육매체는 교사의 인간적인 능력의 확장이며, 교사가 인간으로서 가지는 제한적인 능력을 다양한 교육매체를 통하여 확장시킴으로서 학생과의 의사소통과 교수-학습 과정의 개선에 도움을 주는 역할을 한다고 할 수 있다(백영균 외, 2003, 재인용). 또한, 교육 매체는 실재・사물・사상・개념 등과 그에 대한 정보를 기록・보존・재생하는 기능과 정보를 조직하고 편집하는 기능을 한다. 그리고 교육매체를 통해서 모형, 도형, 도구 등으로 추상적인 개념, 법칙, 이론을 구체화할 수 있다(최동근, 양용철, 박인우, 1998). Dale은 교수-학습 과정에서 교육 매체의 기능을 다음과 같이 지적하였다(남철우 외, 2000, 재인용).

첫째, 교육매체는 개념적 사고에 대한 구체적 근거를 제공하여 학생들의 무의한 언어적 반응을 줄인다.

둘째, 학생들에게 많은 흥미를 불러일으킨다.

셋째, 분화와 통합이라는 발달적 학습을 위해 필요한 기반을 제공하고 또 그 학습이 지속적인 것이 되도록 한다.

넷째, 학생들의 자기 활동을 자극할만한 실제 경험을 제공한다.

다섯째, 사고의 계속성을 발달시킨다.

여섯째, 의미의 발달에 공헌하여 어휘의 증진을 가져온다.

일곱째, 다른 자료에 의해서는 쉽게 획득할 수 없는 경험을 제공하여 학습의 효율성, 다양성에 공헌하도록 한다.

특수교육 교육과정(교육과학기술부, 2011)에서는 과학과 교육의 교수-학습에 있어서 장애학생들의 이해를 돕거나 흥미를 유발하기 위하여 모형이나 시청각 자료, 소프트웨어, 인터넷 자료 등을 활용할 수 있도록 준비하도록 요구하고 있으며, 과학에 대한 흥미와 호기심을 높일 수 있도록 첨단 과학 관련 학습 소재를 학습 자료로 활용하도록 강조하고 있다.

교육매체는 학습자에게 폭넓은 경험을 할 수 있도록 하여 학습에 관심과 흥미를 유도하고, 학습의 이해를 보다 용이하게 해준다. 특히 과학과 수업에서 중요시되고 있는 기초 탐구과정(관찰, 분류, 측정, 예상, 추리 등)이나 통합 탐구과정(문제 인식, 가설 설정, 변인 통제, 자료 수집 및 해석, 실험, 결과 도출 및 분석, 검증, 새로운 사실의 발견) 등과 같은 과학적 사고를 하는데 필요한 소재와 아이디어를 제공해 줄 수 있다. 또한, 교육매체는 이와 같은 탐구활동 시 구체적이고 실제적인 탐구활동을 하기 어렵거나 안전상의 문제로 곤란한 경우 컴퓨터를 활용한 실험이나 인터넷, 멀티미디어 등을 적절히 활용하여 탐구과정을 통한 효과를 대신할 수 있다. 특히 남철우 등(2000)은 교육매체가 특히 과학과 교육에 있어서 다음과 같은 경우에 매우 효과적인 역할을 할 수 있을 것이라고 하였다.

① 현장관찰이나 실습이 요구되나 현실적인 학교 여건으로는 불가능한 경우(지질조사, 별자리 관찰, 생태계 조사 등)
② 장기간의 변화과정을 집약해서 학습해야 하는 경우(동물의 발생과정, 식물의 한살이, 유전법칙, 풍화작용 등)
③ 많은 실험기자재가 요구되거나 실험자료를 구하기가 힘든 경우(방사선 실험, 정량실험, 미생물 실험 등)
④ 실험의 과정이나 결과를 정확하게 보여주거나 천천히 보여주어야 하는 경우

(운동의 법칙 실험, 현미경 다루기, 정성실험 등)

⑤ 복잡한 구조나 미세한 변화과정을 확대해서 보여주어야 하는 경우(세포의 미세구조, 반도체의 구조 등 특수촬영이 필요한 경우)

⑥ 원리와 개념을 이해시키기 위하여 실물이나 모형을 보여주어야 되는 경우(인체 모형, 발전소 모형, 화석 등)

⑦ 여러 분야의 전문가로부터 종합적인 의견을 들어야 하는 경우(각 분야 전문가로부터 최신의 정보나 깊은 지식을 구하여야 하는 과제)

⑧ 세계 여러 곳의 자연 환경이나 특수한 지역의 자연현상을 보여 주어야 되는 경우(극지방의 자연 환경, 오로라, 수중 생태계 등)

⑨ 첨단과학기술의 발달과 정보를 모여 주어야 하는 경우(유전공학, 반도체, 광섬유 등)

⑩ 과학의 역사나 과학자들의 업적을 소개해서 보여주어야 되는 경우(과학 문명 발달사, 과학자의 숨은 이야기, 발명·발견 이야기 등)

교육매체는 장애학생들과 같은 특별한 교육적 배려가 필요한 학습자들에게 있어서도 매우 중요한 역할을 한다. 장애학생을 위해 특별히 고안된 교수매체는 학습자들의 잠재 능력을 최대한 개발하여 장애학생들의 개별화교육목표 달성에 크게 기여할 수 있을 것이다. 특히 장애학생들은 특수한 교육적 처치를 필요로 하기 때문에 지적장애아동의 경우 교육내용이나 교사의 메시지를 기존의 인지 구성에서 통합할 수 있는 선행지식과 능력이 제한적이기 때문에 매우 구조화된 학습 상황을 필요로 한다. 그들은 자신들에게 익숙한 학습 상황을 필요로 한다. 즉, 그들은 자신에게 익숙한 학습맥락에서 학습 내용과 메시지가 전달되어야 학습이 효과적으로 이루어질 수 있다(설양환 외, 2002). 또한 시각장애학생이나 청각장애학생들도 일반학생들이 사용하는 학습 자료와는 달리 그들에게 적합한 학습 자료가 필요하다. 예를 들면 시각장애 학생들은 녹음도서 등과 같은 청각자료나 촉각자료가 필요할 것이며, 청각장애학생의 경우 청각자료보다는 시각자료가 더 유용할 것이다.

특수교육 기본 교육과정을 적용해야 하는 장애 학생들은 자신이 속한 환경의 다양한 현상을 학습함에 있어서 언어적 설명보다는 구체적인 직접 경험을 통해서 관심과 흥미를 더욱 증대시킬 수 있을 것이다. 따라서 특수교육 기본 교육과정 과학과에서는 동・식물을 직접 키워 보고, 자석을 가지고 놀이를 해보고, 자석에 붙는 것과 붙지 않는 것을 탐색하고 날씨 변화를 관찰하며 자연보호 활동을 직접 해 보는 등의 다양한 매체를 이용한 구체적인 경험을 통해 학생의 자연 현상에 대한 관심과 이해를 높이는 데에 중점을 두고 있다.

박중휘와 이옥인(2008)이 제시하고 있는 장애학생을 위한 특수교육에 있어서 교수매체의 기능과 역할은 다음과 같다(한국특수교육교과교육학회, 2008, 재인용). 첫째, 장애학생의 개별화 학습을 위한 도구의 역할을 할 수 있다. 즉, 교육매체를 통해 장애학생 개인의 필요에 따른 정보를 얻거나 학습을 할 수 있도록 지원할 수 있다. 최근 여러 가지 교수매체는 컴퓨터와 결합되어 개별학습자의 학습수준과 정도를 고려한 조절과 반복이 가능하도록 고안되어 학습효과를 극대화 시키고 있다. 특수학급이나 통합학급에서 컴퓨터 보조수업(Computer Assist Instruction: CAI)을 통해 적절히 매체를 활용하게 되면 지적인 문제로 학습의 지체를 보이는 장애학생에게 효과적으로 활용될 수 있을 것이다.

둘째, 교사의 수업을 보조하기 위한 보조자료의 역할을 할 수 있다. 이는 교육매체의 가장 일반적인 기능으로 교수자가 학습자를 가르칠 때 보조수단으로 교육매체를 사용하는 기능을 의미한다. 이때 교육매체의 활용은 교수자의 기술이나 상황에 따라 달라질 수 있기 때문에 학습효과의 차이가 나타날 수 있다. 따라서 교수자는 수업내용이나 방식이 매체의 특성과 맞는지 확인해야 한다. 또한 보조 자료로서 교수매체는 학습자의 주의집중을 끌 수 있는 장점이 있기 때문에 흥미와 동기유발 도구로 활용될 수 있다.

셋째, 현재 교육시스템이 가지고 있는 학기, 학년 등 각종 제도적 정치에서 융통성 있는 운영이 가능하게 한다. 즉, 필요한 시기에 가능한 시간만큼 편리한 시간대에 공부를 할 수 있어서 교육과정을 융통성 있게 운영할 수 있는 점은 개인의 요구나 필요를 충족시켜 줄 수 있다. 예를 들면, 병원학교에서 장애학생의 건강상태에 따라 운영의 융통성을 부여한다던가, 특수학교나 학급에서 장애정도에 따라 교육과정의 융통성을 부여하는 것을 예로 들 수 있겠다.

넷째, 장애학생을 위한 원격교육의 수단으로 사용될 수 있다. 원격교육이란 학습자와 교수자가 멀리 떨어져서 교수학습이 이루어지는 형태의 교육을 뜻한다. 과거에는 주로 라디오, TV, 녹음기와 같은 매체를 이용한 교육활동이 이루어졌으나, 최근에는 멀티미디어와 인터넷을 통한 강의, 쌍방향 TV, 전자우편, 위성방송 등이 주된 매체로 사용되고 있다. 원격교육은 교수자와 학습자가 지역적, 시간적 이유로 한 장소에 모일 수 없을 때 문제를 해결하는 수단으로 사용될 수 있다. 특수교육에서 원격수업의 필요성이 증대되는 이유는 학습자의 특성에 따른 개별적 필요를 충족시켜 줄 수 있다는 이점 때문이다. 중증의 장애학생의 경우 일반학생이나 경도의 장애학생과 다른 교육과정을 운영할 수 있다. 그러나 한 학급에서 수업을 진행할 경우 이 학생들을 위한 교육과정은 축소되거나 소외될 수 있다. 이 경우 원격교육매체를 활용한 프로그램이 다양하게 개발된다면 한 학급에서 동시에 수업을 진행할 수 있다. 또한 전국각지에 있는 특수교사의 연수를 위해 원격연수원을 이용한다든지, 학교의 규모가 작아 순회교사를 확보하기 힘든 경우에 원격교육 시스템을 통해 보조원의 도움을 받아 특수교사의 수업을 받는 등 다양한 시도를 할 수 있다.

2. 과학과 교육매체의 분류와 특성

앞서 이야기 한 바와 같이 특수교육에 있어서 교육매체와 특수교육공학 혹은 보조공학의 역할은 매우 중요하다. 대부분의 특수학교와 특수학급에는 컴퓨터, TV, VCR, 실물화상기 등 멀티미디어 기자재가 보급되어 교육의 물리적인 환경이 첨단공학화 되었으며, 이와 같이 교육현장에 제공된 각종 교육매체들과 보조공학 기기들은 장애학생을 위한 교육과정 수행과 그들의 다양한 학습적 요구를 수용하고, 학습효과를 증진시킬 수 있는 중요한 요소로 자리 잡게 되었다.

장애학생의 과학과 교육을 위한 교육매체와 보조공학 기기들의 종류는 다양하게 나타난다. Hoban, Hoban과 Zissman(1937)은 교육의 목적달성을 위해서는 교재의 시각화가 필요하다고 하였다. 그들은 시각화를 위한 시청각 자료를 사실성의 정도에 따라 구분하였다. 사실성의 정도란 구체적-추상적 계열화의 기초를 이루며, 견학, 실물, 모형, 필름, 입체도, 슬라이드, 회화 및 시간, 지도, 도표, 언어의 순서로 나아간다. Dale(1969)은 Hoban 등(1937)의 모형을 포괄적이고 체계적으로 분류하였는데, 추상성과 구체성이라는 관점에서 경험의 원추(the cone of experience)라는 모형을 제시하였다. 이 원추의 최하단에는 직접적이고 의도적인 경험이 위치하며, 상단으로 갈수록 고안된 모의경험, 극화된 경험, 실험, 현장견학, 전시, 교육TV, 동화, 사진이 위치한다. 이 모형에서는 시각기호와 언어가 가장 추상적인 매체로 분류된다. 이러한 Dale의 모형은 후에 구조화된 지식을 인지하기 위한 단계를 행동적, 영상적, 상징적 표현양식으로 설명한 Bruner에 의해 입증되고 보완되었다(한국특수교육교과교육학회, 2008, 재인용).

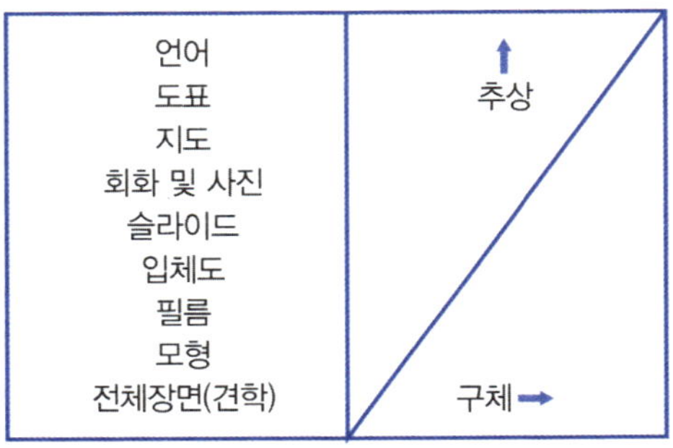

[그림 7-1] Hoban의 매체 분류도

출처: 한국특수교육교과교육학회(2009). **특수교육 교과교재연구 및 지도법**. p. 265.

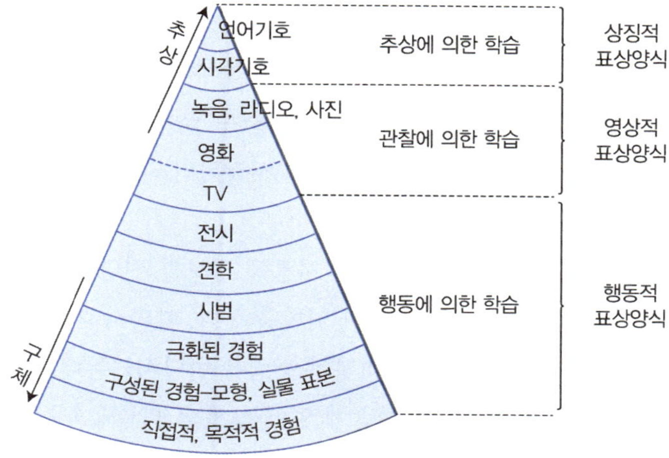

[그림 7-2] Dale의 경험의 원추와 Bruner의 인지적 학습단계에 따른 분류

출처: 한국특수교육교과교육학회(2009). **특수교육 교과교재연구 및 지도법**. p. 265.

1) 상징체계(감각)에 따른 분류

장애학생을 위한 과학과 교육에 활용할 수 있는 교육매체는 여러 가지 기준에 따라 분류할 수 있다. 먼저 내용을 전달하기 위해 주로 의존하는 상징체계(감각)에 따라 시각매체, 청각매체, 시청각매체, 상호작용매체로 구분할 수 있다(한국특수교육교과교육학회, 2009). 이와 같이 정보를 전달하는 상징체계(감각)은 장애학생들이 가지고 있는 신체적인 특징이나 학습 스타일에 따라서 신중하게 선택해야 하며, 이를 잘 활용한다면 이들이 가지고 있는 신체적인 제한이나 학습상의 어려움을 극복하는데 많은 도움이 될 것이다. 시각매체는 자료의 제시를 주로 시각적인 방법에 의존하는 매체로 다시 투사매체와 비투사매체로 나누어진다. 투사매체는 광학이나 전기적인 투사방법을 사용하는 것으로, 슬라이드와 OHP(Over Head Projector)등을 말하며, 비투사매체에는 실물, 모형, 사진, 그림 등을 말한다. 이와 같은 시각매체는 학생들의 감수성과 모방성에 영향을 줄 수 있으며, 장애학생들에 있어서도 시각적

이미지에 의한 기억과 학습에 영향을 줄 수 있기 때문에 신중한 선택이 필요하다. 예를 들면 청각장애학생들의 학습에 있어서 그들의 청각적인 제한을 시각적인 자료를 통해서 극복하도록 하여 이들의 학습에 도움을 줄 수 있을 것이다. 또한 지적장애나 학습장애 학생들의 학습에 있어서도 이와 같은 시각적인 자료는 그들의 학습동기와 기억 및 지각에 도움을 줄 수 있다.

청각매체는 주로 청각적인 상징 매체를 사용해 정보를 전달하는 매체를 말하며, 청각적 예민성과 상상력을 높이는 중요한 역할을 한다. 따라서 이와 같은 매체는 장애학생들의 감수성과 상상력을 통한 지적인 능력을 발달시키는데 도움을 줄 수 있을 것이며, 특히 시각장애 학생들의 학습에 있어서 시각적인 제한을 극복할 수 있도록 하기 위한 녹음자료는 매우 효과적인 매체라 할 수 있다.

시청각매체는 시각과 청각을 동시에 자극하여 정보를 전달하는 매체로 생생한 현장감을 제공하여 장애학생들의 주의를 집중시킬 수 있으며, 학습경험의 확대와 학습 내용에 대한 보충 심화 등의 학습효과를 높일 수 있다. 이와 같은 시청각매체는 VTR, TV, 영화 등이 있다.

상호작용 매체는 매체와 사용자의 상호작용성을 강조한 것으로 주로 컴퓨터와 관련된 매체를 의미한다. 상호작용 매체는 단순히 정보를 제시하는 수준에서 벗어나 학습자의 반응을 감지하고, 그 반응에 대한 피드백이나 결과를 제공하는 컴퓨터보조학습(CAI), 상호작용 비디오, 멀티미디어, 쌍방향 TV 등이 있다. 또한 컴퓨터는 대표적인 상호작용 매체라 할 수 있다(한국특수교육교과교육학회, 2009).

〈표 7-1〉 상징체계(감각)에 따른 교육매체 분류

시각매체	청각매체	시청각매체	상호작용매체
그림, 사진, 융판, 자석판, 게시판, 투시화, 모형, 실물, 괘도, 디오라마, 슬라이드, 슬라이드 프로젝터, OHP.	녹음자료, 오디오, 라디오, 녹음기, 악기, mp3	VTR, TV, 영화	컴퓨터보조학습(CAI), 상호작용 비디오, 멀티미디어, 쌍방향 TV

상호작용매체는 학습자와 상호작용이 가능하다. 최근 사용되는 매체들은 컴퓨터를 중심으로 통합되어 가는 특징이 있다. 컴퓨터기술을 이용하여 그림이나 필름을 동영상이나 애니메이션으로 재편집을 하여 교육매체로 활용하는 것이 그 예라 할 수 있다. 컴퓨터를 이용한 통합된 매체의 개발은 학습상황에서 학생 개개인에게 개별적인 피드백을 주어 적극적인 상호작용이 될 수 있으며, 학습 성과를 기록하여 자료를 저장할 수 있다는 장점이 있다(한국특수교육교과교육학회, 2008).

2) 기재의 성격과 종류에 따른 분류

교육매체는 기재의 성격과 종류에 따라 전원이 필요한 매체와 필요치 않은 매체로 나누어질 수 있다. 이와 같은 기재의 성격은 학생들의 학습 환경에 따라 매체 선정에 영향을 줄 수 있으며, 각 매체에 따라 사용상의 장점과 단점이 있으므로 학생들의 학습 환경이나 장애의 특성, 학습의 내용에 따라 적절히 사용하는 것이 필요하다. 전원을 사용하지 않는 매체인 비투사매체 혹은 간이매체인 그림이나 사진, 융판, 인형, 실물과 표본, 모형, 디오라마 등은 초기 언어의 기초적인 의미를 풍부하게 해준다거나 간편하고 저렴하게 사용할 수 있으며, 학생들의 연령이나 학습내용에 구애받지 않고 쉽게 사용할 수 있다는 장점이 있다. 그리고 과학 교육에서 자주 사용하게 되는 실물과 모형, 디오라마, 표본 등은 장애학생들에게 구체적이고 직접적인 학습 경험을 할 수 있고, 입체적인 관찰(형태, 색채, 냄새, 맛 등)이 가능하다.

일반적으로 장애학생들에게 도움이 되는 과학 표본으로 자주 사용되는 것은 화석이나 암석 등의 광물표본이나 종자나 육지식물, 바다식물, 박제나 곤충표본과 같은 동식물표본 등이 활용될 수 있다. 이와 같은 표본이나 모형은 학생들의 학습에 대한 흥미나 관심을 갖도록 하고 탐구학습이나 발견학습이 가능하게 만든다. 특수교육 기본 교육과정 과학과에서는 구체적 조작활동을 직접 경험할 수 있는 학습 자료를 구비하도록 하고 있다. 즉, 장애학생들의 과학과 교육은 동·식물을 직접 키워 보고,

자석을 가지고 놀이를 해보고, 자석에 붙는 것과 붙지 않는 것을 탐색하고 날씨 변화를 관찰하며 자연보호 활동을 직접 해 보는 등의 다양한 매체를 이용한 구체적인 경험을 통해 학생의 자연 현상에 대한 관심과 이해를 높이는 데에 중점을 두고 있기 때문에 이와 같은 실물자료나 모형, 표본 등의 비투사매체(간이매체)는 장애학생들의 자연현상에 대한 관심과 이해를 높이는데 매우 중요한 매체가 될 것이다. 그러나 이와 같은 비투사매체(간이매체)는 움직임을 묘사하거나 크기의 제한이 있을 수 있으며, 시기적인 제한을 받을 수 있다는 한계가 있다.

이에 비해 슬라이드나 영사기, OHP, 실물환등기, 비디오, TV, 오디오, 녹음기, 라디오 등과 같이 전원이나 특정 기자재가 필요한 투사매체(영사매체, 전자매체)는 앞 절에서 제시한 시청각매체 혹은 상호작용매체에 해당하는 것으로 주의집중이나 학습내용의 확대, 학습자의 자기점검 및 강화를 통한 학습효과를 기대할 수 있으며, 학습내용에 따라 다양한 기능을 적절히 응용하여 진행하면서 교수·학습 활동을 풍부하게 할 수 있을 것이다.

〈표 7-2〉 기재의 성격과 종류에 따른 교육매체 분류

비투사매체	간이매체	평면매체	그림, 사진, 융판, 자석판, 게시판, 동화책
		입체매체	디오라마, 입체동화, 모형, 표본, 실물, 인형 등
투사매체	영사매체	슬라이드, OHP, 실물환등기	
	전자매체	비디오, 영화, TV, 라디오, 음반, 녹음테이프, CD, mp3	

출처: 홍순정, 박선희(2007). **교수·학습이론과 매체.** p. 326. 부분수정

3) 데이터의 속성에 따른 분류

이옥인(2009)은 교육매체를 전달하는 데이터의 성질에 따라 아날로그 매체와 디지털 매체로 구분하고 컴퓨터가 개발되기 이전의 전통적인 매체를 아날로그 매체로, 컴퓨터를 기반으로 하는 새로운 매체를 디지털 매체로 분류하였다. 아날로그 매체

는 전달하는 데이터의 속성이 아날로그 형태인 것으로 말하며 TV, 라디오, 녹음기 등 전통적인 시청각매체들이 아날로그 매체에 속한다. 반면에 디지털 매체는 데이터의 속성이 디지털 형태인 것으로 컴퓨터를 기반으로 하는 모든 매체를 말한다. 즉, 컴퓨터 뿐만 아니라 디지털 카메라, 디지털 비디오, 디지털 TV, DVD, 인터넷, mp3 등 최근에 사용되는 뉴미디어들은 대부분 컴퓨터를 통해 자료의 저장과 제작이 이루어지므로 디지털 매체에 속한다(한국특수교육교과교육학회, 2009).

4) 보조 공학 매체

특수교육에서의 보조 공학 매체의 활용은 여러 가지 형태로 이루어진다. 예를 들면 학습자들의 수업 및 학습에 직접적으로 활용하는 것 뿐만 아니라 학습목표를 적절히 전달할 수 있도록 VTR, OHP, 컴퓨터 등의 기기 및 기자재를 활용하는 것에 이르기까지 수업 및 학습에 있어서 다양한 형태로 활용된다. 또한 장애를 가지고 있는 학생들이 원활한 학습 및 생활을 할 수 있도록 사용되는 각종 의료적 기기 및 서비스인 의료공학(Medical Technology: MT)이 활용되고 있으며, 보장 및 보철 기기, 각종 의료장비 등이 여기에 포함된다. 정보통신공학(Information Technology: IT)은 컴퓨터 및 인터넷 관련 기기 및 서비스 등을 이용하여 장애학생들의 정보 접근권 확대에 중요한 역할을 하고 있다. 이와 같이 장애를 가지고 있는 학생들의 기능적 요구와 환경을 고려하여 제공되는 각종 도구 및 기기, 서비스를 총칭하여 보조공학(Assistive Technology: AT)이라 하며, 장애학생들의 교육에 있어서 이에 대한 관심은 아주 높아지고 있다.

한편, 특수교육에서 사용되고 있는 보조공학 매체는 사용된 과학기술 수준에 따라 노테크, 로우테크, 하이테크로 분류할 수 있다(강혜경, 박은혜, 2002). 이를 구체적으로 살펴보면 〈표 7-3〉와 같다.

〈표 7-3〉 사용된 과학기술 수준에 따른 분류

노테크 (no-tech)	휠체어가 다닐 공간을 확보하기 위해 자리를 넓혀주기 등과 같이 아무런 기술적 지원 없이도 해결이 가능한 것
로우테크 (low-tech)	연필 잡기가 어려운 학생을 위한 쥐기 보조도구(grip)나 그림을 이용한 의사소통판처럼 작은 유형이나 큰 기술이 필요 없이 해결할 수 있는 비교적 덜 복잡한 기술의 해결책
하이테크 (high-tech)	컴퓨터, 비디오, 오디오 광학분야의 과학기술들이 대체로 포함되어있는 것 예) 음성합성기

출처: 강혜경, 박은혜(2002). 장애아동을 위한 특수교육공학의 활용 및 지원방안. **특수교육연구, 9**(2), 3-25.

우리나라의 노동부와 한국장애인고용촉진공단(2006)에서 제시하고 있는 보조공학 매체로서 장애인 상용 보조공학 기기를 〈표 7-4〉와 같이 분류하고 지원하고 있다.

〈표 7-4〉 상용 보조공학 기기의 분류

분류	품목	유형
정보접근	점자정보단말기	시각
	점자프린터	시각
	컴퓨터화면확대 S/W 및 H/W	시각
	음성출력 S/W 및 H/W	시각
	확대독서기	시각
	문서인식 S/W 및 H/W	시각
	대형 모니터	시각
	특수 키보드	전유형
	특수 마우스	전유형
	입력 보조장치	전유형
	선택장치	전유형
	자세보조장치	전유형
	특수 S/W	전유형

분류	품목	유형
작업기구	높낮이 조절 작업테이블	전유형
	경사각 작업테이블	전유형
	휠체어용 작업테이블	전유형
	특수작업기구 및 장비	전유형
	특수 작업의자	전유형
	작업물 운송/운반장치	전유형
의사소통	신호장치	청각
	골도전화기	청각
	문자전화기	청각
	화상전화기	청각
	소리증복장치	청각
	보완대체의사소통장치	전유형
사무보조	시각장애인용 계산기	시각
	음성메모기	전유형
	책장넘기는 도구	전유형
	수화기 홀더	전유형
	팔 지지대	전유형
	물건집게	전유형
	필기 보조도구	전유형
	원고홀더	전유형

보조공학은 장애 학생들이 일반교육과정 또는 여러 가지 정보와 지식에 접근할 수 있도록 보조 기능을 지원하기도 한다. 즉, 보조공학의 범주에는 이러한 신체적인 지원뿐만 아니라 정보의 이해와 학습의 지원도 포함된다. 예를 들어, 시각장애인이 컴퓨터 화면낭독 프로그램을 사용하여 컴퓨터 화면상의 모든 정보를 들을 수 있다

던가, 지적장애나 학습장애 학생을 위해 즉각적인 피드백과 다감각적 단서, 직관적으로 이해 가능한 음성 안내, 반복적 연습 등을 고려하여 제작된 학습용 소프트웨어와 같은 것이 포함될 수 있다(한국특수교육교과교육학회, 2009).

3. 장애학생을 위한 과학과 교육매체의 활용

장애학생을 위한 과학과 교육에 있어서 매체의 사용은 매우 중요하며 효과적이지만 교육매체 활용에 대한 신중한 계획과 적용이 필요하다. 장애학생들에게 있어서 교육매체의 사용은 장애의 한계로 인한 교수·학습의 문제를 해결하는데 큰 도움을 주지만 장애학생 개인의 요구와 특성을 고려하지 않은 교육매체의 적용은 오히려 부정적인 결과를 초래하게 될 것이다. 이 절에서는 일반적인 교육매체를 장애학생들에게 적용하기 위한 방법으로 강조되고 있는 보편적 설계를 통한 교육매체의 활용과 효과적인 수업매체의 활용을 위한 ASSURE 모형을 바탕으로 장애학생들의 과학과 교육을 위한 교육매체 활용의 방향을 모색하고자 한다.

1) 장애학생의 과학과 교육을 위한 보편적 학습설계

보편적 설계(Universal Design)는 건축학에서 유래되었으며 주로 건축물이나 생산품, 생활환경 등을 설계하는데 적용되어 왔다. 1990년대 이후에는 장애인을 포함한 모든 사용자의 편리와 접근성을 보장하기 위한 하나의 운동으로 보편적 설계 원리가 널리 확산되었다(Bowe, 2000). Mace(1985)는 보편적 설계를 '장애를 가지고 있거나 그렇지 않은 모든 사람들에게 매력적이고 기능적인 건물이나 별도의 비용이 거의 없이 설계하는 방법'으로 정의하였다. 최근에는 보편적 설계가 교육 분야에 까지 확장되어 적용되고 있다. 예를 들면 디지털 테크놀로지를 활용하여 융통성 있는 학습 환경을 만드는 것이다(Rose & Mayer, 2002). 이처럼 보편적 설계의 원리를 교육에 적용하는 것은 교수, 학습, 평가, 관리 방법 등의 여러 측면에서 장애를 포함한 다양한 수준과 특성을 가진 학생들을 처음부터 고려하여 융통 성있게 교육환경을 설계하는 것이다(김동일, 손지영, 윤순경, 2008).

Center for Universal Design(1997)에서는 보편적 설계의 개념을 실제 환경에 적용하도록 하는 것을 돕기 위해 7가지 원리(principles)와 30개의 지침(guidelines)을 〈표 7-5〉와 같이 제시하였다.

이와 같은 보편적 설계가 여러 분야에 적용되기 시작하면서 특수교육계에서는 장애학생들의 통합교육을 위한 방안 중 하나로 보편적 설계의 원리를 고려하게 되었다(McGuire, Scott, & Shaw, 2006). 최근 미국에서는 국가 보고서 및 관련 법 제정을 통해 장애학생의 통합교육을 위한 보편적 설계의 적용을 강조하고 있다. 미국에서 2004년에 통과된 「장애인교육향상법(Individuals with Disabilities Education Improvement Act of 2004: IDEIA)」에서는 장애학생이 일반교육 교육과정에 최대한 접근할 수 있도록 하기 위해 보편적 설계 원리를 근거로 테크놀로지를 사용해야 한다는 요건이 있다(김동일 외, 2008).

미국의 응용특수공학센터인 CAST(Center for Applied Special Technology)에서는 장애인을 포함한 모든 사람들에게 교육의 기회를 확장시키기 위해 테크놀로지를 사용할 것을 주장하였고, 일반교육 교육과정에로의 접근, 참여, 진전도를 촉진시키기 위한 교육과정 설계 방법으로서 '학습을 위한 보편적 설계(Universal Design for Learning: UDL)'를 제안하였다(Rose & Mayer, 2002). 학습에서 보편적 설계의 질을 확보하기 위한 3가지 기본수단으로 미국의 특수교육공학센터인 CAST(Center for Applied Special Technology, 2008)에서는 학습자가 정보와 지식을 다양하게 획득할 수 있는 복합적인 내용 제시 방법(multiple means of representation), 학습자가 알고 있는 것을 설명하거나 대치할 수 있는 다양한 표현수단(multiple means of expression), 흥미를 유발하거나 적절한 도전을 주거나 동기를 증가시키는 다양한 참여수단(multiple means of engagement)을 표방하고 있다. 효과적인 보편적 설계

〈표 7-5〉 보편적 설계의 원리와 지침

원리	지침
1. 공평한 사용 (Equitable Use) : 다양한 능력을 가진 사람들에게 유용하게 사용될 수 있는 설계	① 모든 사용자들이 똑같이 사용할 수 있는 방법을 제공한다. 가능하면 동일한 것이고 그렇지 못할 경우에는 동등한 것으로 제공한다. ② 어떤 사용자도 분리되거나 낙인이 되지 않도록 한다. ③ 모든 사용자들에게 사적 자유, 보호, 안전이 똑같이 확보되는 설비를 제공한다. ④ 모든 사용자에게 매력적으로 설계한다.
2. 사용시 융통성 (Flexibility in Use) : 개별적으로 다양한 선호와 능력에 따라서 조정할 수 있는 설계	① 사용방법에서 선택 사항을 제공한다. ② 오른손잡이나 왼손잡이 학생 모두 접근해서 사용할 수 있도록 한다. ③ 사용자의 정확성을 촉진시킨다. ④ 사용자의 속도에 맞추어 적응된 양식을 제공한다.
3. 단순, 직관적인 사용 (Simple and Intuitive Use) : 사용자의 경험, 지식, 언어기술, 현재 관심의 수준에 관계없이 이해하기 쉬운 설계	① 불필요한 복잡성을 제거한다. ② 학습자의 기대와 직관에 일관되게 제시한다. ③ 문해 및 언어능력의 다양한 수준에 맞게 조정하도록 한다. ④ 일관된 중요도로 정보를 배열한다. ⑤ 과제수행 동안과 이후에 효과적인 촉진과 피드백을 제공한다.
4. 인식 가능한 정보 (Perceptible Information) : 상황이나 사용자의 감각 능력에 상관없이 필요한 정보가 효과적으로 전달되는 설계	① 필수 정보는 여러 형태(그림, 구어, 촉각 등)를 사용하여 중복적으로 제시한다. ② 필수적 정보와 배경 간에 적절한 대비가 이루어지도록 한다. ③ 필수 정보의 가독성(legibility)을 최대화한다. ④ 요소들의 제시 방법을 차별화하여 중요한 정보가 명확하게 전달될 수 있도록 한다. ⑤ 감각장애 학생들이 사용하는 다양한 기술이나 장비들과 호환성을 갖도록 한다.
5. 오류에 대한 포용성 (Tolerance for Error) : 우연적이거나 의도하지 않은 행동에 의한 부정적 결과나 위험을 최소화하기	① 위험이나 오류를 최소화하도록 요소들을 배치한다. 많이 사용하는 요소는 가장 근접하게 배치하고, 오류 요소들은 제거, 분리, 가리도록 한다. ② 위험이나 오류에 대해 경고한다. ③ 오류를 방지할 수 있는 도움을 제공한다.

원리	지침
	④ 주의해야 하는 과제에서 무의식적인 반응이 나오지 않도록 한다.
6. 적은 신체적 노력 (Low Physical Effort) : 최소한의 노력으로 효율적이고 편리하게 사용될 수 있는 실제	① 신체 자세를 바르게 유지할 수 있도록 한다. ② 조작을 위해 적절한 힘을 사용하도록 한다. ③ 반복적인 행동을 최소화한다. ④ 지속되는 신체적 노력을 최소화한다.
7. 접근과 사용을 위한 크기와 공간 (Size and Space for Approach and Use) : 사용자의 신체 크기, 위치, 이동성에 상관없이 접근, 도달, 조작, 사용할 수 있는 적절한 크기와 공간	① 앉거나 서있는 사용자에게 중요한 요소들이 명확하게 보이도록 한다. ② 앉거나 서있는 사용자가 모든 요소들에 편리하게 접근할 수 있도록 한다. ③ 손의 크기와 손을 쥐은 정도에 따라 조정할 수 있도록 한다. ④ 보조 장비나 개인적 지원을 사용할 수 있는 적절한 공간을 제공한다.

를 지원하기 위해서는 다양한 학습자의 요구를 인식하고, 협력적 관계를 통한 지원이 필요하며, 교육매체의 수정이 필요하다. 교육에 적용되는 보편적 설계의 원리는 다음과 같다(Wehmeyer, Lattin, & Agran, 2001).

- 동등한 활용: 장애학생뿐만 아니라, 모든 학생들에게 이익이 되어야 한다. 즉, 모든 학생들이 자신에게 맞는 교재 형태를 선택할 수 있도록 하는 것이다.
- 활용의 융통성: 폭넓은 사용자의 기호와 능력이 적합할 수 있도록 융통성이 있어야 한다.
- 단순하고 직관적인 활용: 쉽게 사용할 수 있고, 복잡하지 않고, 지시는 명확하고 간결하게, 설명을 제공한다. 글과 소리 자료, 예시 문제, 그림 단서를 제공할 수 있다.

- 지각할 수 있는 정보: 감각장애인도 이용할 수 있도록 제공하고, 가장 우선시 되는 정보를 먼저 제공하고, 가장 중요한 정보를 익히기 쉬운 묶음(chunks) 단위로 제공하고 여러 형식으로 반복한다.
- 실수에 대한 인내: 충분한 반응 시간, 피드백의 제공, 이전의 반응에 책임 지우지 않기, 향상을 점검할 수 있게 하기, 적절한 실행 시간 제공하기, 실수는 학생이 과제를 완성하기 위한 것임을 포함시킨다.
- 최소한의 신체적 인지적 노력: 최소한의 피로를 느끼도록 한다. 신체적 피로뿐 아니라, 인지적 피로와 심리적 피로까지도 고려해야 한다.
- 접근과 활용을 위한 크기와 공간: 자료와 학습 활동에 물리적으로 접근할 수 있는 적절한 공간을 확보해야 한다.

Rose와 Mayer(2002)가 제시한 학습을 위한 보편적 설계의 원리를 구현하여 교육매체를 사용하는 교수방법은 〈표 7－6〉과 같다.

〈표 7-6〉 UDL의 원리를 구현하여 교육매체를 사용하는 교수방법의 예

UDL의 3가지 원리	교수방법의 예
1. 다양한 내용 제시 방법 (multiple means of representation)	• 다양한 사례 제공 • 정보의 중요한 특징 강조 • 다양한 매체와 형태 제공 • 배경 지식 및 맥락에 대한 정보 제공
2. 다양한 표현 방법 (multiple means of expression)	• 융통성 있는 수행 모델 제공 • 연습을 지원하는 기회 제공 • 지속적이고 관련된 피드백 제공 • 기술 시연을 위한 융통성 있는 기회 제공
3. 다양한 참여 방법 (multiple means of engagement)	• 내용과 도구의 선택사항 제공 • 적절한 목표 수준 제공 • 보상의 선택 제공 • 학습 상황의 선택 제공

2) ASSURE 모형을 통한 장애학생 과학과 교육매체의 활용

ASSURE 모형은 교육매체와 보조공학을 결합하는 수업을 계획하고 수행하는 절차에 대한 지침으로 매체와 공학을 교실 수업에서 실제로 사용하기 위한 계획에 초점을 둔다. 이 모형은 수업목표 달성을 위한 교수방법 및 매체를 선택하고 그에 따라 구체적인 교수-학습 자료를 선정하는 것으로 학습자들에게 습득한 지식과 기능을 연습할 기회와 피드백을 충분히 제공하여 적극적인 사고활동을 유도하기 위한 모형이다(설양환 외, 2002). 이 모형은 학습자 분석(**A**nalyze Learner), 목표진술(**S**tate Objectives), 매체 및 자료의 선정(**S**elect Media and Materials), 교수 매체의 이용(**U**tilizing Materials), 학습자의 참여 유도(**R**equire Learner Participation), 평가와 수정(**E**valuation and Revise)의 여섯 단계로 구성된다.

(1) 학습자 분석

이 단계는 학습자의 특성과 요구를 파악하기 위한 단계이다. 목표를 달성하기 위한 최선의 매체를 선택하기 위해서는 먼저 학습자의 특성을 파악해야 한다. 즉, 이 단계에서는 학습자의 ① 일반적인 특성, ② 특별한 출발점 능력(학습할 주제에 대한 지식, 기술, 태도 등), ③ 학습 양식 등에 대한 것을 정확하게 파악해야 한다(설양환 외, 2002).

일반적인 특성은 학습자의 연령, 학년, 가정의 문화적·사회경제적 지위 등과 같은 요인들이 될 수 있다. 예를 들면 읽기에 어려움을 가진 장애학생들에게는 인쇄매체보다는 비인쇄매체를 선택하는 것이 효과적일 것이다. 뿐만 아니라 교사가 매체를 선택할 때 아동의 문화적인 배경(지역, 인종 등)과 사회경제적인 환경에 대한 특성을 반드시 고려해야 할 것이다. 또는 장애학생이 학습 동기나 주의집중에 문제가 있다면 이와 같은 특성을 고려하여 극적인 비디오테이프, 시뮬레이션 게임, 공학중심의 활동과 같은 좀 더 자극적인 매체의 선택이 필요할 것이다. 이와 같은 학습자의 일반적인 특성은 교사의 관찰이나 학생의 학업 활동 자료 분석을 통해서 파악할 수 있으며, 또는 전 학년의 교사나 부모, 동료들과의 인터뷰를 통해서 파악할 수 있을 것이다.

또한 학생들의 학습주제와 관련된 선수지식이나 기능, 태도에 대한 사전검사를 통해서 학생들의 출발점 능력을 파악함으로써 이를 바탕으로 적절한 교수-학습 방법과 매체를 선택해야 할 것이다. 장애학생들의 교수-학습 과정에 필요한 기초적인 학습기능 뿐만 아니라 장애학생의 개인적인 장애의 특성을 파악해야 하며, 이들이 가지고 있는 과학 교과 관련 지식과 기능 그리고 과학 교육에 대한 태도를 파악해야 한다. 그리고 학생들의 다양한 학습 양식 또한 매체를 선정하는 중요한 요인이 될 것이다. 학습양식이란 한 개인이 학습환경을 지각하고 상호작용하고 정서적으로 반응하는 방식을 결정하는 심리적인 특성이다. 이와 같은 학습 양식에 영향을 주는 변인은 지각적 선호와 강점, 정보처리 습관, 동기적 요소, 심리적 요소로 범주화 할 수 있다(설양환 외, 2002). 예를 들면 청각장애 학생이나 청각적 수용을 선호하지 않는 학생 혹은 학습 속도가 느린 학생들은 강의식 수업 보다는 시청각 매체나 상호작용 매체를 사용하거나 촉각 또는 운동 지각적인 매체를 사용한 수업이 바람직하다는 것이다. 또는 개인의 정보 인지 처리 접근 방식도 매체 선정에 중요한 요인이 되며, 학습자의 정보처리 습관에 따라 워크북이나 시연, 구조화된 실험 실습, 게임, 시뮬레이션, 집단 토의나 비디오 테이프, TV 등의 매체를 선택하여야 한다. 이 외에도 학생들의 내적, 외적 동기요소와 성차, 건강, 환경 조건과 같은 생리적인 요인도 학습에 영향을 주며, 이러한 요인을 고려한 매체의 선정이 학습에 중요한 영향을 주게 된다. 그러므로 교사는 장애학생들의 특성에 따른 개별적인 학습양식과 생리적인 요인을 가진 학생들의 요구에 맞게 다양한 방법과 매체 및 자료를 선택하여야 한다.

(2) 목표 진술

장애학생을 위한 교육매체 활용을 위한 과학과 교육 계획에서의 목표는 과학과의 수업 계획을 바탕으로 하거나 혹은 학생의 IEP의 목표를 바탕으로 하게 되며, 가능한 구체적이고 명시적인 동사를 사용하여 명세적인 목표로 진술해야 한다. 학습자가 수업의 결과로서 무엇을 할 수 있게 될 것인가의 관점에서 수행의 결과를 중심으로 진술되어야 한다. 그러므로 이 목표에는 학생들이 수행하려고 하는 조건과 수용될 수 있는 준거가 포함되어야 한다.

목표를 이와 같이 진술하는 가장 중요한 이유는 교사가 장애학생들에게 적절한 방법과 매체의 선택하기 위해서는 목표를 정확하게 알아야 한다. 또한 구체적인 목표 진술은 교사가 목표가 성취될 수 있는 학습 환경을 구성하는 데에도 도움이 될 것이다. 또한 목표를 진술하는 것은 적절한 평가를 위해서도 반드시 필요하다. 즉, 교사와 학생 모두에게 목표 지향적인 평가가 이루어질 수 있는 상황을 만들어 줄 수 있다. 그러므로 명세적인 목표 진술은 교사가 학생에게 적절한 방법과 매체를 선정하고 목표 중심의 평가를 하는데 도움을 줄 것이다.

이와 같은 명세적 목표에는 대상(audience)과 도착점 행동(behavior), 조건(condition), 정도(degree)가 포함되어야 한다. 목표는 교사의 행동이 아니라 학생의 행동에 초점을 맞추어야 하며, 그렇기 때문에 명세적 목표를 진술할 때에는 반드시 목표의 대상은 학습자가 되어야 한다. 예를 들면 '시킨다' 라는 용어 보다는 '한다' 라는 용어가 학습자 중심의 목표 진술이라 할 수 있다. 그리고 목표의 핵심은 대상이 수업 후 도달해야하는 도착점 행동 즉, 수업 후 갖게 될 새로운 능력을 행동적인 용어로 진술해야 한다. 그러므로 '안다', '이해한다' 보다는 '분석한다', '구별한다', '분류한다' 등과 같은 용어를 사용하는 것이 좀 더 관찰가능하고 교사의 의도가 분명히 드러나는 명세적 목표가 될 것이다. 그리고 목표에는 학습자의 행동이 일어나기 위한 조건이나 상황을 명시할 것을 강조한다. 조건이나 상황 속에는 반드시 학습내용이 포함될 수 있어야 한다. 즉, 학습자가 사용하거나 혹은 사용하지 않을 도구나 기자재, 또는 학습자가 수행해야할 특별한 환경 조건 등이 포함되어야 한다. 마지막으로 명세적 목표에는 수용 가능한 수행을 판단할 준거를 제시해야 한다. 즉, 학습자가 목표 달성 정도를 파악하기 위한 정확성이나 능숙함의 정도를 표시해야 한다는 것이다. 예를 들면 시간제한이나 정확성의 범위, 정확한 반응의 비율, 질적 표준 등이 이에 속한다.

(3) 방법, 매체 및 자료의 선정

장애학생들의 특성과 요구, 과학과 교수 · 학습 관련 지식, 기능, 태도 등 학습자의 특성을 분석하고 그에 따른 목표를 구체적인 명세적 목표로 진술하고 나면 수업의 시작점(학습자의 현재의 능력과 지식, 기능, 태도)과 종착점(목표)를 확립했다고 할 수 있다. 이 후에는 이와 같은 학생들의 능력과 요구를 바탕으로 목표를 달성하기 위한 적절한 방법과 매체의 유형을 선택하고 그 선택을 실행하기 위한 자료를 결정해야 한다. 이 때 유의할 점은 ① 수업자료가 학습자와 학습목표에 적절한지 사전에 검토해야 하며, ② 교수 매체를 이용할 교실의 주변 환경을 점검한다. ③ 그리고 기존의 자료를 학습자의 특성과 목표, 교육 내용에 맞도록 수정하고, ④ 새로운 자료를 설계해야 한다.

장애학생들을 위한 교육매체의 체계적 사용을 위한 ASSURE 모형에서는 방법과 매체, 자료를 체계적으로 선택할 것을 요구한다. 선택과정은 세 단계가 있다. ① 주어진 학습 과제를 위한 적절한 방법 결정하기, ② 방법을 수행하는데 적절한 매체 유형 선택하기, ③ 그 매체 유형 내에서 특정한 자료를 선택하거나 수정하거나 설계하기. 이와 같은 방법과 매체 및 자료의 선정 시 고려할 점은 다음과 같다(설양환 외, 2002).

> 첫째, 주어진 수업은 수업 진행 과정의 각 시점에 따라 각기 다른 목적에 맞게 여러 가지 방법을 사용할 것이다. 예를 들면 처음 도입 부분에서는 주의 집중을 위한 시뮬레이션활동을 한 후 새로운 정보를 제시하기 위한 시연과 새로운 기능을 연습할 수 있도록 컴퓨터 중심의 반복 학습을 할 수도 있다. 또는 교사는 학생들의 학습양식에 따라 그에 맞는 적절한 형태의 교수 방법을 선택해야 한다.
>
> 둘째, 매체 유형은 괘도, 슬라이드, 비디오, 컴퓨터 멀티미디어 등을 포함한다.

각각의 유형은 메시지 형태의 관점에서 장단점이 있다. 이와 같은 다양한 매체 유형을 선택하기 위해서는 수업 상황(예: 대집단, 소집단, 개별수업), 학습자 변인(예: 읽기와 쓰기 등의 기초학습 기능, 감각 장애 혹은 선호도, 신체장애 등), 목표의 성질(예: 인지적, 정의적, 운동기능적, 대인간적 등)에 따라 각 매체 유형(정지된 시각자료, 동영상 자료, 문어 혹은 구어 등)의 제시 능력을 고려해야 한다. 또한 각 매체의 유형이 학습자에게 피드백을 줄 수 있는지도 고려해야 한다. 그러나 중요한 것은 이러한 고려 사항에 대한 중요도를 결정하는 것은 교사 자신이라는 점이며, 교사는 이와 같은 다양한 변인들을 고려하여 학습 장면이나 학습자의 특성, 목표의 특성에 따라 자신의 상황에서 가장 적절한 것인지 선택해야 한다.

셋째, 적절한 자료를 얻는 것은 일반적으로 현재의 상황에서 이용 가능한 자료를 선택하거나 기존의 자료를 수정하거나 그것이 불가능하다면 새로운 자료를 설계하는 것이다. 분명 기존의 이용 가능한 자료를 사용하여 학생들이 학습 목표를 성취하는 것이 가능하다면 기존 자료를 선택하는 것이 경제적으로나 시간적으로 더 효율적인 일이 될 것이다. 그러나 그 자료가 학습 목표와 일치하지 않거나 학습자의 특성과 맞지 않는다면 자료를 수정하는 것이 대안이 될 수 있다. 그러나 그것도 불가능할 경우 자료를 새롭게 설계해야 할 것이다. 이것이 비록 비용이 많이 들고 시간이 오래 걸린다고 하더라도 학생들의 학습 목표 성취에 도움이 될 것이다.

(4) 매체와 자료의 활용

자료를 선택하고 이를 수정하거나 혹은 새롭게 설계한 이후에는 이를 활용하기 위해 수업 매체와 자료를 미리 확인하여 매체와 자료를 충분히 효과적으로 활용할 수 있도록 해야 한다. 또한 수업하려는 장소(교실)가 매체나 자료를 활용하기에 적절한지 점검하고 필요한 기자재나 시설을 점검하여 수업환경을 적절하게 준비한다.

교사가 장애학생들의 과학과 수업에 필요한 매체와 자료를 학습 상황과 학습자의 특성, 그리고 목표의 특성에 맞도록 활용하기 위해서는 다음과 같은 절차가 필요하다(설양환 외, 2002).

첫째, 선정한 매체와 자료가 과학과 수업에 효과적으로 활용될 수 있는지 사전 검토 과정이 반드시 필요하다. 교사는 매체와 자료가 학생들의 인지적, 신체적 특성과 수업 목표에 적합한지 검토해야 한다. 동료 교사들이나 매체와 자료 홍보물 등을 통해서 매체와 자료에 대한 정보를 사전에 수집하여 검토할 수도 있다. 그러나 내용의 전체적인 이해를 위해서는 교사 자신이 사전에 직접 검토하는 작업이 반드시 필요하며, 이를 통해서 그 매체와 자료가 효과적으로 활용될 수 있을 것이다.

둘째, 선정한 여러 가지 매체와 자료가 장애학생들을 위한 과학과 수업에 효과적으로 활용될 수 있는지 사전에 검토한 후에는 교사 자신이 계획하는 실제 수업 활동을 지원하기 위한 매체와 자료를 준비해야 한다. 교사는 일단 수업에 필요한 모든 매체와 자료를 준비하고 매체와 자료 투입 순서를 정해야 한다. 교사가 사용할 매체와 학생이 사용할 자료를 결정해야 하며, 이를 위해서는 수업에 필요한 매체와 자료 목록과 활동의 제시 순서 개요를 만들어야 한다. 이 때 장애학생들의 매체와 자료 활용 접근성에 대한 고려와 이에 대한 계획이 마련되어야 한다.

셋째, 수업에 필요한 매체와 자료를 검토하고 준비가 이루어진 다음에는 매체와 자료를 사용하기에 알맞은 환경(예: 교실, 과학실험실, 운동장 등)을 준비해야 한다. 이와 같은 환경은 장애학생들의 요구에 따라 적절히 조정되어야 하며, 환경의 접근 용이성 뿐만 아니라 편안한 의자나 적절한 조명과 환기 시설 등에 대한 준비가 되어야 한다. 또한 어떤 경우에는 어두운 암실이 필요하기도 하며, 전원을 사용하기에 편리한 장소가 여러 가지 기자재를 사용하야 하는 경우에 필요할 것이다. 그리고 책상과 의자의 배열이나 화면이나 설비들이 학생들이 잘 볼 수 있도록 배치되어야 하며, 토론을 할 수 있는 책상의 배치도 고려해야 한다.

넷째, 교사가 매체와 자료를 활용하여 과학과 수업을 진행하기 위해서는 먼저 학습자의 준비가 이루어져야 한다. 앞서 제시한 바와 같이 학습자의 선수 기술을 분석하는 것이 교수-학습 과정의 성공에 중요한 요인이 되는 것과 같이 매체와 자료를 활용하여 수업을 진행하기 위해서는 장애학생들이 사전에 수업에 대한 선수 기술을 갖출 수 있도록 준비시키는 것이 필요하다. 예를 들면 수업 내용에 대한 전반적인 개요를 제시하거나 매체와 자료가 학습할 주제와 어떤 관련이 있는지, 그리고 학습에 주의를 기울여야 하는 필요성과 특별히 주의 집중해야 하는 내용 등에 대한 사전 안내를 통해서 수업에 필요한 준비를 갖출 수 있을 것이다.

끝으로, 준비된 매체와 자료를 통해서 수업 내용을 제시하는 것이다. 이때 교사는 적절한 자료 제시법(목소리, 시선접촉, 제스처, 시각자료의 제시방법 등)을 통해서 학생들이 주의를 집중할 수 있도록 해야 한다.

(5) 학습자의 참여 유도

효과적인 수업이 되기 위해서는 학습자들의 적극적인 사고활동을 유도해야 한다. 이와 같은 학생들의 능동적인 참여는 학습의 효과를 높일 수 있다. 주의가 산만하거나 학습 동기가 잘 유발되지 않는 장애학생들의 경우 다양한 매체와 자료를 통한 구체적인 조작활동이나 게임 활동이 그들의 참여를 유도할 수 있다. 예를 들면 수업 내용과 관련된 시청각 자료(영화, 만화, 동영상자료 등)나 컴퓨터를 이용한 시뮬레이션 혹은 게임 등과 같은 매체나 자료는 학생들의 흥미와 관심을 유도할 수 있으며, 장애학생들의 수업 참여를 위한 접근성을 향상시켜 학습동기를 유발할 수 있을 것이다. 또한 그들의 적극적인 참여가 이루어질 수 있도록 하기 위해서는 그들의 반응에 대한 긍정적인 피드백이 반드시 이루어져야 한다. 이와 같은 피드백(생산적, 비판적, 평가적 반응)은 교사로부터 받을 수도 있고 자기점검을 통해 이루어질 수도 있으며 동료나 컴퓨터를 통해 이루어질 수도 있다(설양환 외, 2002). 발달지체 학생들의 경우 그들의 정반응에 대해 즉각적인 피드백이 반드시 필요하다. 학생들의 성공에 대한 확인은 추후 학습을 위한 강력한 동기적인 요소가 될 것이다.

(6) 평가와 수정

이 단계에서는 학습자의 학습 목표 성취도 전반에 대한 평가가 이루어져야 하며, 특히 방법과 매체 및 자료가 학습자의 목표 성취에 도움이 되었는지, 모든 학습자들이 자료를 적절하게 사용할 수 있었는지 등에 대한 평가가 이루어져야 한다. 평가는 수업의 계획 단계에서부터 수업이 끝난 이후 까지 계속되는 과정이다. 수업 전에 교사는 학습자 분석을 통해서 수업 과정에 관한 학생들의 지식과 기능, 태도 등에 대한 선수기능을 확인함으로써 교사가 사용하려는 방법과 매체, 자료들의 적절성을 확인하게 된다. 또한 매체와 자료를 사용하기 전에 검토되고 평가되어야 하며, 수업 중에는 매체와 자료를 통하여 학생들의 참여를 유도하고 동기를 유발하기 위한 피드백을 제공하며 이 때 교사의 직접 평가나 자기평가 혹은 동료평가 등의 형태로 평가가 이루어진다. 수업 중 평가는 학생 성취에 장애가 되는 교수-학습 문제와 어려움을 찾아내고 교정하기 위한 설계라고 할 수 있다. 그리고 의도한 것과 성취 수준 사이의 불일치가 발견된다면 교사는 다음 수업을 위해 계획을 재검토하고 수정 보완해야 할 것이다(설양환 외, 2002). 이 단계에서의 평가는 학습자의 성취에 영향을 주는 방법과 매체에 대한 평가도 포함된다. 특히 수업자료를 처음 사용한 후에 그것을 그대로 더 사용해야할지 혹은 수정해서 사용하는 것이 좋을지 결정하기 위한 평가가 필요하다. 교사의 수업 방법과 매체의 효과에 대한 평가를 위한 평가표에는 다음과 같은 내용이 포함될 수 있다(설양환 외, 2002).

- 수업자료가 효과적이었는가? 그리고 그것은 개선될 수 있는가?
- 학생 성취의 관점에서 경제적인 면에서 효과적이었는가?
- 학습 내용 제시 시간이 정말 필요한 시간보다 더 걸렸는가?
- 매체가 학생들의 목표를 성취하는데 도움이 되었는가?
- 학생들의 흥미를 일으키는데 효과적이었는가?
- 매체와 자료는 의미있는 학생 참여를 제공해 주었는가?

- 학생들은 수업방법과 매체에 어떻게 반응했는가?
- 교사 자신은 선택한 자료의 가치에 만족하는가?
- 학생 성취가 하나이상의 목표에 미달했는가?

이와 같은 평가 이외에도 학급토론이나 개별 면접, 학생행동 관찰 등을 통해서 교사의 교수-학습 방법과 매체, 자료의 사용에 대한 평가가 이루어질 수 있다. 특히 수업에 대한 학생의 반응을 분석하는 것은 학생들의 요구나 특성을 충분히 반영하고 있는지에 대한 평가라고 할 수 있다. 특히 장애학생들의 경우 교사 자신이 수업 내용에 따라 적절하다고 생각한 매체 혹은 자료라고 할지라도 학생들의 반응 결과에 따라 수정 혹은 보완이 필요할 수 있다. 예를 들면 수업 자료 제시 방법이 교사의 일방적인 일제식인 경우보다 오히려 학생 스스로 독립적인 프로젝트나 탐구 수업을 더 선호할 수도 있으며, 교사가 선택한 OHP자료보다는 컴퓨터나 비디오, 동영상 자료를 더 선호할 수도 있고 혹은 그 반대인 경우도 있을 것이다. 이와 같은 평가 결과는 다음 수업의 각 요소에 반영되어야 한다.

연구과제

(1) 장애영역별 특징에 따른 보조공학의 기능을 조사해 보자.

(2) 일반적인 교육매체를 장애학생들에게 적용하기 위한 방법으로 강조되고 있는 보편적 설계를 통한 교육매체의 활용 사례를 조사하여 보자.

참고문헌

강혜경, 박은혜 (2002). 장애아동을 위한 특수교육공학의 활용 및 지원방안. **특수교육연구, 9**(2), 3-25.

권성호 (2000). 차세대 교수매체로서 인터넷 방송의 의미와 전망. **교육정보방송연구, 6**(1), 31-47.

김동일, 손지영, 윤순경 (2008). e-러닝에서 보편적 설계의 적용에 대한 사용성 평가 -시각 청각 지체장애 대학생을 중심으로. **특수교육저널: 이론과 실천, 9**(2), pp. 97~127.

남철우, 김석중 (2000). **교과교육과 초등고학교육론.** 학문사.

노동부, 한국장애인고용촉진공단 (2006). **장애와 공학기술의 특별한 만남/보조공학; 장애인 보조공학기기 지원.** 서울: 저자.

백영균 외 (2003). **교육방법 및 교육공학.** 학지사.

설양환 외 역 (2002). **교육공학과 교수매체.** 피어슨 에듀케이션 코리아.

육주혜, 전경일 (2004). 미국의 특수교육공학 관련 제도 연구. **특수교육학 연구, 39**(1), 169-187.

육주혜, 이근민 역 (2002). **미국 보조공학법. 2002년 연구자료집.** 경기: 한국장애인고용촉진공단 고용개발원 연구실.

육주혜, 남윤석, 정동일 (2004). 특수학급 학생 교육을 위한 공학 실태와 지원 방안. **특수교육저널: 이론과 실천. 5**(3), 353-376.

최동근, 양용칠, 박인우 (1998). **교육방법의 공학적 접근.** 교육과학사.

한국특수교육교과교육학회 (2008). **특수교육 교과교육론.** 서울: 교육과학사.

한국특수교육교과교육학회 (2009). **특수교육 교과교재연구 및 지도법.** 서울: 교육과학사.

홍순정, 박선희 (2007). **교수학습이론과 매체.** 한국방송통신대학교출판부.

Bowe, F. G. (2000). *Universal design in education: Teaching nontraditional students*. Westport, Connecticut: Bergin & Garvey.

Center for Universal Design (1997). Environments and products for all people. Raleigh: North Carolina State University, Center for Universal Design. Retrieved May 15, 2006, from http://www. design. ncsuedu/cud/univ_design/ud.htm.

Center for Applied Special Technology (2008). Universal design for learning[On-line].

Avaliable: http://www.cast.org/about/index.html.

Dale, E. (1969). *Audiovisual methods in teaching*. NY: Holt, Rinehart and Winston, Inc.

Mace, R. L. (1985). Universal design: Barrier free environments for everyone. *Designers West, 33*(1), 147-152.

Rose, D., & Meyer, A. (2002). *Teaching every student in the digital age: Universal design for learning*. Alexandria, VA: Association for Supervision and Curriculum Development(ASCD).

Wehmeyer. M. L., Lattin, D., & Agran, M. (2001). Achieving access to the general curriculum for students with mental retardation: A curriculum design-making model. *Education and Training in Mental Retardation and Developmental Disabilities, 36*(4), 327-342.

제8장 특수교육 과학과 교육평가

특수교육 과학과 교육평가는 장애학생을 위한 과학과 교육 전체 과정(process)속에 존재하는 것이며, 그 속에서 장애학생을 위한 교육목표의 달성 여부를 점검하고 이를 바탕으로 장애학생들의 강점과 요구에 맞는 내용과 방법을 교정하는 시사점을 마련해 주고 그에 대한 성과를 판단하고 또 그에 따른 보완조치에 대한 정보를 제공하고자 하는 것이다. 특수교육 과학과 교육평가는 장애학생을 위한 과학과 교육목표가 설정, 진술된 후에 그에 따라 교육내용이 선정 조직되고, 학생의 요구를 파악하기 위한 출발점 행동에 대한 진단 점검이 이루어진 후에 교수-학습과정 즉, 수업활동이 이루어진 다음 학생의 성취도를 평가하게 된다. 교육평가의 주된 임무는 교육목표의 달성도를 확인하는 일이다. 그러나 교육의 과정은 획일적인 과정이 아니라 순환적인 과정이다. 즉, 장애학생을 위한 과학과 교육 평가는 학생의 요구를 바탕으로 교육 목적 달성도에 대한 평가와 함께 자료 증거 수집 방법으로서의 평가의 기능을 갖는다. 이 장에서는 장애학생을 위한 과학과 교육 평가의 개념과 원리, 평가의 목적과 기능, 그리고 평가의 내용과 기준, 장애학생의 과학과 교육 평가를 위한 형태와 방법에 대해 제시한다. 그리고 통합학급의 장애학생들에게 일반학교 교육과정을 적용할 때 장애학생들의 요구에 맞도록 평가 과정을 수정하기 위한 평가의 관점과 수정 방법을 제시하여 통합교육을 받고 있는 장애학생들의 과학과 학습 성취 결과에 대한 적절한 평가를 실시할 수 있는 방법을 기술한다.

1. 과학과 교육평가의 개념과 원리

1) 과학과 교육평가의 개념

과학과 교육평가는 학생의 학력평가 즉, 지식과 탐구 능력, 과학적 태도 뿐 만 아니라 학교의 과학교육에 영향을 미치는 제반 요소 즉, 교육과정, 교과용 도서 개발 체제, 과학교사교육, 실험 시설 및 기구, 교수·학습 활동 등에 대한 평가를 의미한다. 즉, 교육 계획에서부터 교수 학습 과정이 이루어지는 과학과 교육과정 전반에 걸친 평가를 의미하며, 이러한 평가의 과정에서의 각 요소들 간의 관계가 항상 긴밀한 관계를 맺어 나갈 때 의도한 교수 목적을 보다 성공적으로 달성할 수 있게 된다(한국교육개발원, 1991). 평가는 평가 대상자에 대해, 그리고 평가의 의미에 평가자가 어떠한 관점을 가지고 있느냐에 따라 다소 달라질 수 있다. 평가자는 학생의 발전 가능성에 대해 그리고 평가가 갖는 의미(교수 개선, 학습 개선)에 대해 긍정적인 관점을 갖는 것이 바람직하다. 평가는 개발을 위한 것으로 평가의 대상에는 교수를 담당한 교사도 포함된다고 여기고 자기 개발을 위한 중요한 자료 수집의 과정으로 평가를 보아야 할 것이다(교육과학기술부, 2009a).

특수교육의 과학과 교육 평가는 먼저 교육에서 추구하는 바람직한 인간상을 구현할 수 있도록 학교교육 목표를 설정하고 학교교육 목표에 부합되도록 과학 교육 목표를 설정한다. 물론 학교 교육 목표를 달성하기 위해서는 과학교육 목표 이외에 기타 교과의 교육목표와 교과 이외의 교육목표의 달성도 중요하다. 과학 교육 목표 달성을 위해서 교수·학습 과정이 존재하며 교수·학습 과정을 통해서 학습자의 행동 변화가 일어난다. 학습자의 행동 변화 정도를 측정하여 교수·학습 과정의 효율성과 문제점을 분석하고 보다 바람직한 교수·학습 전략을 세울 수 있다. 또한 평가를 통하여 학교 과학 교육 목표의 적절성을 평가하고, 학교 교육 목표가 제대로 달성했는지의 여부를 평가할 수 있다. 궁극적으로 교육에서 추구하는 바람직한 인간상이 구현되고 있는지를 확인하게 되는 것이다. 뿐만 아니라 과학과 교육 평가는 과학과의 교수-학습 과정에 영향을 주는 학교 교육의 목표, 교육과정 및 교과서, 학습자의 특성, 실험시설, 기구 및 자료 등과 같은 학교의 내적 변인과 과학 교육 연구 개발 체제, 과학 교육 정책, 제도 및 재정, 과학교사 교육 및 근무 여건, 과학 교육에 대한 사회 문화적 풍토 등과 같은 학교 외적 변인도 평가하여야 한다. 이와 같은 평가 과정에서의 각 요소들 간의 관계를 도식화하면 다음 [그림 8-1]과 같다(한국교육개발원, 1991).

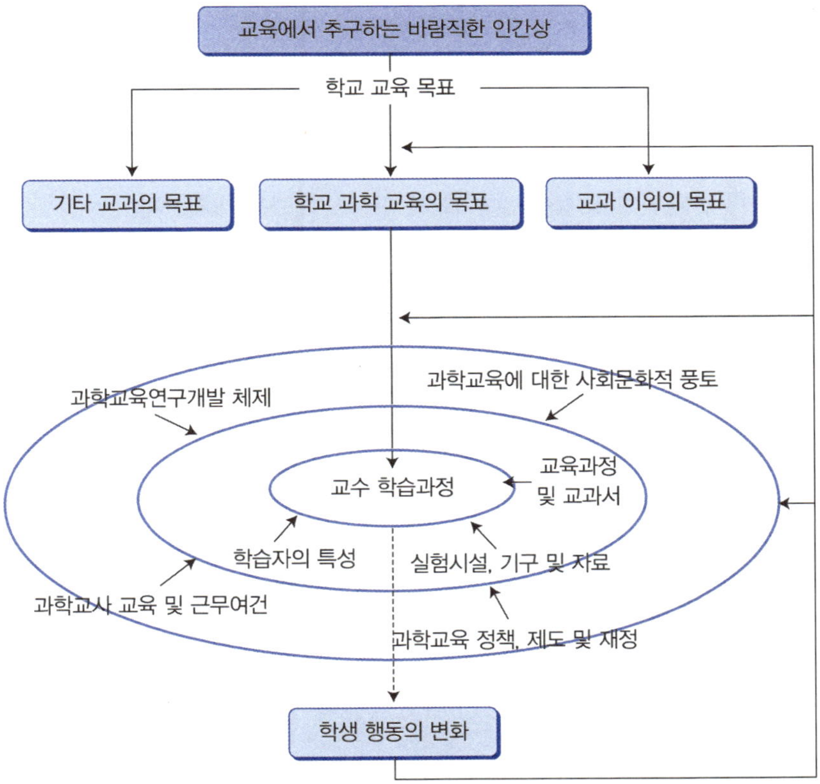

[그림 8-1] 과학과 평가 개념 모형

출처: 한국교육개발원(1991)

2) 과학과 교육평가의 원리

장애학생을 위한 과학과의 적절한 교육평가를 위해서는 평가 계획 단계에서부터 철저하게 준비되어야 한다. 즉, 장애학생의 개별화 교육 계획 단계에서부터 교육계획과 장애학생 IEP의 장단기 교육목표 성취도에 대한 평가 뿐만 아니라 교육과정 전반에 대한 평가계획이 철저히 준비되어야 한다. 장애학생을 위한 과학과 교육평가의 방향은 다음과 같다(교육부, 2015).

① 평가는 의도한 교육 목표가 얼마나 달성되었는지를 측정하고, 교육 프로그램이나 교수 자료의 효율성과 효과성을 측정할 수 있도록 계획한다.
② 평가는 평가 계획 수립, 평가 문항과 도구 개발, 평가의 시행, 평가 결과의 처리, 평가 결과의 활용 등의 절차를 거쳐 실시하도록 계획한다.
③ 평가는 타당성을 높이기 위하여 공동으로 평가 도구를 개발하여 활용하거나 상세한 평가 기준에 근거하여 실시하도록 계획한다.
④ 평가는 탐구 활동 수행 능력과 이를 일상생활 문제 해결에 활용하는 능력을 평가하도록 계획한다.
⑤ 실험 실습 평가는 결과만을 중시하는 평가보다는 과학적 탐구과정을 중시하여 평가하도록 계획한다.
⑥ 평가는 학생 전체에 대한 획일적인 평가가 아니라, 학습자 개인의 학습 진행 정도를 평가하여 평가의 결과가 학생들의 탐구 수행능력 향상에 도움을 줄 수 있도록 계획한다.
⑦ 평가는 과학 수업이 이루어지는 자연적 상황에서 주기적 관찰을 통하여 관찰 평가를 실시하도록 계획한다.

장애 학생을 위한 과학과 교육평가는 장애학생의 특성과 요구를 반영하여 계획단계에서부터 철저히 준비하여 적용하여야 한다. 즉, 교육평가의 대상과 목적, 방법과 결과의 해석과 같은 평가 요소에 대한 정확한 이해와 적용이 필요하다. 이와 같은 평가의 방향에 따른 장애학생 과학과 교육평가의 원리는 다음과 같다(교육부, 2015).

첫째, 장애학생을 위한 과학과 평가의 목적, 즉 무엇을 평가할 것인가를 명확하게 해야 한다. 다시 말하면, 평가의 목표를 명확하게 규정하고 측정하고자 하는 학습 성과를 정확하게 규정하는 것이 필요하다. 예를 들면, 학생의 과학적인 지식 및 기본 개념에 대한 이해, 과학적으로 탐구하는 능력과 태도, 그리고 일상생활의 문제를 해결할 수 있는 과학적 소양이 중요한 평가의 목표가 될 수 있다. 그리고 교사의 교수 능력, 교육과정 구조의 타당성 여부, 그리고 과학 관련 교육 환경에 대한 평가 또한 중요한 평가의 목표가 될 수 있을 것이다.

둘째, 정해진 평가 목표에 따라 적절한 평가 기법을 적용해야 한다. 첫 단계에서 정해진 평가 목표를 정확하고 효과적으로 측정할 수 있는 평가 기법을 적용해야 한다. 학습자, 교사, 교육과정, 교육 환경 등에 따라서 적절한 평가 기법을 사용해야 할 뿐만 아니라 인지적 영역, 정의적 영역, 신체적 영역 등 영역에 따라서도 적절한 평가 기법을 적용하는 것이 필요하다. 즉, 과학과의 기본개념과 지식, 탐구과정 및 문제해결 능력, 과학적 태도 등에 따라 적절한 평가 기법을 적용해야 한다.

셋째, 장애학생의 과학과 교수·학습에 대한 총체적이고 정확한 평가를 위해서 다양한 평가 기법을 이용해야 한다. 대부분의 평가 기법은 측정하기 위한 요소가 제한적이기 때문에 모든 평가 요소를 측정할 수 있는 평가 기법은 실제로 존재하지 않는다. 그렇기 때문에 장애학생의 과학과 학습 결과에 대해 총체적이고 정확한 평가를 하기 위해서는 지필평가 이외에도 관찰법(일화 기록법, 부호 기록법, 평정 표시법, 검목표법, 등위 표시법 등), 질문법(자유 반응형, 강제 선택형), 면접법, 구술법, 보고서법, 포트폴리오 등 다양한 평가 기법을 사용하여 학생의 학습 성취도에 대한 정확한 평가가 이루어지도록 해야 한다.

넷째, 평가 기법과 평가 도구의 장단점을 알아서 적절한 평가 기법을 사용해야 한다. 평가 기법과 평가 도구의 타당성과 신뢰성은 평가에 있어서 매우 중요하다. 특히 탐구 능력을 평가 하는 도구는 객관성 확보를 위해서도 교사가 개인적으로 개발하기보다는 동료 교사들과 협의를 통해 공동으로 개발하는 것이 바람직하다. 또한 평가를 실시하기 전에 평가 항목, 평가 기준, 점수 배당 등을 상세하게 만들어, 이에 근거하여 평가를 실시하는 것이 바람직하다.

이와 같은 과학과 교육평가의 원리를 고려하여 장애학생들에게 적절한 과학과 교육평가를 시행할 때에는 다음과 같은 점에 유의해야 한다(교육인적자원부, 1997).

첫째, 평가는 학생 개개인의 인지 발달 상황을 이해하고 도와주는 긍정적인 측면으로 이루어져야 하며, 개인의 성취 수준에 따라 어떻게 변해 가는지를 알아보는 데 중점을 둔다. 학생의 발달 가능성을 최대한 보장하고 긍정적으로 보는 발전적 평가관으로 평가 결과의 부족한 점은 즉시 수정 · 보완 · 지도하며, 발전적이고 긍정적인 면을 발굴, 조장할 수 있는 평가가 이루어져야 한다. 따라서 개별 지도 프로그램에 의한 형성 평가를 실시하여 나도 할 수 있다는 긍정적인 자아 개념 형성이 될 수 있도록 해야 한다.

둘째, 평가의 목표, 내용, 강조점 등은 개인의 능력 수준에 따라 일관성 있게 제시되도록 한다. 학생 개인의 학습 목표에 대한 연간 목표와 단기 목표, 과제 분석을 실시하여 실제 지도 단계의 제시에서는 개인의 능력 수준에 따라 과제의 지도 기간 등을 정하여 일관성 있게 지도해야 한다.

셋째, 교육 내용의 계획 및 진행 과정의 분석, 관찰, 일화 기록, 자기 평가 등의 결과보다 평소의 탐구 활동을 중심으로 평가한다. 학습 과정 중심의 평가관으로 교육의 전 과정 속에서 학습 활동과 직결된 역할로서의 평가가 이루어져야 한다. 따라서, 평소의 학습 활동을 통하여 학습에 임하는 태도, 흥미와 관심도, 적극적이고 능동적인 참여 의식 등을 학생 개인별로 누가 기록해 나감으로써 종합적인 학습 활동을 통하여 과정 중심의 평가가 이루어지도록 해야 한다.

넷째, 평가 결과는 학생의 전인적 성장, 효율적 교육 과정 운영, 학부모의 면담, 수준별 교육 과정의 지향점인 개별화 수업을 위한 기초 자료로 활용한다. 발달 지체 학생들은 일반학생들에 비해 개인차가 심하므로 개인의 능력에 따라 내용을 달리해야 하고 학습 지도도 학생 개인의 능력 수준, 학습 동기, 학습 습관, 교재의 성격 등에 따라 달라져야 최대의 학습 성과를 얻을 수 있다. 또, 학습의 결과는 지도 관점을 잘 파악하여 학습 목표에 맞게 평가되어야 하며 그 결과는 서술식으로 기록한다. 이러한 성과를 개별적으로 평가함으로써 앞으로의 효율적인 교육 과정 운영과 수준별 교육 과정의 지향점을 충실히 하기 위한 기초 자료로 활용해야 한다.

2. 과학과 교육평가의 목표와 기능

교육평가의 목적은 교육현장에서 가르치고 배우는 일에 최대한 도움을 주고 학생들의 학습능력의 개인차에 따라 학습의 효과를 극대화시켜 최종적인 교수목표에 도달시키도록 하는 일이다. 또한 교육평가는 교수·학습 과정 전반에 대한 평가가 이루어져야 하기 때문에 학습자에 대한 평가뿐만 아니라 교사와 교육과정, 교육환경 등 교수-학습 과정 전체적인 부분에 대한 평가가 이루어져야 한다. 미국 국가 연구위원회(National Research Council, 2001)에서는 과학과 평가의 목적을 첫째, 형식적, 비형식적 방법으로 교실에서의 학생의 진보를 관찰하고 기록하여 교사가 학생의 학습 정도를 알 수 있도록 돕는 것, 둘째, 평가를 기초로 다음의 교수 활동의 계획을 적절히 수립할 수 있도록 돕는 것, 셋째, 학생의 성취와 진보를 평가하고 보고하기 위한 것, 넷째, 프로그램을 평가하기 위한 것이라고 진술하고 있다.

평가의 목표가 학습자인 경우 인지적인 영역과 함께 정의적인 영역, 신체적인 영역을 모두 평가의 대상으로 해야 한다. 과학과의 인지적 영역의 평가는 과학적 지식과 이해, 적용, 분석, 종합, 평가 등이 그 대상이 되며, 과학과의 정의적 영역의 평가는 학습자의 과학에 대한 태도나 흥미, 가치 등에 대한 평가가 목표가 되어야 한다. 그리고 신체적인 영역은 과학과 관련된 실험 기능에 관한 부분이 목표가 될 것이다.

장애학생을 위한 과학과 평가의 목표도 특수교육 교육과정에서 추구하는 장애학생을 위한 과학과 교육의 목표에 근거하여 학생의 목표 달성 여부를 평가하고 이를 달성하도록 하는 것이 평가의 목표라 할 수 있다. 특수교육 기본교육과정에서 제시하고 있는 장애학생을 위한 과학과의 교육목표는 〈표 8-1〉과 같다.

〈표 8-1〉 2015 특수교육 기본교육과정 과학과 교육 목표

총괄 목표	생활 주변의 사물과 자연현상에 대한 흥미와 호기심을 바탕으로 기초적인 과학 개념을 이해하고 과학 탐구능력을 길러 일상생활의 여러 가지 문제를 해결할 수 있는 과학적 소양을 기른다.
하위 목표	① 생활 주변의 사물과 자연현상에 대한 기초적인 과학의 핵심 개념을 이해한다. ② 일상생활의 문제를 해결하기 위한 기초적인 과학 탐구 역량을 기른다. ③ 자연현상에 대한 흥미와 호기심을 갖고, 일상생활의 문제를 과학적으로 해결하려는 태도를 기른다. ④ 일상생활과 관련된 과학 기술과 사회의 관계를 인식하고 이를 바탕으로 민주 시민으로서의 소양을 기른다. ⑤ 과학 학습의 즐거움과 과학의 유용성을 인식하여 평생 학습 능력을 기른다.

특수교육 교육과정에 제시된 바와 같이 장애학생을 위한 과학과의 학습목표는 학습자의 경험에 근거하여 생활 주변의 사물과 자연 현상에 대한 흥미와 호기심을 바탕으로 특성과 기본 지식을 이해하고 탐구하려는 태도를 기르며 일상생활의 문제를 해결할 수 있는 과학적 소양을 기르는 것을 목적으로 한다. 일반적으로 '과학적 소양'은 사회 구성원이 현대 사회를 살아가는 데에 필요한 최소한의 과학적 지식의 이해, 지식의 활용 능력, 과학의 역할에 대한 인식이라고 말한다(김찬종, 채동현, 임채성, 2005; 조희형, 최경희, 2007). 그러므로 장애학생을 위한 과학과의 평가는 생활 주변의 사물과 자연 현상에 대한 흥미와 호기심, 과학적인 지식 및 기본 개념에 대한 이해, 과학적으로 탐구하는 능력과 태도, 그리고 일상생활의 문제를 해결할 수 있는 과학적 소양이 목표가 되어야 한다. 특수교육 기본교육과정에서 제시하고 있는 장애학생을 위한 과학과 평가의 중점 사항은 다음과 같다(교육부, 2015).

1) 과학의 기본 개념의 이해, 과학의 탐구 능력, 과학적 태도 등을 균형 있게 평가하며, 특히 다음 사항에 주안점을 둔다.
   (1) 기본 개념의 이해와 그 적용 능력을 평가한다.
   (2) 탐구활동 수행능력과 이를 일상생활 문제 해결에 활용하는 능력을 평가한다.
   (3) 과학에 대한 흥미와 가치인식, 과학 학습 참여의 적극성, 협동성, 과학적으로 문제를 해결하는 태도 등을 평가한다.
2) 물질과 에너지 영역의 평가는 다음과 같은 사항에 중점을 두고 평가한다.
   (1) 생활 주변의 물체 및 물질의 특성 및 상태 변화를 오감으로 관찰하고, 그 특성에 따라 분류할 수 있는 능력을 평가한다.
   (2) 물체 및 물질의 상태 변화에서 배운 지식과 개념을 자연 환경 변화에 적용하여 우리 생활환경에 미치는 영향을 예상할 수 있는 능력을 평가한다.
   (3) 자연을 구성하는 물체와 이를 구성하는 물질에 대한 과학적 지식뿐만 아니라 이에 대하여 호기심과 관심을 갖고 탐구하는 탐구활동 및 탐구태도 측면도 평가한다.
   (4) 에너지의 세기와 작용을 구분하고, 그 종류를 이해하는 정도를 평가한다.
   (5) 힘과 에너지에 대한 평가는 과학적 지식과 개념을 습득하고 있는 정도와 탐구능력 및 그 성질을 이용하여 도구를 사용하는 능력을 평가한다.
   (6) 에너지에 대한 과학적 지식과 개념을 일상생활 경험 중에 인지하고, 그 성질을 이해하는 정도를 평가한다.
3) 생명과 지구 영역의 평가는 다음과 같은 사항에 중점을 두고 평가한다.
   (1) 나와 주변 생물에 관심과 호기심을 갖는지 확인한다.
   (2) 자연과 생물 간의 상호작용 측면에 호기심을 갖는지 확인한다.
   (3) 기본 개념을 정확하게 이해하는지 다양한 방식으로 평가한다.
   (4) 생명 현상의 다양성과 상호의존성 측면을 이해하고 호기심을 갖는지 확인한다.
   (5) 자신이 이해한 바나 탐구한 결과를 다양한 방식으로 표현하고 공유하도록 한다.
   (6) 생명에 대한 평가는 분류능력과 생명에 대한 기초적인 과학적 개념을 습득하고 있는 정도와 더불어 생명을 존중하는 태도를 평가한다.
   (7) 자연 현상 및 지구 변화에 대한 평가는 과학적 기본 개념, 탐구능력 등과 함께 자연보호 및 환경보존을 연계하여 평가한다.

평가의 목표가 교사인 경우 과학 교사의 언어 행동이나 교수 방법 및 전략, 발문 전략, 수업의 구조화 능력, 학생들과의 상호작용 능력과 같은 과학에 대한 교사의 개인적인 교수 능력이 교사 평가의 목표가 되어야 한다. 평가의 목표가 교육과정인 경우 교육과정 상의 과학 교과서의 논리적 구조와 위계, 인지 수준 등과 같은 교육과정 구조의 타당성 여부가 교육과정 평가의 목표가 되어야 할 것이다. 또한 평가의 목표가 교육 환경인 경우 과학과 관련된 교수-학습 시설과 자료의 질과 양, 접근성, 재정적인 지원 등이 평가의 목표가 될 것이다(송진웅 외, 2003).

앞서 설명한 바와 같이 평가는 학업성취도 측정의 기능, 학습 진단평가의 기능, 교육문제 이해의 기능, 학습촉진의 기능을 해야 한다. 즉, 학생의 과학과 교육과정에 명시된 과학적 기본 개념과 지식의 이해와 탐구능력과 태도, 과학적 소양 등의 학업성취도를 측정하고, 학습자의 발달, 준비도, 능력과 과제의 난이도 등을 고려한 학습자의 조건에 대한 진단평가의 기능을 해야 한다. 또한 이와 같은 평가활동을 통하여 많은 교사의 교수 과정상의 문제를 발견하고, 이를 통하여 교육계획을 수립하고 교육의 기능을 수행하는데 참고할 수 있도록 해야 한다. 뿐만 아니라 학습자가 학습평가의 결과에 의하여 자기 평가를 할 수 있도록 하며, 이 평가 결과에 의해서 학생의 학습동기를 촉진시켜 높은 수준의 학습을 촉진시킬 수 있도록 해야 한다.

장애학생의 과학과 평가는 진단평가와 형성평가, 총괄평가의 기능을 담당해야 한다. 즉, 장애 학생의 현재의 과학 학습 수준과 지식, 과학적 기초학습 능력, 과학에 대한 적성과 흥미에 대한 진단을 통하여 효과적인 학습이 이루어지도록 해야 하며, 장애학생의 학습에 대한 강점과 요구를 진단하여 강점을 강화하고 학습 방해 요인을 제거해 주는 진단평가의 기능을 해야 한다. 또한, 과학과의 교수 · 학습 상황에서 학습의 진행 속도를 장애학생의 요구에 따라 적절히 조절하며, 학습결과에 대한 보상과 강화를 해 주며, 학습장애의 원인을 발견하고, 학습지도 방법을 개선해 주는 형성평가의 기능을 해야 한다. 마지막으로 장애학생의 성취도를 점검하여 학생 개개인의 교육성취도를 확정하고 판정하며 학생의 과학과 학업 성취도의 상대적 위치를 확인해 주며 집단 간 차이도 비교 · 분석하고, 장애학생의 IEP를 바탕으로 장단기 교육목표 달성여부를 파악하고 이를 바탕으로 교사의 교수 · 학습 개선에 대한 피드백의 기능을 해야 한다.

3. 과학과 교육평가의 내용

1) 과학적 소양

현대 과학교육의 핵심적인 목적은 과학적 소양을 함양하는 것이다. 과학적 소양에는 과학 지식 뿐만 아니라 과학적 탐구 능력과 태도도 포함된다. 즉, 과학적 소양은 흔히 탐구 기능과 능력, 학습한 내용의 응용 능력, 학습한 개념과 개념적 이해, 과학의 본성에 대한 이해 등으로 규정된다(조희형 외, 2011). 이와 마찬가지로 장애학생을 위한 과학과의 교육 목표는 학생 주변 환경에 대한 흥미와 호기심, 학생의 과학적인 지식 및 기본 개념에 대한 이해, 과학적으로 탐구하는 능력과 태도, 그리고 일상생활의 문제를 해결할 수 있는 과학적 소양을 기르도록 하는 것이다. 장애학생을 위한 과학과 교육평가는 학생 주변 환경에 대한 흥미와 호기심, 학생의 과학적인 지식 및 기본 개념에 대한 이해, 과학적으로 탐구하는 능력과 태도, 그리고 일상생활의 문제를 해결할 수 있는 과학적 소양을 중심으로 이루어져야 한다. Enger와 Yager (2001)는 과학적 소양의 평가영역을 개념, 과정, 응용, 태도, 창의성, 과학의 본성으로 구분하고, 그 틀을 다음과 같이 제시하였다(조희형 외, 2011, 재인용).

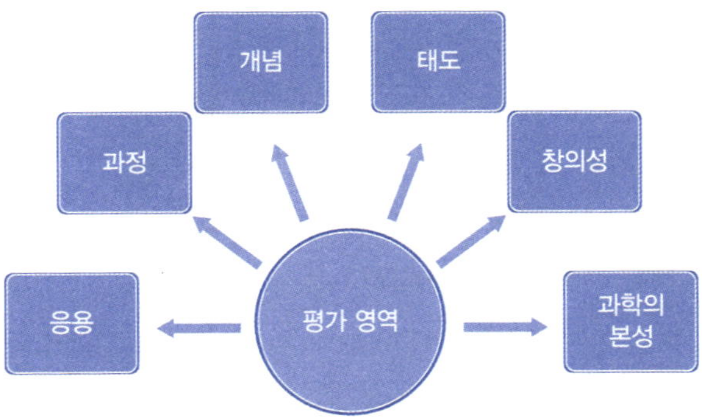

[그림 8-2] 과학적 소양 평가 틀

출처: 조희형, 김희경, 윤희숙, 이기영(2011). **과학교육의 이론과 실제.** 교육과학사, 474-475.

Enger와 Yager(2001)의 과학적 소양의 평가 틀에서 개념이란 과학적 사실, 법칙 또는 원리, 이론, 내면화된 지식을 말하며, 과정이란 관찰, 시간과 공간의 이용, 예상 등 기초 탐구기능과 통합 탐구기능을 말하고, 응용이란 비판적 사고의 이용, 개방적 질문의 이용, 과학적 과정을 이용한 일상적인 문제의 해결, 과학의 통합, 다른 분야와 과학의 통합, 과학 지식을 이용한 개인적 문제에 대한 의사 결정, 과학의 발달에 관한 대중 매체 보도의 이해와 평가, 과학 지식과 과학적 탐구 과정을 이용한 과학기술 문제 해결, 과학기술 산물에 포함된 과학과 과학기술 원리 이해를 말한다. 그리고 태도란 감정의 탐색, 개인적 느낌의 건설적 표현, 개인적 가치에 대한 의사결정, 사회적, 환경적 논쟁거리에 대한 의사결정, 과학 일반에 대한 적극적 태도 개발, 자신에 대한 적극적 태도 개발, 다른 사람에 대한 감성과 존경을 말하고, 창의성이란 시각화-정신적 영상, 발산적 사고, 개방적 질문, 대안적 견해 고려, 비상례적 관념의 생성, 은유 사용, 독창성, 문제해결, 설계, 의사소통 방식을 말하며, 과학의 본성이란 연구문제 또는 질문 형성, 과학적 연구의 방법, 협동, 경쟁 측면, 과학・기술・경제・정치・역사・사회학・철학 사이의 상호작용, 과학적 관념의 역사를 말한다.

반면 OECD(2016)는 PISA 2015의 과학적 소양에 대한 정의는 맥락(contexts), 지식(knowledge), 역량(competencies), 태도(attitudes)라는 네 가지 상호 관련된 측면으로 구성된다고 하면서 맥락을 과학과 기술에 대한 이해를 요구하는 현재 또는 역사적인, 개인, 지역・국가, 국제 쟁점으로 정의하고, 지식을 과학적 지식의 기초를 형성하는 주요 사실, 개념, 설명적 이론에 대한 이해로 정의하고, 이러한 지식은 자연계와 과학적 인공물 둘 다에 대한 지식(내용지식), 그런 아이디어가 어떻게 나왔는가에 대한 지식(절차적 지식), 그리고 이러한 절차의 기저에 깔린 논리와 지식의 활용에 대한 정당성의 이해(인식론적 지식)를 포함한다고 규정하였다. 그리고 역량은 현상을 과학적으로 설명하고, 과학적 탐구를 평가하고 설계하며, 자료와 증거를 과학적으로 해석하는 능력으로 정의하고, 태도는 과학과 기술에 대한 흥미, 올바른 탐구로의 과학적 접근을 중시함, 환경적 사안에 대한 인식과 자각으로 보여지는 과학에 대한 종합적인 태도로 정의하였다. 이러한 PISA 2015의 과학과 소양의 맥락,

지식, 역량, 태도를 평가하는 내용은 다음과 같다.

맥락	과학과 기술에 대한 이해를 요구하는 현재 또는 역사적인, 개인, 지역 · 국가, 국제적 사안들
지식	과학적 지식의 기초를 형성하는 주요 사실, 개념, 설명적 이론에 대한 이해. 이러한 지식은 자연 세계와 과학적 인공물 둘 다에 대한 지식(내용지식), 그러한 생각/발상이 어떻게 나왔는가에 대한 지식(절차적 지식), 그리고 이러한 절차의 기저에 깔린 논리와 지식의 활용에 대한 정당성의 이해(인식론적 지식)를 포함한다.
역량	현상을 과학적으로 설명하고, 과학적 탐구를 평가하고 설계하며, 자료와 증거를 과학적으로 해석하는 능력
태도	과학과 기술에 대한 흥미, 올바른 탐구로의 과학적 접근을 중시함, 환경적 사안에 대한 인식과 자각으로 보여지는 과학에 대한 종합적인 태도

출처: OECD (2016). *PISA 2015 assessment and analytical framework: Science, reading, mathematic and financial literacy*. Paris: PISA, OECD Publishing. p. 23.

과학과의 평가 내용은 학교의 맥락에만 국한되지 않아야 한다. 앞에서 언급한 바와 같이 PISA 2015는 맥락을 과학과 기술에 대한 이해를 요구하는 개인, 지역 · 국가, 국제 쟁점으로 정의하였다. 이런 맥락에 따라 과학과 평가는 학생 자신, 가족, 또래 그룹인 개인적 맥락, 지역 · 국가적 맥락, 전 세계의 삶인 국제적 맥락과 관련한 상황에 초점을 맞추어야 한다. 기술 기반 주제는 일반적인 맥락으로서 활용될 것이다. 어떤 주제들은 역사적 맥락에서 설정되어 있을 수 있는데, 이는 과학적 지식을 향상시키는데 관련된 과정과 실천을 학생들이 이해하는가를 측정하는데 활용된다. 맥락은 학생들의 흥미 및 그들의 삶과의 연관성을 고려하여 선택된다. 적용의 영역은 건강과 질병, 천연 자원, 환경의 질, 위험, 그리고 과학과 기술의 경계 등으로 이 영역들 안에서 과학적 소양은 삶의 질을 유지 및 향상시키고, 공공 정책을 개발하는데 있어서 개인과 공동체를 위한 특정 가치를 갖는다. 과학과 관련된 사안이 개인, 지역 · 국가, 국제 상황에서 적용되는 방법은 다음과 같다.

	개인	지역·국가	국제
건강과 질병	건강 유지, 사고, 영양	질병 통제, 사회적 전파, 식품 선택, 공동체 건강	전염병, 전염성 질명의 전파
천연 자원	물질과 에너지에 대한 개인적 소비	인구 유지, 사람의 질, 안전, 식량의 생산과 분배, 에너지 공급	재생 가능한 자연계와 재생 불가능한 자연계, 인구 증가, 종의 지속가능한 사용
환경적 질	친환경적 행동, 물질과 기구의 사용과 폐기	인구 분배, 쓰레기 폐기, 환경적 영향	생물의 다양성, 생태학적 지속성, 오염의 통제, 토양/바이오매스의 생산과 손실
위험요소	생활방식 선택의 위험 평가	급격한 변화(예. 지진, 극심한 날씨), 점진적인 변화(예. 해안 침식, 퇴적), 위험 평가	기후 변화, 현대 커뮤니케이션의 영향
과학과 기술의 경계	취미, 개인 기술, 음악, 스포츠 활동의 과학적 측면	새로운 물질, 기구/장치와 과정, 유전자 변형, 보건 기술, 이동	멸종, 우주 탐사, 우주의 기원과 구조

출처: OECD (2016). *PISA 2015 assessment and analytical framework: Science, reading, mathematic and financial literacy*. Paris: PISA, OECD Publishing. p. 24.

과학적 소양은 앞에서 언급한 바와 같이 과학적으로 현상을 설명하고, 과학적 탐구를 평가하고 설계하며, 과학적으로 자료와 증거를 해석하는 역량을 요구한다. 이러한 과학적 역량 각각의 평가내용은 다음과 같다.

첫째, 현상을 과학적으로 설명할 수 있는 역량을 나타내는 것은 학생이 주어진 상황에 적절한 내용지식을 회상하여 관심 있는 현상을 해석하고 설명하는 데 사용하는 것을 요구한다. 이런 지식은 또한 지식이나 자료가 부족한 맥락에서 잠정적인 설명적 가설을 생성하는데 사용될 수 있다. 과학적 소양을 지닌 사람은 항생제가 바이러스를 죽이지 못하는 이유, 전자레인지의 작동 방식, 가스가 압축 가능하지만 액체가 아닌 이유와 같은 일상 현상을 설명하고 이들을 예측하는데 사용하는 간단한 표상을 구성하기 위하여 표준 과학 모형을 도출할 수 있다고 기대된다. 이런 역량은 현상을 기술하거나 해석하고 가능한 변화를 예측하는 능력을 포함한다. 또한 이것은 적절한 기술, 설명 및 예측을 인식하거나 확인하는 것을 포함할 수 있다(OECD, 2016, p. 24). PISA 2015 과학 평가에서 학생이 15세까지 획득하게 될 가능성이 있는 지식과 이해를 토대로 선택한 현상을 과학적으로 설명하는 역량의 구체적인 내용은 다음과 같다

현상을 과학적으로 설명하기
다음과 같은 능력을 증명하는 자연적이고 기술적인 범위에 대한 설명을 인식하고 제공하고 평가한다. • 적절한 과학적 지식을 회상하고 적용하기 • 설명 모형과 표상을 확인하고 사용하며 생성하기 • 적절한 예측을 하고 정당화하기 • 설명적인 가설을 제시하기 • 사회에 대한 과학적 지식의 잠재적 함의를 설명하기

둘째, 과학적 탐구를 평가하고 설계하는 역량은 과학적 결과 및 조사의 보고서를 비판적으로 평가하기 위하여 요구된다. 이것은 과학적 문제를 다른 형태의 탐구와 구별하거나 주어진 맥락에서 과학적으로 조사될 수 있는 문제를 인식하는 능력에 의존한다. 이런 역량은 과학적 연구의 핵심 특징에 대한 지식, 예를 들면, 정확하고 정밀한 자료를 수집할 수 있도록 하기 위하여 어떤 사안을 측정하여야 하는지, 어떤 변수를 변경하거나 통제하여야 하는지, 어떤 행동이 이루어져야 하는지 등을 요구한다. 이것은 자료가 항상 완전히 정확하지 않다는 인식에 의존하여 자료의 질을 평가할 수 있는 능력을 요구한다. 또한 이것은 연구가 근본적인 이론적 전제에 의해 주도되는지 아니면 대안적으로 패턴을 결정할지의 여부를 결정하는 능력을 요구한다. 과학적 소양을 지닌 사람은 어떤 주어진 과학적 탐구의 가치를 판단할 때 이전 연구

의 중요성을 인식할 수 있어야 한다. 이런 지식은 작업을 배치하고 어떤 가능한 성과의 중요성을 판단하기 위하여 필요하다. 예를 들면, 말라리아 백신의 검색이 수십 년 동안 과학 연구의 지속적인 프로그램이었으며, 말라리아 감염에 의하여 사망한 사람의 수를 감안할 때, 백신이 성취될 수 있다고 제시하는 어떤 발견은 실질적으로 중요한 의미를 가질 것이다. 더욱이 학생들은 과학에서 모든 언론 보도에 대하여 회의적인 태도를 갖는 것이 중요하다는 것을 이해하여야 한다. 그들은 모든 연구가 이전의 연구를 기반으로 한다는 것을 인식하여야 하며, 어떤 한 연구의 결과가 항상 불확실성을 지니고 있으며, 연구가 자금 원천에 의하여 편향될 수 있다는 점을 인식하여야 한다. 이런 역량은 학생들이 절차적 지식과 인식론적 지식을 모두 소유할 것을 요구하지만 과학에 대한 내용지식을 다양한 정도로 이끌어 낼 수 있다(OECD, 2016, p. 25). PISA 2015 과학 평가에서 학생이 15세까지 획득하게 될 가능성이 있는 지식과 이해를 토대로 선택한 과학 탐구를 평가하고 설계하는 역량의 구체적인 내용은 다음과 같다

과학적 탐구를 평가하고 설계하기
과학적 조사를 기술하고 평가하며, 다음에 대하여 능력을 과학적으로 나타내는 문제를 언급하는 방법을 제안한다. • 주어진 과학 연구에서 탐색된 문제를 확인하기 • 과학적으로 조사할 수 있는 문제를 구분하기 • 주어진 문제를 과학적으로 탐구하는 방법을 제안하기 • 주어진 문제를 과학적으로 탐구하는 방법을 평가하기 • 과학자들이 자료의 신뢰성 및 설명의 객관성과 일반성을 보장하는 방법을 설명하고 평가하기

2) 과학 지식과 개념

과학 지식은 과학적 탐구과정을 통해서 얻어진 결과들을 통틀어 말한다. 즉, 자연에 대한 사실, 개념, 일반화, 원리, 이론, 법칙 등의 지식 뿐만 아니라 이에 대한 내용

을 기억하고 활용하는 능력을 말하며, 이는 다시 기억과 이해, 적용으로 세분화 된다. 과학 지식의 평가는 교육과정에 제시된 내용(용어, 사실, 개념, 원리 등)의 습득 및 과정을 평가하는 것이다. 용어에 관한 지식은 과학시간에 학습한 용어(예, 물질, 생물, 무생물, 에너지 등)를 정의하는 능력과 이미 정의된 것을 확인하는 능력, 용어가 옳게 사용되었는지를 아는 능력을 말한다. 사실에 관한 지식은 아동이 기억해야 할 구체적인 정보를 지칭한다. 예를 들면 '움직이는 물체를 정지시키려면 힘이 필요하다' 혹은 '전선을 나침반 밑에 놓고 전류를 흐르게 하면 나침반 바늘이 움직인다' 등이다. 원리와 법칙에 관한 지식은 학생들이 과학과 학습활동을 통하여 얻은 것으로 학생들이 알고 있어야 할 자연의 법칙이나 원리를 말한다. 예를 들면 '만유인력의 법칙'이나 '열은 온도가 높은 곳에 낮은 곳으로 움직인다' 등의 법칙을 말한다(남철우, 김석중, 2000).

과학 지식에 대한 영역은 전통적으로 Bloom의 교육 목표 분류 체계 중에서 인지적 영역의 분류틀을 많이 이용하여 왔다. 일반적으로 지식, 이해까지를 저수준이라 하고 적용, 분석, 종합, 평가를 고수준이라 한다. 과학 지식의 평가 영역은 일반적으로 지식, 이해, 적용, 분석, 종합, 평가이지만 특수교육 기본 교육과정이 적용되는 장애 학생의 경우, 주로 지식 혹은 기억, 이해, 적용에 대한 평가에 주안점을 둘 수 있다. 기억은 학생들이 학습한 내용을 머리 속에 단순히 넣어 두는 것이 아니라 그것을 그대로 재생해 낼 수 있는 능력을 말한다. 따라서 이를 가리켜 단순 정신 기능이라고도 부르지만, 기본적인 사실이나 개념을 기억하는 것은 고차적인 정신기능을 발휘하는 바탕이 되므로 기억 능력도 중요하다(교육과학기술부, 2009b).

Kaplan(1964)은 초기에 과학적 개념의 유형을 관찰개념, 구성개념, 이론개념으로 분류하였다. 관찰개념은 관찰의 결과 확인할 수 있는 개념을 의미한다. 예를 들면 '씨는 뿌리, 줄기, 잎과 꽃을 가진 식물로 성장한다', ' 물은 다른 물질을 녹일 수 있다' 등과 같은 개념을 말한다(Harlan & Rivkin, 2000; Lind, 2000). 구성개념은 관찰에 의해 확인되는 것은 아니지만 관찰 가능한 현상에 바탕을 두고 구성한 개념이다. 예를 들면 '살아 있는 것은 물, 공기, 영양분, 적당한 온도를 필요로 한다', '물이 물체를 위로 받치는 힘과 물과 물체의 무게 관계에 의해 물체가 뜨거나 가라앉는다' 등과 같은 개념을 구성개념이라 할 수 있다(Martin, Sexton & Gerlovich, 1997). 그리고 이론개념은 현상이나 사건을 보다 효과적으로 설명하기 위해 이론적으로 추상화하여 인위적으로 만들어낸 개념이다. 즉, '살아있는 것은 성장하고 변화한다', '화학적 변화는 속성까지 변하여 새로 물질이 형성된다' 등과 같은 개념을 말한다(Harlan & Rivkin, 2000; Lind, 2000). 이와 같은 과학적 개념은 유아기의 자연적, 직관적인 경험을 통해 형성한 사전개념(preconception)이 탐구 중심의 과학 활동 과정에서 여러 가지 관찰한 사실을 통해 얻은 지식들과 결합되어 관찰개념, 구성개념, 이론개념으로 변화되면서 구성된다(안경숙, 2007).

그리고 이해는 단순히 기억하는 것을 넘어서서 자료의 의미를 아는 것을 말한다. 이해에는 새로운 상황에서 학습한 지식을 알아내는 능력과 자료의 형태를 바꾸는 능력 등이 포함된다(교육과학기술부, 2009b). 과학적 개념이 구성되어지고 학생의 경험이 누적되면서 좀 더 추상적이고 포괄적인 과학교육 내용의 기본 개념을 이해하게 된다(Kilmer & Hofman, 1995). 미국 국가과학 교육 증진 센터(National Center for Improving Science Education)는 과학의 기본 개념을 시스템, 모델, 항상성과 변화, 측정, 조직, 인과관계, 구조와 기능, 변화, 다양성으로 제안하고 있다(Kilmer & Hofman, 1995). Kilmer와 Hofman(1995)이 제안한 과학교육의 기본 개념과 기본 개념의 구성을 도울 수 있는 과학 활동의 예는 〈표 8-2〉와 같다.

또한, 과학과 해당 단원의 핵심이 되는 기본적인 과학 지식 및 개념에 대한 이해뿐 아니라 이러한 지식 및 개념을 적용할 수 있는 능력에 대한 평가도 이루어져야 한다. 또는 자연현상의 사실이나 원리 혹은 그 연관성을 기호로 표시하거나 학생 나름의 용어나 그래프로 표현하는 능력과 반대로 그래프나 기호를 보고 그것을 용어로 바꾸어 표현하는 능력도 평가의 대상이 된다. 또한 이미 습득한 과학적 법칙이나 원리 또는 사실을 이용하여 새로운 상황에서의 문제를 해결하는 능력을 평가해야 하며, 이와 같은 능력은 학생이 먼저 해결해야 하는 문제의 본질을 인지하고 그에 대한 적절한 법칙과 원리를 결정한 후 기존에 다루지 않았던 새로운 문제를 풀기 위해서

〈표 8-2〉 과학교육의 기본 개념과 과학 활동의 예

기본개념	기본 개념의 의미	과학활동의 예
시스템	하나의 전체를 형성하기 위해 서로 영향을 주는 사물, 유기체, 기계, 과정 등과 같은 구조이다.	• 심장을 느껴보고, 정맥 등을 관찰하고 토의하기
모델	실제하는 사물을 이해하도록 하기 위해 고안된 실제 사물과 현상의 표상이다.	• 장난감 차와 실제차 비교하기
항상성과 변화	모든 것은 계속적으로 변화한다.	• 아기 사진을 가져온 후 현재의 모습과 비교하기
측정	속도, 크기, 거리와 같은 양적인 변화이다.	• 여러 크기의 나뭇잎을 비교하고 측정하기
조직과 순서화	세계에 대한 방대한 양의 정보를 이해하기 쉽게 사람들은 여러 가지 방식으로 조직하며, 일반적인 조직은 위계가 있다.	• 나무, 천, 종이, 스티로폼과 같이 서로 다른 물질을 수집하기
인과 관계	자여은 예견이 가능한 방법으로 행동한다. 과학의 기본적인 목적은 현상에 대한 원인과 설명을 확실히 하는데 있다.	• 경사로와 장난감 차를 제공하고 실험하기
구조와 기능	인간이 수행하는 행동과 보고 느끼고 냄새 맡고 맛을 보는 방법에는 서로 관계가 있다.	• 숟가락, 포크 등과 같은 도구나 기계를 조사하기
변화	모든 유기체와 사물은 서로 구별되는 독특한 속성을 가지고 있으며, 이러한 속성은 대부분 연속선상에서 변화한다.	• 소리 탐색하기
다양성	자연 세계에는 다른 형태의 다양한 사물과 유기체가 있다.	• 서로 다른 나뭇잎 수집하기

출처: 안경숙(2007). **유아 과학교육 평가의 이해.** 경기: 한국학술정보(주)

같은 아이디어를 이용할 수 있는 능력이 중요한 평가의 대상이 되어야 한다. 적용에 대한 평가에서는 과학 지식 및 개념을 다양한 실생활에 적용하는 과정에 대한 직접 관찰 및 면담을 활용할 수 있다. 평가의 내용 및 방법은 반드시 학생의 개별적인 능력 수준을 고려하여 이루어져야 한다.

3) 과학 탐구능력

과학 탐구능력은 문제인식에서 문제해결에 이르는 일련의 과정에서 필요한 능력으로 과학 탐구능력의 평가는 탐구활동 수행 능력과 이를 실생활에서 부딪히는 문제해결에 적용하는 능력의 평가에 주안점을 두어야 한다. 과학 탐구능력은 문제 발견 및 해결 방안 탐색과 자료 수집, 자료 해석 및 일반화, 실험 기구 조작 및 수집, 사육 재배 등을 포함한다. 문제 해결 및 해결 방안 탐색 능력은 자연 현상이나 사물을 관찰하고, 내재되어 있는 문제를 인식하며, 그 문제를 해결하기 위한 방법을 모색하는 능력이다. 여기에는 가설 설정과 가설 검증을 위한 실험의 계획 등과 같은 능력을 포함한다. 그리고 자료 수집 능력은 실험 계획에 따라 직접 실험을 실시하여 자료를 수집하고, 자연 현상이나 사물을 관찰하고 측정하며, 수집한 정보를 특정 기준에 따라 분류할 수 있는 능력이다. 자료 해석 및 일반화는 수집한 자료를 정리하고 분석 및 해석하여 가설을 검증하고, 수정하며, 일반화하는 능력이다. 끝으로 과학 탐구능력은 실험 기구를 조작하고, 실험에 필요한 식물이나 광물을 수집하고, 동물과 식물을 사육하는 능력을 포함한다(교육과학기술부, 2009b).

과학 학습에서 탐구라는 것은 문제를 해결하고자 하는 강한 경향, 호기심, 인지적 비평형을 해결하기 위한 개인적 욕구, 그리고 만족스러운 해결을 위해 계속 질문하려는 욕구 등을 일컫는다(송진웅 외, 2003). 그리고 과학 학습 평가에서 탐구 능력은 자연 현상과 학습자의 인지 구조 사이의 상호 작용으로 인한 문제의 인식으로부터 그 문제를 해결하기 위한 일련의 과정으로 가설 설정, 실험 설계, 실험 수행, 자료 해석, 결론 도출 등의 과정에서 요구되는 능력을 의미한다(교육인적자원부, 1997).

탐구 과정 기술은 이와 같은 탐구능력을 증진시키기 위한 가장 중요한 수단이다(Althouse, 1988; Martin, 1997; Lind, 2000). 탐구과정 기술은 기초 과학 과정 기술(basic science process skills)과 통합 과학 과정기술(integrated science process skills)로 구분된다(안경숙, 2007).

기초 과학 과정기술은 학생이 탐구하는데 사용되는 기본적인 탐구 방법으로서 관찰, 분류, 의사소통, 측정, 예측, 추론, 실험 등이다(Martin, 2001). 기초 과학 과정 기술(관찰, 측정, 비교, 분류, 예상, 추리)에 대한 평가(조희형, 최경희, 2007)에서 장애 학생에게 적용 가능한 평가 내용을 제시하면 다음과 같다.

- 관찰: 학생이 활용할 수 있는 최대한의 감각 기관을 이용했는지, 정확하게 관찰을 했는지, 핵심적인 것을 관찰했는지 등을 평가
- 측정: 측정 도구를 적절하게 사용할 수 있는지, 양을 정확하게 잴 수 있는지 등을 평가
- 비교: 물질의 차이를 비교할 수 있는지 등을 평가
- 분류: 범주화하기, 분류표 및 그림 만들기 등을 평가
- 예상: 제시된 증거와 사실을 활용하여 예상하는지, 관계의 규칙성을 표현하는지 등을 평가
- 추리: 관찰, 측정, 분류 과정에서 획득한 자료를 근거하여 규칙성, 일반화 법칙, 원인 등을 설명할 수 있는 논리적 추론 능력을 평가

과학적 탐구 활동은 일반적으로 이러한 기초 탐구과정 기술뿐만 아니라 통합 탐구과정(문제 인식, 가설 설정, 변인 통제, 자료 변환, 자료 해석, 결론 도출, 일반화 등)도 포함된다. 통합 탐구과정은 다양한 탐구활동을 통해 이루어지며 따라서 다양한 탐구활동을 통해 평가되어야 한다. 통합 탐구기능에 대한 평가 대상과 주안점은 다음과 같다(조희형, 2007).

- 문제 인식: 문제와 상황의 일치여부, 실험을 통한 해결 가능성, 독립변인과 종속변인의 포함 여부와 그 적절성
- 가설설정: 연구문제에 대한 잠정적인 답 여부, 검증 가능성, 독립변인을 앞에 종속변인을 뒤에 둔 진술
- 변인통제: 변인의 정의와 역할, 실험과 관련이 있는 변인의 확인 및 진술, 변인

의 통제와 조절, 실험설계, 반응변인의 조작적 정의
- 자료 변환 및 해석: 그림 · 지도 · 그래프 · 사진 등의 정의나 그 특성의 기술, 자료를 표 · 그래프 · 그림 등으로 나타내기
- 결론 도출: 상관관계 연구에서는 두 변인 사이의 상관관계로, 사후연구 · 실험 · 준실험에서는 인과관계로 진술한 결론

통합 탐구과정의 경우 기초 탐구기능에 근거하여 이루어지는 보다 높은 수준의 사고 과정이므로 장애 학생에게 쉽게 적용하지 못하고 있다. 그러나 실험, 조사, 견학 등과 같은 실제적인 탐구 활동 과정에서는 이 두 가지 기능이 함께 적용되고 있으므로(조희형. 최경희, 2007), 교수 · 학습 방법으로 실험, 조사 등을 적용한 경우 기초적 탐구기능뿐만 아니라 통합 탐구기능도 평가 시 함께 고려해야 한다(교육과학기술부, 2009a).

4) 과학적 태도

사람들의 과학에 대한 태도는 과학과 기술 및 구체적으로 그들에 영향을 미치는 쟁점에 대한 관심, 주의, 반응에서 중요한 역할을 한다. 과학교육의 하나의 목적은 학생들이 과학적 쟁점에 참가하도록 유도하는 태도를 개발하는 것이다. 이런 태도는 개인, 지역 · 국가, 세계의 이익을 위하여 후속의 과학 및 기술 지식을 습득하고 적용하도록 지원하며, 자기 효능감의 발달을 이끈다(Bandura, 1997). Klopfer(1976)는 과학에 대한 태도(attitudes towards science)와 과학적 태도(scientific attitudes)를 구분한다. 과학에 대한 태도는 과학적 쟁점과 활동에서 보이는 관심의 수준에 의하여 측정하는데 반하여 과학적 태도는 경험적 증거를 신념의 토대로서 가치를 부여하려는 성향의 측정이다. 과학에 대한 태도는 과학과 기술에 대한 관심, 환경에 대한 자각, 탐구에 대한 과학적 접근법을 존중하기로 평가할 수 있다. 이러한 세 가지 영역은 과학에 대한 긍정적인 태도, 환경과 환경적으로 지속가능한 생활 방식에 대한

관심, 탐구에 대한 과학적인 접근을 중시하는 성향이 과학적 소양을 지닌 개인의 특성이기 때문에 측정을 위하여 선정된다. 따라서 개별 학생이 과학에 관심이 있거나 없는 정도와 학생이 그 가치와 함의를 인식하는 정도는 교육의 성과에 대한 중요한 척도로 고려된다.

과학과 기술에 대한 관심은 성취, 과정 선택, 진로 선택, 평생 학습과 밀접한 관련이 있기 때문에 과학적 태도 평가의 중요한 내용이 된다. 대다수 학생들의 경우 과학에 대한 흥미는 14세에 확립된다고 알려져 있다(Ormerod & Duckworth, 1975; Tai, Liu, Maltese, & Fan, 2006). 더욱이 이런 관심을 가진 학생들은 과학과 관련된 진로를 추구하는 경향이 있다. 그래서 과학에 대한 관심은 태도 평가의 중요한 부분이 된다.

환경에 대한 자각은 경제적 관련성뿐만 아니라 국제적인 관심사이다. 환경 문제의 중요성을 지구상의 생명 유지와 인류의 생존에 대한 환경 문제의 중요성을 놓고 생각하면, 오늘날의 젊은 세대는 생태계의 기본 원리를 이해하는 것을 필요로 하며, 그에 따라 자신의 삶을 조직하는 것을 필요로 하여야 한다. 이것은 환경에 대한 자각과 환경에 대한 책임 있는 성향을 개발하는 것이 중요한 요소라는 것을 의미한다.

탐구에 대한 과학적 접근법은 과학 그 자체 내에서뿐만 아니라 사회과학, 금융, 스포츠에서도 새로운 지식을 창출하는데 매우 성공적이었기 때문에 선택되었다. 또한 과학적 탐구와 계몽의 핵심 가치는 합리적 신념의 토대로서 경험적 증거에 대한 믿음이다. 그러므로 탐구에 대한 과학적인 접근법의 가치를 인식하는 것은 평가를 보증하는 과학교육의 근본적인 목표로 간주된다.

과학적 탐구에 대한 이해와 지원은 학생들이 과학과 기술에 관련된 생활 상황에 직면한 것으로서 증거를 수집하고, 창의적으로 사고하며, 합리적으로 추론하고, 비판적으로 반응하고, 결론을 전달하는 과학적인 방법을 확인하고 가치를 인정할 수 있음을 함의한다. 학생들은 탐구에 대한 과학적 접근법이 기능을 하는 방법 및 과학적 접근법이 대부분의 사례에서 다른 방법들보다 더욱 성공적이었던 이유를 이해하여야 한다. 그러나 탐구에 대한 과학적 접근법에 가치를 두는 것이 개인이 과학의 모든 측면에 대하여 긍정적으로 생각하여야 한다거나 그러한 방법 자체를 사용하여야 한다는 것을 의미하지는 않는다. 따라서 이 구인은 물질적, 사회적 현상을 조사하는 과학적 방법의 사용에 대한 학생의 통찰과 이런 도구로부터 도출된 통찰에 대한 척도이다.

한편 과학적 태도는 과학적으로 사고하는 습관으로 문제를 해결할 때 또는 아이디어나 정보를 평가할 때 취하는 특별한 행동 양식이다(유경숙, 1999). 과학적 태도는 인간의 의지와 정서에 관련된 것으로 과학적 추론, 과학적 업적, 그리고 과학과 기술의 발전으로 인한 사회의 이익을 가치 있게 여기는 태도이다. 이러한 태도는 협동심, 반성적 사고, 호기심, 그리고 교실 밖 상황으로의 학습의 연장 등과 같은 요소들을 포함한다. 중도 인지 장애 학생들도 자연 현상에 대하여 호기심과 흥미를 가지도록 하고 이를 탐구하고자 하는 긍정적인 태도를 가지도록 하는 것은 매우 중요하다. 이런 긍정적인 태도를 가지도록 하기 위해서는 자연 현상에 대한 유쾌하고 성공적인 경험과 보상을 주어야 하며, 과학적 지식과 기본 개념에 대한 이해에도 긍정적인 영향을 준다.

과학에 대한 긍정적인 태도는 호기심, 적극성, 솔직성, 정직성, 객관성, 개방성, 비판력, 끈기, 협동심 등을 포함한다(안경숙, 2007). Martin(2001)은 과학적 주제와 내용에 대한 호기심, 과학 활동에 대한 적극적인 참여, 과학 관련 책이나 비디오 등과 같은 자료에 대한 관심도, 과학 영역에서의 주도성과 흥미 등이 중요한 요소라고 제안하였다. Lind(2000)는 과학적 태도의 구성 요소로 호기심, 판단 유보, 의문성, 객관성, 개방성, 독단성 피하기, 주의 깊은 관찰, 주의 깊은 결론 내리기, 증거의 확인, 실패에 대한 긍정적 자세, 변화에 대한 적극성과 긍정적 태도, 맹신 피하기, 성실과 겸손을 들고 있다. Martin, Sexton 및 Gerlovich(1997)는 과학적 태도를 정서적 태도와 지적 태도로 구분하고, 정서적 태도에는 호기심, 끈기, 실패에 대한 긍정적 접근, 개방성, 협동심이 있으며, 지적 태도에는 신뢰할 만한 정보에 대한 요구, 의문을 품는 태도, 과잉 일반화 피하기, 다른 사람 의견이나 설명 수용하기, 판단 유보, 증거 없이 아무 주장이나 받아들이지 않기, 개방성 등이 있다. 이러한 과학적 태도의 구성 요소의 의미와 관찰 가능한 행동은 다음과 같다(안경숙, 2007).

〈표 8-3〉 과학적 태도의 구성요소와 행동의 예

구성요소	의미	행동의 예
호기심	주변 환경에서 신기한 것을 탐구하려는 본능적인 태도	• 과학적 주제나 내용에 대한 잦은 질문 • 새로운 대상에 관심기울이기
적극성	과학 활동에 적극적으로 참여하려는 태도	• 과학 활동이나 실험에 스스로 참여하기 • 과학 관련 책이나 비디오 자주 보기
솔직성	과학 활동의 결과를 왜곡하지 않고 편견 없이 받아들이며 인정하려는 태도	• 자신이 예상한 점이나 관찰한 점, 어려운 점에 대해 솔직하게 표현하기
객관성	결론을 내리기 전에 가능한 많은 자료를 수집하여 결론을 내리려는 태도	• 인쇄자료나 멀티미디어 자료, 교사나 동료들의 의견 등 다양한 자료를 통해서 결론을 내리기
개방성	새로이 밝혀진 결과를 통해 기존의 자신의 견해와 태도를 기꺼이 수정하려는 태도	• 자기주장에 대한 비판 수용하기 • 실패한 실험 결과 인정하기 • 여러 사람들의 의견 듣고 수용하기
비판력	다른 사람의 의견에 대해 옳고 그름을 판단하고 토론할 수 있는 태도	• 다른 사람의 결론이나 설명에 대해 옳고 그름을 판단하기 위해 증거를 요구하거나 서로 토론하기
끈기	어떠한 문제를 끝까지 완성해보려고 노력하는 태도	• 과학활동이나 실험 도중 쉽게 포기하지 않고 끝까지 결과를 지켜보고 결론을 내리기
협동심	과학활동 과정 중 다른 사람과 함께 협의하고 서로 돕는 태도	• 실험 과정에서의 이견을 서로 협의하기 • 실험 후 정리정돈 함께하기

4. 과학과 교육평가 방법

최근의 과학과 평가는 전통적인 지필 평가에서 인터뷰, 관찰, 포트폴리오(portfolios), 수행평가, 그리고 개인 판단과 같은 좀 더 믿을 만한 방법, 즉 참평가(authentic assessment)로 대치되고 있다. 뿐만 아니라 그 시기에 있어서도 수업의 끝, 단원의 끝, 학기의 끝으로 제한하기보다는 학습의 전 과정에 대한 수행평가 중심의 평가가 강조되고 있다. 이러한 평가 방법의 변화는 교사로 하여금 학생들의 성취와 진보에 관해 최대한의 가능한 정보를 수집할 수 있도록 하였다. 특수교육 기본교육과정에서는 장애학생의 과학적 지식과 과학적 탐구능력, 과학적 태도의 평가 방법을 다음과 같이 제시하고 있다(교육과학기술부, 2011).

① 평가는 전통적인 평가 방법인 선다형, 서술형 외에 관찰, 실기검사, 면담, 포트폴리오, 작업표본, 루브릭 등의 다양한 방법을 활용한다. 특히 학생의 활동 관찰 및 수업참여 활동 보고서 검토 등의 방법을 활용하여 과학적 지식과 과학 탐구 기능, 과학적 태도 등을 종합적으로 평가한다.

② 학생 간 비교보다는 학생 내 비교를 통해 학생 개개인의 학습 진행 및 향상 정도를 평가한다.

③ 과제에 대한 단순한 문제 해결 능력 뿐 아니라, 관련 자료를 참고하여 다양한 방법으로 문제를 해결하는 문제 해결력을 평가한다.

④ 자연현상에 대한 과학적 사실과 과학적 개념이 통합적으로 이해되었는지를 평가하며, 특히 오개념이 과학적 개념으로 변화했는지 여부에 대하여 평가한다.

⑤ 성취기준에서 자연 현상에 대해 '관찰하기', '확인하기' 등 직접적 체험을 중시할 경우, 평가 시 과학적 지식 외에도 자연현상에 대한 흥미와 관심, 태도 등 정의적 특성을 함께 평가한다.

⑥ 탐구 능력의 평가는 언어적 수단 외에 신체 표현하기 등의 비언어적 수단을 통하여 평가한다.

⑦ 관찰 평가 시 과학 수업이 이루어지는 자연적 상황에서 학생의 수행 정도를 주기적으로 관찰한다.

⑧ 물질과 에너지 영역은 여러 가지 에너지를 이용한 다양한 생활도구나 기구를 조작하는 행동을 관찰하여 과학적 지식을 활용하는 정도를 중점적으로 평가한다.

1) 과학 지식의 평가 방법

장애학생을 위한 과학 지식의 평가는 지필 검사와 면담, 질문 등의 방법을 활용하되, 과학 지식 및 이해, 적용 등의 평가는 학생의 수준을 고려하여 접근하고, 결과 지향보다는 과정 지향 중심의 평가를 해야 한다(교육과학기술부, 2009a).

과학 지식의 평가는 일반적으로 지필 검사로 이루어진다. 지필평가는 사용하기는 쉬우나 문항을 작성하는 것은 상당한 수준의 과학 내용에 대한 이해와 문항 작성 능력을 요구한다. 지필 평가 문항 작성에서 유의할 사항은 다음과 같다(교육과학기술부, 2009b).

- 평가 목표를 분명히 한다.
- 평가 목표에 적합한 평가 문항의 유형을 결정한다.
- 평가 목표의 행동 영역과 내용 영역을 잘 반영해야 한다.
- 평가 문항에 과학적으로 오류가 없도록 한다.
- 평가 문항은 명확하고 간결하게 작성하며 중복된 표현을 최대한 줄인다.
- 평가 문항은 학생들이 알기 쉽게 작성하여 실수로 틀리지 않도록 한다.
- 정답에 대한 단서를 주지 않도록 해야 한다.
- 선택형인 경우에는 답지가 서로 독립성을 가지도록 해야 한다.

지필 검사의 유형으로는 진위형, 선다형, 결합형, 단답형, 완성형, 논술형, 개념도형 등이 있다(조희형, 최경희, 2007). 진위형이나 선다형, 결합형 등의 객관식 평가 방식으로도 학생들의 과학적 지식과 기본 개념을 평가할 수 있지만 서술형 평가와 논술형 평가로도 학생들의 과학 지식과 기본개념을 평가할 수 있을 것이다. 서술형 평가는 문항 출제자가 제시한 답지를 중심으로 학생이 문제해결과정이나 개념을 제대로 이해하고 있는가를 알아보기 위한 방법이다(백순근, 1997). 단답형이나 완성형도 서술형 평가의 한 방식이라 할 수 있으나 학생의 생각이나 사고과정을 알아보기 위해서는 주관식 서술형 평가가 더 적절할 수 있다. 이와 같은 서술형 평가는 채점 시간이 많이 걸리고 점수의 객관성이 낮으며 출제 범위가 좁다는 단점이 있으나 과학 개념이나 원리의 이해 및 적용과 관련된 인지적 목표 도달도를 측정하는 것뿐만 아니라 가설설정, 실험 설계, 자료 해석, 결론 도출 및 일반화 등의 능력을 평가하는 데 효과적으로 사용될 수 있다(송진웅 외, 2003). 그리고 논술형 평가는 학생 나름대로 자신의 생각과 주장을 창의적이고 논리적이면서도 설득력 있게 작성해야 하는 검사의 형태이다(백순근, 1997). 과학과에서의 논술형 평가는 과학-기술-사회와 관련된 주제들-유전공학, 생명복제, 원자력 발전, 쓰레기 매립장 건설, 우주탐사 등-에 대한 생각이나 주장에 관한 부분을 평가할 수 있다(송진웅 외, 2003).

이와 같은 지필평가는 장애 학생의 읽기, 의사소통 및 인지 발달 수준에 따라서 적합한 방법을 선정해야 한다. 또한 과학 지식과 기본 개념의 평가라 하여 주로 단편적인 지식 및 개념의 암기를 요하는 지필 평가만을 시행하는 것은 가능한 한 지양하고 행동 관찰, 면담, 산출물 검토 등을 활용하여 과정 중심의 평가를 해야 한다. 과학 지식의 경우 주로 총괄평가를 통한 결과(목표) 지향의 평가가 이루어지지만, 장애학생의 경우 교수·학습 과정에서도 학습의 수준과 방향이 목표에 맞게 잘 진행되고 있는지를 수시로 점검하고 이에 따른 수정 및 보완이 필요하므로 형성 평가 방식이 과학 지식의 평가에 대해서도 적용되어야 한다(교육과학기술부, 2009a).

과학과 해당 단원의 핵심이 되는 기본적인 과학 지식 및 개념에 대한 이해뿐 아니라 이러한 지식 및 개념을 적용할 수 있는 능력에 대한 평가도 이루어져야 한다. 적용에 대한 평가에서는 과학 지식 및 개념을 다양한 실생활에 적용하는 과정에 대한 직접 관찰 및 면담을 활용할 수 있다. 평가의 내용 및 방법은 반드시 학생의 개별적인 능력 수준을 고려하여 이루어져야 한다.

2) 과학적 탐구 능력의 평가 방법

특수학교 기본 교육과정(교육과학기술부, 2009a)에서는 장애학생들의 과학과 탐구 능력의 평가는 관찰, 조사, 실험 등의 방법을 활용하여 탐구 활동 수행 능력과 실생활에 적용하는 문제 해결 능력을 평가하도록 제시하고 있다. 탐구 능력의 평가는 탐구 활동 수행 능력과 이를 실생활에서 부딪치는 문제 해결에 적용하는 능력에 대한 평가에 주안점을 두고 학생이 수행하는 관찰, 조사, 실험 활동의 과정 및 결과 자료를 바탕으로 평가한다. 탐구 능력 평가에서 교사가 고려해야 할 지침은 다음과 같다(교육부, 1998).

- 과정을 적절히 선택하고 적용한다.
- 탐구 시 나타난 현상에 대해 적절한 질문을 한다.
- 탐구에 대한 자신의 생각을 제시한다.
- 자신의 질문들과 생각들을 조사한다.
- 인쇄 자료나 멀티미디어 등 다양한 정보 자원을 이용한다.
- 탐구를 이전 경험과 관련시킨다.
- 관찰한 것에 대한 근거를 제시한다.
- 합리적이고 논리적인 방법으로 사고 과정을 설명한다.
- 투입된 정보에 대한 생각과 개념화를 다른 사람들에게 제시한다.
- 다른 사람들의 생각과 개념들을 토론하고 이의를 제기한다.
- 새로운 증거와 새로운 경험에 비추어 결론을 분석하고 재구성한다.
- 설명력과 예언력으로 결론을 검증한다.
- 계속적으로 탐구할 수 있는 기회를 찾는다.
- 실제적인 자기 평가를 한다.
- 학교 밖 상황에 배운 것과 관계시킨다.

위와 같은 지침을 토대로 탐구 능력에 대한 평가는 정량적 평가와 정성적 평가를 병행하는 것이 바람직하다.

탐구 과정과 기능에 대한 평가 방법은 주로 관찰법(일화 기록법, 부호 기록법, 평정 표시법, 검목표법, 등위 표시법 등), 질문법(자유 반응형, 강제 선택형), 면접법, 구술법, 보고서법, 포트폴리오 등을 활용할 수 있다(교육과학기술부, 2009a). 관찰법은 탐구능력 뿐만 아니라 과학적 태도를 평가할 때에도 활용될 수 있다. 관찰법은 객관성이 결여되기 쉽기 때문에 교사는 사전에 평가기준을 설정하고 이 평가 기준에 입각하여 평가하고 의미 있게 해석해야 한다. 이와 같은 관찰 평가의 객관성의 문제를 보완하기 위해서 검목표나 평정 척도를 사용할 수 있다. 검목표를 이용한 관찰 평가는 객관성의 문제를 보완해주는 것뿐만 아니라 바람직한 실험 기능을 증진시키고자 할 때 사용될 수 있으며, 평가를 위한 시간을 별도로 마련하지 않고 수업 중 평가를 할 수 있다는 장점이 있다(Doran et al., 1998).

이 중에서 특수교육대상자의 수준에 따라 적절한 방법을 적용해야 한다. 예를 들면, 자폐 학생의 경우 면접 방법 중에서 비구조적 면접보다는 구조적 면접이, 기능수행이 낮은 지적장애 학생의 경우 비지시적 면접보다는 지시적 면접을 적용할 수 있다. 또한 학생의 수행에 대한 평가 방법으로 수행의 과정 또는 결과를 구성요소별로 채점하는 분석적 채점방법 또는 평정척도 방법을 적용하는 것이 바람직하다. 이는 학생의 강점과 약점을 파악하고 학생의 수행시 문제점을 파악하여 이를 교육 프로그램에 반영할 수 있으므로 장애 학생에게는 바람직한 방법이 될 수 있다.

학생이 활동을 수행하는 과정에서 보이는 탐구 활동 수행 능력은 다음과 같은 평가 관점 및 방법을 참고하여 학생의 특성에 맞게 수정하여 적용할 수 있다(교육과학기술부, 2009a).

(1) 탐구 수행의 지속성과 성실성: 활동 관찰, 탐구 활동 기록지 검토

(2) 탐구 수행에서의 협동성: 학생 및 또래 면담, 활동 관찰

(3) 계획 대비 추진 정도: 탐구 계획 및 진행표 검토, 활동 관찰

(4) 탐구 수행 과정의 창의성 및 합리성: 활동 관찰

소집단 협동학습 형태로 이루어진 탐구 활동에 대한 평가는 주안점이 협력에 있는지 개별 수행의 완성에 있는지에 따라 평가가 달라질 수 있다. 협력하는 과정에 초점이 있는 경우에는 활동에서의 개별 학생의 기여도에 따른 개별 점수와 집단 공통 점수를 합산하여 부여할 수 있다.

평가 도구의 타당성과 신뢰성은 평가에서 매우 중요하다. 특히 탐구 능력을 평가하는 도구는 객관성 확보를 위해서도 교사가 개인적으로 개발하기보다는 동료 교사들과 협의를 통해 공동으로 개발하는 것이 바람직하다. 또한 평가를 실시하기 전에 평가 항목, 평가 기준, 점수 배당 등을 상세하게 만들어, 이에 근거하여 평가를 실시하는 것이 바람직하다.

3) 과학적 태도의 평가 방법

장애학생을 위한 과학적 태도의 평가는 관찰, 면담, 의견 조사 등의 다양한 방법을 활용하여 학습 과정에서 탐구하려는 의욕, 상호 협동, 실생활에 활용하려는 태도 등을 평가하여야 한다. 과학적 태도의 평가는 인간의 의지와 정서에 관련된 것으로 과학적 추론, 과학적 업적, 그리고 과학과 기술의 발전으로 인한 사회 영향, 협동심, 반성적 사고, 호기심, 그리고 교실 밖 상황 등과 같은 요소들을 포함한다. 다음은 교사들이 학생들의 과학적 태도를 평가하기 위해 참고할 수 있는 목록이다(교육인적자원부, 1997).

- 과학 탐구를 위해 여가 시간을 이용한다.
- 과학이 재미있고 흥미있다고 인식한다.
- 호기심을 언어로 표현한다.
- 과학을 학교 외의 상황으로 확장시킨다.
- 학교 외의 과학 활동들에 자발적으로 참여한다.
- 과학 예비 지식을 위해 박물관, 천문대, 식물원 및 과학과 관련된 공공 장소를

방문한다.
- 과학적인 직업과 경력에 대해 조사한다.
- 과학 활동들을 준비하고 마무리하는 일에 보조자의 역할을 자진해서 한다.
- 교실에서 동물과 식물을 기르고 과학 센터를 운영하는 데 중심적인 역할을 한다.
- 과학 중심적인 TV 프로그램을 선택해서 본다.

위와 같은 목록을 기초로 하여 과학 학습에 대한 태도를 측정할 수 있는 평가 도구를 개발하여 실제로 장애학생들의 태도를 측정할 수 있다. 이와 같은 평가도구는 타당도와 신뢰도가 높은 평가가 될 수 있도록 가능하면 공동으로 평가 도구를 개발하여 활용하고, 평가 도구에 상세한 평가 기준이 포함되도록 구성하여야 한다(교육과학기술부, 2011).

관심, 흥미, 과학적 태도 등의 정의적 영역에 대한 평가는 관찰, 면담, 의견 조사의 방법을 활용할 수 있으며, 보고서 평가, 평정 척도, 검목표 등을 활용한 평가도 가능하다. 태도에 대한 평가에는 반드시 직접적인 관찰이 포함되어야 한다. 장애학생들의 상당수가 언어 및 의사소통의 어려움을 가지고 있으므로 학생을 대상으로 직접적인 면담을 통해 그 태도를 평가하기 어려운 경우가 있을 수 있다. 이 경우 학생에 대한 직접 관찰과 더불어 활동에 함께 참여한 또래를 대상으로 면담 및 의견 조사를 통해 태도에 대한 평가 자료를 수집하는 것이 바람직하다(교육과학기술부, 2009a).

정의적 영역은 앞서 언급한 탐구 능력 평가와 마찬가지로 객관적 평가가 어려운 영역이므로 객관성 확보를 위해 평가 항목과 점수 배당 기준을 사전에 관련인과의 협의를 통해 설정하고 적용하는 것이 좋다. 태도에 대한 평가는 가능한 한 다양한 방법을 활용하고 평가자도 교과 수업 진행 교사와 제2의 평가자 등 2인 이상이 평가를 하여 비교 분석하는 것이 바람직하다.

장애학생의 성취 수준에 따른 변화를 평가하는 데에 주안점을 두기 위해서는 또래와의 비교에 의한 상대 평가보다는 학생 개인의 성취 수준의 변화 정도 및 방향에 대한 형성 평가와 절대 평가를 해야 한다. 형성 평가 시 학생의 성취 수준이 바람직한 정도 및 방향으로 변화되는 경우, 학생에게 그와 같은 내용을 제공하여 학생이 긍정적인 자아 개념을 갖고 과학과에 대한 동기 유발이 될 수 있도록 한다. 이러한 동기 유발은 외부 통제 소재와 학습된 무기력 등으로 인해 실패에 대한 기대를 갖고 있는 지적장애 학생에게 보다 긍정적인 영향을 미칠 수 있을 것이다. 변화 정도가 미비한 경우, 그 이유를 확인하고 수정 및 보완을 하여 지속적인 격려를 통해 동기 부여를 하면 이후의 긍정적인 평가를 이끄는 데에 도움이 될 것이다.

5. 장애학생을 위한 과학과 교육평가의 수정

장애학생을 위한 과학과 교육평가의 수정은 학업 수행의 진보에 대한 매일의 측정과 성적 기준을 수정하는 것 등이 포함될 수 있다. 통합교육 환경에서 개별 학생의 평가는 매우 복잡한 쟁점들을 내포하고 있다. 일반학급에 통합된 장애학생의 수행에 어떻게 과연 공평하고 객관적인 점수를 부여할 것인가는 교사들에게 딜레마를 창출한다(Wood, 1998). 일반학급에 통합된 장애학생들을 위한 평가 체계를 개발할 때는 장애학생들이 통합교육 환경에서 성공의 기회를 체험하도록 하는 것이 중요하다. 일반학급에서 교수내용의 수정과 교수 환경, 교수적 집단화 및 교수방법에서의 교수적 수정으로 수업 참여가 이루어지고 있는 학생의 경우, 시험 시간을 길게 해주는 것, 짧은 시험을 자주 보는 것, 시험을 위해 시험 가이드를 제공하는 등의 일반적인 수정을 평가에서 사용할 수 있다.

장애학생들의 경우 학습평가를 실시할 경우 장애정도 및 장애유형에 따라 학습평가를 실시할 때 다양한 대안적인 평가 방법을 적용할 필요가 있는데, 예를 들면 시각장애학생들에게는 점자로 된 시험지를 제공한다든지, 아니면 한글을 점자로 인식하는 컴퓨터 및 교육공학을 제공할 수 있다. 또한 쓰기장애 학생에게는 진술형 문항 대신 선다형 문항을 제시하거나 문법이나 철자가 검사에 별 영향을 주지 않는 경우라면 테이프에 녹음하도록 답을 한다거나 구술형 검사를 받게 할 수도 있다. 그리고 통합학급에서 장애학생들의 학습평가를 수정할 경우에는 장애학생뿐만 아니라 일반학생들에게도 공정한 평가 절차나 방법이 되어야 하며, 장애학생들 개개인의 인지발달 상황을 이해하고 도와주는 긍정적인 측면으로 이루어져야 하며 무엇보다도 통합학급 교사와 특수교사의 긴밀한 협력 체제를 구축하는 것이 매우 필요하다.

Wood(1998)는 다음과 같이 10가지 "대안적" 평가 방법들을 제시하였다. ① 전통적인 점수(수, 우, 미...) 혹은 퍼센트, ② 합격/불합격(pass/fail) 체계, ③ IEP 수행 수준의 점수화(각 교육청의 기준에 의거해서 IEP 목표들의 수행의 어떤 수준 이상이면 특정 점수를 주는 것), ④ 준거 수준 점수(어떤 기술의 습득이 정해진 수준에 도달되면 통과 점수를 얻음), ⑤ 다면적 점수(학생이 능력, 노력, 성취의 여러 영역들에서 평가 됨), ⑥ 공유된 점수체계(2명 이상의 교사들이 한 학생의 점수를 결정), ⑦ 항목 점수체계(각 활동들 혹은 과제들에 할당된 점수가 학기말 점수로 더해짐), ⑧ 계약 점수(학생과 교사가 어떤 점수를 얻기 위해 요구되는 특정 활동들에 동의), ⑨ 포트폴리오 평가(중요 기술 영역들에서 각 학생이 학습한 다양한 결과들이 유치원부터 고등학교 3학년까지 축적된 폴트폴리오가 보관되어서, 각 영역들에서의 성취에 대해 점수), ⑩ 학생 자가 평가(학생들이 자기 스스로 그 자신에게 통과 점수를 할당함).

장애학생을 평가할 때 교사는 학생의 장애에 초점을 맞추는 것이 아니라 장애학생들이 할 수 있고 알고 있는 것에 초점을 두어야 한다. 이는 장애의 특성을 전혀 고려하지 않아도 된다는 뜻이 아니라 장애학생에 대한 평가의 초점을 장애학생이 할 수 있거나 알고 있는 것에 맞추기 위해 평가의 적합화가 필요하다는 것을 의미한다.

정주영(2001)은 우리나라 초등학교 통합교실에서의 평가 적합화를 위한 실행방안을 13가지로 제시하고 있다. 첫째, 장애학생과 일반학생 모두에게 공정한 평가가 되어야 한다. 둘째, 교실 내의 모든 학생들에게 효과적인 방법을 우선적으로 선택하여 적합화하여야 한다. 셋째, 장애학생의 IEP에 충실한 평가가 가능하여야 한다. 넷째, 평가적합화를 위한 구체적인 방법을 IEP 내에 기입한다. 다섯째, 장애학생의 강점을 이용하여 약점을 보완하는 적합화이어야 한다. 여섯째, 교육과정에 기초한 평가이어야 한다. 일곱째, 일반교육과정에 기초한 평가적합화가 우선되어야 한다. 여덟째, 장애학생과 일반학생이 동일하거나 적어도 유사한 기준으로 평가받는 것을 원칙으로 하며, 이것이 가능하지 않을 경우에만 서로 다른 준거에 의해 평가하도록 적합화하여야 한다. 아홉째, 통합학급 또는 특수학급의 물리적 상황을 고려하여 학생 수, 교실 위치, 교수 집단의 구성 형태 등을 결정하고 가장 적은 노력과 가장 적은 시간을 요구하는 방향으로 평가를 적합화하여야 한다. 열 번째, 통합학급 교사와 특수교사 간의 긴밀한 협조체제를 구축하여야 한다. 열한 번째, 열 번째에서 제시한 방안과 같은 맥락에서 평가적합화에 대한 정보를 교사 양성과정과 현직 연수 과정을 통해 지속적으로 제공해야 한다. 열두 번째, 평가적합화의 주체는 종국적으로 통합학급 교사가 되어야 함을 명심해야 한다. 끝으로, 이러한 평가적합화의 방안들을 구체화하기 위해서는 교수적합화에 관한 안내서가 시급히 개발되어야 할 것이다. 물론 교수적합화를 위한 안내서의 개발을 위해서는 상기한 평가적합화에 관한 여러 논란의 여지를 감소시킬 수 있는 경험적 연구들이 많이 축적되어야만 할 것이다.

〈표 8-4〉 4학년 1학기 [강낭콩 기르기]를 수정한 평가 방법의 예

평가 내용	평가 척도				
	A	B	C	D	E
(과학지식) 교과서에 나온 씨앗의 명칭을 바르게 명명하는가?					
(과학탐구) 관찰한 씨앗의 생김새를 보고 그릴 수 있는가?					
(과학태도) 모둠 구성원과 함께 씨앗심기에 참여하는가?					

A: 도움 없이 완전 수행, B: 간헐적 도움으로 80%이상 수행
C: 간헐적 도움으로 50-70% 수행, D: 전반적 도움을 30-50% 수행
E: 전반적 도움으로 30% 미만 수행

〈표 8-4〉는 장애학생의 특성을 고려하여 일반학교 교육과정 과학과 단원 [강낭콩 기르기]에서 협동학습을 중심으로 평가 방법을 수정한 예이며, 〈표 8-5〉는 실제 수업에서 적용해 볼 수 있는 실제 사례이다(강경숙 외, 2009).

〈표 8-5〉 실제 수업에서 상황별로 적용의 예

차시	학습주제	평가 내용	평가 척도				
			A	B	C	D	E
1	여러 가지 씨앗 관찰하기	• (과학지식) 교과서에 나온 씨앗의 명칭을 바르게 명명하는가?					
		• (과학탐구) 관찰한 씨앗의 생김새를 보고 그릴 수 있는가?					
		• (과학태도) 모둠 구성원과 함께 씨앗심기에 참여하는가?					
2	씨앗이 싹트는 데에 필요한 조건 알아보기	• (과학지식) 씨앗이 싹트는 데 햇빛과 물이 필요함을 이해하는가?					
		• (과학탐구) 식물이 잘 자라는 모습을 상상하여 그릴 수 있는가?					
		• (과학태도) 모둠 구성원과 실험 계획 세우는 과정에 관심을 갖고 참여하는가?					
3	싹이 튼 씨앗의 겉모양과 속모양 관찰하기	• (과학지식) 싹튼 씨앗과 싹트지 않은 씨앗의 특징을 이해하는가?					
		• (과학탐구) 싹튼 씨앗과 싹트지 않은 씨앗을 구별하는가?					
		• (과학태도) 싹튼 씨앗과 싹트지 않은 씨앗의 겉모양과 속모양을 관찰하는데 흥미를 갖고 참여하는가?					
4	식물이 자라는 데에 필요한 조건 알아보기	• (과학지식) 여러 가지 씨앗을 심는데 필요한 것을 알 수 있는가?					
		• (과학탐구) 씨앗 심는 방법이 그려진 그림을 순서대로 배열할 수 있는가?					
		• (과학태도) 모둠에서 토의한 내용을 보고 따라 적을 수 있는가?					

<table>
<tr><th rowspan="2">차시</th><th rowspan="2">학습주제</th><th rowspan="2">평가 내용</th><th colspan="5">평가 척도</th></tr>
<tr><th>A</th><th>B</th><th>C</th><th>D</th><th>E</th></tr>
<tr><td rowspan="3">5</td><td rowspan="3">식물이 자라는 모양 관찰하기</td><td>• (과학지식) 우리 모둠 식물의 이름을 명명하고 보고 그릴 수 있는가?</td><td></td><td></td><td></td><td></td><td></td></tr>
<tr><td>• (과학탐구) 강낭콩이 자라는 순서대로 그림을 배열할 수 있는가?</td><td></td><td></td><td></td><td></td><td></td></tr>
<tr><td>• (과학태도) 모둠 구성원이 기록한 관찰일지를 작성하는 데 관심을 갖고 참여하는가?</td><td></td><td></td><td></td><td></td><td></td></tr>
<tr><td rowspan="3">6</td><td rowspan="3">식물의 한살이 알아보기</td><td>• (과학지식) 봉숭아 씨앗이 자라는 순서를 이해하는가?</td><td></td><td></td><td></td><td></td><td></td></tr>
<tr><td>• (과학탐구) 씨앗이 자라는 순서대로 그림을 배열할 수 있는가?</td><td></td><td></td><td></td><td></td><td></td></tr>
<tr><td>• (과학태도) 씨앗이 자라는 순서대로 배열한 그림을 발표할 수 있는가?</td><td></td><td></td><td></td><td></td><td></td></tr>
<tr><td rowspan="3">단원 총평</td><td>과학지식</td><td colspan="6"></td></tr>
<tr><td>과학탐구</td><td colspan="6"></td></tr>
<tr><td>과학태도</td><td colspan="6"></td></tr>
</table>

(A: 도움 없이 완전수행, B: 간헐적 도움으로 80% 이상 수행, C: 간헐적 도움으로 50-70% 수행, D: 전반적 도움으로 30-50% 수행, E: 전반적 도움으로 30% 미만 수행)

연구과제

(1) 과학과 평가의 개념과 원리를 알아보고 이를 장애학생들의 특수교육적 요구에 맞도록 적용하여 보자.

(2) 실제 단원을 바탕으로 장애학생을 위한 과학과 교육 평가 수정 계획을 세워보자.

참고문헌

강경숙, 최세민, 유장순, 김희규 (2009). 정신지체학생의 교육과정적 통합을 위한 초등학교 과학과 교육과정 수정 적용사례. **초등교육연구**, 22(3). 287-314.

교육과학기술부 (2009a). **특수학교 교육과정 해설(II)-과학.**

교육과학기술부 (2009b). **초등학교 4학년 과학 교사용 지도서.**

교육과학기술부 (2011). **특수교육 교육과정 별책 2**

교육부 (2015). **특수교육 교육과정 별책 3**

교육인적자원부 (1997). **초등학교 교육과정 해설서-과학.**

김찬종, 채동현, 임채성 (2005). **과학 교육학 개론.** 서울: 북스힐

남철우 · 김석중 (2000). **교과교육과 초등과학교육론.** 서울: 학문사

백순근 (1997). 수행평가의 이론적 기초. 한국교육평가연구회 학술세미나논문발표집 '수행평가의 이론과 실제', 3-42.

송진웅 외 (2003). **과학과 교재연구 및 지도법.** 경기: 시그마프레스

안경숙 (2007). **유아 과학교육평가의 이해.** 경기: 한국학술정보(주)

유경숙 (1999). 구성주의에 기초한 밀가루점토 활동 구성방식에 따른 유아의 과학적 개념, 과정기술 및 태도의 차이 분석. 중앙대학교 박사학위 논문,

정주영 (2001). 통합환경에서 장애학생을 위한 평가의 적합화-초등학교를 중심으로. **특수교육학연구**, 36(2), 105-126.

조희형 (2007), **과학교육론-이론과 적용.** 교육과학사. 260-261

조희형, 최경희 (2007). **과학 교육의 이론과 실제.** 서울: 교육과학사

조희형, 김희경, 윤희숙, 이기영 (2011). **과학교육의 이론과 실제.** 교육과학사. 474-475

한국교육개발원 (1991). **교육의 본질 추구를 위한 과학교육평가체제연구(II).** 한국교육개발원.

Althouse, R. (1988). *Investigating science with young children*. New York: Teachers College Press.

Bandura, A. (1997). *Self-Efficacy: The Exercise of Control.* W.H. Freeman and Company, Macmillan Publishers, New York.

Doran, R., Chan, F., & Tamir, P. (1998). *Science Educator's Guide to Assessment*. National Science Teachers Association.

Harlan, J. D., & Rivkin, M. S. (2000). *Science experiences for the early childhood years: An integrates approach*. Englewood Cliffs, NJ: Merill Prentice Hall.

Kaplan (1964).

Kilmer, S. J., & Hofman, H. (1995). Transforming science curriculum. In S. Bredcamp & T. Rosegrant(Eds.), *Reaching potecial: Transforming early childhood and assessment vol.2*(pp43-64). Washington, DC: NAEYC.

Klopfer, L. E. (1976), A structure for the affective domain in relation to science education. *Science Education*, *60*(3), 299-312,

Lind, K. K. (2000). *Exploring science in early childhood education*. New York: Delmar.

Martin, D. (1997). *Elementary science methods A Constructivist approach*. New York: Delmar.

Martin, D. (2001). *Constructing early childhood science*. New York: Delmar.

Martin, R., Sexton, C., & Gerlovich, J. (1997). *Teaching science for all children. Needham Heights*, MA: Allyn and Bacon.

National Research Council (2001). *Classroom assessment and National Science Education Standards.* Washinton, DC: National Academic Press.

OECD. (2016). *PISA 2015 assessment and analytical framework: Science, reading, mathematic and financial literacy*. Paris: PISA, OECD Publishing.

Ormerod, M. B., & Duckworth, D. (1975). *Pupils' Attitudes to Science*. National Foundation for Educational Reasearch, Slough, UK.

Tai, R. H., Liu, C. Q., Maltese, A. V., & Fan, X. (2006). Planning early for careers in science. *Life Science, 1,* 0-2.

UNESCO. (1983). *Science for all.* Bangkok: UNESCO Office for Education in Asis and the Pacific.

UNESCO. (1993). *International forum on scientific and technological literacy for all. Final report.* Paris: Author.

Wood, J. W. (1998). *Adapting instruction to accommodate students in inclusives Settings* (3rd ed.). NJ : Prentice-Hall.

제9장 특수교육 과학과 물질 영역의 지도

물질 영역은 교육과정에서 화학 영역을 칭하는 명칭이다. 이는 물질 개념이 화학 영역에서 가장 핵심 개념임을 의미한다. 화학은 물질의 성질과 구조, 그 생성과 분해 및 다른 물질과의 반응을 연구하는 학문으로서 주된 관심은 물질이 왜 특정한 형태를 지니며, 이러한 성질을 나타내게 하는 것은 무엇인가, 또 어떻게 서로 다른 물질과 상호작용하여 새로운 물질을 형성하며 화합물이 분해되는가 하는 문제에 대해 일관성 있는 설명을 하는데 있다. 물리학도 물질을 다루지만, 물리학은 원소와 화합물을 모두 포함한 물체의 운동과 에너지 및 그 속성을 다루는 반면, 화학은 물질 자체를 연구 대상으로 한다. 이러한 화학은 이미 존재하는 물질을 이용해 특정한 목적에 맞는 새로운 물질을 합성하는 길을 제공하며, 이는 농작물의 증산, 질병의 치료 및 예방, 에너지 효율 증대, 환경오염 감소 등 여러 가지 이점을 제공한다(Oxtoby, Gillis, & Campion, 2008). 여러 가지 화학 이론이나 원리를 이해하기 위해서는 물질 개념을 올바로 이해하는 것이 선행되어야 한다. 이 장에서는 먼저 물질과 우리 생활과의 관계를 알아본 다음, 과학과 교육에서 다루어지는 물질의 내용을 알아보고, 특수교육 과학과 교육에서 수립된 물질 관련 단원의 지도 계획을 살펴본다.

1. 물질과 우리 생활

우리는 일상생활에서 숟가락과 젓가락, 컵과 그릇, 연필과 볼펜, 모자와 신발, 지갑과 열쇠 등 수없이 많은 물건을 사용한다. 이러한 물건은 모두 일정한 크기와 모양을 갖추고 일정한 공간을 차지하고 있다. 이처럼 일정한 크기와 모양을 갖추고 일정한 공간을 차지하는 물건을 물체(object)라고 한다. 물건이란 생활에서 사용하는 용어이고, 물체란 과학에서 사용하는 용어이다. 그리고 물체를 이루는 재료(material)를 물질(substance)이라고 한다. 예를 들면, 숟가락, 컵, 연필, 모자, 지갑 등은 물체이고, 이러한 물체를 이루고 있는 철, 유리, 나무, 흑연, 천, 가죽 등은 물질이다.

인류는 선사 시대에 이미 돌도끼, 돌화살 등의 물체를 도구로 생활에 이용해 왔다. 그 때부터 우리는 생활의 편리를 도모하기 위해 이용하는 물체를 지속적으로 다양화해 왔다. 과학 및 기술의 발달이 이루어진 현재는 이전에 보지 못하고 생각하지도 못하던 새롭고 유용한 물체들이 많이 개발되어 우리의 생활을 편리하게 하고 있다. 이러한 경향은 앞으로도 계속되어 미래의 생활은 지금보다 더욱 편리해질 것이 분명하다. 생활의 편리를 도모하는 여러 가지 물체는 모두 그 바탕이 되는 재료인 물질로 구성된다.

어떤 물질이 있을 때, 그 물질이 무엇이고 어떤 성질을 가지고 있으며, 어떻게 구별되는지를 아는 것은 그 물질과 그 물질로 구성되는 물체의 이용을 위해 중요하다. 예를 들면, 물질은 온도의 변화에 따라 고체, 액체, 기체로 그 상태가 변한다. 그런데 물질에 따라서는 고체, 액체, 기체의 상태로 바뀌지 않고, 나프탈렌처럼 고체에서 기체로 바로 바뀌는 것도 있다. 이러한 물질의 성질을 제대로 알아야 그것을 생활에 바르게 이용할 수 있고, 그러한 물질로 만들어지는 물체를 바르게 이용할 수 있다.

물질은 입자 수준에서의 개념의 이해도 중요시 한다. 그렇지만 '물질은 입자로 구성되어 있고, 그 입자는 고유하게 운동하며, 입자들 사이에 빈 공간이 있다'는 개념은 이해하고 사용하기 어려운 비가시적인 개념으로 일상적인 경험과 쉽게 연관되어지지 않는다. 그래서 입자수준에서의 화학에 대해서는 오개념을 지니게 되는 경우가 많다(김애정 외 2012).

또한 화학은 천연에 존재하는 물질의 응용뿐만 아니라 새로운 물질의 창조와도 관계가 있다. 요리, 발효, 유리 제조, 야금술 등은 모두 인류 문명의 초창기부터 시작된 화학공정이다. 현재 많이 사용하고 있는 비닐, 테플론, 액정, 반도체, 초전도체 등도 모두 화학기술의 산물이다. 특히 20세기에는 복잡한 생체화학을 이해하는 데 있어서도 상당한 진전이 이루어져 질병과 건강에 대한 분자론적 이해에 밝은 전망을 제시했다. 따라서 현대 화학에서는 단원자 정도의 작은 물질뿐만 아니라 수백만 개의 원자로 구성된 DNA와 같은 크고 복잡한 분자에 관한 연구도 가능해졌으며, 또한 원하는 특성을 지닌 새로운 물질을 고안·합성하는 것도 가능해졌다.

2. 물질 영역의 주요 내용[1)]

물질 영역은 물리학의 물질 개념과 화학의 개념을 포함한다. 학생은 일상생활에서 관찰하는 물리적 현상이 물리학 개념의 이해를 통해 얼마나 많이 설명될 수 있는가를 배운다. 이를 통해 학생은 물질의 상태와 형태에서의 일반적인 변화뿐만 아니라 물질의 물리적 상태에 대한 이해를 발달시켜야 한다. 이는 그 다음의 화학과 물리학 공부의 토대를 형성한다. 그 다음 학생의 화학에 대한 공부는 일상적인 현상에 대해 이해하는 수준을 넘어 화학의 실제적인 적용을 이해하고 더욱 진보된 공부를 하는데 필요한 중핵적인 개념과 원리를 배우는 데로 확장된다. 이런 물질 영역은 물질의 분류와 성질 및 물질의 변화, 물질의 물리적 상태와 변화, 물질의 구성, 물질의 성질, 화학적 변화 등의 주제를 포함한다(Jones, Wheeler, & Centurino, 2015).

1) 이 절의 내용은 TIMSS 2015 science framework의 내용을 중심으로 정리한 것이다.

1) 물질의 분류와 성질 및 물질의 변화

(1) 물질의 상태와 각 상태에서의 성질 차이

- 물질의 세 가지 상태 알아보기(고체, 액체, 기체)
- 고체는 분명한 형태와 양을 가지고 있고, 액체는 분명한 양만 가지고 있고 분명한 형태는 없으며, 기체는 분명한 형태와 양을 둘 다 가지고 있지 않은 것으로 설명하기

(2) 물질을 분류하기 위한 토대로서 물질의 성질

- 물리적 성질의 토대로 물체와 재료를 비교하고 분류하기(무게 · 덩어리, 양, 물질의 상태, 열 또는 전기 전도성, 물체가 물에 떠오르거나 가라앉는 여부)
- 철의 성질(전기 전도, 열 전도)을 확인하고, 이러한 성질과 철의 쓰임을 관련짓기
- 혼합물의 예를 기술하고, 혼합물이 물질적으로 분리될 수 있는 방법 설명하기(체로 거르기, 여과하기, 증발, 자력)

(3) 자석의 끌어당김과 밀어냄

- 자석에 N극과 S극이 있고, 같은 극끼리는 서로 밀어내고 다른 극끼리는 서로 끌어당긴다는 것을 인식하기
- 자석은 어떤 다른 물질이나 물체를 끌어당기는데 사용될 수 있다는 것을 인식하기

(4) 일상생활에서 볼 수 있는 물질의 변화

- 물질은 뜨거워지거나 차가워지면 어떤 한 상태에서 다른 상태로 변화할 수 있음

을 인식하기

- 물의 상태 변화(녹는다, 언다, 끓는다, 증발한다, 응결한다)를 기술하고, 이러한 상태 변화를 온도의 변화와 관련짓기
- 일정한 양의 물에서 물질이 녹는 속도를 높이는 방법을 알아보기(온도, 젓기, 표면적), 다른 양의 용질 또는 용매를 사용한 두 가지 용액의 농도를 비교하기

(5) 일상생활에서 볼 수 있는 화학적 변화

- 한 물질이 다른 성질을 가진 다른 물질로 바뀌는 관찰 가능한 변화를 확인하기(부패함, 불에 탐, 녹이 생김, 익음 · 조리됨)

2) 물질의 물리적 상태와 변화

(1) 고체, 액체, 기체 상태에서 입자의 움직임

- 물질의 원자와 분자는 끊임없이 움직이고, 고체, 액체 기체상태의 분자들이 갖는 움직임과 거리의 차이에 대해 알기, 원자와 분자 사이의 거리와 이들의 움직임에 대한 지식을 고체, 액체, 기체의 물리적 성질을 설명하는데 적용하기(양, 형태, 밀도, 압축률)
- 기체의 온도 변화를 그 양 및 압력의 변화, 분자의 평균 속도 변화와 연관 짓기, 분자 사이의 평균적 공간에 비추어 고체와 액체의 팽창을 온도 변화와 관련짓기

(2) 물질의 상태 변화

- 따뜻함과 차가움으로 인해 발생하는 물질의 상태 변화로서 녹음, 끓음, 증발, 응결, 승화에 대해 기술하기

- 상태의 변화 속도를 표면이나 주변 온도와 같은 물리적 요인들과 관련 짓기
- 얼고, 녹고, 끓는 과정에서 온도는 계속적으로 유지된다는 것을 알기
- 상태의 변화, 고체가 녹는 것, 열의 팽창과 같은 물리적 변화 과정에서 질량은 계속적으로 유지된다는 것을 설명하기

3) 물질의 구성

(1) 원소, 화합물, 혼합물

- 원소, 화합물, 혼합물의 예를 확인하기
- 순수한 물질(원소와 화합물) 및 혼합물(균질 및 이질)의 형성 및 구성 차별화하기

(2) 원자와 분자의 구조

- 물질의 구조를 입자(원자와 분자)와 관련하여 기술하기
- 원자를 원자 입자(양성자와 중성자를 포함하는 핵을 둘러싸고 있는 전자)로 구성된 것으로 기술하기.
- 분자를 H_2O, O_2 및 CO_2와 같은 원자의 조합으로 기술하기

4) 물질의 성질

(1) 물질의 물리적, 화학적 성질

- 물질의 물리적, 화학적 성질을 구별하기
- 용융점 및 비등점, 많은 물질을 용해할 수 있는 능력, 그리고 열 전도성과 같은

그들의 물리적 성질에 물질의 사용을 관련짓기
- 부식 및 인화성과 같은 화학적 성질에 재료의 사용을 관련짓기

(2) 물질 분류의 토대로서의 물리적, 화학적 성질

- 밀도, 용융점 또는 비등점, 용해도, 자기적 성질 및 전기 또는 열전도성과 같이 증명되거나 측정될 수 있는 물리적 성질에 따라 물질 분류하기
- 물질의 화학적 성질(금속 · 비금속 및 산 · 염기)에 따라 물질 분류하기

(3) 혼합물 및 용액

- 혼합물을 구성요소로 분리하기 위해 사용할 수 있는 물리적 방법을 설명하기
- 용제에 용해된 물질(고체, 액체 또는 기체)와 관련하여 용액을 기술하기
- 용액의 농도를 용질 및 용액의 양과 관련시키기
- 온도, 교반, 표면적이 용질이 녹는 속도에 영향을 미치는 방법 설명하기

(4) 산과 염기의 성질

- 일상의 물질을 성질에 기초하여 산이나 염기로 인식하기(산은 신맛이 나고 금속과 반응하며 pH는 7미만이며, 염기는 대개 쓴 맛이 있고 미끄럽게 느껴지며 금속에 반응하지 않고, pH가 7 이상이다).
- 산과 염기 모두 다른 색 변화를 일으키는 지표와 반응하는 것을 인식하기
- 산과 염기가 서로를 중화한다는 것을 인식하기

5) 화학 변화

(1) 화학적 변화의 특징

- 하나 이상의 순수한 물질(다른 순수한 물질으로의 반응물)의 변형(반응) 관점에서 화학적 변화와 물리적 변화를 구별하기
- 화학적 변화가 일어났다는 증거(온도 변화, 가스 생성, 침전물 형성, 색 변화 또는 빛 방출) 제공하기
- 일반적인 산화 반응(연소, 부식, 변색)에 산소가 필요하다는 것을 인식하고, 이러한 반응을 나무를 태우거나 금속 물체를 보존하는 것과 같은 일상 활동에 관련시키기

(2) 화학 결합

- 화학 결합은 화합물 내의 원자 사이의 힘에 의해 야기되고, 원자의 전자가 이런 결합에 관여한다는 것을 인식하기

3. 물질 단원 지도의 실제[2)]

〈단원명: 커피〉

1) 단원의 개관

이 단원은 물질의 용해와 용액, 물과 얼음, 얼음과 수증기로의 상태 변화를 커피라는 주제로 설정된 단원이다. 커피가 물을 만났을 때는 커피가 물에 녹는 용해 현상,

2) 이 절의 내용은 '특수교육 기본 교육과정 고등학교 과학과 교사용 지도서'(교육부, 2018)의 내용을 발췌해 정리한 것이다.

커피의 용해 전후 무게 비교, 커피를 물에 많이 녹이는 방법을 실험관찰을 통해 물질의 용해현상과 친수성 물질을 물에 많이 녹이는 방법을 탐구할 수 있도록 구성하였다. 커피가 얼음을 만났을 때는 물과 수증기를 이용하여 얼음 만들기, 얼음이 상온에서 녹는 이유를 통해 얼음으로의 상태 변화를 탐구활동을 통해 이해할 수 있도록 구성하였다. 얼음과 물의 상태 변화 시 무게와 부피 변화 실험을 통해 비교 관찰할 수 있도록 구성하였다. 가정이나 학교, 지역사회를 중심으로 생활과 밀접하게 관련된 커피라는 주제로 다양한 실험이나 탐구 활동을 통해 용해와 용액, 물과 얼음, 얼음과 수증기로의 상태 변화를 일상생활과 밀접하게 연관 지어 자연스럽게 이해할 수 있도록 하고, 실험 중 발생할 수 있는 안전사고에 유의하여 지도한다.

2) 단원의 목표

- 물의 양과 온도 차이를 이용하여 물질을 많이 녹이는 원리를 이해한다.
- 물의 상태 변화 원리를 탐구한다.
- 물과 얼음의 상태 변화 과정에서 무게와 부피 변화를 비교 분석한다.

3) 단원의 연계

사전 학습 성취기준	고등학교 교육과정 성취기준	생활 및 직업과의 연계
◉ 중학교 1~3학년군 물질을 빨리 녹이는 방법을 이해한다. ◉ 중학교 1~3학년군 물의 세 가지 상태를 관찰한다.	◉ 물질 용액의 진하기를 비교한다. ◉ 물질 물과 얼음의 상태 변화에 따른 부피와 무게 변화를 비교한다.	◉ 바리스타 커피를 만드는 전문가로, 좋은 원두를 선택하고 커피 머신을 활용하여 고객의 입맛에 최대한의 만족을 주는 커피를 만들어내는 일을 한다.

4) 단원의 지도 계획

과학 개념	제재명(소단원)	차시	제재의 내용 요소
용해와 용액	커피의 용해	1	커피의 용해 현상
		2	커피가 용해되기 전과 후의 무게
		3	물에 커피를 많이 녹이는 방법
물질의 변화	물의 상태 변화	4	물을 이용하여 얼음 만들기
		5	수증기를 이용하여 얼음 만들기
		6	얼음이 점점 작아지는 이유
		7	물과 얼음이 변할 때 무게와 부피 변화

5) 가정 및 생활과의 연계

- 가정에서 볼 수 있는 다양한 용해 현상과 용액을 찾아보고, 다양한 용액 중에서 위험한 것들을 만지거나 먹지 않도록 한다.
- 코코아 타기, 커피 타기, 소금으로 간하기 등 생활 속에서 진하기가 다른 용액을 만들어 보는 다양한 활동을 통해 용액의 진하기를 비교하여 볼 수 있는 기회를 제공한다.
- 가정에서 물이 다양한 형태로 변화되는 모습을 찾아보고, 물의 상태 변화와 그 까닭에 대하여 알아보는 활동이 일상생활에서 자연스럽게 이루어지도록 한다.

6) 단원 평가 계획

- 물의 양과 온도 차이를 이용하여 물질을 많이 녹이는 원리를 이해할 수 있는가?
- 물의 상태 변화 원리를 탐구할 수 있는가?

• 물과 얼음의 상태 변화 과정에서 무게와 부피 변화를 비교 분석할 수 있는가?

7) 지도상의 유의점

• 학생이 생활과 관련된 경험 속에서 학습에 참여할 수 있도록 기회를 제공한다.
• 학생이 학습활동에 참여하며, 다양한 과학적 원리를 쉽게 이해할 수 있도록 지도한다.

◆ 1차시: 커피의 용해 현상

▌학습 목표

• 커피가 용해되는 과정을 안다.
• 용질, 용매, 용해, 용액을 구분한다.

▌지도 중점

• 이 차시에서는 커피가 물을 만났을 때 용해 현상을 관찰하고, 용매, 용질, 용해, 용액의 개념을 이해하도록 구성하였다.

▌지도상의 유의점

• 핸드 드립 커피가 완성되는 과정을 용질, 용매, 용해, 용액과 관련지어 이해할 수 있도록 지도한다.
• 학생 스스로 관찰하고 활동할 수 있도록 충분한 시간을 제공한다.
• 기초 활동 시 커피가루는 원두가 아닌 일회용 비닐 스틱에 보관된 커피가루를 활용한다.

교수 · 학습 자료

- 블랙 커피 가루, 녹차, 홍차, 설탕, 먹물, 원두, 필터지, 핸드 드립 세트

교수 · 학습 개요

- 교수 · 학습 모형: 경험학습 수업 모형

자유 탐색	• 커피와 관련된 경험 이야기하기
탐색 결과 발표	• 커피가 물을 만났을 때 변화되는 모습 관찰하기 • 핸드 드립을 통해 커피가 물을 만났을 때 변화되는 모습 관찰하고 과학적 개념 이해하기
교사의 인도에 따른 탐색	• 용질, 용매, 용해, 용액의 개념 정리하기
정리	• 커피가 용해되는 과정을 용질, 용매, 용액, 용해 용어를 활용하여 설명하기

교수 · 학습 활동

■ 자유 탐색 단계

- 커피와 관련된 경험 이야기하기
  ◎ 커피를 마신 장소, 시간, 맛에 대해 자유롭게 이야기한다.
- 학습 내용 제시
  ◎ 커피를 만드는 과정이 무엇인지, 커피를 만드는 과학적 원리가 무엇인지 의문이 생기도록 한다.

■ 탐색 결과 발표 단계

◎ 가루물질을 물에 넣어 본 경험 이야기한다.
- 미숫가루 물에 설탕을 넣는다.
- 물에 밀가루를 섞은 뒤에 반죽을 만든다.
- 분말주스가루를 물에 녹여 주스를 만들어 마신다.

◎ 가루물질이 물에 잘 녹는 경우를 이야기한다.

• 분말주스가루를 물에 녹여 주스를 만들어 마신다.

◎ 가루물질이 물에 잘 녹지 않는 경우를 이야기한다.

• 미숫가루를 물에 넣으면 잘 녹지 않고 가라앉아 있는다.

• 국에 후춧가루를 넣으면 녹지 않고 국물에 떠 있다.

◎ 핸드 드립 만드는 동영상을 본다.

• https://www.youtube.com/watch?v=B7zsO7G2Eo4

◎ 핸드 드립을 통해 커피 만들기 활동을 한다.

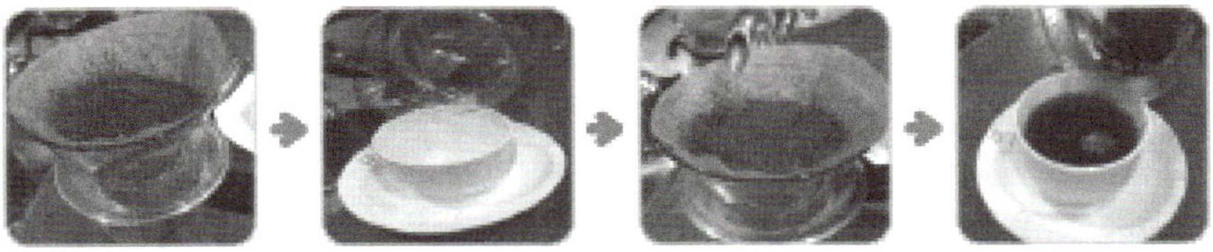

① 드리퍼에 종이필터를 씌운다.
② 종이필터가 씌워진 드리퍼를 서버 위에 올린다.
③ 커피분말을 담는다.
④ 드립포트에 뜨거운 물을 담고 커피를 분말 위에 붓는다.
⑤ 커피가 여과되는 과정을 관찰한다.

■ **교사의 인도에 따른 탐색 단계**

◎ 용질, 용매, 용해, 용액의 개념을 제시한다.

• 커피가 물에 녹는 것처럼 어떤 물질이 다른 물질에 녹아 골고루 섞이는 현상을 용해라고 한다.

• 커피와 같이 녹는 물질을 용질이라고 한다.

• 물과 같이 녹이는 물질을 용매라고 한다.

• 완성된 커피와 같이 용질이 용매에 골고루 섞여 있는 용액을 용액이라고

한다.

◎ 용액의 특성을 알아본다.

- 용액은 오래 두어도 가라앉거나 뜨는 것이 없다.
- 용액은 거름 장치로 걸러도 거름종이에 남는 것이 없다.
- 용액의 어느 부분이나 물질의 섞여 있는 정도가 같다.

■ 정리 단계

◎ 용해 현상을 정리한다.

- 커피와 같이 물이 녹는 물질을 용질, 물과 같이 녹이는 물질을 용매, 어떤 물질이 물에 녹는 현상을 용해, 어떤 물질이 물에 녹은 용액을 용액이라고 한다.

평가

- 커피가 용해되는 과정을 설명할 수 있는가?
- 용질, 용매, 용해, 용액을 구분하여 설명할 수 있는가?

◆ 2차시: 커피가 용해되기 전과 후의 무게

학습 목표

- 용해되기 전과 용해 후의 무게를 비교한다.

지도 중점

- 이 차시에서는 용해 전후의 무게 측정을 통하여 용액 속 용질의 존재를 설명하고 있으며, 용질의 무게가 보존되는 것을 설명하도록 구성하였다.

지도상의 유의점

- 이 차시에 해당하는 성취 기준은 설탕이 물에 용해되기 전과 용해된 후의 무게를

비교하고 용해 현상을 입자적 관점에서 이해하는 것이다. 커피의 용해 현상을 관찰하고 커피가 용해되기 전과 용해된 후의 무게를 비교함으로써 물질의 입자성과 용해 현상을 이해하도록 하는 것이다.

• 커피를 담은 약포지, 유리 막대도 처음부터 함께 측정하면 실험의 오차를 최대한 줄일 수 있다.

교수 · 학습 자료

• 커피, 물, 전자저울, 비커, 유리막대, 약포지, 약숟가락, 블록

교수 · 학습 개요

• 교수 · 학습 모형: 가설검증 수업모형

탐색 및 문제 파악	• 블록 조각 무게 측정하기
가설 설정	• 커피 용해 전후의 무게 변화에 대한 가설 설정하기
실험 설계 및 수행	• 커피와 물의 무게 측정하기 • 커피를 물에 녹이기 전과 물에 녹인 후의 무게 비교하기
가설 검증	• 커피가 물에 녹으면서 물 속에 그대로 있음을 이해하기
적용 및 새로운 문제 발견	• 소금짐을 지고 가는 나귀 이야기 적용하기

■ 탐색 및 문제 파악

◎ 블록 조각의 무게를 측정한다.

• 블록 조각 두 개를 따로 떼어 놓고 무게와 블록 조각 두 개를 결합한 후 무게를 각각 측정하고 비교한다.

◎ 학습 내용 제시

• 물질이 용해되기 전과 용해되고 난 후의 무게가 어떻게 변하는지 궁금증을 갖도록 한다.

■ **가설 설정 단계**

◎ 커피 가루가 물에 녹기 전과 물에 녹은 후의 무게는 어떻게 될지 예상한다.

◎ 커피 가루가 물에 녹기 전의 무게가 녹은 후의 무게보다 무거울 것이다 라는 가설을 설정한다.

■ **실험 설계 및 수행 단계**

◎ 커피를 물에 녹이기 전과 물에 녹인 후의 무게 측정 실험을 한다.

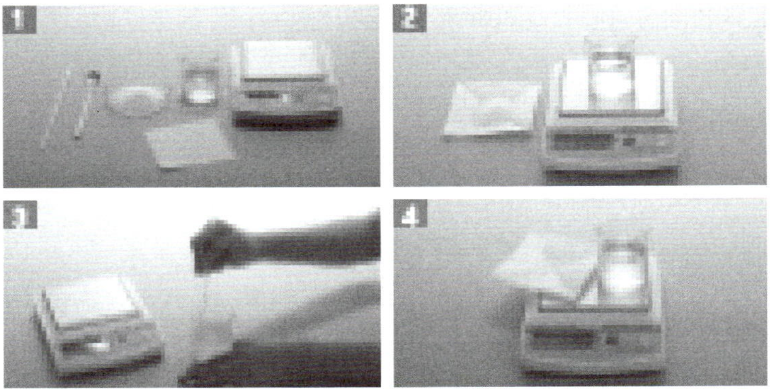

① 비커에 물을 300mL 담는다.
② 약포지에 커피 2숟가락(10g)을 올려 놓는다.
③ 전자저울의 전원을 켜고 영점을 맞춘 뒤 비커, 유리 막대, 커피가 담긴 약포지를 올려놓고 무게를 잰다.
④ 커피를 비커에 넣고 유리 막대로 저은 뒤 약포지와 함께 전자저울에 올려놓고 무게를 잰다.
⑤ 커피의 용해 전과 용해 후의 무게를 비교한다.

310g

310g

■ **가설 검증 단계**

◎ 커피를 물에 녹이면 어떻게 되는지 알아본다.

- 용해 전과 용해 후의 무게가 똑같은 것으로 보아 커피가 물에 녹으면 사라지는 것이 아니라 물 속에 녹아 있는 것이다.

◎ 물에 녹은 커피는 어떻게 되었을지 생각한다.

- 물에 녹은 커피는 크기가 작은 입자로 나누어져 물속에 골고루 섞여 있다.
- 커피가 용해되면서 크기가 매우 작은 입자로 나누어져 물속에 골고루 섞여 있기 때문에 무게가 같은 실험 결과를 가져온다.

■ **적용 및 새로운 문제 발전 단계**

◎ 「소금짐을 지고 가는 나귀」 이야기에서 소금 자루 속 소금은 어떻게 되었을지 이야기한다.

- 「소금짐을 지고 가는 나귀」 이야기를 들려준다.
- https://www.youtube.com/watch?v=8yaGjqDJz1Q
- 소금 자루가 물에 빠지자 소금이 물에 녹아 매우 작은 소금 입자로 나누어져 물속에 섞여 있다.

평가

- 용해되기 전과 용해 후의 무게를 비교할 수 있는가?

◆ 3차시: 물에 커피를 많이 녹이는 방법

학습 목표

- 물의 온도와 양에 따라 물질이 물에 녹는 양이 다름을 안다.

지도 중점

- 이 차시에서는 물의 온도와 물의 양이 물질을 많이 녹이는데 어떻게 영향을 미치는지 알 수 있도록 구성하였다.

지도상의 유의점

- 이 차시에 해당하는 성취 기준은 물의 양과 온도에 따라 용질의 녹는 양이 달라진다는 사실을 실험을 통하여 확인하는 것이다. 물질이 물에 녹는 양은 물속에 넣은 물질을 눈으로 관찰하는 수준에서 확인하도록 한다. 이 차시의 가장 큰 목표는 용질이 용해되는 양에 영향을 끼치는 변인을 아는 것이다.
- 포화, 과포화, 용해도 개념을 다루지 않는다. 따라서 이 차시에서는 물의 양이 많을수록, 온도가 높을수록 용질이 많이 녹는다는 수준에서 탐구 활동을 권장한다.

교수 · 학습 자료

- 커피, 비커, 유리막대, 약숟가락, 찬물, 따뜻한 물

교수 · 학습 개요

- 교수 · 학습 모형: 발견학습 수업모형

탐색 및 문제 파악	• 설탕, 소금 코코아 가루를 녹여본 경험
자료 제시 및 관찰 탐색	• 색깔과 맛을 보고 용액의 진하기 비교하기
추가 자료 제시 및 관찰 탐색	• 물의 온도와 양에 따라 커피가 녹는 과정 비교 관찰하기
규칙성 발견 및 개념 정리	• 커피를 많이 녹이는 조건 정리하기
적용 및 응용	• 커피 속 설탕을 많이 녹이는 방법 알아보기

교수 · 학습 활동

■ 탐색 및 문제 파악 단계

◎ 가루 물질 녹여본 경험담 이야기하기

- 가루물질(설탕, 소금, 코코아 가루)을 많이 녹이는 방법을 생각하고 말한다.
  - 우유에 초콜릿 가루를 많이 녹여 보았다.
  - 국이 싱거울 때에 소금을 많이 넣었다.

◎ 학습 내용 제시

- 물에 물질을 많이 녹이기 위해서 어떠한 방법이 있는지 의문이 생기도록 한다.

■ 자료 제시 및 관찰 탐색 단계

◎ 물의 색깔을 보고 용액의 진하기를 비교한다.

◎ 물의 맛을 보고 용액의 진하기를 비교한다.

■ 추가 자료 제시 및 관찰 탐색 단계

◎ 물의 온도를 달리하여 커피를 녹이는 활동을 실험한다.

> ① 하나의 비커에는 찬물 125mL를 담고, 다른 비커에는 따뜻한 물 125mL를 담는다.
> ② 두 개의 비커에 커피를 각각 5숟가락씩 넣고 젓는다.
> ③ 커피가 녹는 빠르기를 관찰한다.
> ※ 물의 양, 젓는 빠르기, 커피의 양 등의 조건을 같게 해야 한다.

- 어떤 비커의 커피가 더 빠르게 녹는지 관찰한다.
  - 따뜻한 물에 넣은 커피가 더 빨리 녹는다.
- 커피가 녹는 빠르기에 영향을 준 것은 온도다.
- 따뜻한 물에 넣으면 빨리 녹는 것에는 무엇인지 이야기한다.
  - 코코아, 분유, 설탕, 소금 등
- 일상생활에서 물의 온도에 따라 가루 물질이 녹는 양이 달라지는 예를 찾

는다.

−시럽을 만들 때 설탕을 많이 녹이기 위하여 물을 따뜻하게 데운다.

−빨래할 때에 가루 세제를 많이 녹이기 위해 따뜻한 물을 사용한다.

◎ 물의 양을 달리하여 커피를 녹이는 활동을 실험한다.

① 두 개의 비커에 물을 각각 100mL, 250mL를 담는다. ② 두 개의 비커에 커피를 3숟가락씩 넣고 유리 막대로 젓는다. ③ 커피가 녹는 빠르기를 관찰한다. ※ 물의 온도, 젓는 빠르기는 동일해야 한다.

- 어떤 비커의 커피가 더 빠르게 녹는지 관찰한다.

  −250mL의 물이 담긴 비커에 있는 설탕이 더 빨리 녹는다.

- 커피가 녹는 빠르기에 영향을 준 것은 물의 양임을 안다.
- 일상생활에서 물의 양에 따라 가루 물질이 녹는 양이 달라지는 예를 찾는다.

  −물의 양이 많을수록 분말주스나 차를 더 많이 타서 먹을 수 있다.

■ 규칙성 발견 및 개념 정리 단계

◎ 두 실험을 통해 커피를 많이 녹이는 방법을 찾는다.

- 커피를 많이 녹이기 위해서는 물의 온도가 따뜻해야 한다.
- 커피를 많이 녹이기 위해서는 물의 양이 많아야 한다.

■ 적용 및 응용 단계

◎ 커피 속 설탕을 많이 녹이는 방법이 무엇인지 알아본다.

- 커피의 온도를 뜨겁게 한 후 설탕을 넣는다.

평가

- 물의 온도에 따라 물질이 물에 녹는 양이 달라진 점을 설명할 수 있는가?
- 물의 양에 따라 물질이 물에 녹는 양이 달라진 점을 설명할 수 있는가?

◆ 4차시: 물을 이용하여 얼음 만들기

▌학습 목표

• 물을 이용하여 얼음을 만드는 원리를 안다.

▌지도 중점

• 이 차시에서는 물이 얼음이 되기 위한 과학적 원리가 무엇인지 탐구하는 활동으로 구성하였다.

▌지도상의 유의점

• 물이 얼음이 되는 까닭은 온도에 따른 점이라는 것을 이해하도록 지도하고, 온도계에 대하여 이해하고 있는 학생에게는 어는점도 지도한다.
• 물질을 많이 녹이는 방법은 물의 온도, 물의 양과 관련 있고, 물질을 빨리 녹이는 방법은 물의 온도, 물의 양 뿐만 아니라 알갱이의 크기, 빠르게 젓기와 관련이 있음을 지도한다.

▌교수 · 학습 자료

• 얼음틀, 냉장고, 밀폐 봉투, 얼음, 소금, 과일맛 주스, 물

▌교수 · 학습 개요

• 교수 · 학습 모형: 순환학습 수업모형

탐색	• 겨울왕국 동영상
개념 도입	• 물이 얼음이 되기 위한 조건 탐구하기
개념 적용	• 물을 이용하여 얼음 만들기

▌교수 · 학습 활동

■ 탐색 단계

◎ 겨울왕국 동영상 감상하기

- Let it go 음악을 듣는다.
- 겨울왕국 엘사가 사는 궁전에 살게 된다면 어떨지 상상하며 이야기한다.
  - 손과 발이 시려울 것 같다. 추울 것 같다.

◎ 학습내용 제시

- 물이 얼음이 되기 위한 조건은 무엇인지 의문이 생기도록 한다.

■ 개념 도입 단계

◎ 물이 얼음이 되기 위한 조건을 탐구한다.

- 일상생활 속에서 물이 얼음이 되는 경우 언제, 어디에서 볼 수 있는지 조사한다.
  - 겨울철(12~1월) 강 표면, 겨울철 처마 밑 고드름, 슬러시 기계 안, 냉동실
- 물이 얼음이 되기 위한 조건에 대해 알아본다.
  - 얼음이 생기는 곳은 냉동실, 추운 겨울 냇가, 추운 겨울 고드름
  - 냉동실과 추운 겨울의 공통점은 오래 있으면 손시렵고 춥다. 0℃이하의 온도로 매우 차갑다. 물을 0℃ 이하의 온도에 일정한 시간을 두면 얼음이 된다.
- 물은 0℃ 이하의 온도에서 얼기 시작하여 얼음이 된다.

■ 개념 적용 단계

◎ 과일 얼음 주스를 만든다.

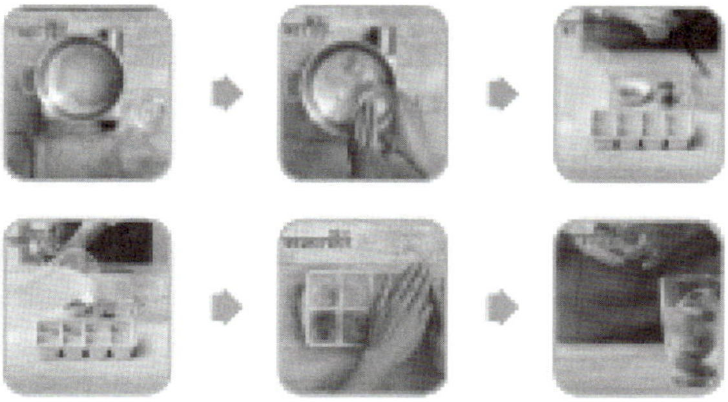

① 냄비에 물과 설탕을 넣고 설탕이 녹을 때까지 약한 불에서 끓인다.
② 설탕이 다 녹으면 레몬즙을 넣고 잘 섞어준다. 불을 끄고 식힌다.
③ 얼음틀에 라즈베리, 블루베리, 레몬청 등을 넣는다.
④ 얼음틀에 과일을 다 담은 후 미리 만든 레몬수를 붓고 허브를 올린다. 레몬수 대신 이온 음료를 넣어도 된다.
⑤ 얼음틀 뚜껑을 닫고 냉장고에서 4시간 이상 얼린다.
⑥ 완성된 얼음을 컵에 담고 탄산수를 붓는다.
⑦ 과일 얼음 주스가 완성된다.

◎ 과일 얼음 주스를 마시고 느낌을 이야기한다.

- 상큼하다, 시원하다, 차갑다, 새콤달콤하다 등 만든 소감, 맛에 대해 자유롭게 이야기한다.

◎ 얼음과 물의 특징을 비교하여 이야기한다.

- 물은 투명하다. 그릇 모양에 따라 모양이 변한다.
- 얼음은 단단하다. 차갑고 시간이 지나면 조금씩 녹아 물이 된다.

▌평가

- 물을 이용하여 얼음을 만드는 원리를 이해할 수 있는가?

◆ 5차시: 수증기를 이용하여 얼음 만들기

▌학습 목표

• 수증기를 이용하여 얼음이 만들어지는 원리를 안다.

▌지도 중점

• 이 차시에서는 수증기가 높은 압력과 낮은 온도를 받았을 때 어떻게 되는지 예상하고 그 현상을 관찰하도록 구성하였다.

▌지도상의 유의점

• 학생이 차시와 관련된 다양한 경험을 표현할 수 있도록 기회를 준다.
• 이 차시는 눈에 보이지 않는 공기 중의 수증기가 0℃ 이하 온도, 높은 압력에서 얼음으로 변하는 개념을 설명하고 있어 학생들이 어려워할 수 있다. 따라서 일상에서 쉽게 볼 수 있는 현상을 활용하여 이해력을 높일 수 있도록 지도한다.

▌교수 · 학습 자료

• PPT자료, 관련 학습지

▌교수 · 학습 개요

• 교수 · 학습 모형: 순환학습 수업모형

탐색	• 여러 모양의 눈 관찰하기
개념 도입	• 수증기가 얼음이 되기 위한 조건 탐구하기
개념 적용	• 수증기가 얼음으로 변화되는 자연 현상 조사하기

교수 · 학습 활동

■ 탐색 단계

◎ 여러 모양의 눈 관찰하기

- 여러 종류의 눈 사진을 보고 눈의 입자 모양이 서로 다름을 비교 관찰한다.

◎ 학습 내용 제시

- 하늘에서 내리는 눈을 생각하며, 수증기가 얼음이 되는 원리가 무엇인지 궁금증을 갖는다.

■ 개념 도입 단계

◎ 수증기가 얼음이 되기 위한 조건을 탐구한다.

- 공기 중에 떠다니는 수증기가 높은 압력과 낮은 온도에 의해 얼음이 된다.
  - 높은 압력을 느낄 수 있는 실험
  - 낮은 온도를 느낄 수 있는 실험: 냉동실의 온도 측정하기

◎ 낮은 온도와 높은 압력에서 수증기가 얼음으로 상태가 변한다.

■ 개념 적용 단계

◎ 수증기가 얼음으로 변화되는 현상을 조사한다.

- 겨울철 자동차 유리창에 낀 성에, 냉동실에 잔뜩 낀 성에, 겨울철 쉽게 볼 수 있는 서리, 명태 말릴 때 볼 수 있는 서리 등

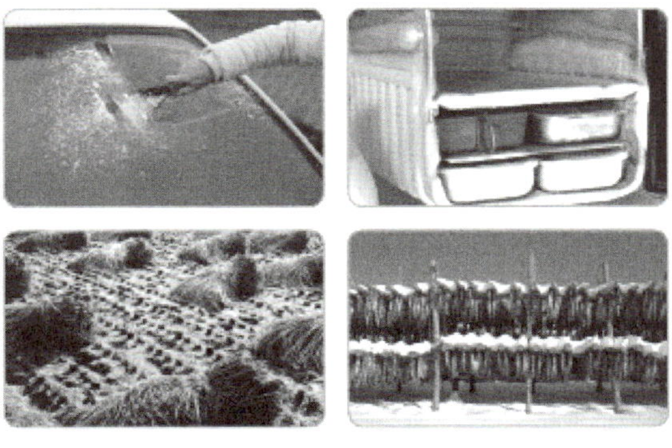

- 위의 현상은 공기 중의 수증기가 0℃ 이하의 온도에서 얼음으로 변하는 현상임을 설명한다.

◎ 물 → 얼음, 수증기 → 얼음이 된 경우를 비교한다.

- 냉동실 얼음과 성에를 비교 관찰한다.
  - 돋보기를 활용하여 입자의 차이를 관찰한다.
  - 두 얼음의 촉감을 비교한다.

◎ 얼음의 쓰임에 대해 조사한다.

- 얼음의 쓰임에 대해 조사한다.
  - 카페에서 시원한 음료를 만들 때 얼음을 넣는다.
  - 스케이트장, 눈썰매를 탈 때 얼음이 필요하다.

▌평가

- 수증기를 이용하여 얼음이 만들어지는 원리를 설명할 수 있는가?

◆ 6차시: 얼음이 점점 작아지는 이유

▌학습 목표

- 얼음이 녹는 이유를 설명할 수 있다.
- 얼음을 빨리 녹이는 방법을 설명할 수 있다.
- 얼음이 녹아 무엇이 되는지 설명할 수 있다.

▌지도 중점

- 이 차시에서는 얼음이 녹는 조건과 녹을 때의 상태 변화를 관찰할 수 있도록 구성하였다.

지도상의 유의점

- 학생이 차시와 관련된 다양한 경험을 표현할 수 있도록 기회를 준다.
- 얼음이 녹는 원인으로 바람은 언급하지 않는다. 열의 출입과 같은 어려운 개념은 도입하지 않고 온도 수준에서만 설명한다.

교수 · 학습 자료

- 물, 얼음, 헤어드라이어, 학습지

교수 · 학습 개요

- 교수 · 학습 모형: 발견학습 수업 모형

탐색 및 문제 파악 단계	• 겨울왕국 올라프를 녹지 않게 하는 방법과 녹게 하는 방법 이야기하기
자료 제시 및 관찰 탐색	• 얼음을 상온에 두는 것과 열을 가하는 것의 차이 비교 관찰하기
추가 자료 제시 및 관찰 탐색	• 상온에서 얼음의 상태는 어떻게 변하는지 탐구하기
규칙성 발견 및 개념 정리	• 얼음의 녹는 조건 정리하기 • 얼음이 녹을 때의 상태 변화 정리하기
적용 및 응용	• 겨울왕국 올라프를 녹지 않게 하는 방법과 녹게 하는 방법 알기

교수 · 학습 활동

■ 탐색 및 문제 파악 단계

◎ 겨울왕국 올라프(눈사람)를 녹지 않게 하는 방법, 녹게 하는 방법 이야기하기

- 차가운 바람, 낮은 온도, 올라프 냉동실 보관 등
- 털옷, 따뜻한 방에 보관 등

◎ 학습 내용 제시

- 얼음이 녹기 위해서 필요한 조건이 무엇인지 의문을 갖는다.

■ 자료 제시 및 관찰 탐색 단계

◎ 얼음을 상온에 두는 것과 열을 가하는 것의 차이 비교한다.

- 얼음을 접시에 담아 두고 시간이 지나면 어떻게 변할지 예상한다.
  - 얼음끼리 엉겨 붙어 떨어지지 않는다.
  - 얼음이 녹는다.
- 얼음을 상온에 두는 것과 열을 가하는 것의 차이를 비교하는 실험을 한다.

〈실험1〉
① 동일한 양의 얼음을 패트리 접시에 각각 나누어 담은 뒤, 하나는 헤어드라이기로 열을 가한다.
② 두 개의 얼음의 상태 변화를 비교 관찰한다.

- 〈실험1〉 결과를 관찰한다.
  - 헤어드라이기로 열을 가한 냄비의 얼음이 빨리 녹는다.

〈실험2〉
① 동일한 양의 얼음을 비커에 나누어 담은 뒤, 하나는 차가운 물을 넣고, 다른 하나는 뜨거운 물을 넣는다.
② 두 개의 얼음의 상태 변화를 비교 관찰한다.

- 〈실험2〉 결과를 관찰한다.
  - 차가운 물에 담긴 얼음보다 뜨거운 물에 담긴 얼음이 빨리 녹는다.
- 〈실험1〉〈실험2〉를 통해 열을 가한 얼음이 다른 얼음에 비해 상대적으로 빨리 녹아 물이 된다.
- 얼음은 0℃ 이상에서 녹기 시작한다.

■ 추가 자료 제시 및 관찰 탐색 단계

◎ 상온에서 얼음은 어떻게 변하는지 탐구하기

- 얼음이 녹으면 무엇이 되는지 이야기한다.
  - 얼음이 녹으면 물이 됩니다.

- 손바닥에 물이 흥건해집니다.
- 얼음 주변에 하얀 무언가가 날아가는 것이 보인다.

• 얼음은 0℃ 이상에서 물과 수증기로 상태가 변한다.

■ **규칙성 발견 및 개념 정리**

• 얼음은 0℃ 이상에서 녹기 시작한다.
• 상온에 둔 얼음보다 열을 가한 얼음이 더 빨리 녹는다.
• 얼음은 0℃ 이상에서 녹기 시작해 물과 수증기가 된다.

■ **적용 및 응용**

• 겨울왕국 올라프를 녹지 않게 하는 방법과 녹게 하는 방법을 과학적 근거를 활용하여 설명한다.

평가

• 얼음이 녹는 이유를 설명할 수 있는가?
• 얼음을 빨리 녹이는 방법을 설명할 수 있는가?
• 얼음이 녹아 무엇이 되는지 설명할 수 있는가?

◆ 7차시: 물과 얼음이 변할 때 무게와 부피의 변화

학습 목표

• 물이 얼 때의 무게와 부피 변화를 알 수 있다.
• 얼음이 녹을 때의 무게와 부피 변화를 알 수 있다.

지도 중점

• 이 차시에서는 물과 얼음이 변할 때 무게와 부피의 변화를 실험관찰을 통해 현상

을 이해할 수 있도록 구성하였다.

지도상의 유의점

• 온도 변화에 민감한 초자기구를 사용하면 사고의 위험이 있기 때문에 플라스틱 시험관과 플라스틱 비커를 활용하여 실험하도록 한다. 그러나 실험 시간이 오래 걸릴 수 있음에 유의한다.

교수 · 학습 자료

• 얼리지 않은 생수병, 얼린 생수병, 플라스틱 시험관, 플라스틱 비커, 전자저울, 고무마개, 얼음, 소금, 눈금 실린더, 철사

교수 · 학습 개요

• 교수 · 학습 모형: 발견학습 수업 모형

탐색 및 문제 파악 단계	• 얼리지 않은 생수병과 얼린 생수병 비교하기
자료 제시 및 관찰 탐색	• 물이 얼 때의 무게와 부피 변화 관찰하기
추가 자료 제시 및 관찰 탐색	• 얼음이 녹을 때의 무게와 부피 변화 관찰하기
규칙성 발견 및 개념 정리	• 물과 얼음의 상태 변화 시 무게와 부피의 변화
적용 및 응용	• 생활 속에서 물이 얼 때, 얼음이 녹을 때의 변화 적용하기

교수 · 학습 활동

■ 탐색 및 문제 파악 단계

◎ 동기유발

• 얼리지 않은 생수병과 얼린 생수병을 관찰하고 다른 점을 찾는다.

– 얼린 생수병은 색깔이 하얗게 변했다.

– 얼린 생수병은 얼리지 않은 생수병보다 더 무거운 것 같다.

– 얼린 생수병을 만지면 너무 차갑다.

◎ 학습 내용 제시

• 물이 얼 때와 얼음이 녹을 때의 무게와 부피가 변화에 대한 궁금증이 발생하도록 한다.

■ 자료 제시 및 관찰 탐색 단계

◎ 물이 얼 때의 무게와 부피 변화를 예상한다.

• 큰 생수병과 작은 생수병을 관찰하고 부피가 큰 것 찾기 활동을 한다.

◎ 물이 얼 때의 무게와 부피 변화 측정한다.

① 시험관에 물을 넣는다.
② 물이 든 시험관의 높이를 표시한다.
③ 물이 얼기 전의 무게를 측정한다.
④ 비커에 얼음과 소금을 넣어 섞는다.
⑤ 얼음과 소금이 든 비커에 시험관을 넣는다.
⑥ 얼린 시험관의 무게와 부피 변화를 관찰한다.

• 물이 얼기 전과 물이 얼고 난 후의 무게와 부피 변화를 관찰한다.

– 물이 얼 때 무게는 변하지 않고 부피는 늘어난다.

■ 추가 자료 제시 및 관찰 탐색 단계

◎ 얼음이 녹을 때의 무게와 부피 변화 예상한다.

① 눈금실린더에 물을 담는다.
② 얼음을 철사에 묶어 눈금실린더 안에 넣는다.
③ 유성 사인펜을 이용하여 눈금실린더에 든 물의 높이를 표시한다.
④ 얼음이 녹지 않은 눈금실린더의 무게를 측정한다.
⑤ 얼음이 녹은 뒤 다시 눈금실린더의 무게를 측정한다.
⑥ 유성 사인펜을 이용하여 얼음이 녹은 눈금실린더의 높이를 표시한다.

• 얼음이 녹을 때의 변화를 관찰한다.

– 얼음이 녹을 때 무게는 변하지 않고 부피는 줄어든다.

■ 규칙성 발견 및 개념 정리 단계

- 물이 얼 때 무게는 변하지 않고 부피가 늘어난다.
- 얼음이 녹을 때 무게는 변하지 않고 부피는 줄어든다.

■ 적용 및 응용 단계

◎ 일상생활 속에서 볼 수 있는 물이 얼 때의 부피 변화의 모습을 조사한다.

- 물을 넣어 얼린 페트병이 뚱뚱해진다.
- 추운 날씨에 물이 얼어 수도 계량기가 터진다.
- 추운 날씨에 보일러가 터진다.
- 냉동실에 넣어 둔 물병(유리병)이 얼어 깨진다.

▌평가

- 물이 얼 때의 무게와 부피 변화를 설명할 수 있는가?
- 얼음이 녹을 때의 무게와 부피 변화를 설명할 수 있는가?

연구과제

(1) 일상생활에서 물질 영역의 내용을 활용하는 사례를 조사해 보자.
(2) 물질 영역의 주요 내용과 특수교육 기본 교육과정의 과학과 물질 영역의 구성 내용을 비교해 보자.
(3) 특수교육 기본 교육과정의 과학과 물질 영역 단원의 교수·학습 계획안을 작성해 보자.

참고문헌

교육부 (2018). **특수교육 기본 교육과정 고등학교 과학과 교사용 지도서.**

김애정, 박현주, 김찬종, 김희백, 유준희, 최승언 (2012). 중학교 과학 교과서 물질 영역의 과학적 모형 유형 분석. *Journal of the Korean Chemical Society, 56*(3), 363-370.

Jones, L. R., Wheeler, G., & Centurino, V. A. S. (2015). TIMSS 2015 science framework, In V.S. Mullis & Michael, O. M. (Eds.), *TIMSS* (pp. 29-58). TIMSS & PIRLS International Study Center.

Oxtoby, D. W., Gillis, H. P., & Campion, A. (2008). *Principles of modern chemistry*, 6th ed., CA, Belmont: Thomson Brooks/Cole.

제10장 특수교육 과학과 에너지 영역의 지도

에너지란 물리학에서 일을 할 수 있는 능력을 의미한다. 물리학은 주어진 힘의 작용을 받는 물체의 행동과 중력, 전자기력, 핵력의 성질과 기원을 연구하는 학문이다. 현대적 의미의 물리학은 19세기 중엽에 역학, 광학, 음향학, 전기, 자기, 열, 물질의 물리적 성질 등의 여러 오래된 과학을 종합해 형성되었다. 이런 물리학 개념의 발전 과정에서 에너지의 개념이 정립되었다. 에너지는 위치, 운동, 열, 전기, 화학, 핵 또는 여러 가지 형태로 존재할 수 있다. 에너지는 모두 운동과 연관되는데, 운동 상태에 있는 모든 물체는 운동 에너지를 갖는다. 그래서 에너지는 운동과 함께 많이 언급된다. 또한 에너지는 여러 가지 방법을 통해 한 형태에서 다른 형태로 변환된다. 이 장에서는 먼저 에너지와 우리 생활과의 관계를 알아본 다음, 과학과 교육에서 다루어지는 에너지의 내용을 알아보고, 특수교육 과학과 교육에서 수립된 에너지 단원의 지도 계획을 살펴본다.

1. 에너지와 우리 생활

에너지는 인류 문명의 원동력으로 인류의 역사와 궤를 같이 하면서 발전해 왔다. 우리는 추위로부터 체온을 유지하기 위해 열 에너지를 이용해 왔고, 더 빠른 이동과 어둠을 물리치기 위해 전기 에너지를 이용해 왔으며, 더 많은 에너지를 얻기 위해 핵에너지를 이용해 왔다. 따라서 현대 과학 기술의 발전은 곧 에너지 기술의 발전에서 비롯되었다고 할 수 있다(Diasa, Mattosb, & Balestieria, 2004).

실제로 우리가 살아가는 데는 여러 가지 에너지를 필요로 한다. 전등에 불을 켜고, 자동차를 움직이며, 열기구를 띄우기 위해서는 에너지가 있어야 한다. 이런 에너지는 음식, 물, 화석 연료 등 다양한 형태로 다양한 위치에 저장되어 있다. 에너지는 그 형태에 따라 열 에너지, 전기 에너지, 빛 에너지, 핵 에너지, 화학 에너지, 역학적 에너지 등으로 구분된다. 에너지는 형태에 따라 서로 다른 것처럼 보인다. 그러나 과학의 발달로 에너지에 대해 많은 사실을 알게 되면서 여러 가지 형태의 에너지가 서로 밀접한 관계에 있다는 것을 알게 되었다. 즉, 열 에너지는 물질을 이루는 분자들이 운동하여 생기는 운동 에너지에 의해 생기고, 원자들이 서로 화합하는 과정에서 생기는 화학 에너지는 원자들의 전자 분포가 변해 생기는 전기 에너지로 볼 수 있다. 또한, 태양에서 오는 빛 에너지는 태양의 내부에서 일어나는 수소 핵융합 반응에 의해 생기므로 핵 에너지로부터 온다고 할 수 있다. 이처럼 우리 주변에 다양한 형태로 존재하는 에너지는 서로 다른 형태로 변화할 수 있다. 우리 주변에서 일어나는 다양한 상황에서 에너지는 어떻게 이동하고 변화하는지를 알아야 에너지를 적절히 이용할 수 있고, 생활의 편의를 도모할 수 있다.

이와 같은 에너지를 이용해 우리의 생활은 풍요로워졌지만, 에너지 사용량의 급증과 에너지원의 편중은 심각한 문제를 초래하고 있다. 현재 주로 사용하고 있는 화석 에너지는 부존량이 지역적으로 편중되어 있을 뿐만 아니라, 제한성을 지니고 있어 에너지 위기를 초래하고 있다(정진현, 2011). 이런 에너지 위기를 극복하기 위한 세계적인 추세는 석탄이나 석유와 같은 화석 에너지나 핵 발전보다 재생 에너지의 생산과 활용으로 전환되고 있다. 그리고 에너지 이용의 부산물로 인한 온실 가스의 발생은 지구 온난화의 원인으로 알려져 있으며, 앞으로 지구의 기온은 더욱 높아질 것으로 예측되고 있다(이정미 외, 2015). 이로 인한 해수의 열팽창으로 해수면이 상승하고, 많은 생물종이 멸종할 것으로 예측되며, 인류와 생물의 생활에 여러 가지 큰 영향을 미칠 것으로 예상되고 있다(IPCC, 2007; UNESCAP, 2006). 따라서 에너지 문제는 생활에서 에너지 이용의 효율성뿐만 아니라, 지구온난화, 대기오염과 같은 전 지구 규모의 환경적 관점에서 해결을 위한 접근을 필요로 한다고 할 수 있다.

2. 에너지 영역의 주요 내용[1)]

에너지 영역에서 학생은 에너지의 일반적인 형태와 원천, 에너지의 실질적인 사용 및 빛, 소리, 전기, 자석에 관한 기초적인 개념을 알아야 하며, 중력의 영향이나 밀고 당기는 운동과 같이 관찰할 수 있는 운동과 관련된 것으로써 힘에 대해 이해를 해야 한다. 그 다음 학생은 물질 영역에서와 마찬가지로 일반적인 일상 관찰의 과학적 기초를 이해하는 것을 벗어나 물리학의 실제적인 적용을 이해하거나 그들의 교육에서 그 다음의 진보된 공부를 하는 데 필요한 여러 가지 핵심적인 물리학 개념을 학습하는 데로 확장해야 한다. 에너지 영역은 에너지의 형태와 에너지의 변화, 힘과 운동, 에너지 전환 및 이동, 빛과 소리, 전기와 전자, 힘과 운동 등의 주제를 포함한다(Jones, Wheeler, & Centurino, 2015).

1) 이 절의 내용은 TIMSS 2015 science framework의 내용을 중심으로 정리한 것이다.

1) 에너지의 형태와 에너지의 이동

(1) 일반적인 에너지원과 에너지의 사용

- 태양, 흐르는 물, 바람, 석탄, 기름, 가스와 같은 에너지원을 알아보고, 물체를 움직이게 하거나 열과 빛을 만들어내기 위하여 에너지가 필요하다는 것을 이해하기

(2) 일상생활에서의 빛과 소리

- 익숙한 물리적 현상(그림자, 반사, 무지개)을 빛의 움직임과 관계 짓기
- 물체의 진동이 소리를 만들 수 있다는 것을 인식하기

(3) 열의 전도

- 물체를 가열하면 그 온도가 올라가고, 뜨거운 물체는 차가운 물체를 뜨겁게 만들 수 있다는 것을 인식하기
- 열을 쉽게 전도하는 일반적인 물질의 예를 확인하기

(4) 전기와 간단한 전기 시스템

- 전기가 통하는 물체와 물질 확인하기
- 회로에서 전기 에너지가 빛이나 소리와 같은 다른 형태의 에너지로 바뀌는 것을 인식하기
- 손전등과 같이 간단한 전기 시스템이 완전한(끊어지지 않는) 전기 통로를 필요로 함을 인식하기

2) 힘과 운동

(1) 친숙한 힘과 물체의 움직임

- 땅에서 물체를 당기는 힘으로서의 중력을 확인하기
- 힘(미는 힘과 당기는 힘)은 물체의 움직임의 변화를 야기하거나 막는다는 것을 인식하고, 한 물체에 같은 방향 또는 반대 방향으로 작용하는 다른 강도의 힘의 영향을 비교하기

3) 에너지의 전환 및 이동

(1) 에너지의 형태와 에너지 보존

- 에너지의 다양한 형태를 알기(운동, 위치, 역학, 빛, 소리, 전기, 열, 화학)
- 차를 움직이게 하는 엔진의 연소, 광합성 또는 수력발전과 같은 일반적인 에너지 변화에 대해 기술하고, 한 폐쇄체제 내에서의 총에너지는 보존된다는 것을 알기

(2) 열의 이동과 물질의 열 전도성

- 높은 온도의 어떤 물체 또는 부분으로부터의 낮은 온도로의 에너지의 이동을 열을 가하고 식히는 것과 관련 짓기
- 물체는 주변의 온도와 같은 온도가 되기 위해 뜨거운 물체는 차가워지고, 차가운 물체는 따뜻해진다는 것을 알기
- 여러 가지 물질의 상대적 열 전도성 비교하기

4) 빛과 소리

(1) 빛의 성질

- 빛의 기본적인 성질을 기술하거나 확인하기(여러가지 매개를 통한 전달, 속도, 반사, 굴절, 흡수, 흰 빛이 구성하는 여러 가지 색으로 나뉨)
- 물체의 표면 색깔을 반사되거나 흡수된 빛과 관련 짓기
- 평면거울이나 그림자 만들기로부터 빛의 반사와 관련된 실제적인 문제를 해결하기
- 빛의 경로를 확인하고, 렌즈나 거울에 의해 생긴 상을 찾아내기

(2) 소리의 성질

- 소리는 파장 현상이고, 소리의 크기(진폭)와 음의 높이(빈도)에 의해 특징지어 진다는 것을 알기
- 소리의 기본 성질에 대해 기술하기(전파, 반사, 흡수를 위한 매개와 다른 매개를 통한 상대적 속도가 필요함)
- 메아리와 같은 일반적인 현상을 소리의 성질과 관련짓기

5) 전기와 자기

(1) 전기 회로에서 전도체와 전기의 흐름

- 전도체와 전열체로 물질을 분류하기
- 완성된 회로(직렬과 병렬 회로)를 보여주는 도표 · 도식을 알고, 직렬회로와 병렬회로에서 전자 전류의 흐름이 어떻게 서로 다른지 구별하기

- 직렬회로와 병렬회로에서 전자 전류에 영향을 미치는 배터리나 전구의 수와 같은 요소를 기술하기

(2) 자석과 전자석의 성질과 쓰임

- 영구자석의 성질에 대해 기술하기(끌어당김 · 밀어냄, 자기력의 강도는 거리에 따라 다름)
- 전자석이 갖고 있는 독특한 성질에 대해 기술하기(전류, 코일의 수에 따라 강도가 다르고, 자기면은 켜지거나 꺼질 수 있으며, 양극은 바뀔 수 있다)
- 일상생활에서의 나침반, 초인종, 재활용 공장에서의 쓰임과 같은 영구자석과 전기자석의 쓰임에 대해 기술하기

6) 힘과 운동

(1) 일반적인 힘과 특징

- 중력, 마찰, 탄성, 부력 및 중력으로 인한 무게와 같은 일반적인 기계적 힘에 대해 기술하기
- 힘은 강도, 방향, 작용점이 있음을 알기
- 모든 동력에는 동일한 정반대의 반동력이 있음을 알기

(2) 힘의 영향

- 지렛대나 경사면과 같은 단순한 기구가 어떻게 작동하는지에 대한 기본 지식을 보여주기
- 힘과 면에 관련하여 압력을 설명하기

- 고도에 따라 감소하는 기압, 깊이 들어갈수록 증가하는 수압, 풍선의 공기압 증거와 같이 압력과 관련된 영향을 상술하기
- 밀도의 차이와 부력의 효과에 대하여 떠오름과 가라앉음을 설명하기

(3) 운동 및 운동의 변화

- 시간이 지남에 따라 생기는 위치(거리)의 변화로서 물체의 속도와 시간이 지남에 따라 나타나는 속도의 변화로서 가속을 정의하기
- 물체의 움직임이란 그 속도와 움직이는 방향에 의해 결정된다는 것을 알기
- 힘의 작용에 의해 물체의 움직임에 나타나는 한 면의 질적인 변화를 예측하기

3. 에너지 단원 지도의 실제[2)]

〈단원명: 난방기구〉

1) 단원의 개관

이 단원은 열과 열의 이동, 열의 전도, 열의 대류를 난방기라는 주제로 설정된 단원이다. 생활 주변에서 열이 이용되는 사례와 열의 이동 원리를 이용한 난방 기구들을 소개하여 열의 이동 원리가 생활에서 활용되는 사례를 이해하고 호기심을 가질 수 있게 한다. 또한, 열의 개념을 알고 온도를 비교하는 활동을 통해 열이 온도라는 개념을 통해 존재하고 에너지화 된다는 것을 알게 한다. 집안에서 볼 수 있는 기구들과 생활용품을 가지고 이러한 열의 이동이 생활에서 이용될 수 있다는 것을 알고, 열이 생활에서 어떻게 활용되고 그 안에 어떤 원리들이 숨어 있는지 알 수 있도록 한

2) 이 절의 내용은 '특수교육 기본 교육과정 중학교 과학과 교사용 지도서'(교육부, 2018)의 내용을 발췌해 정리한 것이다.

다. 이를 위해 열의 전도의 원리가 숨어있는 집안의 기기들과 냉·난방 기구를 보며 생활 속에 보이는 과학적 원리를 탐구하게 하였다. 열의 대류 현상이 생활 주변에서 나타나는 사례들과 이를 눈으로 관찰할 수 있는 활동을 통해 개념을 익히게 하였다. 열의 이동 원리들을 직접 눈으로 보고 조작 해보는 활동을 통해 학생들의 흥미를 유발하고 수업에 능동적으로 참여 할 수 있게 하였다. 이 단원은 학생들의 실생활과 주변에서 직접 경험했던 일들을 중심으로 하여 학생들이 어려운 과학적 이론 보다는 다양한 과학적 사실을 알고, 이것이 다양한 분야에서 활용될 수 있다는 것을 깨닫도록 지도한다.

2) 단원의 목표

- 열의 개념과 열이 이동한다는 사실을 안다.
- 전도의 원리를 이해하고 실생활에서 활용되는 사례를 안다.
- 대류의 원리를 알고 실생활에서 활용되는 사례를 안다.

3) 단원의 연계

사전 학습 성취기준	중학교 교육과정 성취기준	사후 학습 성취기준
◉ 초등학교 5~6학년군 온도계로 온도를 측정하고, 온도 측정이 필요한 예를 조사한다.	◉ 온도가 다른 두 물체가 접촉할 때 나타나는 온도 변화를 관찰하여 열의 이동을 이해한다.	◉ 고등학교 1~3학년군 화재 예방 및 화재 발생 시 대처 방법을 알고 실천한다.

4) 단원의 지도 계획

과학 개념	제재명(소단원)	차시	제재의 내용 요소
열	열의 이동	1	열의 개념 알아보기
		2	온도 비교하기
		3	열의 이용한 생활 기구 알아보기
열의 전도	손난로의 전도	4	열 전도의 개념 알아보기
		5	열의 전도 현상 알아보기
		6	생활 주변의 열의 전도현상 알아보기
		7	열의 전도 속도 알아보기
열의 대류	온풍기의 대류	8	대류의 개념 알아보기
		9	열의 대류 현상 알아보기
		10	생활 주변의 열의 대류 현상 알아보기

5) 가정 및 생활과의 연계

- 열의 개념을 알고 생활에서 다양하게 열이 사용되고 있음을 인지할 수 있도록 한다.
- 집안에서 보이는 기구를 중심으로 열의 전도를 지도한다.
- 열의 대류와 전도 현상이 생활에서 활용되는 사례를 중심으로 지도한다.

6) 단원 평가

- 열의 개념과 열이 이동한다는 사실을 알고 있는지 평가한다.
- 열의 전도의 원리를 이해하고 실생활에서 활용되는 사례를 알고 있는지 평가한다.

• 열의 대류 원리와 실생활에서 활용되는 사례를 알고 있는지 평가한다.

7) 단원 지도의 유의점

• 학생들이 생활과 관련된 경험과 연계하여 학습에 참여할 수 있도록 기회를 제공한다.
• 관찰 및 조작 활동의 경우 혼자 수행하기 어려운 학생은 다른 학생들의 활동을 관찰할 수 있도록 하거나 다른 학생의 활동을 동영상으로 촬영하여 제시하여 지도한다.
• 열을 조작하는 실험의 경우 안전에 유의하여 지도한다.

◆ 1차시: 열의 개념 알아보기

▌학습 목표

• 열의 개념을 안다.

▌지도 중점

• 이 차시는 감각을 활용하여 열을 느껴보고 조작해 봄으로써 열의 개념을 알 수 있게 구성하였다.

▌지도의 유의점

• 뜨거운 물은 화상의 위험이 있을 수 있으므로 물의 온도에 유의하고 뜨거운 물을 PET 병에 넣을 경우 병이 찌그러질 수 있으므로 유의한다.
• 학생의 건강 상태에 따라 얼음 대신에 차가운 물을 사용할 수 있다.
• 손의 감각을 통해 전해지는 따뜻함이 열이라는 개념을 알 수 있도록 한다.

교수 · 학습 자료

• 얼음, 따뜻한 물, 컵, 다양한 병

교수 · 학습 개요

• 교수 · 학습 모형: 순환학습 수업모형

탐색	• 차가움과 뜨거움 느껴보기
개념 도입	• 차가움과 뜨거움을 통한 열의 개념 알기
개념 적용	• 용기에 따뜻한 물을 만져보고 비슷한 느낌을 가졌던 경험 이야기하기

교수 · 학습 활동

탐색

◎ 신체 활동 후 신체의 열을 탐색한다.

• 체조, 손바닥 비비기 등의 신체 활동 후 신체의 변화를 알아본다.

－몸에 열이 난다.

－더워진다.

• 체조를 한 후 머리에 손을 댄 후 체조하기 전과 달라진 점을 질문한다.

－머리에서 열이 느껴진다.

• 머리에서 따뜻함을 느끼는 이유를 알아본다.

－몸에서 열이 났기 때문이다.

－손의 열이 이마로 전달되었기 때문이다.

• 손 벽을 치고 눈을 감은 후, 감은 눈에 손을 대어 보고 느낌을 말해 보게 한다.

－눈에서 따뜻함이 느껴진다.

• 눈에 느껴지는 따뜻함의 원인이 무엇 때문인지 질문한다.

－손벽을 쳐서 손에서 열이 났다.

－손의 열이 눈으로 전달되어 따뜻함이 느껴진다.

◎ 용기에 담긴 물을 통해 열의 개념을 알아 본다.

• 따뜻한 물과 차가운 물을 컵, 물병, 유리 병 등에 담아 본다.

• 따뜻한 용기와 차가운 용기를 번갈아 만져보고 손에 전해지는 느낌을 질문한다.

－손이 따뜻해 진다.

• 용기 표면의 느낌이 변한 것이 무엇 때문인지 질문한다.

－따뜻한 물이 용기에 담겼기 때문이다.

－물의 열이 용기를 통해 손으로 전달되었기 때문이다.

• 열이 손으로 전해지면 따뜻하다는 느낌이 들고 시간이 지나면 열이 내려가 차가운 느낌이 든다.

개념 도입

◎ 열의 개념을 설명한다.

• 물체의 온도를 높이거나 상태를 변화시키는 에너지를 열이라고 한다.

• 따뜻함과 차가움을 느끼는 차이점을 질문한다.

－따뜻한 물질은 열을 가지고 있다.

－차가운 물질은 열을 가지고 있지 않다.

• 열은 물질의 온도를 높이는 에너지이고 열이 있으면 따뜻하고 열이 없으면 차갑다는 것을 알게 한다.

개념 적용

◎ 생활 속에서 열이 발생하는 경우를 알아본다.

• 생활 주변에서 열을 느낄 수 있는 사례를 이야기 하게 한다.

－컴퓨터를 오래 사용하면 본체에서 열이 난다.

- 목욕탕 물에 들어가면 따뜻하다.
- 추운 날 따뜻한 차를 마시면 몸이 따뜻해 진다.
- 난로 옆에 가면 따뜻해 진다.

• 생활 속에서 열이 이용되는 사례를 생각해 본다.
- 물을 끓일 수 있다.
- 집을 따뜻하게 할 수 있다.
- 음식을 만들 수 있다.

▌평가

• 열의 개념을 알 수 있는가?

◆ 2차시: 온도 비교하기

▌학습 목표

• 온도를 비교한다.

▌지도 중점

• 온도를 측정하는 활동을 해봄으로써 온도의 개념을 알고 측정하는 활동으로 구성하였다.

▌지도상의 유의점

• 열이 온도를 가진다는 개념을 알 수 있도록 한다.
• 따뜻한 물의 온도를 측정할 때 안전에 유의할 수 있도록 한다.

교수 · 학습 자료

- 냄비, 버너, 비커, 온도계, 유리면, 유리컵, 고무찰흙, 파란색 색소, 알코올, 빨대. 유성펜, 얼음, 종이, 물

교수 · 학습 개요

- 교수 · 학습 모형: 경험학습 수업모형

자유 탐색	• 온도의 기본 개념 탐색
탐색 결과 발표	• 온도의 개념에 대한 탐색 결과 발표
교사의 인도에 따른 탐색	• 간이 온도계 만들기 • 온도 측정하기
정리	• 온도의 개념 정리

교수 · 학습 활동

자유 탐색

◎ 온도의 기본 개념 익히기

- 온도가 물체의 차고 더운 정도를 수치로 나타낸 것이라는 것을 알 수 있도록 한다.
- 일상생활에서는 섭씨온도를 널리 사용함을 설명한다.
- 온도를 측정하기 위해서는 온도계가 필요함을 설명하고 교실이나 학교에서 온도계가 설치된 곳을 찾아보도록 한다.

탐색 결과 발표

◎ 온도 측정을 통하여 열의 높고 낮음을 비교할 수 있다.

– 더운 날 바깥의 온도를 측정하면 온도계의 눈금이 높다.

- 차가운 물의 온도를 측정하면 온도계의 눈금이 낮다.
- 열이 많으면 온도계의 눈금이 올라가고 열이 적으면 눈금이 내려간다.

◎ 온도의 변화는 열 에너지 때문이다.

- 열에너지의 높고 낮음에 따라 온도계의 높낮이가 변한다.
- 온도계의 눈금이 높고 낮음은 열이 많고 적음과 관련이 있다.

▌교사의 인도에 따른 탐색

◎ 간이 온도계를 만들고 사용해 본다.

① 빨대와 종이에 유성 펜으로 적당한 간격의 눈금을 그린 후 종이 뒤에 끼운다.
② 유리컵에 알코올과 물을 1:1비율로 섞은 다음 파란색 색소를 탄다.
③ 유리병의 3분의 2높이 까지 용액을 넣고 빨대를 꽂은 다음, 공기가 새지 않게 고무찰흙으로 틈을 막는다.
④ 유리병을 얼음물에 담가 빨대 눈금을 읽고, 어느 정도 시간이 지난 후 따뜻한 물에도 담가 눈금을 읽는다.

◎ 온도계의 사용 방법 익히기

- 온도계를 손으로 잡을 때는 윗부분을 잡는다.
- 온도를 측정할 물질에 액체샘 부분을 넣고, 액체샘 부분이 바닥에 닿지 않도록 한다.
- 온도계의 액체가 더 이상 움직이지 않을 때 액체 기둥의 윗부분과 눈높이를 맞추어 눈금을 읽는다.
- 눈높이를 맞추지 않으면 정확한 온도를 읽지 못하므로 주의한다.

▌정리

- 열의 높고 낮음을 어떻게 비교할 수 있는지 알게 한다.
  - 온도계를 사용하여 비교할 수 있다.
  - 온도계에서 온도가 더 높은 것이 열이 높은 것이다.

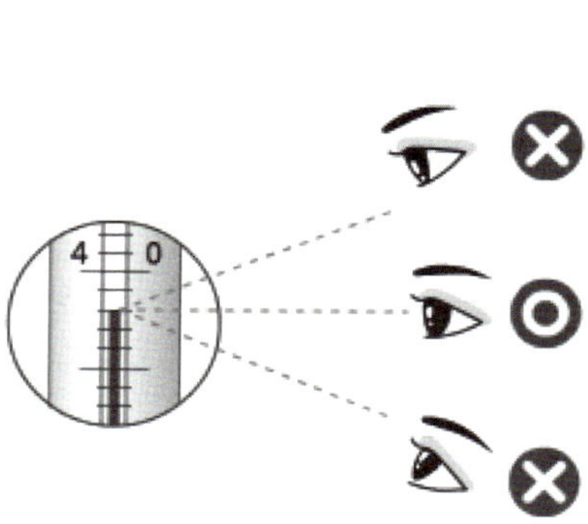

▌평가

- 차가운 물과 따뜻한 물의 온도 측정을 통해 온도의 높고 낮음을 비교할 수 있는가?

◆ 3차시: 열을 이용한 생활 기구 알아보기

▌학습 목표

- 생활 주변에서 열을 이용한 기구를 찾아 사용해 본다.

▌지도 중점

- 열을 이용하여 사용하는 기구를 통해 생활에서 열이 활용되는 사례를 알 수 있도록 구성하였다.

▌지도의 유의점

- 화상의 위험이 있으므로 안전에 유의한다. 또한 뜨겁지 않은 온도라 하더라도 장시간 접촉하면 저온 화상의 위험이 있음을 설명한다.
- 에너지 절약을 위해 절약하는 습관을 형성할 수 있도록 한다.

▌교수 · 학습 자료

- 찜질팩, 드라이기, 커피포트, 사진, 동영상

교수 · 학습 개요

• 교수 · 학습 모형: 발견학습 수업모형

탐색 및 문제 파악	• 생활 주변에 열이 이용되는 사례를 탐색하기
자료 제시 및 관찰 탐색	• 열을 이용한 기구 사용하기
추가 자료 제시 및 관찰 탐색	• 열이 이용되는 사례 정리하기
규칙성 발견 및 개념 정리	• 주변에서 열이 이용되는 생활 기구를 찾고 사용하기
적용 및 응용	• 열이 이용되는 방법 알기

■ 교수 · 학습 활동

탐색 및 문제 파악

◎ 주변에서 열을 이용한 사례 찾아보기

- 생활에서 열은 어떻게 이용되는지 질문을 하고 자신의 경험을 떠올려 대답하게 한다.
  - 라면을 끓여서 먹을 때 가스레인지의 열을 사용했다.
  - 추운 날 온풍기를 틀었다.
- 주변에서 볼 수 있는 열을 이용한 기구들은 어떤 것이 있는지 질문한다.
  - 드라이기, 전기밥솥과 가스레인지가 있다.
- 교실에서 열을 이용한 생활 기구에는 어떤 것들이 있는지 질문한다.
  - 히터와 난로가 있다.

자료 제시 및 관찰 탐색

◎ 찜질팩 사용하기

- 미지근한 물을 찜질팩에 넣고 데워 질 때까지 일정시간 기다린다.
- 근육이 뭉치거나 몸이 찰 경우 따뜻한 찜질팩을 몸에 데고 있으면 근육이 풀리고 몸이 따뜻해짐을 체험하도록 한다.

◎ 커피포트 사용하기

- 커피포트에 물을 넣고 버튼을 눌러 물을 데우도록 한다.
- 물이 다 데워지면 과일청, 차 등이 담긴 컵에 물을 붓도록 한다.
- 물이 뜨거우므로 적당한 온도일 때 차를 마시도록 한다.

◎ 드라이기 사용하기

- 드라이기를 만지며 구조를 탐색해보도록 한다.
- 콘센트에 연결하여 드라이기를 작동시켜보고 젖은 것을 말려보도록 한다.

▌추가 자료 제시 및 관찰 탐색

◎ 높은 온도의 열이 이용되는 사례와 낮은 열이 이용되는 사례 구분하기

- 높은 온도의 열이 이용되는 사례를 제시하고 열의 이용 방법을 질문한다.
  - 가스레인지의 불을 이용하여 라면을 끓일 수 있다.
  - 숯을 이용하여 고기를 구울 수 있다.
- 낮은 온도의 열이 이용되는 사례를 제시하고 열의 이용 방법을 질문한다.
  - 아이스크림을 포장하면 드라이아이스를 넣어 준다.
  - 시장에서 생선을 얼음위에 놓고 판다.

▌규칙성 발견 및 개념 정리

◎ 열은 생활에서 어떻게 사용 되는지 알아보기

- 열은 온도를 높여 이용되는 사례를 알게한다.
  - 요리에 활용된다.
- 열이 온도를 낮춰 주어 이용되는 사례를 알게 한다.
  - 냉장고는 음식의 온도를 낮춰 주어 음식이 상하지 않게 한다.
  - 에어컨은 공기를 시원하게 하여 우리 몸의 온도를 낮춰 준다.
- 열의 온도가 높고 낮음이 우리 생활에 다양하게 이용된다.

▌적용 및 응용

- 열을 막아 주어 생활에 활용되는 사례를 찾아 본다.
  - 겨울철 창문에 뽁뽁이를 붙인다.
  - 뽁뽁이는 사이의 공기가 열의 전달을 차단하여 차가운 공기가 들어 올 수 없다.
- 열과 관련한 자연 현상을 알아본다.
  - 봄에 따뜻한 바람이 분다.
  - 적도 지방은 태양과 가까워 일년 내내 덥다.
  - 뜨거운 태양이 계속 비추면 가뭄이 생겨난다.
- 열을 이용한 기구의 원리를 알아본다.
  - 헤어 드라이기 안에는 니크롬선이 들어 있다. 드라이기 뒷부분에서 선풍기와 비슷한 팬이 있는데 이 부분에서 바람을 빨아들어 내보낸다. 바람을 내보낼 때 달궈진 니크롬선을 지나기 때문에 뜨거운 바람이 나오는 것이다.

▌평가

◎ 생활 주변에서 열을 이용한 기구를 찾고 사용할 수 있는가?

◆ 4차시: 열 전도의 개념 알아보기

▌학습 목표

- 열 전도의 개념을 안다.

▌지도 중점

- 이 차시는 활동과 실험을 통해 전도의 원리를 이해하기 위한 활동으로 구성하였다.

지도의 유의점

- 교사는 활동이 진행되는 동안 학생들이 스스로 열의 이동을 느낄 수 있도록 유도하고 전도의 개념을 익힐 수 있도록 한다.
- 학생 스스로 조작하고 활동할 수 있도록 충분한 시간을 제공하고 안전에 유의한다.
- 생활주변 기구와 사례에 숨은 과학적 원리를 알고 이해 할 수 있도록 한다.

교수 · 학습 자료

- 공, 초, 쇠그물, 삼발이, 쇠막대, 초

교수 · 학습 개요

- 교수 · 학습 모형: 순환학습 수업모형

탐색	• 열의 이동 방법 탐색하기
개념 도입	• 공을 전달하며 열의 전도 개념 알기 • 유리막대 촛농 실험을 통해 열의 전도 개념알기
개념 적용	• 생활 속 열의 전도 알아보기

탐색

◎ 생활 주변에서 전도를 통한 열의 이동방식을 탐색하게 한다.

- 가스레인지로 냄비를 가열했을 때 물이 아래쪽부터 끓는 이유를 알게 한다.
  - 냄비가 아래쪽부터 뜨거워져 전체적으로 열이 높아졌기 때문이다.
  - 냄비의 아랫부분에서 냄비의 전체로 열이 이동하였다.
- 물을 끓일 때 냄비의 아래를 가열하여 시간이 지나면 손잡이까지 뜨거워지는 이유를 알게 한다.
  - 냄비 아랫부분의 열이 손잡이까지 열이 이동하였기 때문이다.

개념 도입

◎ 유리 막대 촛농 실험은 유리막대의 끝을 알코올램프로 가열하는 상황에서 유리막대의 촛농이 녹는 것을 통해 열의 전도 현상을 알아본다.

- 유리 막대 중간 중간에 촛농을 떨어뜨린 후 식힌다.
- 유리막대의 끝을 초로 가열하고 촛농이 녹는 것을 학생들에게 관찰하게 한다.
- 유리 막대의 촛농이 녹은 이유를 질문한다.
  - 열이 유리막대로 전달되기 때문에 녹았다.
- 유리막대의 촛농은 왜 알코올램프 쪽에서부터 안쪽으로 순서대로 녹았을까?
  - 알코올램프에서 안쪽으로 열이 전달되기 때문이다.
- 유리 막대에서 알코올램프로 가열된 끝부분부터 안쪽으로 촛농이 녹는데 이러한 순서로 열이 전달되는 것이 열의 전도 때문인 것을 알게 한다.
  - 열이 높은 곳에서부터 낮은 곳으로 순차적으로 열이 이동한다.
- 고체에서 열이 전달되는 방법이 열의 전도라는 것을 설명한다.
  - 물질은 이동하지 않고 물질 내의 열이 높은 곳에서 낮은 곳으로 이동한다.
  - 열의 전도는 고체에서 일어난다.

개념 적용

◎ 열의 전도가 일어나는 사례를 알아보고 열의 전도 개념을 통해 원인을 설명한다.

- 뜨거운 냄비나 컵을 만져 데었던 경험을 말해 보게 하고, 이러한 현상의 원인에 대해 질문한다.
  - 냄비와 컵의 열이 내 손으로 전도되었기 때문이다.
- 왜 냄비의 손잡이 부분은 플라스틱으로 되어 있는지 질문한다.
  - 손을 열에 데지 않게 하기 위해서이다.

- 프라이판 위에 뒤집개를 놓으면 프라이팬의 열이 뒤집게로 전달된다.
- 차가운 문 손잡이에 손을 대면 손의 열이 손잡이로 전달된다.
- 숟가락을 뜨거운 국에 담가 두면 열이 국에서 숟가락으로 전달된다.

평가

- 열의 전도를 통해 열이 이동하는 방법을 알 수 있는가?

◆ 5차시: 열의 전도 현상 알아보기

학습 목표

- 열의 전도 현상을 알 수 있다.

지도 중점

- 이 차시는 열 변색 붙임딱지 만들기 활동을 통해 열의 전도 현상을 직접 관찰할 수 있게 구성하였다.

지도의 유의점

- 자유롭게 모양을 구성해 볼 수 있도록 한다.
- 붙임딱지에 사용되는 열의 전도 원리를 알 수 있도록 한다.
- 학생 혼자서 관찰하거나 조작 활동이 어려운 경우 다른 학생들의 활동을 관찰할 수 있도록 하고 완성된 작품을 공유한다.

교수 · 학습 자료

- 비커, 붓, 열변색 붙임딱지, 열변색 그림 물감, 커피포트
- 교사의 필요에 따라 준비물을 학급별 또는 개인별로 준비한다.

▌교수 · 학습 개요

• 교수 · 학습 모형: 인지갈등 수업모형

선개념 확인	• 고체에서 열의 전도가 일어나는 경우 나타나는 현상 알기
인지 갈등	• 열 변색 붙임 딱지 만들기
개념 재구성	• 붙임딱지 색의 변화 이유 설명하기
개념 적용	• 붙임딱지를 사물에 붙여 보고 제품에 활용한 예시 알아보기

▌교수 · 학습 활동

▌선개념 확인

◎ 고체에서 열이 전도되었을 때 고체의 상태 변화에 대해서 알게 한다.

- 열이 전도 되면 고체의 표면은 어떻게 되는지 질문한다.
  - 뜨거워집니다.

◎ 열이 전도 되면 고체의 표면의 색에 변화가 있는지 질문한다.

- 열이 전도 되면 고체 표면의 색은 변할까요?
  - 색은 그대로입니다.

▌인지 갈등 단계

- 열 변색 붙임딱지를 사용해 본다.
  - 커피포트에 찬물을 담는다.
  - 열 변색 붙임딱지를 붙이고 전원을 켠다.
- 열 변색 붙임딱지의 색 변화를 관찰한다.
  - 물이 끓으면 열 변색 붙임딱지의 색 변화를 관찰한다.
  - 물의 온도가 높아지면 색이 변한다는 사실을 인식할 수 있도록 한다.

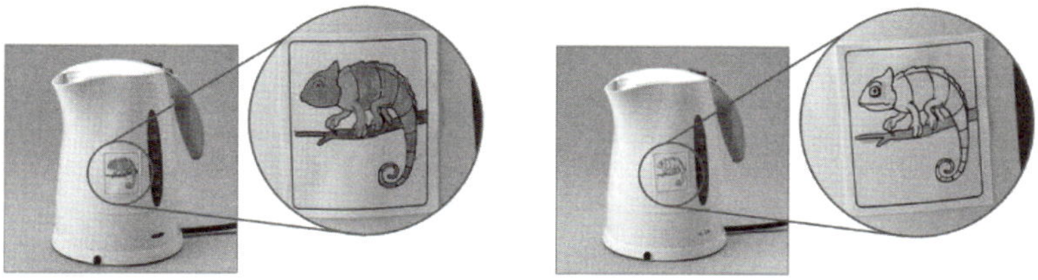

▲ 전원을 켜지 않았을 때　　▲ 전원을 켜고 시간이 지난 뒤

개념 재구성

◎ 붙임딱지의 색이 왜 변하게 되었는지 알게 한다.

- 커피포트 표면의 열이 붙임딱지로 전도되었기 때이다.

◎ 커피포트에서 끓는 물이 전도 되었을 때 색이 변하는 붙임딱지의 색이 변하는 이유를 알아본다.

- 열 변색 물감을 가열하거나 냉각시키면 분자의 성질이 변하여 반사해 내는 색이 달라져서 색깔이 변하는 것이다.

개념 적용 단계

◎ 열 변색 붙임딱지를 활용한 제품을 알아본다.

- 맥주병에 사용한 열 변색 물질은 특정한 온도가 되면 색이 바뀌어 가장 먹기 좋은 온도를 알려 준다.
- 열 변색 물질을 사용하여 만든 머그잔의 경우 머그잔에 담기는 물의 차갑거나 따뜻한 정도를 알려준다.
- 프라이팬이 열이 충분히 받을 때 중앙을 마크라 사라지는 제품이 있다.

◎ 주변의 여러 가지 물질에 열 변색 붙임딱지를 붙여 보게 한다.

- 차가운 물병에 열 변색 붙임딱지를 붙여 보게 한다.
- 뜨거운 머그잔에 열 변색 붙임딱지를 붙여 보게 한다.

• 같은 열 변색 붙임딱지를 온도가 다른 물질에 붙이면 색이 다르게 나타난다.

열 변색 물감	저온용 물감	고온용 물감	체온용 물감		
변색 온도(℃)	10	40	10	28	40
색깔 변화	● → ●	● → ○	● → ● → ●		

▌평가

• 열의 전도 현상으로 인해 열 변색 붙임딱지의 색이 달라지는 이유를 알 수 있는가?

◆ 6차시: 생활 주변 열의 전도 현상 알아보기

▌학습 목표

• 생활 주변에서 나타나는 열의 전도 현상을 알 수 있다.

▌지도 중점

• 이 차시는 생활주변에서 볼 수 있는 열 전도현상의 원리를 알 수 있도록 구성하였다.

▌지도의 유의점

• 열의 전도라는 과학적 개념을 생활 속 사례를 들어 쉽게 알 수 있도록 한다.
• 촉감을 통해 직접 느껴봄으로써 열의 전도현상이 일어나는 사례를 알 수 있도록 한다.
• 학생 혼자서 관찰하거나 조작 활동이 어려운 경우 다른 학생들의 활동을 관찰할 수 있도록 하고 열을 다룰 때 안전에 유의한다.

교수 · 학습 자료

- 손난로, 프라이팬, 사기그릇, 밥, 식빵, 버너 사진, 동영상 자료
- 교사의 필요에 따라 준비물을 학급별 또는 개인별로 준비한다.

교수 · 학습 개요

- 교수 · 학습 모형: 발생학습 수업모형

예비	• 학생들이 경험한 전도 현상을 알아보기
초점	• 생활 속 열 전도 현상에 대한 동영상 제시하기
도전	• 프라이팬 사용해보기
적용	• 전도 현상을 이용한 생활 방식 제시하기

교수 · 학습 활동

예비

◎ 생활 주변의 열이 이용되는 사례를 찾아본다.

- 요리, 난방 등에서 열의 전도 현상이 일어나는 사례를 알게 한다.
  - 다리미로 옷을 다릴 수 있다.
  - 오븐으로 빵을 구울 수 있다.
  - 프라이팬으로 고기를 구울 수 있다.

초점

◎ 열의 전도를 활용한 기구들을 사용해 본다.

- 다리미를 사용해 보고 열 전도 현상을 설명하게 한다.
  - 다리미에서 옷으로 열이 전도가 되었다.
- 커피포트를 사용해 보고 열 전도 현상을 설명하게 한다.

- 커피포트 바닥에서 나는 열이 물로 전도가 되어 물이 끓는다.
- 오븐을 사용해 보고 열 전도 현상을 설명하게 한다.
  - 가열된 오븐의 열이 빵으로 전도되어 빵이 구워진다.

▌도전

◎ 자신이 찾은 전도 현상의 사례를 발표한다.

- 전도 현상이 나타나는 생활 사례를 발표하게 한다.
  - 프라이팬을 가열하여 빵을 굽는다.
  - 라면을 끓인다.
- 토론을 통해 어떤 부분에서 열의 전도 현상이 일어나는지 찾아보게 한다.
  - 가스레인지의 불이 냄비로 전도되었다.
  - 프라이팬의 열이 빵으로 전도되었다.

▌적용

◎ 열의 전도는 생활 속에서 요리와 난방에 이용된다.

- 열의 전도를 활용한 생활 방식을 말해보게 한다.
  - 방을 따뜻하게 할 수 있다.
  - 국을 끓일 수 있다.
- 열의 전도가 어떤 장면에서 어떠한 방식으로 활용이 되고 있는지 말해 보게 한다.
  - 차를 마실 때 철로 된 컵을 사용하면 열의 전도가 더 잘 일어난다.
  - 플라스틱으로 된 국자가 요리를 할 때 더 좋다.

▌평가

- 생활 주변에서 볼 수 있는 열 전도 현상의 원리를 알 수 있는가?

◆ 7차시: 열의 전도 속도 알아보기

▌학습 목표

• 열이 전달되는 속도가 다르다는 것을 알 수 있다.

▌지도 중점

• 전도 속도 비교 실험을 통해 열이 이동하는 속도에 차이가 있다는 것을 알 수 있도록 구성하였다.

▌지도의 유의점

• 열이 이동할 때 빠르게 혹은 느리게 갈 수 있다는 사실을 알게 한다.
• 열이 온도에 따라 이동하는 속도가 다르다는 것을 직접 만져 느껴보는 활동을 통해 알 수 있도록 한다.
• 학생 혼자 관찰하기 힘들거나 조작 활동이 어려운 경우 다른 학생들의 활동을 관찰할 수 있도록 하거나 동영상으로 촬영해 제시한다.

▌교수 · 학습 자료

• 비커, 뜨거운 물, 미지근한 물, 찬 물, 숟가락, 플라스틱 주걱, 나무 주걱, 철 주걱, 냄비

▌교수 · 학습 개요

• 교수 · 학습 모형: STS 수업모형

문제로의 초대	• 요리 도구의 재질에 따라 뜨거워지는 정도 비교하기
탐색	• 온도 차이에 따른 열의 이동속도 실험하기 • 재질의 차이에 따른 열의 전도속도 알아보기
설명 · 해결 방안 제시	• 온도와 재질에 따른 열전도 속도 알아보기
실행	• 요리 시 손잡이가 덜 뜨거워지는 도구 찾기

▌교수 · 학습 활동

▌문제로의 초대

◎ 요리 도구의 재질에 따라 뜨거워지는 정도가 왜 다른지 문제를 제기한다.

- 냄비, 국자 등의 조리 도구들이 왜 다양한 재질로 나오는 지 의문을 제기한다.
- 국을 끓일 때 쇠로된 국자를 담가 놓았는데 뜨거워져서 만질 수 없었다.
- 나무로 된 주걱을 요리에 사용하였을 때는 오랫동안 사용하여도 손잡이가 뜨거워지지 않았다.
- 왜 이런 일들이 발생하는지 의문을 제기하고 가능한 대답을 고려한다.

▌탐색

◎ 온도 차이에 따른 열의 이동 속도 실험하기

- 온도가 다른 물을 세 가지 준비하고 숟가락을 담근다.
  - 일정 시간이 지나고 숟가락을 만져본다.
  - 온도가 가장 높은 비커에 있는 숟가락이 가장 열이 높다.
  - 온도가 열의 전도 속도에 영향을 미치며 온도가 높을수록 더 빨리 이동한다.

◎ 재질의 차이에 따른 열의 전도 속도를 알아본다.

- 철, 플라스틱, 나무 주걱의 두께나 재질을 만져보고 다른 점을 찾아본다.
- 뜨거운 물이 든 냄비에 철, 플라스틱, 나무 주걱을 넣는다.
- 어떤 주걱의 손잡이가 가장 먼저 뜨거워 지는지 만져본다.
- 철 주걱, 플라스틱 주걱, 나무 주걱의 순으로 손잡이가 가장 뜨거워 진다.

▌설명, 해결방안 제시

◎ 온도와 물질의 재질에 따라 열의 전도 속도가 달라진다.

- 나무, 플라스틱, 철의 순의로 열의 전도 속도가 높다.

- 요리할 때 플라스틱 주걱을 사용하는 것은 철보다 플라스틱이 열의 전도 속도가 느려 손잡이 부분이 덜 뜨거워지기 때문이다.

실행

◎ 철, 나무, 플라스틱의 열의 전도 속도가 다르다는 것을 알고 요리 시 손잡이가 덜 뜨거워지는 도구를 찾아 사용한다.

평가

◎ 온도와 재질에 따라 열 전도 현상의 속도가 다름을 알 수 있는가?

◆ 8차시: 대류 현상의 개념 알아보기

학습 목표

- 대류 현상의 개념을 안다.

지도 중점

- 공을 전달하는 활동과 액체의 대류 실험을 통해 대류 현상에 대한 개념을 알 수 있도록 구성하였다.

지도의 유의점

- 학생 혼자 관찰하기 힘들거나 조작 활동이 어려운 경우 다른 학생들의 활동을 관찰할 수 있도록 하거나 동영상으로 촬영해 제시한다.
- 열이 돈다는 사실을 이해하기 힘든 경우 고체와 기체, 액체의 특성을 먼저 설명하고 열이 대류하는 기체, 액체의 경우를 예를 들어 설명한다.

▌교수 · 학습 자료

• 그림 자료, 공, 유리병 2개, 붉은색 잉크, 푸른색 잉크, 따뜻한 물, 차가운 물

▌교수 · 학습 개요

• 교수 · 학습 모형: 경험학습모형

자유 탐색	• 대류 현상 탐색하기 • 공기의 움직임 만들어 보기
탐색 결과 발표	• 대류 현상의 특징 발표하기
교사의 인도에 따른 탐색	• 액체에서 대류 현상 알아보기 • 대류상자 만들기
정리	• 대류 현상의 개념 정리하기

▌교수 · 학습 활동

▌자유 탐색 단계

◎ 대류 현상에 대해 탐색하기

- 방안에 뜨거운 난로를 켜 놓으면 점차적으로 공기 전체가 뜨거워지는 현상이다.
- 물을 끓일 때 처음엔 바닥의 온도가 높다가 점차적으로 냄비 전체의 물이 뜨거워지는 현상이다.
- 촛불이 꺼지지 않는 이유: 촛불로 뜨거워진 공기가 연소로 생기는 이산화탄소를 올려 보내고 그 빈 자리를 새로운 공기가 지속적으로 유입되는 현상이다(대류가 없으면 촛불은 곧 꺼진다).

◎ 공책을 사용하여 공기의 움직임을 만들어 보기

• 얼굴에 공책으로 부채를 붙여 공기가 이동한다는 사실을 알게 한다.
• 공기의 이동은 보이지 않지만 주변에서 일어나고 있다는 사실을 알게 한다.

• 공기의 움직임을 감각을 통해 느낄 수 있게 한다.

▌탐색 결과 발표 단계

◎ 대류 현상에 대해 설명한다.

• 대류는 차가운 공기나 액체가 아래로 내려오고 뜨거운 공기나 액체가 위로 올라가 순환하는 현상이다.

▌교사의 인도에 따른 탐색 단계

◎ 액체에서 대류 현상 알아보기

• 액체에서 열이 이동하는 방식을 실험을 통해 알아본다.
  - 두 개의 같은 모양의 유리병에 따뜻한 물과 차가운 물을 각각 담는다.
  - 뜨거운 물에는 빨간색 잉크를 차가운 물에는 파란색 잉크를 섞는다.
  - 차가운 물이든 병 입구에 얇은 필름을 덮는다.
  - 따뜻한 물이든 병을 아래에 두고 차가운 물이든 병을 입구를 맞추어 겹친다.
  - 색이 섞이는 것을 관찰한다.

◎ 대류상자 만들기

• 대류 상자를 만들고 기체에서의 대류 현상을 관찰한다.
  - 상자의 앞부분을 정사각형으로 크게 잘라내고 셀로판지를 붙인다.
  - 상자 윗분분에 구멍을 두 개 내고 빨간색 도화지를 이용하여 굴뚝 2개를 만든다.
  - 상자에 물이든 샬레, 모레가든 샬레, 향을 배치한다.
  - 향을 피워서 넣고 시간이 지난 후 향의 움직임을 관찰한다.
  - 따뜻한 물에 의해 향이 올라가고 차가운 모래 쪽으로 내려와 대류 현상이 나타난다.

▌정리 단계

• 대류는 차가운 공기나 액체가 아래로 내려오고 뜨거운 공기나 액체가 위로 올라가 순환하는 현상이다.

▌평가

◎ 대류 현상의 개념을 알 수 있는가?

◆ 9차시: 기체에서 열의 대류 현상 알아보기

▌학습 목표

• 기체에서 열의 대류 현상을 알 수 있다.

▌지도 중점

• 공기의 순환에 따른 온도의 측정과 여러 가지 난방 기구를 통해 기체에서 대류 현상을 알 수 있도록 구성하였다.

▌지도의 유의점

• 난방 기구들을 다룰 때 안전에 유의 할 수 있도록 지도한다.
• 활동에 참여하기 힘든 학생의 경우 교사의 도움을 받거나, 협동학습을 통하여 활동에 참여할 수 있도록 한다.

▌교수 · 학습 자료

• 온풍기, 라디에이터, 히터, 전자 온도계

교수 · 학습 개요

• 교수 · 학습 모형: STS 수업모형

문제로의 초대	• 기체의 움직임 알아보기 • 기체에서 대류의 원리 알아보기
탐색	• 기체의 대류 현상을 이용한 난방기구 탐색하기 • 실내에서의 공기 대류 현상 알기
설명, 해결 방안 제시	• 난방기구 사용 후 공기의 움직임 설명하기
실행	• 대류 현상을 이용한 기구 사용해 보기

교수 · 학습 활동

문제로의 초대

◎ 기체의 움직임 알아보기

• 기체는 열의 유무에 따라 어떤 움직임이 있는지 알아본다.

– 뜨거운 기체는 위로 올라가는 성질이 있다.

– 차가운 기체는 아래로 내려온다.

– 드라이아이스의 기체는 차가워서 위로 올라가지 않고 아래로 깔린다.

• 대류 현상은 기체, 고체, 액체 중 어떤 물질에서 일어 날수 있는지 알아본다.

– 기체와 액체에서 일어날 수 있다.

– 열을 가진 물질이 직접이동을 해야 하기 때문이다.

탐색

◎ 대류 현상을 이용하는 생활 방식은 어떤 것이 있는지 알아본다.

• 기체의 대류는 우리생활에서 어떻게 이용되는지 알게 한다.

– 집을 따뜻하게 해준다.

– 차가운 공기가 나오는 에어컨은 위쪽에 설치하고 난로는 아래쪽에 설치

한다.

- 히터를 사용하면 어떤 방식으로 교실을 따뜻하게 만들어 주는지 알아본다.
  - 히터는 공기를 따뜻하게 만들어 준다.
  - 공기는 기체이다.
  - 따뜻한 공기가 위로 올라가고 차가운 공기가 아래로 내려와 공기의 대류가 일어난다.
- 바닥을 따뜻하게 하는 난방기구와 공기를 따뜻하게 하는 난방기구를 제시하여 기체에서의 대류와 액체에서의 대류의 차이점을 탐색 하게한다.
  - 히터와 온풍기는 공기를 따뜻하게 만든다.
  - 전기장판과 보일러는 바닥을 따뜻하게 만들어 준다.

▌설명, 해결 방안 제시

◎ 히터를 사용해 본다.

- 히터는 차가운 공기를 따뜻한 공기로 바꾸어 내보내 난방을 한다는 것을 설명 한다.
- 히터룰 사용해 보고 더운 공기의 움직임을 알게 한다.
  - 더운 공기는 위로 올라가고 차가운 공기는 아래로 내려와 순환하면서 전체적으로 따뜻해진다.

◎ 온풍기를 사용해 본다.

- 온풍기가 내는 열로 공기가 따뜻해진다는 것을 설명한다.
- 온풍기 앞에서 따뜻해진 공기를 느껴 본다.

▌실행

◎ 대류 현상을 활용한 난방기구들을 사용해 보고 공기의 온도가 변화하는 것을 설명한다.

- 난방기구를 사용하면 난방 기구에서 나온 따뜻한 공기가 상대적으로 주위의 공기보다 가벼워 위로 올라가고 차가운 공기가 아래서 내려오는 것을 반복하면서 실내 전체로 열이 전달되어 따뜻해진다.

▌평가

- 기체에서 대류 현상의 원리를 알 수 있는가?

◆ 10차시: 액체에서 열의 대류 현상 알아보기

▌학습 목표

- 액체에서 열의 대류가 이용되는 사례를 알 수 있다.

▌지도 중점

- 액체에서 열의 대류 현상을 알아봄으로써 생활 주변에서 나타나는 대류 현상을 알 수 있도록 구성하였다.

▌지도의 유의점

- 조작이 어려운 학생들은 난방기구가 작동되었을 때의 공기변화를 감지할 수 있게 한다.
- 학생들이 조작할 수 있는 충분한 시간을 제공하여 능동적인 학습이 이루어지게 한다.

▌교수 · 학습 자료

- 비커, 가스버너, 보리차, 사진자료, 동영상 자료

교수 · 학습 개요

교수 · 학습 모형: 발견학습 수업모형

탐색 및 문제 파악	• 액체의 움직임 알아보기 • 액체에서 대류의 원리 알아보기
자료제시 및 관찰 탐색	• 액체에서 대류현상의 사례 제시하기
추가 자료 제시 및 관찰 탐색	• 액체에서의 대류의 추가 자료 제시하기
규칙성 발견 및 개념 정리	• 액체에서 대류의 원리 발견하기
적용 및 응용	• 생활 주변에서 대류사례의 원리 탐구하기

교수 · 학습 활동

탐색 및 문제 파악

◎ 액체의 움직임을 만들어 본다.

- 수조에 미지근한 물을 받아 손으로 저어 액체의 움직임을 만들어 본다.
- 손으로 저었을 때 액체가 어떤 움직임을 가지는지 질문한다.
  - 원모양으로 돈다.
  - 아래위로 이동을 한다.

◎ 해류에서 대류 현상을 안다.

- 바다 물에도 차가운 한류와 따뜻한 난류다는 것을 알아 본다.
  - 지구는 둥글기 때문에 햇빛을 받았을 때 위도에 따라 흡수하는 태양 복사 에너지 양이 다르다.
  - 저위도 지역은 복사 에너지를 많이 가지고 있어 수온이 높고 고위도 지역은 이와 반대로 수온이 낮다.
  - 저위도에서 고위도로 흐르는 해류는 수온이 높아 난류라 한다.
  - 고위도에서 저위도로 흐르는 해류는 한류라 한다.
  - 바다의 한류와 난류도 차가운 물은 아래로 따뜻한 물은 위로 올라가는 대

류 현상이 일어난다.

－바닷물이 일정한 방향으로 대류하는 것을 해류라 한다.

▌추가 자료 제시 및 관찰 탐색

◎ 목욕탕에서 대류 현상 알기

- 목욕탕의 물은 대류 현상으로 인해 뜨거운 물이 위로 올라가고 차가운 물이 아래로 내려간다.
- 목욕탕의 대류 원리 알아보기
  - －액체에서 열을 가진 물질은 직접 다른 곳으로 움직일 수 있다.
  - －차가운 물은 액체를 구성하는 알겡이들의 움직임이 느리고 뜨겁게 덥혀진 물속의 알겡이들은 활발하게 움직이면서 거리가 멀어진다.
  - －멀어진 알갱이들은 같은 공간안에 적은 수의 알갱이를 가지고 있다.
  - －알갱이 수가 적어 뜨거운 물은 차가운 물보다 상대적으로 가벼워져 위로 올라가고 차가운 물은 상대적으로 무거워 아래로 내려온다.
- 위의 물은 뜨겁지만 아래는 상대적으로 덜 뜨겁게 된다.

▌규칙성 발견 및 개념 정리

◎ 물 끓이기, 해류, 욕탕 등에서 공통적으로 일어나는 현상을 알아본다.

－뜨거운 물이 위로 올라가고 차가운 물이 아래로 내려간다.

▌적용 및 응용

◎ 집안에서의 대류 현상을 알아본다.

- 보일러를 켰을 때 집안이 따뜻해지는 현상을 알아본다.
  - －보일러를 켜면 바닥이 따뜻해진다.
  - －바닥에서 데워진 공기는 위로 오르로 천장에서 식어있는 공기가 아래로 내

려와 다시 바닥에서 데워져 올라가 집안 전체가 따뜻해진다.

- 물을 끓일 때의 대류 현상을 알아본다.
  - 냄비의 아래쪽에 있는 물부터 뜨거워지고 대류 현상이 일어나 전체적으로 물이 데워진다.

평가

- 생활 주변에서 볼 수 있는 열의 대류 현상의 사례를 알 수 있는가?

연구과제

(1) 일상생활에서 에너지 영역의 내용을 활용하는 사례를 조사해 보자.

(2) 에너지 영역의 주요 내용과 특수교육 기본 교육과정의 과학과 에너지 영역의 구성 내용을 비교해 보자.

(3) 특수교육 기본 교육과정의 과학과 에너지 영역 단원의 교수·학습 계획안을 작성해 보자.

참고문헌

교육부 (2018). **특수교육 기본 교육과정 중학교 과학과 교사용 지도서.**

이정미, 박혜림, 안원석, 김수앙 (2015). 2009 개정 초등 과학 교과서에 제시된 에너지 교육내용 분석: 5, 6학년을 중심으로. **에너지기후변화교육,** 5(2), 161-171.

정진현 (2011). 교육대학생의 에너지 절약교육 실태에 관한 연구. **한국실과교육,** 24(3), 1-23.

Diasa, R. A., Mattosb, C. R., & Balestieria, J. A. P., (2004). Energy education: Breaking up the rational energy use barriers. *Energy Policy, 32*(11), 1339-1347.

Intergovernmental Panel on Cilmate Cahange. (2007). Climate Change 2007-, The Physical Science Basis, IPCC. United Nations Economic and Social Commission for Asia and the Pacific, 2006, State of the environment in Asia and the Pacific 2006, Bangkok: UNESCAP.

Jones, L. R., Wheeler, G., & Centurino, V. A. S. (2015). TIMSS 2015 science framework, In V.S. Mullis & Michael, O. M. (Eds.), *TIMSS* (pp. 29-58). TIMSS & PIRLS International Study Center.

Oxtoby, D. W., Gillis, H. P., & Campion, A. (2008). *Principles of modern chemistry*, 6th ed., CA, Belmont: Thomson Brooks/Cole.

제11장 특수교육 과학과 생명 영역의 지도

장애학생을 위한 생명 영역의 지도 목표는 생활 주변의 생물에 대하여 흥미와 호기심을 가지고 기본 개념을 이해하며 생물과 관련된 현상과 문제를 해결할 수 있는 과학적 소양을 기르는데 있다. 이와 같은 목표를 달성하기 위하여 장애학생을 위한 생명 영역은 우리 몸의 구조와 기능을 학습하기 위하여 자신의 신체상을 인식하고, 다양한 교재교구 활용을 통해 신체 기관의 순환과 신체적 · 심리적 성장을 이해하며 생명의 소중함을 느낄 수 있도록 지도해야 한다. 또한 생물을 관찰하고 특징을 탐구해 봄으로써 우리 주변에는 다양한 생물이 함께 하고 있음을 인식하고, 우리의 삶과 무관하지 않음을 학생 수준별로 지도한다. 그리고 생태계 구성요소와 이들의 상호작용으로 생태계 평형의 중요성을 이해하며, 유전과 진화를 통해 생명체는 번영하고 소멸함을 다양한 자료 제시를 통해 지도한다. 이 장에서는 먼저 생명과 우리 생활과의 관계를 알아본 다음, 과학과 교육에서 다루어지는 생명 영역의 내용을 알아보고, 특수교육 과학과 교육에서 수립된 생명 관련 단원의 지도 계획을 살펴본다.

1. 생명과 우리 생활

장애학생을 위한 생명 영역의 지도 계획에서는 학교의 실정과 지역의 특성, 우리 생활과의 연관성 등을 고려해야 한다. 예를 들면, 식물의 씨앗을 관찰하고 식물을 기르며 성장 과정과 한살이를 관찰하는 '식물의 한살이'의 경우 농촌 지역의 학교와 대도시의 학교가 학습 지도 계획 시 큰 차이가 있을 수 있다. 오히려 이러한 차이가 없다면, 이는 지역의 특성을 고려하지 않은 학습 지도 계획이라고도 볼 수 있다. 지역에 따라 쉽게 접할 수 있는 식물, 과일, 생물 등은 무엇이며, 언제 관찰이 가능한지 등을 고려하여 지도 계획을 해야 한다. 또한, 환경과 생태계를 지도할 때에는 생태계 보존을 위하여 일상생활에서 우리가 할 수 있는 일을 찾아보게 함으로써 생명을 사랑하는 마음을 기르도록 한다(교육과학기술부, 2009). 생명 영역과 우리 생활과의 연관성에 대한 지도 내용을 생명 영역의 주요 내용을 중심으로 소개하면 다음과 같다(교육부, 2015).

우리 몸의 구조와 기능은 얼굴, 몸통, 팔, 다리 등 우리 몸 여러 부위의 위치와 생김새 그리고 기능을 관찰하는 것에 중점을 둔다. 이를 위하여 자신의 몸을 직접 탐색해 보고 감각기관을 움직여 보는 다양한 신체 경험을 통해 자신의 신체상을 확립할 수 있도록 한다. 나아가 우리 몸을 특별하고 소중히 여기는 태도를 기르도록 한다. 우리 몸의 감각기관(눈, 코, 입, 귀, 피부), 뼈, 근육의 생김새를 관찰하고 그 기능을 이해하기 위하여 다양한 활동을 수행하도록 한다. 먼저 자신의 감각기관에 관심을 갖고 감각기관의 구조와 기능을 이해하기 위하여 다양한 탐색활동을 한다. 몸을 움직이게 하는 뼈와 근육의 생김새와 기능을 학습할 수 있도록 다양한 교수자료를 활용하여 이해를 돕는다. 이를 위하여 인체 모형을 살펴보고, 인체 그림을 색칠하도록 하며, 자신의 신체를 사용하여 각 기관의 움직임을 파악하도록 한다. 우리 몸의 생김새를 관찰하고 각 기관이 하는 일을 연결하는 등의 활동으로 우리 몸의 구조와 기능을 익히도록 한다.

우리 주변에서 볼 수 있는 동물과 식물을 관찰하여 특징을 찾아봄으로써 다양한 동물과 식물에 호기심을 갖도록 한다. 특히 이 영역에서는 다양한 동물과 식물을 다루면서 생명을 소중히 여기는 마음을 기르는 데에 중점을 둔다. 동물과 관련된 활동은 여러 가지 동물의 생김새를 살펴보고 동물의 움직임을 몸짓과 소리로 모방하는 것이다. 이러한 놀이 과정을 통해 동물의 특징을 파악하도록 한다. 식물과 관련된 활동은 여러 가지 식물(나무, 풀, 열매, 꽃)을 탐색하고, 다양한 감각을 활용하여 식물을 색, 모양, 크기에 따라 분류하는 것이다. 이러한 과정을 통해 동물과 식물의 생김새와 특징을 조사하도록 한다. 생물과 무생물을 구분하기 위해서 여러 가지 움직임 놀이를 통하여 생물의 특성을 몸으로 표현해 보고, 생물과 무생물의 차이점을 관찰하여 생물은 생장하는 특징이 있음을 이해하도록 한다. 동물과 식물은 서식지에 따라 생김새와 생활 방식이 다르다. 다양한 동영상 및 사진 자료를 통해 동물과 식물의 생활 모습을 관찰해 봄으로써 동물과 식물의 생활을 이해하는 데에 중점을 둔다. 동물과 관련해서는 숲이나 들, 바다와 강, 나무 위 등 서식지 환경에 따른 생활 방식을 조사하여 동물의 생활을 이해하도록 한다. 식물과 관련해서는 햇빛이 잘 드는 곳, 햇빛이 잘 들지 않는 곳 등 서식지에 따른 식물의 생김새와 특징을 조사하여 식물의 생활을 이해하도록 한다. 식물의 구조와 기능을 이해하기 위하여 뿌리, 줄기, 잎, 꽃과 열매의 구조를 관찰하고, 각 기관의 기능을 바탕으로 식물의 일반적인 생장 조건(햇빛, 물, 양분)을 학습하도록 한다. 이를 위하여 다양한 실험 설계를 통해 직접 관찰하고 실험하도록 한다. 식물은 종류에 따라 생장 조건이 다르지만, 이 성취 기준에서는 식물의 일반적인 생장 조건을 학습하기 위하여 햇빛의 유무(햇빛 차단 장치 활용)에 따른 식물의 생장 모습, 수분의 유무에 따른 씨앗의 발아 정도 비교 등의 변인 통제 실험을 실시해 봄으로써 식물의 생장 조건을 파악하고 이를 통하여 생명에 대한 호기심과 자연 친화적인 태도를 기르도록 한다.

인간의 성장은 생명유지에 필요한 3대 영양소(탄수화물, 단백질, 지방)의 종류와 기능을 학습하도록 한다. 우리가 먹는 다양한 음식과 영양소를 연결하는 활동을 통해 영양소에 대한 이해도를 높인다. 각각의 영양소가 우리 몸에서 어떠한 일을 하는지 알며, 고른 영양소 섭취의 중요성을 알도록 한다. 이를 통하여 몸을 건강하게 유지하기 위한 올바른 식습관 형성에 중점을 두어 지도하도록 한다. 영양소는 직접 눈으로 관찰 가능한 것이 아니기 때문에 이해하는 것에 어려움을 가질 수 있다. 따라서 보다 정확한 이해를 위하여 영양소 검출 실험을 통해 음식물 속에 들어있는 영양소를 눈으로 확인할 수 있게 한다. 나아가 균형 잡힌 식사의 중요성을 이해하고 식품첨가물에 대한 인식도 향상, 비만 예방을 위한 적절한 운동의 필요성 등을 통해 건강한 식습관을 형성할 수 있도록 한다.

지구의 생태계는 다양한 모습으로 존재한다. 식물과 동물의 생활에 대한 이해를 바탕으로 생태계의 각 구성 요소에 관심을 가지며, 우리가 살아가는 생태계를 보전하기 위한 방법을 찾아보는 데에 중점을 둔다. 이를 위하여 우리 주변에서 볼 수 있는 다양한 생태계의 모습(숲, 강, 바다, 땅 등)을 관찰하고 테라리엄을 직접 꾸미고 가꾸는 활동을 통해 생태계 보전의 중요성을 알게 한다. 또한 생태계의 식물과 동물이 서로 어떤 관계를 이루며 살아가는지 조사하도록 한다. 동식물의 대표적인 먹이사슬 관계를 파악하여 사진을 연결하거나, 먹이사슬의 한 부분이 끊어지면 어떻게 되는지를 자유롭게 이야기해 보게 하여 생태계 안에서 동물과 식물이 서로 유기적인 관계에 있음을 알게 한다. 나아가 생태계 보존을 위하여 일상생활에서 우리가 할 수 있는 일을 찾아보게 함으로서 생명을 사랑하는 마음을 기르도록 한다.

2. 생명 영역의 주요 내용[1)]

생명 영역은 학생에게 자신의 내적 호기심을 활용하고 자신 주변의 실제 세계를 이해하기 시작하는 기회를 제공한 다음, 이를 토대로 근본적인 생명과학 지식을 구축하고, 생물학의 중요한 개념의 대부분에 대한 이해를 개발한다. 생명 영역은 유기체의 특성과 살아가는 과정; 생명 순환, 번식, 유전; 유기체, 환경 및 유기체와 환경

1) 이 절의 내용은 TIMSS 2015 science framework의 내용을 중심으로 정리한 것이다.

과의 상호작용; 생태계; 인간의 건강; 유기체의 특성과 생활 과정; 세포와 세포의 기능; 생명 순환, 번식, 유전; 다양성, 적응, 자연 선택; 생태계; 인간 건강 등의 주제를 포함한다(Jones, Wheeler, & Centurino, 2015).

1) 유기체의 특성과 생활과정

(1) 생물과 무생물의 차이점과 생물이 살아가는데 필요한 것

- 생물과 무생물의 차이점을 알고 설명하기(모든 생물은 번식하고, 성장하고, 발달하고, 자극에 반응하고, 죽는다. 그러나 무생물을 그렇지 않다.)
- 생물이 살아가는데 필요한 것 알기(공기, 영양, 물, 살 수 있는 환경이 필요하다.)

(2) 주요 생물군의 물리적 및 행동적 특성

- 주요 생물군(곤충류, 조류, 포유류, 어류, 꽃을 피우는 식물)을 구분하는 물리적 및 행동적 특징 비교하기
- 주요 생물군에 속한 생물의 예를 확인하거나 제시하기: 곤충류, 조류, 포유류, 어류, 꽃을 피우는 식물.
- 등뼈가 있는 동물군과 없는 동물군 구분하기

(3) 생물의 주요 구조의 기능

- 동물의 주요 구조와 기능을 관계 짓기(이빨이 음식을 부순다, 위는 음식을 소화시킨다, 뼈는 몸을 지탱한다, 폐는 공기를 받아들인다, 심장은 피를 순환시킨다.)

- 식물의 주요 구조와 기능을 관계 짓기 (뿌리는 물을 흡수하고 식물을 고정시킨다, 잎은 영양분을 만든다, 줄기는 물과 영양분을 이동시킨다, 꽃잎은 벌이나 나비(꽃가루 매개자)를 유인한다, 꽃은 씨를 생산한다, 씨는 새로운 식물을 생산한다)

(4) 생물의 환경 조건에 대한 반응

- 식물에 있어서 물과 햇빛의 결핍으로 인한 영향을 설명하기
- 높은 온도와 낮은 온도, 위험에 대해 동물들이 어떻게 다르게 반응하는지 설명하기
- 인간 몸의 운동 반응과 높은 온도와 낮은 온도에 대한 반응 설명하기

2) 생명 주기, 번식, 유전

(1) 생명 주기의 단계와 일반적인 식물과 동물의 생명 순환의 차이점

- 식물과 동물은 각기 다른 생명 주기의 단계를 통하여 형태가 바뀌는 것을 알기; 식물과 동물의 일반적인 생명 주기 단계 알기(출생, 성장과 발달, 번식, 죽음)
- 식물의 생명주기 단계 확인하기(발아, 성장과 발달, 번식, 씨 퍼뜨림)
- 나무, 콩, 사람, 개구리, 나비와 같이 친숙한 식물과 동물의 생명주기를 알고, 비교하고 대조하기

(2) 유전과 번식 전략

- 식물과 동물이 부모와 매우 닮은 모습의 자손을 생산하기 위하여 자신의 종류를 번식함을 알기; 햇빛의 양에 의해 영향을 받는 식물의 키 또는 영양결핍으로 인

해 몸무게가 늘지 않는 새끼 동물과 같이 어떤 모습은 환경과의 상호작용에 의한 결과임을 알기

- 부모로부터 유전된 어떤 모습은 생물이 살아가는데 도움이 된다는 것을 알고 설명하기. 예를 들면, 건조한 날씨에서 살아남을 수 있게 도와주는 어떤 식물의 밀랍 코팅된 잎이나 포식자로부터 숨을 수 있도록 도와주는 동물의 보호색
- 살아남을 자손의 수를 늘리기 위한 다양한 전략에 대해 알고 설명하기. 예를 들면, 식물이 많은 씨를 생산하거나 포유류가 새끼를 돌보는 것

3) 유기체와 환경 및 둘의 상호작용

(1) 생물이 그들이 속한 환경에서 살아남기 위해 보이는 신체적 특징과 행동

- 식물과 동물의 물리적 특징을 그들이 살아가는 환경과 관련시키기. 예를 들면, 물에서 사는 동물이 갖고 있는 물갈퀴가 있는 발 또는 사막에 사는 식물이 갖고 있는 두꺼운 줄기와 가시
- 식물과 동물의 신체적 특징과 행동과 그들이 어떻게 특정한 환경에서 살아남는가에 대한 예를 알고 설명하기. 예를 들어 먹이가 매우 드문 시기에 겨울잠을 잠으로서 동물이 살아남는 것 또는 뿌리가 깊게 내린 식물이 물이 거의 없는 환경에서 살아남을 수 있는 것

4) 생태계

(1) 식물과 동물은 어떻게 에너지를 얻는가?

- 모든 식물과 동물이 활동에 필요한 에너지를 얻고, 성장과 회복에 원료를 얻기

위해 음식(영양)을 필요로 한다는 것을 알기

- 식물은 영양을 섭취하기 위해 햇빛을 필요로 하고, 반면에 동물은 영양을 섭취하기 위해 식물이나 다른 동물을 먹는다는 것을 설명하기

(2) 단순한 먹이 사슬의 관계

- 숲이나 사막과 같은 공간으로부터 일반적인 식물과 동물의 단순한 먹이사슬의 유형 완성하기
- 단순한 먹이사슬의 각 연결단계에서 생물의 역할에 대해 설명하기(식물은 스스로의 먹이를 만들어내고, 어떤 동물은 식물을 먹고, 다른 어떤 동물은 식물을 먹는 동물을 먹는다.)

(3) 지역사회의 생물들 사이의 상호작용

- 포식자-먹이 관계를 설명하고 흔한 먹이와 그 포식자를 알아보기
- 생물이 사는 환경에서 어떤 생물은 먹이나 공간을 얻기 위해 다른 생물과 경쟁한다는 것에 대해 알고 설명하기

(4) 인간이 환경에게 미치는 영향

- 환경오염을 막거나 줄이기 위한 방법들을 포함하여, 인간행동이 환경에 긍정적인 영향이나 부정적인 영향을 미치는 것에 대해 설명하기
- 인간, 식물, 동물 그리고 이들이 속한 환경에서 오염으로 인한 영향에 대한 일반적인 설명과 예를 제시하기

5) 인간의 건강

(1) 전염성 질병의 전염, 증상, 예방

- 흔한 전염병의 전염을 신체접촉, 재채기, 기침과 같은 인간의 접촉과 관련짓기
- 높은 체온, 기침, 복통과 같은 질병의 일반적인 증상에 대해 알기
- 손 씻기나 아픈 사람과 떨어져 있기 등과 같이 병의 전염을 예방하는 몇 가지 방법에 대해 알아보고 설명하기

(2) 건강을 유지하는 방법

- 균형 있는 식단으로 식사하기, 규칙적으로 운동하기, 손 씻기, 이 닦기, 충분한 수면 취하기, 자외선 차단제 바르기와 같이 건강을 위한 일상적인 행동을 설명하기
- 과일, 채소, 곡식으로 이루어진 균형 잡힌 식단에 포함된 일반적인 영양원에 대해 알기

(3) 질병의 원인, 전염, 예방, 질병에 저항

- 감기, 유충, 말라리아, HIV와 같은 흔한 질병의 원인, 전염, 예방에 대해 기술하기
- 질병에 저항하고 치료할 수 있는 인간 몸이 갖는 면역체계의 역할에 대해 기술하기

(4) 건강을 유지하는데 있어서 영양섭취, 운동, 생활습관의 중요성

- 건강을 유지하고 심장질환, 고혈압, 당뇨, 피부암, 폐암과 같은 질병을 예방하는

데 있어서 영양섭취, 운동, 생활습관의 중요성에 대해 설명하기

- 건강한 식단에 있어서 음식/영양원과 영양소의 역할에 대해 알기(비타민, 미네랄, 단백질, 탄수화물, 지방)

6) 유기체의 특징과 생활 과정

(1) 유기체 주요 분류군 사이의 차이점

- 유기체 주요 분류군 간에 구별되는 특징을 알기(식물 대 동물 대 균류; 포유류 대 조류 대 파충류 대 어류 대 양서류)
- 유기체의 주요 분류군의 예시가 되는 유기체를 알고 분류하기(식물 대 동물 대 균류; 포유류 대 조류 대 파충류 대 어류 대 양서류)

(2) 주요 기관 체계의 구조와 기능

- 인간 신체의 주요 기관과 주요 기관의 구성요소에 대해 알고 그 위치 알기
- 인간의 신체 기관을 다른 척추동물들과 비교하기
- 생명을 유지하는데 있어서 순환계와 호흡계 등과 같은 기관의 역할에 대해 설명하기

(3) 동물의 생리 과정

- 몸 상태를 유지하기 위해 작동되는 외부 및 내부 변화에 대한 동물의 반응, 예를 들면 운동할 때 심장박동률이 증가하는 것, 수분이 부족할 때 갈증을 느끼는 것, 에너지가 필요할 때 허기를 느끼는 것과 같은 반응에 대해 알기
- 대부분의 동물들에게 있어서 비교적 일정한 체온을 유지하는 것이 왜 중요한지,

외부 온도가 변화할 때 동물들은 어떻게 일정한 체온을 유지하는지에 대해 설명하기. 예를 들어 더울 때 땀을 흘리고, 추울 때 몸을 벌벌 떠는 것.

7) 세포와 그 기능

(1) 세포의 구조와 기능

- 생물이 생명 기능을 수행하고 세포 분열이 일어나는 세포로 만들어졌음을 설명하기
- 조직, 기관, 기관체계가 특정한 구조와 기능을 가진 세포들의 집합으로 형성되었음을 설명하기
- 주요 세포 구조(세포벽, 세포막, 세포핵, 엽록체, 액포, 미토콘드리아)를 알고, 이러한 구조의 주요 기능에 대해 설명하기
- 세포벽과 엽록체로 인해 식물의 세포와 동물의 세포가 구별된다는 것을 인식하기

(2) 광합성과 세포 호흡의 과정

- 광합성의 기본 과정을 설명하고 시연하기(빛, 이산화탄소, 엽록소를 필요로 하고; 양분을 생산하며; 산소를 내보낸다)
- 세포 호흡의 기본 과정을 설명하고 시연하기(산소와 양분이 필요하고, 에너지를 생산하며, 이산화탄소와 수분을 내보낸다)

8) 생명 주기, 번식, 유전

(1) 생명 주기와 발달 유형

- 여러 종류의 유기체(파충류, 조류, 양서류, 곤충류, 식물류)의 성장과 발달 유형

과 생명 주기를 비교하기
- 식물과 동물의 성장에 영향을 끼치는 요인들에 대해 설명하기

(2) 식물과 동물의 유성생식(번식)과 유전

- 유성생식이 난자세포와 정자세포의 수정으로 부모와 똑같지는 않지만 비슷한 자손을 생산한다는 것을 인식하기
- 생김새 · 특징의 유전을 유전물질을 자손에게 물려주는 유기체와 관련짓기
- 선천적 특성을 후천적 특성과 구별하기

9) 다양성, 적응, 자연선택

(1) 자연 선택의 토대로서 변형

- 한 집단의 개체 중에서 발생하는 물리적 행동적 특징의 변화가 어떤 이들에게는 생존에 이점을 주고, 그러한 특징은 자손에게도 이어진다는 것을 인식하기
- 생존과 멸종을 변화하는 환경에서의 번식 성공과 관련짓기(자연선택/자연도태)

(2) 오랜 시간에 걸친 지구상의 생명의 변화에 대한 증거로서 화석:

- 화석증거를 활용하여 지구상에 존재해 온 주요 유기체 군의 시간의 길이에 대해 결론 내리기
- 살아있는 종과 화석 간의 유사점과 차이점이 어떻게 생물에게서 발생하는 변화에 대한 증거가 되는지 기술하고, 특성의 유사한 정도가 공통된 혈통에 대한 증거가 된다는 점을 설명하기

10) 생태계

(1) 생태계의 에너지 흐름

- 생산자, 소비자, 분해자의 예를 알고, 제시하기
- 생태계에서 자원의 흐름을 설명하기(자원이 생산에서 소비자로 흘러가고, 자원의 일부분만이 한 단계에서 다음 단계로 넘어간다)
- 에너지 피라미드 또는 먹이그물 다이아그램을 그리거나 해석하기

(2) 생태계의 영양 순환

- 생태계의 산소와 탄소의 순환에서 생물의 역할을 기술하기
- 생태계의 물의 순환에서 생물의 역할 기술하기

(3) 생태계의 유기체 집단 간의 상호의존성

- 생태계의 유기체 집단 간에 있는 경쟁의 예를 설명하고 제시하기
- 생태계에서 포식의 예를 설명하고 제시하기
- 생태계에 존재하는 유기체 사이의 공생에 대해 설명하고 그 예를 들기, 예를 들면 꽃가루를 옮겨주는 새나 곤충과 꽃, 사슴 또는 소의 몸에 있는 곤충을 먹는 새, 또는 인간의 장에 사는 촌충

(4) 생태계에서 집단 · 인구 규모에 영향을 미치는 요인

- 인구 규모를 제한하는 요인 알기, 예를 들어 질병, 포식자, 식량자원, 가뭄
- 물 공급, 인구 변화, 서식지 이동과 같은 생태계에서의 변화가 사용가능한 자원과 인구 사이의 균형에 어떻게 영향을 끼치는지 예상하기

3. 생명 단원 지도의 실제[2)]

〈단원명: 식물원〉

1) 단원의 개관

국가 또는 사회는 과학적 소양을 바탕으로 일상생활의 여러 가지 문제를 해결할 수 있는 능력을 요구하기 때문에 과학과에서는 생활 주변의 자연 현상에 대한 과학의 핵심 개념과 일상생활의 문제를 해결할 수 있는 과학 탐구 역량을 학습하는 것이 필요하다. 그런데 특수교육대상학생들은 대개 낮은 인지능력과 주의 집중력의 부족으로 단기기억에 있어 정보를 처리하는 데 어려움을 가지고 있으며, 잦은 실패로 인한 학습된 무기력을 보인다. 또한 특수교육대상학생들은 개개인에 따라 다르지만 학습에 대한 흥미와 모방 학습 및 우발학습 능력이 부족하고, 전이와 일반화에 있어서도 어려움을 가지고 있다. 따라서 특수교육대상학생들은 자연 현상에 관심을 가지며 일상생활의 문제와 사회의 문제를 해결할 수 있는 탐구 활동을 통해 과학적 지식과 과학적 방법 및 태도를 익힐 수 있는 내용들을 중심으로 학습해야 한다.

그래서 이 단원에서는 생활 주변에서 쉽게 만날 수 있는 식물을 소개하며 식물에 대한 호기심을 가질 수 있도록 지도한다. 다양한 곳에 사는 식물의 모습과 특징, 식물의 뿌리, 줄기, 잎, 꽃과 열매의 생김새와 하는 일을 중심으로 식물의 생활에 대해 학습할 수 있도록 한다. 또한 주변에서 쉽게 볼 수 있는 식물을 관찰해 그 특징을 조사하게 하며 이는 식물이 서식지에 따라 생김새와 생활 방식이 다름을 이해하도록 한다. 이 단원의 학습을 위해 지역 사회에 있는 식물원이나 공원, 하천, 학교 화단 등 생활 주변에서 쉽게 만날 수 있는 식물로 구성했지만, 다양한 동영상과 사진 자료를 통해 주변에서 쉽게 볼 수 없었던 식물도 포함해 살펴봄으로써 다양한 식물의 생활

2) 이 절의 내용은 '특수교육 기본 교육과정 중학교 과학과 교사용 지도서'(교육부, 2018)의 내용을 발췌해 정리한 것이다.

을 이해하며 식물에 대한 지속적인 흥미와 함께 학습에 능동적인 참여를 하도록 한다. 또한 이 단원은 학생들이 직접 만져 보고, 관찰할 수 있도록 다양한 실험 설계와 다양한 시각적 자료를 제공해 생명에 대한 호기심과 자연 친화적인 태도를 기를 수 있도록 했다.

2) 단원의 목표

- 서식지에 따른 식물의 특징과 생활방식을 관찰하고, 식물의 생장 조건을 안다.
- 뿌리와 줄기의 생김새와 하는 일을 안다.
- 잎의 생김새와 하는 일을 안다.
- 꽃과 열매의 생김새와 하는 일을 안다.

3) 단원의 연계

사전 학습 성취기준	중학교 교육과정 성취기준	사후 학습 성취 기준
◉ 초등학교 3~4학년군 여러 가지 식물의 모양을 관찰하고 특징을 찾는다. ◉ 초등학교 5~6학년군 여러 가지 식물의 뿌리, 줄기, 잎, 꽃과 열매를 관찰하고 생김새와 특징에 따라 분류한다. ◉ 초등학교 5~6학년군 식물이 자라는 과정을 관찰하여 식물의 한 살이에 대한 관찰일지를 작성한다.	◉ 동물과 식물 식물 각 기관의 구조와 기능을 이해한다. ◉ 동물과 식물 서식지에 따른 식물의 특징과 생활 방식을 조사하고, 식물의 생장 조건을 이해한다.	◉ 현미경을 통해 식물 각 기관의 미세 구조를 관찰하고, 식물의 생장에 필요한 증산 작용과 광합성을 이해한다.

4) 단원의 지도 계획

과학 개념	제재명(소단원)	차시	제재의 내용 요소
서식지에 따른 식물	다양한 곳에 사는 식물	1	산과 들에 사는 식물의 특징 알아보기
		2	연못과 강가에 사는 식물의 특징 알아보기
		3	식물 생장의 조건 구상하기
식물의 구조와 기능	뿌리와 줄기의 생김새와 하는 일	4	뿌리의 생김새 관찰하기
		5	뿌리가 하는 일 알아보기
		6	줄기의 생김새 관찰하기
		7	줄기가 하는 일 알아보기
	잎의 생김새와 하는 일	8	잎의 생김새 관찰하기
		9	잎을 나누는 기준에 따라 분류하기
		10	잎이 하는 일 알아보기
	꽃과 열매의 생김새와 하는 일	11	꽃의 생김새 관찰하기
		12	꽃이 하는 일 알아보기
		13	열매의 생김새와 하는 일 알아보기

5) 가정 및 생활과의 연계

- 우리 지역의 식물원이나 수목원을 찾아보고, 현장학습을 위한 계획을 작성해 본다.
- 공원이나 하천, 학교 화단 등 우리 주변에서 흔히 볼 수 있는 식물을 찾아본다.
- 식물의 서식지에 따른 생활 모습을 보여주는 다큐멘터리를 조사해본다.
- 식물에 대한 호기심을 가지고 가정에서 직접 식물을 기르며 식물의 생장을 관찰한다.

6) 단원의 평가

- 서식지에 따른 식물의 생김새와 생활방식을 설명할 수 있는가?
- 뿌리와 줄기의 생김새를 알고 하는 일을 설명할 수 있는가?
- 잎의 생김새를 알고 하는 일을 설명할 수 있는가?
- 꽃과 열매의 생김새를 알고 하는 일을 설명할 수 있는가?

7) 지도상의 유의점

- 생활에서 쉽게 볼 수 있는 식물을 본 경험을 통해 학습에 대한 관심을 가지도록 지도한다.
- 학생들이 학습활동에 참여하며, 다양한 자료를 통해 쉽게 이해할 수 있도록 지도한다.
- 돋보기, 스마트폰 등 주변에서 쉽게 접할 수 있는 도구들을 이용하여 관찰하도록 지도한다.
- 결과를 확인하는데 일정 시간이 소요되는 실험의 경우 교사가 미리 준비해 둔 실험 장치로 결과를 본 차시에서 확인하게 하며, 이 차시에서 조성한 실험 장치는 다음 시간에 결과를 확인해 복습할 수 있도록 지도한다.

◆ 1차시: 산과 들에 사는 식물의 특징 알아보기

▌학습 목표

- 산과 들에 사는 식물의 종류를 알고 풀과 나무를 비교하여 차이점을 안다.

지도 중점

• 이 차시는 다양한 식물에 대한 호기심을 가질 수 있도록 나무와 풀의 특징을 비교하여 산과 들에 사는 식물의 종류와 특징을 이해하는 활동으로 구성했다.

지도의 유의점

• 주변에서 쉽게 접할 수 있는 식물로 수업을 진행한다.
• 학생 스스로 관찰하고 활동할 수 있도록 충분한 시간을 제공한다.
• 활동에 어려움을 보이는 학생의 경우, 또래 도우미를 활용하거나 다른 활동으로 대체한다.

교수 · 학습 자료

• 산과 들에 사는 다양한 식물 사진(소나무, 은행나무, 민들레, 강아지풀, 개나리, 진다래 등), 채색도구
• 교사의 필요에 따라 준비물을 학급별 또는 개인별로 준비한다.

교수 · 학습 개요

• 교수 · 학습 모형: 경험학습 수업모형

자유 탐색	• 산과 들에 사는 식물이름 말하기 놀이하기
탐색 결과 발표	• 산과 들의 풍경 탐색 결과 발표하기
교사의 인도에 따른 탐색	• 산과 들에 사는 식물 비교하기
정리	• 산과 들에 사는 식물 특징 정리하기

교수 · 학습 활동

[기초 활동] 산과 들의 모습 살펴보기

☐ 우리 지역에 있는 산과 들의 풍경 사진을 감상한다.

• 산과 들에 가본 경험을 발표하고, 사진이나 동영상을 보고 산과 들의 모습을 비교한다.

산	들
높다.	평탄하다.
돌이 많다.	흙이 많다.
키가 큰 식물이 많다.	키가 작은 식물이 많다.
나무가 많다.	물이 많다.

[주요 활동] 산과 들에 사는 식물의 종류를 찾고 비교하기

◉ 자유 탐색

□ 산과 들에 사는 식물 이름 말하기 놀이를 한다.

• 학생들이 알고 있는 산과들에 사는 식물 이름을 리듬과 박자에 맞추어 말하기 형식으로 진행한다.

• 앞에서 나온 식물을 중복해서 말하지 않게 하고, 리듬과 막자를 맞추기 어려울 경우 이어 말하기 형태로 진행한다.

• 놀이에서 나온 식물의 이름은 칠판에 적어 놓은 후 놀이가 끝나면 함께 살펴본다.

• 산과 들에 사는 식물이 아니거나 앞에서 나온 식물을 중복해서 말하는 학생을 빼는 방식으로 계속해서 진행해 마지막 남은 학생에게 규칙에 따라 보상한다.

◉ 탐색 결과 발표

□ 산과 들에 사는 식물을 찾아본다.

• 놀이에서 나온 식물을 중심으로 교과서 삽화를 보며 자신이 알고 있는 식물을 가리키고, 식물의 이름을 말한다.

• 그림자 처리된 부분은 어떤 식물인지 그림자의 형태만을 보고 예상한 후, 부

록의 붙임딱지를 사용해 그림자에 해당하는 식물을 붙인다.

□ 탐색 결과를 발표한다.

- 산과 들에 사는 식물의 종류를 발표한다.
  - 학생들이 알고 있거나 알게 된 산과 들에 사는 식물의 종류를 발표한다.

◉ 교사의 인도에 따른 탐색

□ 산에 사는 식물의 공통점을 찾아본다.

- 놀이에서 나온 식물과 사진이나 이미지 자료, 교과서 삽화에 있는 식물을 중심으로 산에 사는 식물의 특징을 발견한다.
  - 산에 사는 식물은 대부분 나무이다.

□ 들에 사는 식물의 공통점을 찾아본다.

- 놀이에서 나온 식물과 사진이나 이미지 자료, 교과서 삽화에 있는 식물을 중심으로 들에 사는 식물의 특징을 발견한다.
  - 들에 사는 식물은 대부분 풀이다.
- 주로 산에 사는 나무와 들에 사는 풀의 특징을 비교한다.
- 소나무와 강아지풀의 공통점과 차이점을 발견한다.

<table>
<tr><th></th><th>공통점</th><th>차이점</th></tr>
<tr><td>나무</td><td rowspan="2">• 잎, 줄기, 뿌리를 가지고 있다.
• 한 자리에 고정되어 있다.
• 햇빛을 이용해 광합성으로 영양분을 만든다.</td><td>• 나무는 비교적 키가 크고 줄기가 굵으며 가지의 수가 많다.
• 여러 해 동안 살아가고 열매나 목재 등으로 이용된다.</td></tr>
<tr><td>풀</td><td>• 풀은 비교적 키가 작고, 줄기가 가늘며 가지의 수가 적다.
• 한 두해살이가 많고 꽃, 식용 등으로 이용된다.</td></tr>
</table>

◉ 정리

□ 산과 들에 사는 식물을 비교하여 정리한다.

- 산과 들에는 다양한 식물이 살고 있는데, 산에는 주로 나무가 많고 들에는 주로

풀이 많다.

□ 평가

- 산과 들에 사는 식물의 종류를 알고 풀과 나무를 비교할 수 있는가?

◆ 2차시: 연못과 강가에 사는 식물의 특징 알아보기

▌학습 목표

- 연못과 강가에 사는 식물의 종류와 특징을 안다.

▌지도 중점

- 이 차시는 연못과 강가에 사는 식물의 종류와 특징을 이해하는 활동으로 구성하였다.

▌지도의 유의점

- 주변에서 쉽게 접할 수 있는 식물이나 식물원에서 볼 수 있는 식물로 수업을 진행한다.
- 학생 스스로 관찰하고 활동할 수 있도록 충분한 시간을 제공한다.
- 활동에 어려움을 보이는 학생의 경우 또래 도우미를 활용하거나 다른 활동으로 대체한다.
- 칼 사용 시 안전사고에 유의한다.

▌교수 · 학습 자료

- 연못과 강가에 사는 다양한 식물 사진(연꽃, 개구리밥, 부레옥잠, 검정말 등), 부레옥잠, 돋보기
- 교사의 필요에 따라 준비물을 학급별 또는 개인별로 준비한다.

교수 · 학습 개요

• 교수 · 학습 모형: 경험학습 수업모형

자유 탐색	• 부레옥잠 관찰하기
탐색 결과 발표	• 부레옥잠 특징 발표하기
교사의 인도에 따른 탐색	• 연못과 강가에 사는 식물의 종류와 특징 알기
정리	• 연못과 강가에 사는 식물의 종류와 특징 정리하기

교수 · 학습 활동

[기초 활동] 부레옥잠 관찰하기

- 연못과 강의 풍경 사진을 감상한다.
- 우리 지역에서 볼 수 있는 연못과 강의 풍경을 보고 연못이나 강, 하천에 가 본 경험을 말해본다.
  - 연못을 물이 고여 있고, 강물은 흐르며 강가에는 바람이 강하게 불기도 한다.
  - 연못이나 강가에는 많은 식물이 살고 있다.
- 연못에서 볼 수 있는 부레옥잠의 겉모습을 관찰한다.
- 부레옥잠을 봤던 경험을 발표한다.
- 부레옥잠의 겉모습을 관찰하고 그린다.
- 그리기에 어려움을 보이는 학생이 있다면 부레옥잠 밑그림에 색을 칠한다.

[주요 활동] 물에 사는 식물의 종류와 특징 알기

◉ 자유 탐색

- 부레옥잠의 뿌리와 잎자루를 관찰한다.
- 부레옥잠의 뿌리를 돋보기로 관찰하고, 관찰한 결과를 그린다.
- 물속에 잎자루를 넣은 후 눌러보고 어떤 일이 일어나는지 관찰한다.

- 공기가 나온다.

• 잎자루를 반으로 잘라 내부를 관찰하고, 관찰한 결과를 그린다.

◉ 탐색 결과 발표

☐ 관찰한 부레옥잠의 특징을 발표한다.

• 부레옥잠을 관찰한 결과를 말해본다.

- 잎이 넓다.
- 뿌리가 가늘고 뭉쳐 있다.
- 잎자루에 공기가 들어 있다.
- 물 위에 뜬다.

• 부레옥잠이 물 위에 떠서 살 수 있는 까닭을 생각해본다.

- 부레옥잠에는 공기 주머니가 있어 물 위에 뜬다.

◉ 교사의 인도에 따른 탐색

☐ 연못이나 강가에 사는 식물을 찾아본다.

• 교과서 삽화를 보며 자신이 알고 있는 연못이나 강가에 사는 식물의 이름을 말한다.

- 연못과 강가에는 부레옥잠, 개구리밥, 검정말, 수련, 연꽃, 갈대 등이 있다.

• 그림자 처리된 부분은 어떤 식물인지 그림자의 형태만을 보고 예상한 후 부록의 붙임딱지를 사용해 그림자에 해당하는 식물을 붙인다.

☐ 연못이나 강가에 사는 식물을 분류한다.

• 연못이나 강가에 사는 식물을 특징에 따라 분류한다.

◉ 정리

☐ 연못과 강가에 사는 식물의 종류와 특징을 정리한다.

• 연못과 강가에 사는 식물에는 부레옥잠, 개구리밥, 검정말, 수련, 연꽃, 부들, 갈대 등이 있다.

• 물 위에 떠서 사는 식물은 몸의 대부분이 잎이고 수염과 같은 뿌리를 가지고 있지만 물속에 잠겨서 사는 식물은 줄기가 약하고 잎이 좁고 긴 것들이 많다.

	물 위에 떠서 사는 식물	물속에 잠겨서 사는 식물
특징	• 공기 주머니가 있다. • 수염과 같은 뿌리를 가진다.	• 줄기가 약하고 잎이 좁고 길다.
종류	• 개구리밥, 부레옥잠, 생이가래 등	• 검정말, 나사말, 물질경이 등

	잎이 물에 떠서 사는 식물	잎이 물위로 뻗어서 사는 식물
특징	• 뿌리는 물속의 땅에 있다. • 잎이나 꽃이 물에 뜬다.	• 뿌리는 물속의 땅이나 물가의 젖은 땅에 있다. • 키가 크고 줄기가 튼튼하다.
종류	• 수련, 마름 등	• 연꽃, 부들, 갈대, 줄, 창포 등

• 연못이나 강가에 사는 식물의 특징을 발견한다.

• 연못이나 강가의 자연환경을 생각해보고 연못이나 강가에 사는 식물의 특징을 발견한다.

  – 물 위에 뜰 수 있거나 강한 바람을 견딜 수 있다.
  – 물속에서 살아가기 위해 뿌리가 잘 썩지 않는다.
  – 대부분 뿌리와 줄기에 공기가 드나들 수 있는 통로가 발달되어 있다.

□ 평가

• 연못과 강가에 사는 식물의 종류와 특징을 말할 수 있는가?

◆ 3차시: 식물 생장의 조건 구상하기

▌학습 목표

• 식물이 잘 자랄 수 있는 조건을 안다.

▌지도 중점

• 이 차시는 식물이 성장하는데 필요한 조건을 알아보는 활동으로 구성하였다.

지도의 유의점

- 학생 스스로 관찰하고 활동할 수 있도록 충분한 시간을 제공한다.
- 콩나물 키우기 실험은 교사가 미리 준비해 두어 결과를 바로 확인할 수 있게 한다.
- 콩나물 키우기 실험을 위한 도구는 상황에 맞추어 준비한다.

교수 · 학습 자료

- 교문 옆, 놀이터, 운동장, 화단, 연못 등 학교 주변에서 찍은 식물 사진, 콩나물 키우기 재료(콩나물용 콩, 검정비닐 또는 검정 덮개, 생수통 등), 돋보기
- 교사의 필요에 따라 준비물을 학급별 또는 개인별로 준비한다.

교수 · 학습 개요

- 교수 · 학습 모형: 가설 검증 수업 모형

탐색 및 문제 파악	• 극지에 사는 식물 자료 보기
가설 설정	• 햇빛의 유무에 따른 콩나물의 생장에 관한 가설 설정하기
실험 설계 및 수행	• 햇빛이 콩나물의 생장에 미치는 영향과 관련된 실험을 설계하고 수행하기
가설 검증	• 햇빛에 따른 콩나물의 생장 상태를 보고 가설 검증하기
적용 및 새로운 문제 발견	• 식물의 생장에 필요한 조건 발견하기

교수 · 학습 활동

[기초 활동] 양지와 음지 식물 비교하기

□ 양지와 음지에 있는 식물을 관찰한다.

- 학교 주변에서 햇빛이 잘 드는 곳과 잘 들지 않는 곳의 식물 모습을 관찰한다.
- 잎의 색깔, 줄기의 굵기, 키 등을 비교한다.
  - 양지에 있는 식물은 키가 크고, 줄기가 굵으며 잎의 색깔이 녹색이다.

−음지에 있는 식물은 키가 작고, 줄기가 가늘며 잎의 색깔이 노랗거나 갈색이다.

[주요 활동] 식물의 생장 조건 알기

◉ 탐색 및 문제 파악

• 극지에 사는 식물에 관한 영상이나 사진을 보고. 극지에 사는 식물의 생김새와 특징을 관찰한다.
• 극지의 날씨, 기온과 극지의 식물 생김새 사이의 연관성을 발견한다.
  −남극과 북극은 춥고, 바람이 많이 불기 때문에 극지에 사는 식물은 키가 작고, 잎이 거의 없다.
• 식물의 생장에 미치는 조건을 생각한다.

◉ 가설 설정

□ 햇빛의 유무가 식물의 생장에 미치는 영향에 관한 가설을 설정한다.
  • 학교 주변에서 관찰한 햇빛이 잘 드는 곳의 식물과 햇빛이 잘 들지 않는 곳의 식물의 모습을 비교한 결과를 바탕으로 햇빛의 유무에 따른 콩나물의 생장에 관한 가설을 설정한다.

	햇빛이 잘 드는 곳의 식물	햇빛이 잘 들지 않는 곳의 식물
특징	• 키가 크다. • 줄기가 굵다. • 잎의 색깔이 녹색이다.	• 키가 작다. • 줄기가 가늘다. • 잎이 노랗거나 갈색이다.

  • 가설 설정: 햇빛을 충분히 받은 콩나물은 키가 크고 줄기가 굵으며 잎(머리)이 녹색일 것이다.

◉ 실험 설계 및 수행

• 햇빛의 유무에 따른 콩나물 생장 상태 비교를 위한 실험을 설계한다.

① 콩나물용 콩을 물에 담가 두어 1시간 정도 불린다.
② 불린 콩을 두 개의 통에 나누어 담는다.
③ 하나는 햇빛이 충분한 창가 두고, 다른 하나는 햇빛을 차단하기 위해 검정 비닐이나 검정 덮개를 씌운다.
④ 물을 수시로 준다.
⑤ 햇빛 외에는 모든 조건을 동일하게 유지한다.
⑥ 5일 후 콩나물의 생장 상태를 관찰한다.

◉ 가설 검증

- 햇빛의 유무에 따른 콩나물의 생장 상태를 관찰하여 가설을 검증한다.
- 햇빛의 유무에 따른 콩나물의 모습을 관찰하여 그려본다.
- 교사가 미리 준비해둔 콩나물 키우기 실험 결과를 학생들에게 보여 주어 상태를 확인한다.
  - 햇빛을 받은 콩나물은 키가 크고, 햇빛을 차단한 콩나물은 키가 작다.
  - 햇빛을 받은 콩나물은 줄기가 굵지만, 햇빛을 차단한 콩나물은 줄기가 가늘다.
  - 햇빛을 받은 콩나물은 머리가 녹색이고, 햇빛을 차단한 콩나물은 노란색이다.
- 검증된 가설을 확인한다.
  - 햇빛을 충분히 받은 콩나물은 키가 크고 줄기가 굵으며 머리가 녹색이다.
- 우리가 콩나물을 먹기 위해 햇빛을 차단해서 콩나물을 기르는 까닭을 설명한다.
  - 햇빛을 차단한 콩나물은 줄기가 가늘고 연해서 음식으로 먹기에 좋기 때문이다.

◉ 적용 및 새로운 문제 발견

□ 식물이 잘 자라기 위한 조건을 발견한다.

- 콩나물 관찰로 발견한 결과를 가지고 식물이 잘 자라기 위해서는 필요한 것을 생각해본다.
  - 식물이 자라기 위해서는 햇빛이 필요하다.
- 햇빛 이외의 조건에 대해 생각해 본다.
  - 햇빛 이외에도 식물은 물, 공기 등이 충분할 때 잘 자랄 수 있다.
  - 햇빛, 온도, 물, 공기 등의 기후 조건 외에도 토양의 조건, 지형 등도 식물의 생장에 영향을 준다.
  - 같은 곳에 사는 식물과 동물 등도 식물이 사는 환경을 결정하여 식물의 생장에 영향을 미친다.

□ 배운 내용을 정리해 본다.

- 식물이 성장하는 데 필요한 조건을 정리한다.
  - 식물은 햇빛과 함께 물, 양분이 충분히 주어질 때 잘 자란다.

□ 평가

- 식물이 잘 자랄 수 있는 조건을 열거할 수 있는가?

◆ 4차시: 뿌리의 생김새 관찰하기

▮ 학습 목표

- 다양한 식물의 뿌리를 비교하여 뿌리의 특징을 안다.

▮ 지도 중점

- 이 차시는 뿌리를 관찰하여 뿌리의 생김새를 이해하는 활동으로 구성하였다.

▮ 지도의 유의점

- 주변에서 쉽게 접할 수 있는 식물로 수업을 진행한다.

• 학생 스스로 관찰하고 활동할 수 있도록 충분한 시간을 제공한다.
• 활동에 어려움을 보이는 학생의 경우 또래 도우미를 활용하거나 다른 활동으로 대체한다.

교수 · 학습 자료

• 다양한 식물의 뿌리 및 사진(당근, 무, 고구마, 민들레, 파 등), 돋보기
• 교사의 필요에 따라 준비물을 학급별 또는 개인별로 준비한다.

교수 · 학습 개요

• 교수 · 학습 모형: 발견 학습 수업 모형

탐색 및 문제 파악	뿌리 맞추기 놀이
자료 제시 및 관찰 탐색	고구마, 열무, 대파 관찰하기
추가 자료 제시 및 관찰 탐색	민들레, 파, 옥수수 뿌리 관찰하기
규칙성 발견 및 개념 정리	뿌리 생김새로 식물 분류하기
적용 및 응용	변형된 뿌리 조사하기

교수 · 학습 활동

[기초 활동] 식물의 뿌리 관찰하기

□ 여러 가지 식물의 뿌리를 관찰한다.
  • 주변에서 쉽게 볼 수 있는 당근과 파의 뿌리를 관찰한다.
  • 관찰한 결과를 그림으로 그리고, 당근과 파의 뿌리를 비교한다.
    – 당근과 파의 뿌리 생김새는 서로 다르다.
    – 당근은 굵은 하나의 뿌리가 있고 주변에는 가는 잔뿌리가 있다.
    – 파는 가는 뿌리가 여러 개 있다.

[주요 활동] 식물의 종류에 따른 뿌리 생김새 알기

◉ 탐색 및 문제 파악

□ 뿌리 맞추기 놀이를 한다.

- 고구마, 파, 당근, 옥수수 등의 뿌리 일부분만 보여주고 어떤 식물인지 맞춘다.
- 생활 속에서 쉽게 접할 수 있는 식물의 뿌리를 활용한다.

◉ 자료 제시 및 관찰 탐색

□ 뿌리 맞추기 놀이에 나왔던 식물의 뿌리를 관찰한다.

- 고구마, 열무, 대파 등의 뿌리를 관찰한다.
- 관찰한 결과를 그림으로 그리고, 각각의 뿌리를 비교한다.
  - 고구마는 굵고 동그란 하나의 뿌리와 주변의 잔뿌리를 가지고 있다.
  - 열무는 굵고 반듯한 하나의 뿌리와 주변의 잔뿌리를 가지고 있다.
  - 대파는 수염처럼 가는 뿌리가 여러 개 가지고 있다.

◉ 추가 자료 제시 및 관찰 탐색

□ 민들레, 파, 옥수수의 뿌리를 관찰한다.

- 실물 또는 사진 자료를 보고, 민들레, 파, 옥수수의 뿌리를 관찰한다.
  - 민들레 뿌리는 굵은 하나의 뿌리와 가는 잔뿌리를 가지고 있다.
  - 파는 길이와 굵기가 비슷한 수염 모양의 부리를 가지고 있다.
  - 옥수수는 땅 위로 일부 뿌리가 뻗어 나와 있다.
- 관찰한 결과를 그리고, 민들레, 파, 옥수수의 뿌리를 비교한다.
  - 민들레, 파, 옥수수의 뿌리는 생김새가 모두 다르다.

◉ 규칙성 발견 및 개념 정리

□ 민들레, 파, 옥수수의 뿌리를 보고 뿌리의 종류와 특징을 발견한다.

식물	뿌리종류	특징
민들레	곧은뿌리	가운데 굵은 원뿌리와 주변에 가는 곁뿌리를 가지고 있다.
파	수염뿌리	길이와 굵기가 비슷한 수염 모양의 뿌리를 가지고 있다.
옥수수	버팀뿌리	땅에서 가장 가까운 줄기 마디에서 나오는 뿌리로, 옥수수가 쓰러지지 않게 받쳐 주는 역할을 한다.

☐ 뿌리의 생김새로 식물을 분류한다.

- 여러 가지 식물 뿌리의 사진이나 이미지 자료를 보고 곧은뿌리, 수염뿌리, 버팀뿌리로 분류한다.

뿌리종류	식물
곧은뿌리	당근, 무, 고구마, 열무, 민들레 등
수염뿌리	벼, 보리, 강아지풀, 파 등
버팀뿌리	옥수수, 수수 등

◉ 적용 및 응용

☐ 변형된 뿌리를 조사한다.

- 뿌리 가운데 환경에 적응하기 위해 생김새와 역할이 다양하게 변한 뿌리를 조사한다.

변형 뿌리	특징	식물
기생뿌리	다른 식물의 몸에 부리를 내리고 뿌리털 없이도 물과 영양분을 빨아 들인다.	겨우살이, 새삼 등
버팀뿌리	뿌리의 지탱 능력을 돕기 위해 줄기에서 뿌리가 땅위로 나와 넓게 뻗어 있다.	옥수수, 수수 등
수중뿌리	물속에 늘어진 뿌리로 물과 영양분을 흡수하고 몸이 뒤집히지 않는다.	개구리밥, 생이가레, 부레옥잠 등
붙음뿌리	나무나 돌 같은 다른 물체에 뿌리를 붙이고 몸을 지탱한다.	담쟁이덩굴, 풍란 등
호흡뿌리	주로 늪이나 진흙에서 사는 식물의 뿌리이며, 숨을 쉬기 위해 땅 위로 올라와 자란다.	맹그로브, 뱅골 보리수 등

□ 평가

• 다양한 식물의 뿌리를 관찰하여 식물 뿌리의 특징을 말할 수 있는가?

◆ 5차시: 뿌리가 하는 일 알아보기

▌학습 목표

• 뿌리의 흡수작용 실험으로 뿌리가 하는 일을 안다.

▌지도 중점

• 이 차시는 뿌리 흡수작용 실험으로 뿌리가 하는 일을 이해하는 활동으로 구성하였다.

▌지도의 유의점

• 학생 스스로 관찰하고 활동할 수 있도록 충분한 시간을 제공한다.
• 미리 교사가 준비한 양파 뿌리 흡수작용 실험 비커를 통해 결과를 확인하도록 한다.
• 이번 차시의 양파 뿌리 흡수작용 실험 결과는 다음 수업 때 확인할 수 있도록 한다.
• 활동에 어려움을 보이는 학생의 경우 또래 도우미를 활용하거나 다른 활동으로 대체한다.

▌교수 · 학습 자료

• 다양한 식물의 뿌리 및 사진, 뿌리가 있는 양파, 뿌리를 자른 양파, 비커(혹은 투명컵), 물, 가위, 풀
• 교사의 필요에 따라 준비물을 학급별 또는 개인별로 준비한다.

교수 · 학습 개요

• 교수 · 학습 모형: 발견 학습 수업 모형

탐색 및 문제 파악	뿌리 찾기
자료 제시 및 관찰 탐색	뿌리의 흡수 작용 탐색하기
추가 자료 제시 및 관찰 탐색	뿌리의 지지 작용, 저장 작용 탐색하기
규칙성 발견 및 개념 정리	흡수, 지지 작용, 저장 작용 개념 정리 하기
적용 및 응용	뿌리가 하는 일 구조화하기

교수 · 학습 활동

[기초 활동] 양파 뿌리의 흡수 작용 실험하기

□ 양파 뿌리의 흡수 작용 실험을 한다.

• 가정에서 쉽게 볼 수 있는 양파를 이용해 뿌리가 물을 흡수하는지 알아보는 실험을 한다.

• 양파 뿌리의 유무 외에는 모든 조건(햇빛, 공기 등)은 동일하게 한다.

① 뿌리의 길이가 비슷한 두 개의 양파를 준비한다.

② 하나의 양파는 뿌리를 살리고, 다른 하나의 양파는 뿌리를 제거한다.

③ 크기가 동일한 비커 또는 투명 컵에 동일한 양의 물을 담는다.

④ 각각의 비커에 양파의 밑 부분이 물에 닿도록 올려놓는다.

⑤ 두 비커 모두 햇빛이 잘 드는 곳에 둔다.

⑥ 3일 뒤 물의 양을 비교한다.

• 실험 결과를 확인하기 전에 어느 쪽의 물이 낮아졌을지 예상해 본다.

• 교사가 미리 준비해 둔 실험 장치를 보고 결과를 도출한다.

• 발견한 결과를 발표한다.

– 뿌리를 자른 양파 쪽의 비커는 물이 조금 줄어들었지만, 뿌리가 남아있는 양파 쪽의 비커는 물이 많이 줄어들었다.

[주요 활동] 뿌리가 하는 일 알기

◉ 탐색 및 문제 파악

□ 식물 전체에서 뿌리를 찾는다.

- 주변에서 쉽게 접할 수 있는 다양한 식물의 전체 사진을 보고 뿌리가 어느 부분인지 찾아본다.
  - 양파, 파, 고구마, 열무, 당근 등의 사진을 보고 뿌리의 모습을 관찰한다.
- 우리 주변에서 식물의 뿌리를 본 경험을 이야기 한다.
- 비바람이 불거나 태풍이 와도 식물이 쉽게 쓰러지지 않는 까닭에 대해 이야기를 나눈다.
- 우리가 먹는 고구마나 무의 뿌리가 굵은 까닭에 대해 이야기를 나눈다.

◉ 자료 제시 및 관찰 탐색

□ 기초 활동의 실험 결과를 보고 뿌리가 하는 일을 알아본다.

- 뿌리가 남아 있는 양파 비커의 물이 더 많이 줄어든 것을 보고 뿌리가 하는 일을 도출한다.
  - 뿌리는 식물의 몸 안으로 물을 빨아들인다.

◉ 추가 자료 제시 및 관찰 탐색

□ 땅 속으로 깊이 뻗어 있는 뿌리 사진을 보고 뿌리가 하는 일을 알아본다.

- 뿌리와 관련된 속담 '뿌리 깊은 나무는 바람에 흔들리지 않는다.'의 의미를 통해 뿌리가 하는 일을 도출한다.
  - 뿌리는 식물의 몸을 지탱할 수 있도록 단단히 받친다.

□ 당근, 무, 고구마를 보고 뿌리가 하는 일을 알아본다.

□ 당근, 무, 고구마가 굵은 까닭을 통해 뿌리가 하는 일을 도출한다.

- 당근, 무, 고구마의 뿌리가 굵고 큰 것은 식물의 잎에서 만들어진 영양분을 뿌리에 저장하기 때문이다.

◉ 규칙성 발견 및 개념 정리

□ 뿌리가 하는 일을 발견하고 정리한다.

- 뿌리의 흡수 작용, 지지 작용, 저장 작용의 의미를 발견하고, 그 개념을 정리한다.

흡수 작용	• 뿌리는 흙 속에 녹아있는 물과 영양분을 흡수한다. • 흡수한 물과 영양분은 식물 전체로 운반되어 식물이 생장하도록 돕는다.
지지 작용	• 뿌리는 땅 속으로 파고들어가 줄기와 가지를 지탱해 식물이 쓰러지지 않게 한다. • 같은 식물이라도 크기가 클수록 뿌리의 크기도 커서 지지 작용이 더 강하다
저장 작용	• 일부 식물은 고구마, 무, 당근과 같이 뿌리에 영양분을 저장하기도 한다. • 이러한 저장뿌리는 영양분을 저장하고 있게 때문에 두껍다.

◉ 적용 및 응용

□ 뿌리가 하는 일을 생각 그물망으로 구조화 한다.

- 뿌리가 하는 일을 흡수 작용, 지지 작용, 저장 작용으로 구분해 생각 그물망에 적는다.

□ 뿌리가 물을 흡수하는 원리를 조사한다.

- 뿌리가 물을 흡수하는 원리인 삼투압 현상을 조사한다.
  - 흙 속의 물은 농도가 낮고 뿌리털 속은 상대적으로 농도가 높아 농도 평형을 이루기 위해 흙 속의 낮은 농도의 물이 높은 농도의 뿌리털 속으로 스며들게 된다.

□ 평가

- 실험으로 뿌리의 흡수작용을 관찰하고 뿌리가 하는 일을 설명할 수 있는가?

◆ 6차시: 줄기의 생김새 관찰하기

▌학습 목표

- 다양한 식물의 줄기를 비교하여 줄기의 특징을 안다.

지도 중점

- 이 차시는 줄기를 관찰하여 줄기의 생김새를 이해하는 활동으로 구성하였다.

지도의 유의점

- 주변에서 쉽게 접할 수 있는 식물로 수업을 진행한다.
- 학생 스스로 관찰하고 활동할 수 있도록 충분한 시간을 제공한다.
- 조작활동을 통해 줄기의 여러 모습을 이해하도록 한다.
- 활동에 어려움을 보이는 학생의 경우 또래 도우미를 활용하거나 다른 활동으로 대체한다.
- 칼 사용 시 안전사고에 유의한다.

교수 · 학습 자료

- 다양한 식물의 줄기 및 사진(소나무, 대나무, 봉선화, 나팔꽃, 딸기 등), 돋보기, 스마트폰, 수수깡, 다양한 굵기의 실, 풀, 가위
- 교사의 필요에 따라 준비물을 학급별 또는 개인별로 준비한다.

교수 · 학습 개요

- 교수 · 학습 모형: 발견 학습 수업 모형

탐색 및 문제 파악	• 줄기 탐색하기
자료 제시 및 관찰 탐색	• 대나무, 나팔꽃, 딸기, 감자의 줄기 관찰하기
추가 자료 제시 및 관찰 탐색	• 봉선화, 칡, 고구마, 잔디 등의 줄기 관찰하기
규칙성 발견 및 개념 정리	• 줄기의 종류와 특징 발견하기
적용 및 응용	• 식물의 줄기 꾸미기

▌교수 · 학습 활동

[기초 활동] 식물의 줄기 관찰하기

□ 여러 가지 식물의 줄기를 관찰한다.

- 학교 화단에서 돋보기를 활용해 여러 가지 식물의 줄기를 관찰하고 스마트폰으로 줄기 부분을 촬영한다.
- 교실로 돌아와 화단에서 관찰한 식물의 줄기를 촬영한 사진을 보고 그린다.
- 식물에 따라 줄기의 모습이 어떻게 다른지 비교한다.
  - 나무의 줄기는 굵다.
  - 풀의 줄기는 가늘다.

[주요 활동] 줄기의 종류 알기

◉ 탐색 및 문제 파악

□ 학교에서 볼 수 있는 다양한 식물의 줄기 생김새를 탐색한다.

- 주변에서 쉽게 접할 수 있는 봉선화, 나팔꽃, 딸기, 감자 등의 식물 전체 사진을 보고 줄기 부분을 찾아본다.
- 학교 화단에 있는 식물의 이름을 확인한 후 줄기를 만져보고 각각의 식물 줄기마다 어떤 느낌인지 구체적으로 표현한다.
  - 강아지풀, 민들레 같은 식물의 줄기는 가늘고 표면은 초록색이며, 매끈하고 쉽게 구부려진다.
  - 소나무, 은행나무와 같은 식물의 줄기는 단단한 껍질로 쌓여 있으며, 갈색이고 거칠다.

◉ 자료 제시 및 관찰 탐색

□ 대나무, 나팔꽃, 딸기, 감자의 줄기 부분을 관찰한다.

- 대나무, 나팔꽃, 딸기, 감자의 줄기 사진이나 이미지 자료를 보고 줄기를 찾아 그 특징을 탐색한다.

– 대나무의 줄기는 땅 위로 곧게 뻗어 있다.
– 나팔꽃의 줄기는 다른 물체에 감겨 있다.
– 딸기의 줄기는 땅 위를 기어 다니는 듯하다.
– 감자의 줄기는 땅 속에 있다.

◉ 추가 자료 제시 및 관찰 탐색

□ 더 다양한 식물의 줄기를 관찰한다.

• 봉선화, 칡, 고구마, 잔디의 줄기 사진이나 이미지 자료를 보고 줄기를 찾아 그 특징을 탐색한다.
– 봉선화의 줄기는 땅 위로 곧게 뻗어 있다.
– 칡의 줄기는 다른 물체에 감겨 있다.
– 고구마의 줄기는 땅 위를 기어 다니는 듯하다.
– 잔디의 줄기는 땅 속에 있다.

◉ 규칙성 발견 및 개념정리

□ 관찰한 식물의 줄기를 분류해본다.

• 살펴본 여러 가지 줄기의 생김새가 동일한 것끼리 분류한다.

• 대나무, 봉선화	• 나팔꽃, 칡
• 딸기, 고구마	• 감자, 잔디

□ 생김새에 따라 구분한 줄기를 보고 줄기의 종류와 특징을 발견한다.

• 줄기는 뻗어나가는 모양에 따라 줄기를 분류하고 그 특징을 발견한다.

식물	줄기 종류	특징
대나무, 봉선화	곧은 줄기	위로 곧게 뻗어 자라는 줄기
나팔꽃, 칡	감는 줄기	스스로 서 있지 못하고 다른 물체를 감아 올라가는 줄기
딸기, 고구마	기는 줄기	땅 위를 기며 마디에서 뿌리를 내리는 줄기
감자, 잔디	땅속 줄기	땅 속에 있는 줄기

◉ **적용 및 응용**

□ 여러 가지 꾸미기 재료로 식물의 줄기를 만든다.

- 사진이나 교과서 삽화를 보고 곧은 줄기, 감는 줄기, 기는 줄기, 땅속 줄기를 만든다.
- 만들기가 어려운 학생을 사진을 보며 따라 그린다.

□ 평가

- 다양한 식물의 줄기를 관찰하고 특징을 비교할 수 있는가?

◆ 7차시: 줄기가 하는 일 알아보기

▌학습 목표

- 줄기가 하는 일을 안다.

▌지도 중점

- 이 차시는 줄기의 물관을 관찰하여 줄기가 하는 일을 이해하는 활동으로 구성하였다.

▌지도의 유의점

- 학생 스스로 관찰하고 활동할 수 있도록 충분한 시간을 제공한다.
- 미리 교사가 준비한 백합 줄기 비커를 통해 결과를 확인하도록 한다.
- 이번 차시의 백합 줄기 실험 결과는 다음 수업 때 확인할 수 있도록 한다.
- 활동에 어려움을 보이는 학생의 경우 또래 도우미를 활용하거나 다른 활동으로 대체한다.
- 칼 사용 시 안전사고에 유의한다.

교수 · 학습 자료

- 다양한 식물의 줄기 및 사진, 백합, 비커, 물, 붉은 색 물감, 돋보기, 채색도구, 칼, 풀
- 교사의 필요에 따라 준비물을 학급별 또는 개인별로 준비한다.

교수 · 학습 개요

- 교수 · 학습 모형: 발견학습모형

탐색 및 문제 파악	• 줄기 겉모습 관찰하기
자료 제시 및 관찰 탐색	• 염색되지 않은 줄기 내부 관찰하기
추가 자료 제시 및 관찰 탐색	• 염색하지 않은 백합 줄기와 염색한 백합 줄기 내부 비교하기
규칙성 발견 및 개념 정리	• 줄기가 하는 일 알아보기
적용 및 응용	• 줄기가 하는 일 구조화하기

교수 · 학습 활동

[기초 활동] 백합 줄기 내부 관찰하기

□ 백합 줄기의 내부를 관찰한다.

- 백합 줄기 내부를 염색해 줄기 내부의 구조를 살펴보는 실험을 한다.
- 교사가 하루 전에 붉은 색 물감을 탄 비커에 담아둔 백합의 줄기를 가지고 내부를 관찰한다.

① 삼각플라스크에 붉은색 물감을 풀어 넣는다.
② 백합 줄기를 담가 둔다.
③ 하루 뒤 백합 줄기를 꺼내어 단면을 가로와 세로 방향으로 자른다.
④ 백합 줄기 내부를 관찰한다.

- 실험 결과를 확인하기 전에 백합 줄기의 내부가 어떻게 되었을지 예상한다.
- 교사가 미리 준비해 둔 실험 장치를 보고 결과를 도출한다.

• 발견한 결과를 발표한다.
 – 백합 줄기 내부의 일부분이 붉은색으로 물들었다.
 – 줄기 속의 일부분이 붉은색으로 염색된 까닭을 생각해 본다.

[주요 활동] 줄기가 하는 일

◉ **탐색 및 문제 파악**

□ 백합 줄기의 겉모습을 관찰한다.
• 백합 줄기의 겉모습을 자세히 살펴보고 관찰 결과를 발표한다.
 – 백합의 줄기는 녹색이다.
 – 백합의 줄기는 매끈하고 딱딱하다.
 – 백합의 줄기는 원기둥 모양과 비슷하다.

◉ **자료 제시 및 관찰 탐색**

□ 백합 줄기의 내부를 관찰한다.
• 백합 줄기의 내부를 가로와 세로로 잘라 단면을 자세히 관찰하고 관찰 결과를 발표한다.
 – 백합의 줄기의 내부는 겉모습과 비슷한 녹색이다.
 – 백합의 줄기의 가로 단면은 원모양이다.
 – 백합의 줄기의 세로 단면은 사각형 모양이다.

◉ **추가 자료 제시 및 관찰 탐색**

□ 염색한 백합 줄기와 염색하지 않은 백합 줄기의 내부를 비교한다.
• 붉은색으로 염색한 백합 줄기와 염색하지 않은 백합 줄기를 가로와 세로로 잘라 단면을 비교한다.
 – 붉은색으로 염색한 백합 줄기의 내부는 붉은색인 부분과 녹색인 부분으로 구분되어 있다.

- 염색하지 않은 백합 줄기의 내부는 모두 녹색이다.

• 관찰한 두 줄기의 내부 모습을 그리고 염색한 줄기의 내부가 붉게 물든 이유를 생각한다.

◉ **규칙성 발견 및 개념 정리**

□ 관찰 결과로 줄기가 하는 일을 발견한다.

• 염색한 백합 줄기와 염색하지 않은 백합 줄기의 내부 관찰로 줄기가 하는 일을 발견한다.

- 붉은색 물이 지나는 가는 길이 식물의 줄기 속에 있다.
- 붉은색 물에 담가두었던 백합 줄기의 내부 일부분이 붉게 물든 것으로 물이 지나가는 길이 줄기 속에 있음을 알 수 있다.
- 식물의 줄기에서 물이 지나가는 길을 물관이라고 한다.
- 모든 식물에는 물이 지나가는 물관이 있다.
- 줄기 속의 물관은 식물체 내에서 물을 이동하는 길이기 때문에 붉은색으로 염색되었다.

□ 줄기가 하는 일을 확인한다.

• 교과서 삽화를 보고 식물에서 물이 이동하는 과정을 표시하고 줄기가 하는 일을 확인한다.

- 줄기는 흙속의 물과 영양분을 잎으로 전달한다.

• 교과서 삽화를 보고 뿌리와 잎이 연결된 모습을 통해 줄기가 하는 일을 정리한다.

- 줄기는 뿌리와 잎을 연결해 식물을 지탱해 준다.

• 감자, 양파, 토란, 연, 선인장 등의 사진이나 이미지 자료를 보고 줄기가 하는 일을 정리한다.

- 감자, 양파, 토란, 연 등은 줄기에 물과 영양분을 저장하기도 한다.
- 감자, 양파, 토란, 연 등의 줄기를 저장줄기라고 한다.

- 선인장은 줄기에 물을 저장해 건조한 사막 환경에서도 살아남을 수 있다.
- 소나무 줄기의 사진 자료를 보고 줄기가 하는 일을 정리한다.
  - 소나무 줄기는 껍질에 싸여 있어서 곤충의 침입을 막고, 추위와 더위로부터 식물을 보호한다.

◉ 적용 및 응용

□ 줄기가 하는 일을 생각 그물망으로 구조화 한다.

- 줄기가 하는 일을 이동 통로, 식물체의 연결, 식물의 보호로 구분해 생각 그물망에 적는다.

□ 평가

- 줄기가 하는 일에 대해 설명할 수 있는가?

◆ 8차시: 잎의 생김새 관찰하기

▌학습 목표

- 다양한 식물의 잎을 비교하여 분류한다.

▌지도 중점

- 이 차시는 잎을 관찰하여 잎의 생김새를 이해하는 활동으로 구성하였다.

▌지도의 유의점

- 주변에서 쉽게 접할 수 있는 식물로 수업을 진행한다.
- 학생 스스로 관찰하고 활동할 수 있도록 충분한 시간을 제공한다.
- 활동에 어려움을 보이는 학생의 경우 또래 도우미를 활용하거나 다른 활동으로 대체한다.
- 가위 사용 시 안전사고에 유의한다.

교수 · 학습 자료

- 다양한 식물의 잎 및 사진(은행나무, 단풍나무, 옥수수, 클로버, 강아지풀 등), 돋보기, 종이, 색연필, 색종이, 실, 풀, 가위
- 교사의 필요에 따라 준비물을 학급별 또는 개인별로 준비한다.

교수 · 학습 개요

- 교수 · 학습 모형: 경험 학습 수업 모형

자유 탐색	• 잎 탐색하기
탐색 결과 발표	• 생김새로 분류하고 발표하기
교사의 인도에 따른 탐색	• 잎맥에 따라 분류하기
정리	• 잎의 생김새 정리

교수 · 학습 활동

[기초 활동] 잎 본뜨기

□ 여러 가지 식물의 잎으로 본뜨기를 한다.

- 학교 화단에서 식물의 잎을 찾아 여러 감각을 활용해 관찰한다.
- 눈으로 보고, 손으로 느끼고, 코로 냄새를 맡으며 잎을 관찰하고 그 느낌을 말한다.
- 여러 가지 모양의 잎을 줍는다.
- 주워 온 잎 위에 얇은 종이를 얼려 두고 색연필 또는 크레파스로 문질러 잎의 본을 뜬다.
- 식물의 잎을 전체적으로 색칠하며 드러난 생김새를 살펴본다.
- 실제 잎과 본뜨기를 한 것과 비교한다.
- 수업을 마치고 본뜨기를 한 것을 모양에 맞게 오리고 코팅한 후 구멍을 뚫어 서로의 본뜨기를 연결해 협동 작품으로 모빌을 만들어 본다.

[주요 활동] 잎 생김새 비교하기

◉ 자유 탐색

□ 여러 가지 모양의 잎을 관찰한다.

- 학교 화단에서 주워 온 여러 가지 생김새의 잎을 돋보기, 여러 감각을 활용해 관찰한다.
- 관찰한 잎을 그려보고 실제 잎과 비교한다.
- 잎을 여러 가지 기준에 따라 분류한다.
- 교과서 삽화에서 여러 가지 잎 그림을 보며 생김새를 살펴본다.
- 교과서 부록을 활용해 교사가 제시한 기준에 따라 잎을 분류한다.
  - 둥근 보양, 길죽한 모양, 작은 잎, 큰 잎으로 분류한다.
  - 같은 색을 가진 잎끼리 분류한다.
  - 한 장짜리 잎과 잎이 여러 개 달린 것으로 분류한다.

◉ 탐색 결과 발표

□ 여러 가지 식물의 잎을 탐색한 결과를 발표한다.

- 잎을 여러 가지 기준에 따라 탐색한 결과를 발표한다.
  - 식물의 잎은 생김새와 크기가 다양하다.
  - 잎마다 느낌이 다르다.
  - 식물에 따라 색깔이 다르다.

◉ 교사의 인도에 따른 탐색

□ 은행나무와 단풍나무의 잎을 탐색한다.

- 실물 자료 또는 사진, 이미지 자료, 기초 활동의 본뜨기 자료로 은행나무와 단풍나무 잎을 탐색한다.
- 관찰한 은행나무와 단풍나무 잎을 그리고 잎맥을 표시한다.
  - 나뭇잎에도 지문처럼 가느다란 선이 있는데, 이것을 잎맥이라고 한다.

- 은행나무와 단풍나무 잎에서 잎맥을 찾아 따라 그려본다.
- 은행나무 잎처럼 세로로 나란히 뻗어있는 잎맥을 나란히맥이라고 부른다.
- 단풍나무 잎처럼 그물처럼 엉켜있는 잎맥을 그물맥이라고 한다.
- 식물의 잎은 크게 나란히맥(은행나무)와 그물맥(단풍나무)으로 나눌 수 있다.

□ 은행나무와 단풍나무의 잎을 비교한다.

• 은행나무와 단풍나무 잎을 비교하고 차이점을 발견한다.
- 은행나무는 부채모양이고, 단풍나무는 별모양이다.
- 은행나무 잎맥은 세로로 뻗어있기 때문에 나란히맥이고, 단풍나무의 잎맥은 여러 갈래로 엉켜있기 때문에 그물맥이다.
- 은행나무 잎과 단풍나무 잎은 색깔이 계절에 따라 달라진다는 점은 같지만 변하는 색깔은 서로 다르다.
- 은행나무 잎은 봄과 여름에는 녹색이었다가 가을이 되면 노란색으로 변한다.
- 단풍나무 잎은 봄과 여름에는 녹색이었다가 가을이 되면 붉은색으로 변한다.

□ 잎맥에 따라 잎을 분류한다.

• 교과서 삽화에서 잎맥을 찾아 표시하고 어떤 잎맥에 해당하는지 잎 위에 표시한다.
• 교과서 부록의 여러 가지 식물의 잎을 활용해 잎맥에 따라 분류한다.
• 교과서 자료 외에 강아지풀, 플라타너스, 벼, 호박잎 등의 사진 자료를 보고 잎맥에 따라 분류한다.

◉ 정리

□ 잎의 생김새를 정리한다.

• 식물에 따라 잎의 모습이 다르며, 나란히맥과 그물맥으로 구분한다.

□ 평가

• 잎의 모양을 비교하여 분류할 수 있는가?

◆ 9차시: 잎의 나누는 기준에 따라 분류하기

▌학습 목표

- 잎을 분류하는 다양한 기준을 안다.

▌지도 중점

- 이 차시는 잎을 분류하는 기준을 이해하는 활동으로 구성하였다.

▌지도의 유의점

- 주변에서 쉽게 접할 수 있는 식물로 수업을 진행한다.
- 학생 스스로 관찰하고 활동할 수 있도록 충분한 시간을 제공한다.
- 활동에 어려움을 보이는 학생의 경우 또래 도우미를 활용하거나 다른 활동으로 대체한다.
- 가위 사용 시 안전사고에 유의한다.

▌교수 · 학습 자료

- 다양한 식물의 잎 및 사진(은행나무, 단풍나무, 옥수수, 클로버, 강아지풀, 연, 감나무, 벚나무, 호박, 등나무, 소나무, 잣나무, 플라타너스, 목련, 개나리, 해바라기, 검정말 등), 풀, 색종이, 가위, 코팅 재료
- 교사의 필요에 따라 준비물을 학급별 또는 개인별로 준비한다.

▌교수 · 학습 개요

- 교수 · 학습 모형: 경험 학습 수업 모형

자유 탐색	• 잎 맞추기 놀이로 잎 탐색하기
탐색 결과 발표	• 잎 탐색 결과 발표하기
교사의 인도에 따른 탐색	• 기준에 따라 잎 분류하기
정리	• 잎을 분류하는 기준 정리하기

교수 · 학습 활동

[기초 활동] 책갈피 만들기

□ 여러 가지 식물의 잎으로 책갈피를 만든다.

- 지난 시간에 배웠던 여러 가지 식물의 잎을 떠올린다.
- 학교 화단에 나가 책갈피로 만들 나뭇잎 또는 풀잎을 주워온다.
- 여러 가지 꾸미기 자료를 활용해 나만의 나뭇잎 책갈피를 만든다.
- 한 장의 잎을 사용하거나 여러 장의 잎으로 다양한 모양을 창의적으로 만든다.
- 책갈피가 완성되면 코팅하고 학생별로 자신의 책갈피를 소개한다.
- 만들기에 어려움을 보이는 학생은 또래도우미를 활용하여 참여하게 한다.
- 수업을 마치고 학생별로 완성된 책갈피는 구멍을 뚫어 서로의 책갈피를 연결해 협동 작품으로 모빌을 만들어 본다.

[주요 활동] 잎 분류하기

◉ 자유 탐색

□ 잎 맞추기 놀이로 여러 가지 식물의 잎을 탐색한다.

- 생활 주변에서 쉽게 접할 수 있는 식물의 잎에서 일부부만 보고 어떤 식물인지 맞추어 본다.

놀이에서 사용되면 좋은 식물의 잎
은행나무, 단풍나무, 옥수수, 클로버, 강아지풀, 연, 감나무, 벚나무, 호박, 등나무, 소나무, 잣나무, 플라타너스, 목련, 개나리, 해바라기, 검정말

- 놀이에 나온 잎을 실물, 사진, 이미지 자료를 보고 생김새, 너비, 줄기에 달린 모양으로 탐색한다.

◉ 탐색 결과 발표

□ 여러 가지 식물의 잎을 탐색한 결과를 발표한다.

- 놀이에 나온 식물의 잎을 생김새로 탐색한 결과를 발표한다.
  - 연잎은 둥근 모양이다.
  - 강아지풀은 길쭉한 모양이다.
  - 감나무잎은 잎 둘레가 매끈하다.
  - 벚나무잎은 잎 둘레가 뾰족하다.
  - 호박잎은 크다.
  - 클로버는 작다.
  - 단풍나무는 잎이 별 모양과 비슷하다.
  - 은행나무 잎은 부채 모양과 비슷하다.
- 놀이에 나온 식물의 잎을 너비에 따라 탐색한 결과를 발표한다.
  - 소나무와 잣나무는 잎이 좁다.
  - 플라타너스와 목련은 잎이 넓다.
- 놀이에 나온 식물의 잎을 줄기에 달린 모양에 따라 탐색한 결과를 발표한다.
  - 단풍나무는 잎이 하나이다.
  - 은행나무 잎은 여러 개의 잎이 뭉쳐져 있다.
  - 등나무는 잎이 세 개다.

◉ 교사의 인도에 따른 탐색

□ 여러 가지 식물의 잎을 기준에 따라 분류한다.

- 다양한 식물의 잎 사진을 제시하여 비슷한 모양끼리 묶어본다.

기준	식물
전체적인 모양	• 둥근 모양(연잎), 길쭉한 모양(강아지풀)
잎 둘레	• 매끈한 잎 둘레(감나무잎), 톱니 잎 둘레(벚나무잎)
잎 크기	• 큰 잎(호박잎), 작은 잎(클로버)
잎 갯수	• 홑잎(단풍나무), 겹잎(등나무)

- 다양한 식물의 잎 사진을 제시하여 비슷한 너비끼리 묶어 본다.

기준	식물
잎 너비	• 잎이 좁은 것(소나무, 잣나무) • 잎이 넓은 것(플라타너스, 목련)

• 다양한 식물의 잎 사진을 제시하여 줄기에 달린 모양이 비슷한 것끼리 묶어 본다.

기준	식물
마주나기	• 개나리
어긋나기	• 해바라기
돌려나기	• 검정말
무리지어 나기	• 은행나무

◉ 정리

☐ 식물의 잎을 나누는 기준을 정리한다.

• 잎은 생김새에 따라, 잎의 너비에 따라, 줄기에 달린 모양에 따라 분류한다.

☐ 평가

• 잎을 나누는 다양한 기준을 열거할 수 있는가?

◆ 10차시: 잎이 하는 일 알아보기

▌학습 목표

• 잎이 하는 일을 안다.

▌지도 중점

• 이 차시는 실험과 관찰로 잎이 하는 일을 이해하는 활동으로 구성하였다.

▌지도의 유의점

• 학생 스스로 관찰하고 활동할 수 있도록 충분한 시간을 제공한다.

- 미리 교사가 준비한 증산작용 실험 장치를 통해 결과를 확인하도록 한다.
- 이번 차시의 증산작용 실험 결과는 다음 수업 때 확인할 수 있도록 한다.
- 활동에 어려움을 보이는 학생의 경우, 또래 도우미를 활용하거나 다른 활동으로 대체한다.
- 가위 사용 시 안전사고에 유의한다.

▌교수 · 학습 자료

- 다양한 식물의 잎 및 사진(은행나무, 단풍나무, 옥수수, 클로버, 강아지풀 등), 흰색 손수건, 고무망치, 염색 종이, 식물(화분), 위생봉투, 끈, 색종이, 풀, 가위
- 교사의 필요에 따라 준비물을 학급별 또는 개인별로 준비한다.

▌교수 · 학습 개요

- 교수 · 학습 모형: 경험 학습 수업 모형

자유 탐색	• 잎에 도착한 물 확인 실험하기
탐색 결 과발표	• 잎에 도착한 물 확인 실험 결과 발표하기
교사의 인도에 따른 탐색	• 증산 작용 과정과 의미 탐색하기 • 광합성의 과정과 의미 탐색하기
정리	• 잎이 하는 일 정리하기

▌교수 · 학습 활동

[기초 활동] 나뭇잎으로 염색해 손수건 만들기

□ 여러 가지 식물의 잎으로 염색해 손수건을 만든다.

- 학교 화단에 나가 손수건 만들기에 사용 될 여러 가지 모양의 잎을 줍는다.
- 한 장의 잎을 사용하거나 여러 장의 잎으로 다양한 모양을 창의적으로 만든다.
- 잎으로 여러 모양을 만든 뒤 흰색 손수건 천을 잎 위에 올리고 고무망치로 두

드려 잎의 물이 손수건에 스며들 게 한다.

- 또는 염색 종이를 잎 위에 올려놓은 뒤 다리미로 열을 가 해 염색하는 방법을 사용한다.
- 만들기에 어려움을 보이는 학생은 또래도우미와 함께 참 여하고, 고무망치, 다리미 사용에 있어 안전사고에 유의 한다.
- 수업을 마치고 학생별로 완성된 손수건은 바느질로 서로 연결해 협동 작품으로 보자기를 만들어 본다.

[주요 활동] 잎이 하는 일 알기

◉ 자유 탐색

□ 잎에 도착한 물을 확인하는 실험을 한다.

- 잎에 도착한 물을 확인하는 실험 영상을 보고 학교 화단 의 나무나 교실에 있는 식물을 이용해 잎에 도착한 물을 확인하는 실험을 한다.

① 투명 비닐봉지, 테이프를 준비한다.
② 학교 화단에서 잎이 많은 나무를 선택한다.
③ 여러 개의 잎을 투명 비닐봉지에 넣고 테이프를 이용해 밀봉한다.
④ 하루 뒤 투명 비닐봉지 속을 확인한다.

- 실험 결과를 확인하기 전에 비닐봉지 속에 어떤 일이 생겼을지 예상한다.
- 교사가 미리 준비해 둔 실험 장치를 보고 결과를 확인한다.

◉ 탐색 결과 발표

□ 잎에 도착한 물을 확인하는 실험의 결과를 발표한다.

- 투명 비닐봉지 속을 관찰한 결과를 발표한다.
  - 투명 비닐봉지 속에 물이 생겼다.
- 투명 비닐봉지 속의 물은 어디에서 왔는지 도출한다.
  - 뿌리에서부터 흡수되어 줄기를 거쳐 잎으로 이동한 것 이다.

－투명 비닐봉지 속의 물은 잎에 도착한 물이 잎 밖으로 나온 것이다.

◉ 교사의 인도에 따른 탐색

☐ 증산 작용의 과정과 의미를 탐색한다.

- 잎에 도착한 물을 확인하는 실험으로 증산 작용의 과정과 의미를 탐색한다.
  - 잎으로 전달된 물은 수증기가 되어 기공을 통해 잎 밖으로 나가게 되는데 이것을 증산 작용이라고 한다.
  - 증산 작용은 식물의 뿌리에서 흡수된 물을 잎까지 올려주고, 식물체 내의 체온 및 수분량과 영양분의 농도를 조절하며, 주변의 습도를 일정하게 유지시켜 주는 역할을 한다.

☐ 광합성의 과정과 의미를 탐색한다.

- 영상을 보며 광합성 과정과 광합성의 의미를 탐색한다.
- 영상을 보기 전에 한 자리에 있는 식물이 영양분을 어떻게 얻을지에 대해 추측해 본다.
  - 식물의 잎에서는 엽록체라는 곳에서 물과 햇빛을 이용해 영양분을 만드는 광합성 작용이 일어난다.
  - 광합성으로 만들어진 영양분은 식물에 따라 뿌리, 줄기, 잎, 열매에 저장된다.
  - 광합성과 함께 식물도 동물처럼 호흡을 하는데, 이 호흡 작용으로 식물의 생명 활동에 필요한 에너지를 얻을 수 있다.

◉ 정리

☐ 잎이 하는 일을 정리한다.

- 뿌리에서 흡수된 물이 줄기를 거쳐 잎 밖으로 나가는 증산 작용이 일어나고, 잎에 도착한 물과 햇빛을 통해 식물은 스스로 영양분을 만들어내는 광합성 작용을 한다.

□ 평가

- 잎이 하는 일을 설명할 수 있는가?

◆ 11차시: 꽃의 생김새 관찰하기

▌학습 목표

- 갖춘꽃과 안갖춘꽃으로 분류한다.

▌지도 중점

- 이 차시는 꽃의 생김새에 따라 분류하여 꽃의 생김새를 이해하는 활동으로 구성하였다.

▌지도의 유의점

- 주변에서 쉽게 접할 수 있는 식물로 수업을 진행한다.
- 학생 스스로 관찰하고 활동할 수 있도록 충분한 시간을 제공한다.
- 활동에 어려움을 보이는 학생의 경우, 또래 도우미를 활용하거나 다른 활동으로 대체한다.

▌교수 · 학습 자료

- 꽃 구조 영상, 다양한 식물의 꽃 및 사진(장미, 튤립, 무궁화, 호박꽃, 진달래, 개나리 등), 돋보기, 스마트폰, 채색도구
- 교사의 필요에 따라 준비물을 학급별 또는 개인별로 준비한다.

▌교수 · 학습 개요

- 교수 · 학습 모형: 경험학습 수업모형

자유 탐색	• 꽃 이름 맞추기 놀이로 꽃 탐색하기
탐색 결과 발표	• 꽃 구조에 따라 탐색한 결과 발표하기
교사의 인도에 따른 탐색	• 무궁화와 튤립의 비교로 갖춘꽃과 안갖춘꽃 탐색하기
정리	• 꽃 생김새 정리하기

▌교수 · 학습 활동

[기초 활동] 꽃 색칠하기

□ 학교 화단에 나가 꽃을 관찰한다.

- 학교의 교화를 찾아보고 교화의 이름을 확인한다.
- 교화나 다른 꽃들을 눈으로 보고, 손으로 느끼고, 코로 냄새를 맡으며 꽃을 탐색해 보고 그 느낌을 말한다.
  - 식물마다 꽃의 모양이 다르다.
  - 꽃마다 향기와 색깔이 다르다.
- 돋보기로 화단의 여러 가지 꽃들을 자세히 관찰하고 스마트폰으로 촬영한다.
- 교실로 돌아와 찍어 온 사진을 함께 보며 꽃의 이름을 확인한다.
- 마음에 드는 꽃을 선택해 그리고 색칠한다.
- 그리기에 어려움을 보이는 학생은 밑그림이 있는 도안을 보고 따라 그린다.

[주요 활동] 갖춘꽃과 안갖춘꽃 비교하기

◉ 자유 탐색

- 꽃 이름 맞추기 놀이로 여러 가지 꽃을 탐색한다.
- 생활 주변에서 쉽게 접할 수 있는 꽃을 보고 꽃 이름을 맞춘다.

놀이에서 사용되면 좋은 꽃
무궁화, 튤립, 벚꽃, 백합, 장미, 느티나무, 봉선화

- 꽃의 구조를 탐색한다.

- 영상을 보고 꽃의 구조를 탐색한다.
  - 꽃은 암술, 수술, 꽃잎, 꽃받침으로 구분할 수 있다.
  - 암술은 꽃의 가장 안쪽 중앙에 위치하며, 꽃가루받이 가 일어나는 곳이다.
  - 수술은 암술 주변에 여러 개가 위치하며, 꽃가루를 만든다.
  - 꽃잎은 꽃의 외부에 위치하며, 암술과 수술 등의 중요 기관을 보호한다.
  - 꽃받침은 꽃의 아랫부분에 위치하며, 꽃잎을 감싸서 보호하고 꽃을 받쳐준다.
- 놀이에 나온 꽃을 꽃의 구조에 따라 탐색한다.

◉ 탐색 결과 발표

□ 여러 가지 꽃을 탐색한 결과를 발표한다.

- 놀이에 나온 꽃을 꽃의 구조에 따라 탐색한 결과를 발표 한다.
  - 무궁화, 벚꽃, 백합, 장미, 봉선화는 모두 암술, 수술, 꽃잎, 꽃받침이 있다.
  - 튤립은 암술, 수술, 꽃잎은 있지만 꽃받침은 없다.
  - 느티나무는 암술, 수술, 꽃받침(꽃덮이)은 있지만 꽃잎이 없다.

◉ 교사의 인도에 따른 탐색

□ 갖춘꽃과 안갖춘꽃을 탐색한다.

- 갖춘꽃과 안갖춘꽃의 의미를 탐색한다.
  - 암술, 수술, 꽃잎, 꽃받침이 모두 있는 꽃을 갖춘꽃이 라고 한다.
  - 암술, 수술, 꽃잎, 꽃받침 중 하나라도 없는 꽃을 안갖춘꽃이라고 한다.
- 무궁화의 실물 또는 사진, 이미지 자료에서 암술, 수술, 꽃잎, 꽃받침을 찾아보고 갖춘꽃인지 안갖춘꽃인지 탐색한다.
  - 무궁화는 암술, 수술, 꽃잎, 꽃받침이 모두 있어 갖춘꽃이다.
- 튤립의 실물 또는 사진, 이미지 자료에서 암술, 수술, 꽃 잎, 꽃받침을 찾아보고 갖춘꽃인지 안갖춘꽃인지 탐색한다.
  - 튤립은 암술, 수술, 꽃잎은 있지만, 꽃받침이 없어서 안갖춘꽃이다.

• 놀이에서 사용된 꽃을 갖춘꽃과 안갖춘꽃으로 분류한다.

갖춘꽃	무궁화, 벚꽃, 백합, 장미, 봉선화
안갖춘꽃	튤립, 느티나무

◉ 정리

□ 꽃의 생김새를 정리한다.

- 꽃은 암술, 수술, 꽃잎, 꽃받침의 유무에 따라 모양이 달 라지며, 암술, 수술, 꽃잎, 꽃받침이 모두 있는 꽃은 갖춘꽃이고, 하나라도 없는 꽃은 안갖춘꽃이라고 한다.

□ 평가

- 꽃을 갖춘꽃과 안갖춘꽃으로 분류할 수 있는가?

◆ 12차시: 꽃이 하는 일 알아보기

▌학습 목표

- 꽃이 하는 일을 안다.

▌지도 중점

- 이 차시는 열매가 생기는 과정으로 꽃이 하는 일을 이해하는 활동으로 구성하였다.

▌지도의 유의점

- 주변에서 쉽게 접할 수 있는 식물로 수업을 진행한다.
- 학생 스스로 관찰하고 활동할 수 있도록 충분한 시간을 제공한다.
- 활동에 어려움을 보이는 학생의 경우, 또래 도우미를 활용하거나 다른 활동으로 대체한다.

• 칼이나 가위 등의 사용에 있어 안전사고에 주의한다.

교수 · 학습 자료

• 식물의 생장 과정 영상, 꽃이 열매가 되는 과정 영상, 다양한 식물의 꽃 및 열매 사진, 식용 꽃, 샐러드 용 야채, 드레싱, 칼, 도마
• 교사의 필요에 따라 준비물을 학급별 또는 개인별로 준비한다.

교수 · 학습 개요

• 교수 · 학습 모형: 경험학습 수업모형

자유 탐색	• 꽃 이름 말하기 놀이하기 • 식물의 생장 과정 탐색하기
탐색 결과 발표	• 식물의 생장 과정 결과 발표하기
교사의 인도에 따른 탐색	• 꽃이 열매 맺는 과정 탐색하기 • 꽃가루받이 과정 탐색하기
정리	• 꽃이 하는 일 정리하기

교수 · 학습 활동

[기초 활동] 꽃 샐러드 만들기

□ 식용 꽃으로 샐러드를 만든다.

• 먹을 수 있는 꽃들을 확인한다.
  – 금잔화, 원추리, 박하, 진달래, 팬지, 장미, 호박꽃은 먹을 수 있다.
• 먹을 수 있는 꽃으로 만들 수 있는 음식을 생각해 본다.
  – 화전이나 샐러드를 만들 수 있다.
• 꽃으로 음식을 만들었던 경험을 이야기한다.
• 샐러드를 만들기 전 준비된 식용 꽃을 관찰한다.
• 식용 꽃을 이용해 샐러드를 만들고, 돌아가며 다함께 맛을 본다.

- 꽃 샐러드의 맛을 표현한다.
- 가장 맛있는 샐러드를 만든 학생을 학급 전체가 투표해 뽑고, 뽑고 규칙에 따라 보상한다.

[주요 활동] 꽃이 하는 일 알기

◉ 자유 탐색

□ 꽃 이름 말하기 놀이를 한다.

- 학교 화단이나 꽃집에서 볼 수 있는 꽃이나 지난 시간에 배운 꽃을 중심으로 학생들이 알고 있는 꽃 이름을 리듬 과 박자에 맞춰 이어 말하기 형식으로 진행한다.
- 앞에서 나온 꽃을 중복해서 말하지 않게 하고, 리듬과 박자를 맞추기 어려울 경우 이어 말하기 형태로 진행한다.
- 놀이에서 나온 꽃의 이름을 칠판에 적어 놓은 후 놀이가 끝나면 함께 살펴본다.
- 꽃이 아니거나, 앞에서 나온 꽃을 중복해서 말하는 학생을 빼는 방식으로 계속해서 진행해 마지막에 남은 학생에게 규칙에 따라 보상한다.

〈놀이 방식〉
학생 1: 꽃집에 가면 장미가 있고
학생 2: 꽃집에 가면 장미가 있고, 백합도 있고
학생 3: 꽃집에 가면 장미가 있고, 백합도 있고, 무궁화도 있고
(이와 같은 형식으로 계속해서 진행)

- 식물의 생장 과정을 탐색한다.
- 영상을 보며 씨앗이 자라 꽃이 되기까지의 과정을 탐색한다.

◉ 탐색 결과 발표

- 영상을 보고 알게 된 식물의 생장 과정을 발표한다.
- 씨앗이 자라 꽃이 되기까지의 과정을 발표한다.
  - 씨앗에서 뿌리가 자라 흙 속의 물과 영양분을 흡수해 줄기와 잎을 자라게 하

고, 꽃이 피게 된다.

◉ 교사의 인도에 따른 탐색

□ 꽃이 열매를 맺는 과정을 탐색한다.

- 영상을 보고 꽃이 열매를 맺기 위해서 일어나는 과정을 탐색한다.
- 영상의 내용과 교과서 삽화를 보며 꽃이 열매를 맺는 구체적인 과정을 탐색한다.

① 수술의 꽃밥에서 꽃가루가 만들어지고, 꽃가루가 암술머리에 떨어진다. 이를 꽃가루받이 또는 수분라고 한다.

② 암술머리에 떨어진 꽃가루가 암술대를 따라 씨방으로 이동해 밑씨와 만난다. 이를 수정이라고 한다.

③ 씨방 안에 씨앗이 만들어 진다.

④ 씨앗이 자라면서 씨방도 함께 자라고, 꽃과 꽃받침은 점점 시든다.

⑤ 씨앗을 둘러싼 부분이 점점 커지며 과육이 풍성해 진다.

⑥ 사람이나 동물이 먹을 수 있는 완전한 열매로 자란다.

- 열매를 맺기 위해 반드시 필요한 과정을 확인한다.
  - 열매를 맺기 위해서는 꽃가루받이(수분)가 반드시 일어나야 한다.

□ 꽃가루받이가 일어나는 방법을 탐색한다.

- 스스로 움직일 수 없는 식물에서 암술머리로 수술의 꽃 밥이 옮겨지는 방법을 조사한다.
- 꽃가루를 옮기는 매체로 꽃을 분류한다.

매체	꽃 분류	꽃 종류
곤충(벌, 나비)	충매화	장미, 무궁화
바람	풍매화	옥수수, 벼
물	수매화	검정말, 나사말
새	조매화	동백꽃

◉ 정리

□ 꽃이 하는 일을 정리한다.

- 꽃은 꽃가루받이를 통해 식물이 열매를 맺도록 도와준다.

□ 평가

- 꽃이 하는 일을 설명할 수 있는가?

◆ 13차시: 열매의 생김새와 하는 일 알아보기

▌학습 목표

- 열매의 생김새를 살펴보고 열매가 하는 일을 안다.

▌지도 중점

- 이 차시는 열매의 생김새와 하는 일을 이해하는 활동으로 구성하였다.

▌지도의 유의점

- 교사는 활동이 진행되는 동안 학생들의 의견이 관찰의 결과인지 아닌지에 대해 언급하지 않도록 주의한다.
- 학생 스스로 관찰하고 활동할 수 있도록 충분한 시간을 제공한다.
- 활동에 어려움을 보이는 학생의 경우, 또래 도우미를 활용하거나 다른 활동으로 대체한다.
- 가위 사용 시 안전사고에 유의한다.

▌교수·학습 자료

- 다양한 열매 실물(복숭아, 감, 사과, 배, 쌀, 콩, 고구마, 호두, 땅콩, 가지 등) 및 사진, 칼, 도마, 색종이, 풀

• 교사의 필요에 따라 준비물을 학급별 또는 개인별로 준비한다.

교수 · 학습 개요

• 교수 · 학습 모형: 경험학습 수업 모형

자유 탐색	• 사과와 감 관찰하기
탐색 결과 발표	• 사과와 감 관찰 결과 발표하기
교사의 인도에 따른 탐색	• 사과와 감을 비교하여 참열매와 헛열매 알기 • 열매가 하는 일 알기
정리	• 열매의 생김새와 하는 일 정리하기

교수 · 학습 활동

[기초 활동] 열매로 사람 만들기

□ 열매로 사람 얼굴을 꾸민다.

- 준비된 여러 가지 열매의 이름을 확인한다.
- 준비된 열매들을 먹어 본 경험을 이야기한다.
- 준비된 열매들을 관찰하고, 밑그림을 그린다.
- 밑그림 위에 여러 가지 열매를 활용해 사람을 표현한다.
- 작품이 완성되면 돌아가며 발표하고, 가장 멋진 작품을 뽑아 규칙에 따라 보상한다.

[주요 활동] 열매의 생김새와 하는 일 알기

◉ 자유 탐색

- 사과(혹은 배)와 감(혹은 복숭아)을 관찰한다.
- 사과(혹은 배)와 감(혹은 복숭아)의 겉모습을 관찰한다.
- 사과(혹은 배)와 감(혹은 복숭아)을 반으로 잘라 단면을 보고 껍질, 씨, 과육을

찾아 비교한다.

• 관찰한 결과를 겉모습, 속 모습, 씨앗으로 나누어 그린다.

◉ 탐색 결과 발표

□ 사과(혹은 배)와 감(혹은 복숭아)을 관찰한 결과를 발표한다.

• 사과(혹은 배)와 감(혹은 복숭아)의 겉모습을 관찰한 결과를 발표한다.
  - 사과의 겉모습은 빨갛고 표면이 거칠다.
  - 감의 겉모습은 주황색이고 표면이 매끄럽다.
• 사과(혹은 배)와 감(혹은 복숭아)의 속 모습을 관찰한 결과를 발표한다.
  - 사과 속모습은 단단하고 하얀 과육이 있다.
  - 감의 속 모습은 단단하고 주황색의 과육이 있다.
• 사과(혹은 배), 감(혹은 복숭아)의 씨앗을 관찰한 결과를 발표한다.
  - 사과는 매끄럽고 작은 검정색의 씨앗이 있다.
  - 감은 매끄럽고 큰 갈색의 씨앗이 있다.

◉ 교사의 인도에 따른 탐색

□ 사과와 감을 비교한다.

• 사과와 감의 공통점을 발견한다.
  - 사과와 감의 겉에는 껍질이 있다.
  - 사과와 감의 과육은 단단하고 씨앗을 보호하고 있다.
  - 씨앗은 매끄럽고 단단하다.
• 사과와 감의 차이점을 발견한다.
  - 사과와 감의 차이점을 겉모습, 속 모습, 씨앗으로 나누어 찾아본다.

구조	겉모습	속모습	씨앗
사과	거친 외피	가운데 모여 있는 작은 검정색 씨앗	크기가 작고 검정색
감	매끈한 외피	4~6개 딱딱한 갈 색 씨앗	크기가 크고 갈색

□ 참열매와 헛열매를 조사한다.

- 사과와 감의 탐색 결과로 참열매와 헛열매의 의미와 종류를 탐색한다.
  - 열매는 크게 참열매와 헛열매로 나눌 수 있다.

구분	의미	종류
참열매	씨방이 자라서 열매가 된 것	감, 복숭아 등
헛열매	씨방 이외의 부분이 자라서 열매가 된 것	사과, 배 등

□ 열매가 하는 일을 탐색한다.

- 사과와 감의 탐색 결과로 열매가 하는 일을 탐색한다.
  - 대부분의 열매는 씨를 감싸서 보호하고 퍼뜨리는 역할을 한다.
- 교과서 삽화를 보며 열매가 하는 일을 탐색한다.
  - 열매는 동물에게 양식을 제공한다.

◉ 정리

□ 열매의 생김새와 하는 일을 정리한다.

- 열매는 과일이냐 곡식이냐에 따라 모양과 크기가 다르다.
- 열매는 씨앗을 보호하고 많은 영양분을 저장하며, 동물에게 양식을 제공한다.

□ 평가

- 열매를 크기와 모양에 따라 나누고, 열매가 하는 일에 대해 설명할 수 있는가?

연구과제

(1) 일상생활에서 생명 영역의 내용을 활용하는 사례를 조사해 보자.

(2) 생명 영역의 주요 내용과 현행 특수교육 기본 교육과정의 과학과 생명 영역의 구성 내용을 비교해 보자.

(3) 특수교육 기본 교육과정의 과학과 생명 영역 단원의 교수 · 학습 계획안을 작성해 보자.

참고문헌

교육과학기술부 (2009). 특수학교교육과정 해설(II).

교육부 (2015). 특수교육 교육과정 별책 3 기본교육과정.

교육부 (2018). 특수교육 기본 교육과정 중학교 과학과 교사용 지도서.

Jones, L. R., Wheeler, G., & Centurino, V. A. S. (2015). TIMSS 2015 science framework, In V.S. Mullis & Michael, O. M. (Eds.), *TIMSS* (pp. 29-58). TIMSS & PIRLS International Study Center.

제12장 특수교육 과학과 지구와 우주 영역의 지도

장애학생을 위한 지구와 우주 영역의 목표는 자연 현상과 태양계에 대한 과학적 지식과 탐구 능력을 함양하고 합리적으로 생활 과제를 해결할 수 있는 기능을 기르는데 있다. 이와 같은 목표를 달성하기 위하여 장애학생을 위한 지구와 우주 영역은 자연현상을 학생의 일상적인 생활 속에서 경험할 수 있는 소재를 중심으로 기초적인 과학적 개념을 습득할 수 있도록 지도한다. 그리고 기후 변화, 장마, 태풍, 지진 등의 자연 재해를 효율적으로 대처하는 방법을 중심으로 지도한다. 현장체험학습을 통하여 직접적인 경험을 제공하거나 과학관 견학을 통하여 간접적인 경험을 제공하고 학생의 이해를 돕거나 흥미를 유발하기 위하여 모형이나 시청각 자료, 소프트웨어, 인터넷 자료 등을 활용해야 한다. 그리고 지구, 달, 별자리 등 학생이 직접 관찰하기 힘든 내용 요소는 미 항공우주국에서 제공하는 지구, 달, 별자리 등에 대한 영상을 제공하여 학생이 태양계와 우주에 관해서 호기심과 흥미를 갖도록 한다. 기상과 관련하여 그 원리에 대한 설명보다는 기상에 따른 대처 방법을 중심으로 지도해야 하며, 별 자리를 지도하거나 박물관 견학 시 스마트 기기를 활용하여 학생에게 다채로운 경험과 정보를 제공할 수 있도록 한다. 이 장에서는 먼저 지구와 우주영역과 우리 생활과의 관계를 알아본 다음, 과학과 교육에서 다루어지는 지구와 우주의 내용을 알아보고, 특수교육 과학과 교육에서 수립된 지구와 우주 관련 단원의 지도 계획을 살펴본다.

1. 지구와 우주 영역과 우리 생활

장애학생을 위한 지구와 우주 영역의 지도에서는 학교의 실정과 지역의 특성, 우리 생활과의 연관성 등을 고려해야 한다. 예를 들면, '생활 주변의 지형'을 다루고자 하는 경우 학교 혹은 지역이 산촌인 경우에는 돌의 모습과 산의 모습을 관찰하고 특징을 알아보는 데에 더 많은 시간을 배정할 수 있다. '날씨와 우리생활' 의 경우, 지역의 특성보다는 학교의 실정에 따른 자료의 준비에 따라 계획이 달라질 수 있을 것이다. '기온 변화' 의 경우, 지역에 따라 기온이나 계절의 특성이 다소 차이가 있으므로 지역의 상황을 고려하여 연간 지도 계획을 세워야 한다. '지각의 변화'의 내용에서 지진은 지구의 표면을 변화시킬 뿐만 아니라 우리 생활에 영향을 미친다. 최근에 발생한 지진의 피해 사례를 살펴보면서 지진의 위험을 깨닫고, 지진에 대처할 수 있는 방법을 익힐 수 있도록 해야 한다. 지구와 우주 영역과 우리 생활과의 연관성에 대한 지도 내용을 지구와 우주 영역의 주요 내용을 중심으로 소개하면 다음과 같다(교육부, 2015).

우리 주변의 지형은 흙, 모래, 자갈로 이루어져 있다. 흙, 모래, 자갈을 체로 걸러보는 활동과 생활 주변의 지형을 관찰하는 활동을 통해 지각의 변화에 호기심을 유발한다. 그리고 물의 작용에 의해 진흙, 모래, 자갈 등이 낮은 곳으로 흘러간 퇴적물로 구성된 지층과 화석이 만들어지는 과정을 알아본다. 지층이나 화석을 만들어보는 다양한 실험을 통해 지층과 화석의 생성 과정을 알아본다. 이를 통해 퇴적 작용으로 나타나는 지표의 변화에 관심을 갖게 한다. 또한, 지진은 땅속의 암석들 사이에 작용하는 힘의 균형이 갑자기 깨어져 발생한다. 이러한 지진은 지구의 표면을 변화시킬 뿐만 아니라 우리 생활에 영향을 미친다. 최근에 발생한 지진의 피해 사례를 살펴보면서 지진의 위험을 깨닫고, 지진에 대처할 수 있는 방법을 익힐 수 있도록 한다. 화산 활동으로 생기는 대표적인 암석인 화강암과 현무암을 관찰하고, 생활 주변에서 화강암과 현무암이 사용되는 사례를 찾아본다. 그리고 화산활동은 지구 내부에 녹아 있는 마그마가 지표 밖으로 분출되는 현상으로 지각을 변화시킨다. 화산 활동으로 인한 지각의 변화는 우리 생활에 여러 가지 영향을 미친다. 특히, 화산활동의 위험을 깨닫고, 화산활동에 대처할 수 있는 방법을 익힐 수 있도록 한다. 화성암, 변성암, 퇴적암 등 다양한 광물과 암석에 호기심을 가지고, 광물과 암석이 지니고 있는 특성에 따라 광물과 암석이 이용되는 사례를 조사한다.

물은 순환하고, 공기는 흐른다. 물을 담고 붓는 활동과 물을 얼리고 녹이는 등의 활동을 통해 물의 흐름과 상태 변화를 비교하고, 자연물의 흔들림 등을 통해 공기의 흐름과 바람을 인식한다. 이러한 과정을 통해 기상 현상과 그 원인에 대해 관심을 갖도록 한다. 날씨와 관련된 습도, 이슬, 안개, 구름, 바람 등의 기상 요소를 알아보고, 기상 요소에 따른 대처 방법을 알아본다. 구름의 양에 따라 맑은 날과 흐린 날을 구분하고, 맑은 날과 흐린 날의 생활 모습을 비교한다. 특히 날씨가 흐릴 때 적절한 대처 방안을 익히도록 한다. 이런 활동을 통해 날씨의 변화에 관심을 갖고, 날씨의 변화에 따른 생활 모습의 차이를 안다. 일정 기간 동안 날씨를 관찰하여 기상요소를 알아보고, 계절별로 달라지는 날씨의 특징을 비교하며, 계절에 따라 달라지는 생활 모습을 통해 날씨가 생활에 미치는 영향을 알아본다. 이를 통해 날씨와 계절의 변화에 관심을 갖고 적절히 대처할 수 있도록 한다. 날씨는 야외 활동을 하는 데에 영향을 미칠 뿐만 아니라 선박이나 항공기의 운항, 경제 활동 등에도 영향을 준다. 기압은 공기의 압력을 의미하며, 주변과 비교하여 기압이 높은 곳을 고기압, 기압이 낮은 곳을 저기압이라 한다. 기압이 우리 생활 날씨에 주는 영향을 알도록 한다. 또한 지구상의 해수, 담수, 빙하의 분포와 활용을 알고, 자원으로서의 물의 가치를 생각할 수 있도록 한다. 그리고 엘니뇨, 해수면 상승, 오존 홀, 사막화, 황사 등과 같은 현상이 지구 환경에 미치는 영향을 알고, 기후 변화의 원인을 파악하며, 기후 변화에 대처할 수 있는 태도를 기를 수 있도록 한다.

지구의 자전에 따라 낮과 밤이 나타난다. 낮과 밤의 하늘을 관찰하고, 낮과 밤의 생활 모습을 살펴본다. 낮과 밤의 변화는 지구 운동에 대한 이해를 바탕으로 하기 때문에 지구 운동의 핵심적 학습 내용이다. 낮과 밤에 따른 온도와 생활 모습의 차이를 알아보면서 낮과 밤이 생기는 이유에 대해 관심을 갖게 한다. 또한, 지구와 달의 모양과 모습을 살펴본다. 영상자료의 관찰 또는 지구와 달의 입체모형 제작을 통해 지구와 달의 모양이 둥글다는 것을 학습한다. 지구와 달의 모습을 비교하는 활동을 통해 지구는 생명이 살 수 있는 소중한 곳임을 알도록 한다. 그리고 지구의 자전과 공전이 우리 생활에 미치는 영향을 알아본다. 달의 관찰을 통하여 달에 흥미를 갖고, 달의 위치가 달라지는 것을 관찰한다. 지구의 공전과 자전에 의하여 나타나는 현상을 확인하고, 영상 자료 등을 통하여 지구와 달이 우리의 생활에 미치는 영향을 알도록 한다. 그리고 여러 가지 실험을 통해 태양이 지구의 에너지원임을 알아본다. 그리고 태양계 모형이나 영상을 통하여 태양계를 관찰하고, 태양과 행성의 이름을 알아봄으로써 태양계에 대한 호기심을 갖게 한다. 인류는 우주에 대한 무한한 호기심으로 우주탐사를 해왔고, 이런 우주탐사를 통해 다양한 산업을 발전시켜 왔다. 우주탐사의 역사와 우주탐사 기술 등을 조사하고, 이러한 우주 산업이 우리 생활에 미치는 영향을 파악하여 우주와 관련된 직업에 관심을 갖게 한다.

2. 지구와 우주 영역의 주요 내용[1)]

지구와 우주 영역은 지구와 태양계에서의 지구의 위치에 대한 내용이다. 학생이 일상생활에서 관찰할 수 있는 현상과 과정에 초점을 맞춰서 자신이 사는 행성과 우주에서 그 위치에 관하여 이해하는데 보편적으로 중요하다고 여겨지는 지구의 구조와 물리적 특징; 지구의 과정, 순환, 역사; 지구의 자원, 자원의 활용과 보존; 태양계에서의 지구와 우주; 지구의 구조, 물리적 특성, 자원; 지구의 변화 과정과 역사; 태양계에서의 지구 등을 주제로 한다(Jones, Wheeler, & Centurino, 2015).

1) 이 절의 내용은 TIMSS 2015 science framework의 내용을 중심으로 정리한 것이다.

1) 지구의 구조, 물리적 특성, 자원

(1) 지구계의 물리적 특성

- 지구의 표면이 다른 비율의 땅과 물(땅보다 물이 더 많음)로 이루어져 있고, 공기로 둘러싸여 있다는 것을 인식하고 신선하고 소금기 있는 물을 어디에서 찾을 수 있는지 기술하기
- 바람과 물이 지구의 지형을 변화시킨다는 것을 인식하기

(2) 지구의 자원 사용

- 물, 바람, 토양, 숲, 기름, 천연가스, 미네랄과 같이 일상생활에서 사용되는 몇 가지 지구의 자원을 확인하기
- 지구의 자원을 책임감 있게 사용하는 것의 중요성에 대해 설명하기
- 산, 평야, 사막, 강, 호수, 바다와 같은 지구 지형의 형태가 농사, 개간, 토지 개발과 같은 인간의 활동에 어떤 영향을 미치는지 설명하기

2) 지구의 변화 과정과 역사

(1) 지구상과 공기 중의 물

- 강과 시내의 물이 산에서부터 바다 또는 호수로 흐른다는 것을 인식하기
- 구름과 이슬 맺힘, 물웅덩이의 증발, 젖은 옷이 마르는 것과 같은 흔한 과정에서 물이 공기 안으로 들어가거나 공기로부터 빠져나와 이동하는 것을 인식하기

(2) 지구에서 매일, 계절마다, 역사적으로 일어나는 변화 과정

- 지리적 위치에 따라 날씨(온도, 습기, 비나 눈의 강수/적설량, 구름, 바람)가 어떻게 다양하게 나타나는지 기술하기
- 온도와 강수량이 계절에 따라 어떻게 바뀌고, 이러한 변화가 위치에 따라 어떻게 다양한지 기술하기
- 동물과 식물의 흔적(화석)이 바위에서 발견되고, 이러한 흔적들의 위치에서 지구 표면의 변화에 대한 단순한 추론을 할 수 있다는 것을 인식하기

3) 태양계에서의 지구

(1) 태양계의 물체들과 그들의 움직임

- 태양계에서 열과 빛의 원천으로서 태양을 알기; 태양계를 태양과 태양 주위를 도는 (지구를 포함한) 행성들의 집합으로서 설명하기
- 달이 지구 주위를 돌고, 지구에서 보았을 때 달이 한 달 중 시기에 따라 다른 형태로 보인다는 것을 인식하기

(2) 지구의 움직임과 지구에서 관찰되는 연관된 패턴

- 낮과 밤이 지구의 자전과 어떤 관련이 있는지 설명하고, 하루 중 그림자의 모습이 변화하는 것을 통해 자전의 증거를 제시하기
- 북반구와 남반구의 계절이 지구의 공전과 어떤 관련이 있는지 설명하기

4) 지구의 구조와 물리적 특징

(1) 지구 표면의 물리적 특징

- 지진과 화산과 같은 관찰 가능한 현상을 두고, 지구의 크러스트, 맨틀, 핵의 구조와 물리적 특징을 기술하기
- 토양의 특징, 쓰임, 형성에 대해 기술하기
- 물의 물리적 상태(얼음, 물, 수증기)에 관하여, 지구상의 물의 분배 및 담수와 해수를 비교하여 기술하기
- 높은 곳에서 낮은 곳으로 또는 땅 속에서 땅 위로의 물의 이동에 대해 기술하기

(2) 지구 대기의 구성요소와 대기의 조건

- 지구의 대기가 기체의 혼합이라는 것을 인식하고, 많은 부분을 차지하는 주요 구성요소(질소, 산소, 수증기, 이산화탄소)를 알고, 이러한 구성요소를 일상적인 과정과 연관짓기
- 대기의 조건에서 나타나는 변화(온도와 압력)을 고도와 관련짓기

5) 지구의 과정, 순환, 역사

(1) 지구의 역사에서 지질학적 과정

- 용암이 식음, 퇴적물을 암석으로 변형시키는 열과 압력, 풍화작용과 같이 암권(岩圈)과 관련된 일반적인 과정을 상술하기
- 판의 이동, 화산 활동, 산의 형성, 풍화작용과 같이 수백 만 년에 걸쳐 일어난 물리적 과정과 주요 지질학적 사건을 알고 상술하기
- 화석과 화석연료의 형성에 대해 설명하기

(2) 지구의 물 순환

- 지구의 물 순환(증발, 응결, 침전)의 과정을 도식화하거나 상술하기, 물이 순화하기 위한 에너지의 원천으로서 태양을 인식하기
- 구름의 이동과 물의 순환에서의 물이 흐르는 것의 역할과 지구 표면에서 담수가 재생되는 것을 상술하기

(3) 날씨와 기후

- 날씨(온도, 습도, 비와 눈의 형성에서 침전, 구름, 바람의 일상적인 변화)와 기후(특정한 지리적 위치에서 나타나는 장기적인 전형적인 날씨 패턴)를 구별하기
- 다양한 기후를 알기 위하여 날씨의 패턴 도식이나 자료를 해석하고, 날씨의 다양성을 국제적 요인 및 지역적 요인과 관련짓기
- 계절에 따른 기후를 위도, 고도, 지리와 연결하여 비교하기
- 기후 변화에 대한 가능성 있는 원인과 증거의 출처를 알아내거나 상술하기, 예를 들면 빙하기에 나타난 것들이나 지구 온난화와 관련된 것들

6) 지구의 자원과 자원의 활용 및 보존

(1) 지구의 자원을 관리하기

- 재활용 가능한 자원과 재사용할 수 없는 자원의 사례 제시하기
- 여러 가지 에너지원의 장단점에 대해 논의하기
- 재활용과 같이 자원의 보존하는 방법과 폐기물을 관리하는 방법에 대해 기술하기
- 인간의 활동이 환경에게 끼치는 부정적인 영향에 대해 언급할 수 있는 방법 제안하기

(2) 땅과 물의 사용

- 경작, 벌목, 채광과 같은 땅을 사용하는 일반적인 방법이 땅과 물 자원에 어떻게 영향을 미치는지 설명하기
- 수자원 보존의 중요성에 대해 설명하고 정화, 탈염, 관개가 어떻게 인간의 활동을 위한 담수를 보장하는지를 설명하기

7) 태양계에서의 지구와 우주

(1) 지구와 달의 움직임으로 인한 지구상의 관찰 가능한 현상

- 어떻게 지구의 자전과 공전이 하늘의 별자리의 모습과 관련이 있는가를 포함하여, 자전축을 중심으로 매일 일어나는 지구의 자전과 태양 주변을 도는 일 년마다 일어나는 공전을 구별하기
- 지구 자전축의 기울기와 태양 주위를 도는 공전이 합해져서 계절의 변화를 발생시킨다는 것을 설명하기
- 조수가 달의 중력에 의해 야기된다는 것을 인식하고 달과 일식의 위상을 지구, 달, 태양의 상대적인 위치와 관련짓기

(2) 지구, 달, 다른 행성들의 특징

- 지구의 물리적 특징(대기, 온도, 물, 태양에서의 거리, 공전과 자전의 기간, 생명을 유지하는 능력)을 달과 다른 행성들의 특징과 비교하기
- 행성과 달을 궤도에서 유지시키고, 지구의 표면으로 물체를 잡아당기는 것이 중력의 힘이라는 것을 인식하기

3. 지구와 우주 단원 지도의 실제[2)]

〈단원명: 기후변화센터〉

1) 단원의 개관

세계 각국이 경제 개발과 산업화에 치중해 지구의 환경을 오염시켜 온 오랜 시간 지구의 온난화는 점점 심각해졌고, 더 이상 우리 후세대에게 아름다운 지구를 물려줄 수 없게 될지도 모른다는 위협마저 드는 시대에 도달했다. 이런 기후 변화를 막기 위해 세계 각국은 다양한 정책 마련에 힘쓰고 있으며, 우리 정부 역시 2030년 온실가스 배출 전망치 37% 감소라는 목표를 세우고 이를 위한 여러 가지 정책을 시행하고 있다. 하지만 기후 변화 현상은 정부뿐만 아니라 각 개인이 함께 노력해 나아갈 때 빛을 발할 수 있다. 따라서 특수교육대상학생들도 이러한 기후 변화 현상에 대한 이해와 심각성을 알고 적절하게 대처하는 능력이 필요하다. 따라서 이 단원은 다음과 같이 구성했다. 먼저 기압으로 인해 발생하는 바람과 날씨에 대해 학습하고, 날씨와 기후의 차이점을 통해 기후의 개념을 익히고 기후 변화의 위험성을 학습해 지구 온난화와 기후 변화의 현상이 우리 생활에 밀접하게 관련이 되어 있다는 것을 알 수 있도록 구성했다. 특히 눈에 보이지 않는 공기와 기압은 특수교육대상학생들이 이해하기 어려울 수 있는 개념이지만, 바람과 기압 그리고 고기압과 저기압 날씨에 대해 일상적으로 쉽게 접할 수 있는 활동으로 내용을 구성했다. 나아가 지구 온난화를 해결하기 위한 다양한 실천 방법을 14단원 '녹색 체험 센터'를 통해 연계해 배울 수 있도록 지도한다.

2) 단원의 목표

- 기압으로 나타나는 현상을 관찰하고, 기압과 바람과의 관계를 안다.

2) 이 절의 내용은 '특수교육 기본 교육과정 고등학교 과학과 교사용 지도서'(교육부, 2018)의 내용을 발췌해 정리한 것이다.

- 기압에 따른 날씨의 특징을 안다.
- 기후의 개념을 알고, 여러 기후의 특징을 안다.
- 지구 온난화 현상을 알고, 기후 변화의 위험성을 파악한다.

3) 단원의 연계

사전 학습 성취 기준	고등학교 교육과정 성취 기준	생활 및 직업과의 연계
◉ 중학교 1~3학년군 하루 동안의 기온 변화를 비교한다. 계절별 날씨의 특징을 비교한다. ◉ 초등학교 5~6학년군 날씨와 우리 생활과의 관계를 관찰한다. ◉ 초등학교 3~4학년군 공기의 흐름과 부피를 관찰한다.	◉ 지구와 우주 기압이 날씨에 미치는 영향을 조사한다. 기후 변화에 대처하는 방법을 알고 실천한다.	◉ 대기 환경 연구원 대기환경연구원은 대기 환경문제를 연구, 분석하는 사람으로 대기오염상태를 측정하여 대기오염의 방지 및 개선에 대한 방법을 연구하며, 대기오염방지시설을 설계 및 개발하는 일은 담당한다. 또한 대기오염측정 및 분석도구를 사용하여 지역의 대기 오염 상태를 측정 및 분석하여 대기오염물질을 제거하거나 대기오염을 최소화 할 수 있는 방법에 대해 연구한다.

4) 단원의 지도 계획

과학 개념	제재명 (소단원)	차시	제재의 내용 요소
기압	기압과 바람	1	기압의 변화 현상을 관찰하기
		2	기압과 바람과의 관계 알아보기
		3	바람의 세기와 방향을 측정하기

과학 개념	제재명 (소단원)	차시	제재의 내용 요소
고기압과 저기압	기압과 날씨	4	고기압에서 나타나는 날씨의 특징 조사하기
		5	저기압에서 나타나는 날씨의 특징 조사하기
기후	기후와 날씨	6	기후와 날씨의 차이점 알아보기
		7	세계 여러 나라의 기후 탐색하기
기후 변화	지구 온난화와 기후변화	8	기후 변화의 현상 탐색하기
		9	기후 변화의 원인 탐색하기
		10	기후 변화의 위험성 확인하기

5) 가정 및 생활과의 연계

- 일상생활에서 불어오는 바람의 방향과 세기를 인지할 수 있도록 지도한다.
- 구름의 모습을 보고 날씨를 예상하도록 지도한다.
- 1년 내내 우리나라의 여름이나 겨울 날씨와 같은 나라가 있다는 것을 알 수 있도록 지도한다.
- 기후 변화 현상의 여러 가지 사례를 제시해 기후 변화의 위험성을 확인할 수 있도록 지도한다.
- 가정에서 날씨에 따른 올바른 옷차림이나 날씨에 적합한 물건을 준비해 학생이 활용할 수 있도록 지도한다.
- 뉴스를 통해 일기 예보를 확인하는 습관을 기르도록 지도하며, 날씨 정보를 파악해 본인의 생활 계획을 조절할 수 있도록 지도한다.

6) 단원 평가

- 기압으로 나타나는 현상을 관찰하고, 기압과 바람과의 관계를 조사할 수 있는가?
- 기압에 따른 날씨의 특징을 조사할 수 있는가?

- 기후의 개념을 알고, 여러 기후의 특징을 조사할 수 있는가?
- 지구 온난화 현상을 알고, 기후 변화의 위험성을 조사할 수 있는가?

7) 단원 지도의 유의점

- 학생들이 생활과 관련된 경험 속에서 학습에 참여할 수 있도록 기회를 제공한다.
- 학생들이 학습활동에 참여하며, 다양한 과학적 원리를 쉽게 이해할 수 있도록 지도한다.

◆ 1차시: 기압 변화의 현상을 관찰하기

▌학습 목표

- 기압을 활용한 물건을 찾아 사용할 수 있다.
- 실험을 통하여 기압으로 발생하는 현상을 이해한다.

▌지도 중점

- 이 차시는 실험을 통해 기압이라는 과학 지식을 발견하기 위한 내용으로 구성하였다.

▌지도의 유의점

- 학생 스스로 관찰하고 활동할 수 있도록 충분한 시간을 제공한다.
- 기압은 눈에 보이지 않기 때문에 다양한 실험을 통하여 기압이 발생하는 현상을 관찰 할 수 있도록 지도한다.

▌교수 · 학습 자료

- 주사기, 물총, 분무기, 종이 음료수 팩, 흡착 고리, 진공청소기

교수 · 학습 개요

• 교수 · 학습 모형: 발견학습 수업모형

탐색 및 문제파악 단계	• 기압을 활용한 물건 사용하기
자료 제시 및 관찰 탐색	• 유리컵을 이용하여 기압 실험하기
추가 자료 제시 및 관찰 탐색	• 음료수 캔을 이용하여 기압 실험하기
규칙성 발견 및 개념 정리	• 기압의 개념 정리하기
적용 및 응용	• 기압으로 발생하는 현상을 이해하는지 평가하기

교수 · 학습 활동

기초 활동: 기압 차이를 이용한 물건 찾아보기

◎ 물총으로 과녁을 맞힌다.

• 물총의 사용방법을 설명한다.

• 맞혀야 할 과녁을 인지시켜주고, 물총으로 맞히게 한다.

• 교실 바닥의 물을 닦기 위하여 바닥 걸레를 미리 준비해 놓는다.

◎ 기압을 활용한 물건을 관찰한다.

• 기압의 원리를 활용한 다양한 물건을 제시한다.

 − 가능한 생활 속에서 쉽게 볼 수 있는 물건을 제시한다.

 − 물총, 분무기, 종이 음료수 팩, 흡착 고리, 주사기, 진공청소기

• 물건의 명칭과 용도를 설명한다.

주요 활동: 음료수 캔을 이용하여 기압 실험하기

탐색 및 문제 파악 단계

◎ 기압을 활용한 물건을 사용한다.

• 제시한 물건을 사용해 본 경험을 이야기하게 한다.

- 학생들이 활동에 적극적으로 참여하도록 유도하고, 다양한 활동기회를 제공하도록 한다.
- 학생들의 특성에 따라 놀이를 통한 학습도 이루어 질 수 있도록 한다.
  - 제한된 시간 안에 누가 더 많이 유리창에 흡착 고리를 붙였는가?
  - 누가 더 빨리 종이 음료수 팩을 빨대로 빨아들여서 찌그러뜨렸는가?

▌자료 제시 및 관찰 탐색

◎ 유리컵을 이용하여 기압을 실험한다.

- 유리컵을 이용한 기압 실험 순서를 알아본다.

① 싱크대 바닥에 유리컵을 놓고 물이 넘치도록 가득 채운다.

② 컵 위에 종이 카드를 놓는다.

③ 종이 카드 위에 손바닥을 대고 누른 상태로 뒤집는다.

④ 컵 안의 물이 쏟아져 나오는지 확인한다.

- 물이 가득 든 컵을 종이로 덮고 거꾸로 세워도 물이 쏟아지지 않는 것은 기압이 사방에서 작용하기 때문이다.

▌추가 자료 제시 및 관찰 탐색

◎ 음료수 캔을 이용하여 기압을 실험한다.

- 음료수 캔을 이용한 기압 실험 순서를 알아본다.

① 음료수 캔과 컵을 준비한다.

② 음료수 캔 양쪽에 구멍을 낸다.

③ 한쪽 구멍을 막고 음료수를 컵에 따른다.

④ 구멍을 막지 않고 음료수를 컵에 따른다.

- 전자저작물에 제시된 실험 순서를 보고, 단계별 활동을 설명한다.
- 참고사이트의 동영상 자료를 통하여 전반적인 실험 과정을 확인한다.

- 학생들이 실험에 원활히 참여 할 수 있도록 지도한다.
  - 음료수 캔에 구멍을 낼 때, 송곳에 찔리지 않도록 안전에 유의하여 실험을 진행한다.
  - 모든 학생들이 음료수 캔의 구멍을 막거나 열어볼 수 있도록 지도한다.

▌규칙성 발견 및 개념 정리

◎ 기압의 개념을 정리한다.

- 캔의 구멍을 통하여 액체가 흘러내리려고 할 때, 액체가 중력에 의하여 떨어지려는 힘보다 공기가 액체를 누르는 힘(기압)이 크면 액체가 떨어지지 않게 된다.
- 공기의 무게에 의해서 생기는 압력이 기압이라는 것을 설명하며, 학생들이 활동해 본 물총, 분무기, 종이 음료수 팩 찌그러뜨리기, 진공청소기로 먼지를 빨아들이는 등의 활동이 기압을 활용한 것이라는 것을 알 수 있도록 설명한다.

▌적용 및 응용

◎ 공기의 무게에 의해 생기는 압력이 기압이며, 우리 주변에서 볼 수 있는 물총, 분무기, 진공청소기 등의 물건들이 기압을 활용한 물건인 것을 안다.

◎ 집에서 기압을 활용한 물건을 찾아 볼 수 있도록 한다.

▌평가

◎ 기압을 활용한 물건을 찾을 수 있는가?

◎ 기압을 활용한 물건을 사용할 수 있는가?

◎ 기압으로 발생하는 현상을 이해할 수 있는가?

◆ 2차시: 기압과 바람과의 관계 알아보기

▌학습 목표

• 바람이 부는 까닭을 설명할 수 있다.

▌지도 중점

• 이 차시는 바람의 발생 원리를 발견하기 위한 내용을 구성하였다.

▌지도의 유의점

• 전기포트로 물을 끓여 뜨거운 공기의 이동하는 모습을 살펴볼 때에는 안전에 주의하여 활동하도록 한다.
• 낮에 육지의 온도가 더 높고 밤에 바다의 온도가 더 높다는 것은 같은 양의 모래와 물을 놓고 온도 변화를 측정하여 알 수 있다. 이러한 실험은 생략하였으나 학생의 능력을 고려하여 실시해 보는 것도 바람직하다.

▌교수 · 학습 자료

• 풍선, 전기포트, 전기난로, 파우더

▌교수 · 학습 개요

• 교수 · 학습 모형: 발견학습 수업모형

탐색 및 문제 파악 단계	• 풍선을 날리며 바람에 관심 갖기
자료 제시 및 관찰 탐색	• 전기포트로 물을 끓여 공기의 이동 관찰하기
추가 자료 제시 및 관찰 탐색	• 전기난로를 활용하여 대류현상 실험하기
규칙성 발견 및 개념 정리	• 바람이 부는 까닭을 정리하기
적용 및 응용	• 바람이 부는 까닭을 설명할 수 있는지 평가하기

▌교수 · 학습 활동

▌기초 활동: 바람을 느껴 보기

◎ 창문을 열어 바람을 느껴 본다.

- 바람이 어떤 느낌인지 이야기하여 보게 한다.
  - －바람이 시원하다.
  - －바람이 차갑다.
  - －바람이 몸을 간지럽힌다.

◎ 바람이 불고 있는 것을 어떻게 알 수 있는지 이야기한다.

- 옷이나 머리카락이 날리는 모습을 통해 바람이 부는 것 을 알 수 있다.
- 나뭇가지가 흔들리는 모습을 통해 바람이 부는 것을 알 수 있다.
- 깃발이 펄럭이는 모습을 통해 바람이 부는 것을 알 수 있다.
- 공장 굴뚝에서 연기가 날리는 모습을 통해 바람이 부는 것을 알 수 있다.
- 바람개비나 풍차가 도는 모습을 통해 바람이 부는 것을 알 수 있다.

◎ 바람이 불어서 좋았던 경험과 나빴던 경험을 이야기한다.

- 등산하며 산 정상에 도착하였을 때 부는 바람이 시원하였다.
- 바람이 부는 날 빨래가 잘 말랐다.
- 바람이 세게 불어 거리의 신호등과 간판이 떨어졌다.
- 파도가 높아져서 배가 뜨지 않았다.
- 연 날리기를 잘 할 수 있었다.

▌주요 활동: 바람이 만들어지는 과정 알아보기

▌탐색 및 문제 파악 단계

◎ 풍선을 날리며 바람에 관심을 갖는다.

- 풍선을 불고 잡고 있던 풍선 입구의 손을 놓으면 어떻게 되는지 이야기한다.

• 풍선의 공기가 빠지면서 발생하는 바람을 손으로 느껴보게 한다.

▌자료 제시 및 관찰 탐색

◎ 전기포트로 물을 끓여 공기의 이동을 관찰한다.

• 전기포트로 물을 끓여 수증기 모습을 살펴보게 한다.

• 수증기가 어느 방향으로 움직이는지 관찰하게 한다.

－수증기가 위로 올라가고 있다.

• 수증기가 위로 올라가는 경우를 본 적이 있는지 이야기하여 보게 한다.

－밥솥에서 밥이 다 되면 큰 소리와 함께 수증기가 위로 올라간다.

－목욕탕에서 목욕을 할 때, 수증기가 위로 올라간다.

－냄비에 라면을 끓일 때, 수증기가 위로 올라간다.

▌추가 자료 제시 및 관찰 탐색

◎ 전기난로를 활용하여 대류현상을 실험한다.

• 전기난로 아래에서 수건에 파우더를 살짝 뿌리고 수건을 털어 준다.

• 전기난로가 작동할 때는 파우더가 위로 올라가지만, 전기난로가 멈췄을 때는 파우더가 아래로 내려간다.

• 따뜻한 공기는 위로 올라가는 성질이 있으며, 그것이 대류 현상임을 이야기한다.

• 대류 현상을 이해한다.

－공기는 온도가 높아지면 공기 입자 사이의 간격이 넓어져 부피가 증가한다. 따라서 같은 부피의 공기 무게를 비교하면 온도가 높을 때 더 가볍다. 공기의 움직임을 보면 가벼워진 공기는 위로 올라간다. 집안에서 히터를 켜면 히터 주위의 공기가 가열되어 위로 올라간다. 그곳을 방 안 아래쪽에 있는 차가운 공기가 이동하여 채우게 된다. 히터가 켜 있는 동안 공기의 움

직임은 계속 일어나게 되는데, 이러한 공기의 흐름을 '대류'라고 한다. 대류 현상은 두 곳에 온도 차가 있을 때 이를 해소하기 위하여 일어나는 평형화 과정이다.

▌규칙성 발견 및 개념 정리

◎ 바람이 부는 까닭을 알아본다.

- 그림을 보면서 바람이 부는 까닭을 알아본다.
  - 바람은 공기의 온도 차이로 인하여 따뜻한 공기는 위로 올라가고 그 공간을 채우기 위하여 다른 공기가 이동하게 되는데 이렇게 움직이는 공기의 흐름에 따라 발생하는 현상이다. 지표면이 가열되는 곳에서는 공기가 주변 공기보다 가벼워져서 상승하고, 상공에서는 퍼져 나가므로 지표면의 기압은 낮아진다. 이와 반대로 지표면이 냉각되는 곳에서는 공기가 하강하며, 상공에서는 공기가 모여들어 지표면의 기압이 높아진다. 지표 부근에서 기압 차이가 생기면 기압이 높은 곳에서 낮은 곳으로 바람이 불게 된다. 이와 같이 지표면이 상대적으로 가열되거나 냉각되면 기압 차이에 의하여 바람이 분다. 이러한 바람은 지구 표면이 지역마다 태양 에너지를 받는 정도가 달라서 생기는 문제를 해결하여 준다. 그러나 지구는 자전축을 중심으로 자전하므로 북반구에서는 바람이 오른쪽으로 휘어져 불게 된다. 바람은 대규모 폭풍을 만나 소멸되거나 높은 산에 가로 막혀 소멸하기도 한다.

▌적용 및 응용

◎ 바람이 부는 까닭을 안다.

- 공기의 이동은 온도 때문에 일어난다.
- 온도 차이로 인하여 발생하는 공기의 이동을 바람이라고 한다.

◎ 주변에서 바람을 활용한 물건을 찾아 볼 수 있도록 한다.

평가

◎ 바람이 부는 까닭을 설명할 수 있는가?

◆ 3차시: 바람의 세기와 방향 측정하기

학습 목표

- 바람이 부는 방향을 가리킬 수 있다.

지도 중점

- 이 차시는 바람의 세기를 관찰해 보고, 풍향을 측정할 수 있는 내용으로 구성하였다.

지도의 유의점

- 선풍기를 활용하여 바람의 세기를 지도할 시에는 안전에 유의하도록 한다.
- 간이 풍향계를 만들어 풍향을 측정할 시에는 풍향계가 가리키는 화살표 모양과 방향이 착각을 일으키기 쉬우므로 주의한다. 그리고 방위는 네 개 방위를 기본으로 하고 학생들의 개인차를 고려하여 여덟 개 방위로 융통성 있게 나타낼 수 있도록 지도한다.

교수 · 학습 자료

- 색 도화지, 수수깡, 종이컵, 가위, 테이프, 선풍기
- 교사의 필요에 따라 준비물을 학급별 또는 개인별로 준비한다.

교수 · 학습 개요

- 교수 · 학습 모형: 순환학습 수업모형

탐색	• 바람이 부는 모습을 관찰하기
개념 도입	• 풍속과 풍향의 개념 정리하기 • 간이 풍향계 만들기
개념 적용	• 바람이 부는 방향 측정하기 • 풍향과 풍속의 개념 정리하기

교수 · 학습 활동

기초 활동: 바람의 세기 비교하기

◎ 바람에 날리는 머리카락의 모습을 관찰한다.

- 머리카락의 모양이 어떻게 다른지 살펴본다.
  - 바람이 세게 불 때는 머리카락이 얼굴을 덮을 정도로 휘날리고, 바람이 약하게 불 때는 차분하다.

◎ 바람에 날리는 태극기의 모습을 관찰한다.

- 태극기의 모양이 어떻게 다른지 살펴본다.
  - 약한 바람에서 태극기는 접혀 있고, 강한 바람에서 태극기는 펄럭인다.

◎ 일상생활에서의 바람에 대해 알아본다.

- 일상생활에서 바람을 이용하는 예를 찾아본다.
  - 부채, 바람개비, 풍력 발전소 등이 있다.
  - 비행기, 배 등도 바람을 이용해 움직이는 것은 아니지만 바람의 영향을 많이 받는다.
- 바람이 우리 생활에 미치는 영향을 알아본다.
  - 바람이 불면 빨래가 빨리 마르기도 한다.
  - 바람의 영향으로 비행기가 같은 거리를 더 빨리 날아올 수도 있다.
  - 비가 올 때 바람의 방향을 고려해 우산을 써야 한다.
  - 바람이 많이 불면 배의 운항이 어렵다.

주요 활동: 바람이 부는 방향 측정하기

탐색

◎ 바람이 부는 모습을 관찰한다.

• 창밖의 나무의 움직임을 관찰한다.

– 나뭇잎의 움직임이 있는지 살펴본다.

– 나뭇잎이 왜 움직이는지 알아본다.

◎ 바람이 부는 것을 어떻게 알 수 있는지 이야기한다.

– 바람은 눈에 보이지 않지만 바람이 부는 것을 피부로 느낄 수 있음을 설명한다.

– 흔들리는 나뭇가지나 빨래 등의 모습을 보고 바람이 부는 것을 알 수 있음을 설명한다.

◎ 학습 내용을 제시한다.

• 바람이 부는 모습을 관찰하게 하여, 바람이 불어오는 방향과 세기에 호기심이 생기도록 한다.

개념 도입

◎ 풍속의 의미를 알아본다.

• 바람의 부는 속도를 풍속이라고 한다.

– 대기의 수평적인 흐름의 속도가 풍속이다. 우리나라에서 일기 예보를 할 때에는 풍속을 m/s로 나타내지만, 비행기의 운항이나 배의 항해를 위하여 노트(knot)로 나타내기도 한다. 풍향과 풍속의 측정 자료는 항공기의 운항 및 선박의 항해 등에 필수적으로 이용되며 최근에는 육상 경기에도 이용되고 있다.

◎ 간이 풍향계를 만들어 본다.

• 간이 풍향계를 만드는 순서를 알아본다.

① 색 도화지를 오려 앞날개와 뒷날개를 만든다.

② 수수깡 앞뒤에 날개를 꽂는다.

③ 날개가 있는 수수깡의 중앙에 받침대가 되는 수수깡을 꽂는다.

④ 종이컵을 뒤집어 받침대가 되는 수수깡을 꽂는다.

⑤ 종이에 방위 표시한 뒤 풍향계를 올려놓고 바람의 방향을 관측한다.

– 받침대가 되는 수수깡과 날개가 꽂힌 수수깡이 잘 움직여야 바람의 방향을 정확하게 관측할 수 있다.

◎ 간이 풍속계를 만들어 본다.

• 간이 풍속계를 만드는 순서를 알아본다.

① 유리병, 종이컵 3개, 수수깡 1개, 빨대 2개, 누름 못, 색종이, 풀을 준비한다.

② 두 개의 수수깡을 ×자 모양으로 교차시키고, 종이컵을 빨대의 각 끝에 고정한다. 종이컵은 4개 모두 같은 방향으로 고정한다.

③ 수수깡 하나를 세운 다음, 2번에서 만든 ×자 모양 빨대의 가운데 부분을 수수깡의 윗부분에 누름 못을 이용해 고정한다.

▌개념 적용

◎ 바람의 방향을 측정한다.

• 바람이 불어오는 방향을 풍향이라고 한다.

• 수수깡의 앞날개가 어느 방향을 가리키고 있는지 살펴본다.

• 수수깡의 앞날개가 서쪽을 가리키려면 바람은 어느 쪽에서 불어와야 하는지 알아본다.

– 수수깡의 앞날개가 서쪽을 가리킨다면, 바람은 동쪽에서 불어와야 한다.

• 동쪽에서 불어오는 바람을 무엇이라고 부르는지 알아본다.

– 동쪽에서 불어오는 바람은 동풍이라고 부른다.

◎ 바람의 세기를 측정한다.

• 바람이 부는 세기를 풍속이라고 한다.

- 바람이 잘 부는 날에 야외로 나가 바람의 세기를 알아본다.
  - 30초 동안 종이컵이 몇 바퀴 도는지 측정한다.
- 바람의 세기를 기록(1시간 간격)하고 다른 친구들이 조 사한 내용과 비교해 본다.
  - 종이컵 한 개에 특별한 표시를 해 두면 몇 바퀴를 도는 지 셀 때 유용하다.

◎ 풍향과 풍속의 개념을 정리한다.

- 바람이 부는 속도가 풍속이라는 것을 안다.
  - 바람의 빠르기는 '풍속'이라고 한다. 대기가 일정한 시간(1초) 동안 흘러간 거리를 말하며, m/s로 표시한다. 순간적인 바람의 빠르기는 '순간 풍속'이라고 하고, 일정 시간 동안 바람의 빠르기를 평균 낸 것은 '평균 풍속'이라고 한다.
- 바람이 불어오는 방향을 풍향이라고 한다.
  - 바람이 불어오는 방향은 진북과 진남을 기준으로 16방위로 나타낸다. 따라서 동남풍이나 서북풍이 아니라 남동풍, 북서풍이라고 한다.

▌평가

- 바람이 부는 방향을 가리킬 수 있는가?

◆ 4차시: 고기압에서 나타나는 날씨의 특징 조사하기

▌학습 목표

- 맑은 날의 풍경을 그릴 수 있다.
- 고기압에서 나타나는 날씨의 특징을 안다.

▌지도 중점

- 이 차시는 고기압에서 나타나는 날씨의 특징을 발견하기 위한 내용으로 구성하였다.

지도의 유의점

- 학생들이 맑은 날의 풍경을 관찰하고 날씨의 특징을 탐구해 볼 수 있도록 맑은 날씨에 수업이 이루어지게 수업을 계획한다.
- 학생 스스로 관찰하고 활동할 수 있도록 충분한 시간을 제공한다.

교수 · 학습 자료

- 스케치북, 색연필, 동영상 자료
- 교사의 필요에 따라 준비물을 학급별 또는 개인별로 준비한다.

교수 · 학습 개요

- 교수 · 학습 모형: 발견학습 수업모형

탐색 및 문제 파악 단계	• 오늘의 날씨 관찰하기
자료 제시 및 관찰 탐색	• 고기압의 날씨 영상 제시하기
추가 자료 제시 및 관찰 탐색	• 고기압에서의 구름을 살펴보기 • 고기압에서의 바람을 살펴보기
규칙성 발견 및 개념 정리	• 고기압의 날씨 정리하기
적용 및 응용	• 고기압의 하강기류 색칠하기

교수 · 학습 활동

기초 활동: 고기압에서 나타나는 날씨 그려 보기

◎ 맑은 날의 풍경을 제시한다.

- 학생들에게 맑은 날의 모습을 보여주며 특징을 관찰 할 수 있도록 한다.
  - 맑은 날엔 하늘의 색깔이 어떠한지 질문한다.
  - 맑은 날엔 구름이 많이 보이는지 질문한다.

- 맑은 날엔 구름의 색깔이 어떠한지 질문한다.
- 맑은 날엔 비가 내리고 있는지 질문한다.

◎ 맑은 날의 풍경을 그려 본다.

- 사진을 보며 맑은 날의 풍경을 그려 볼 수 있도록 한다.
- 그림을 그릴 수 있는 학생들은 땅, 구름, 해, 나무 등을 그릴 수 있도록 한다.
- 그림을 그리기 힘든 학생들은 맑은 하늘을 색칠해 볼 수 있도록 한다.

▌주요 활동: 고기압에서 나타나는 날씨의 특징알기

▌탐색 및 문제 파악 단계

◎ 오늘 날씨를 관찰한다.

- 창문을 열어 날씨를 확인할 수 있도록 한다.
- 하늘의 색깔을 이야기 할 수 있도록 한다.
- 구름의 색깔을 이야기 할 수 있도록 한다.
- 비가 내리고 있는지 이야기 할 수 있도록 한다.

◎ 학습 내용을 제시한다.

- 맑은 날의 풍경을 관찰하게 하여, 맑은 날의 날씨 특징에 호기심이 생기도록 한다.

▌자료 제시 및 관찰 탐색

◎ 고기압의 날씨 영상을 제시한다.

- 고기압 날씨의 영상을 제시한다.
- 영상 자료는 고기압의 맑은 날씨 풍경에 대한 내용으로 구성되어 있다.

▌추가 자료 제시 및 관찰 탐색

◎ 고기압에서의 구름을 살펴본다.

- 하늘 위에서 내려온 공기는 수증기를 많이 머금은 따뜻한 공기임을 설명한다.
- 하늘에서는 구름이 만들어지지 않는다.
- 맑고 화창한 날씨가 된다.

◎ 고기압에서의 바람을 살펴본다.

- 고기압 중심을 살펴보고 바람이 어떻게 부는지 질문한다.
- 고기압의 중심에서 기압이 낮은 곳으로 공기가 불어나간다.

▌규칙성 발견 및 개념 정리

◎ 고기압의 날씨를 정리한다.

- 주변보다 상대적으로 기압이 높은 곳이다.
- 중심에서 주변부 쪽으로 시계 방향으로 바람이 불어 나간다.
- 중심에서는 하강기류가 형성된다.
- 고기압 중심에서는 하강하는 공기가 압축되면서 기온이 높아지기 때문에 구름이 없어져 맑은 날씨가 된다.

◎ 고기압의 영향으로 맑은 날씨가 생긴다는 것을 안다.

▌적용 및 응용

◎ 고기압의 하강기류를 색칠한다.

- 고기압의 하강 기류는 아래로 내려가는 바람정도로만 설명하고 기류에 대한 설명은 학생의 수준에 따라 지도한다.

▌평가

◎ 맑은 날의 풍경을 그릴 수 있는가?

◎ 고기압에서 나타나는 날씨의 특징을 알 수 있는가?

◆ 5차시: 저기압에서 나타나는 날씨의 특징 조사하기

▌학습 목표

- 흐린 날의 풍경을 그릴 수 있다.
- 저기압에서 나타나는 날씨의 특징을 안다.

▌지도 중점

- 이 차시는 저기압에서 나타나는 날씨의 특징을 발견하기 위한 내용으로 구성하였다.

▌지도의 유의점

- 학생들이 흐린 날의 풍경을 관찰하고 날씨의 특징을 탐구해 볼 수 있도록 흐린 날씨에 수업이 이루어지게 수업을 계획한다.
- 학생 스스로 관찰하고 활동할 수 있도록 충분한 시간을 제공한다.

▌교수 · 학습 자료

- 스케치북, 색연필
- 교사의 필요에 따라 준비물을 학급별 또는 개인별로 준비한다.

▌교수 · 학습 개요

- 교수 · 학습 모형: 발견학습 수업모형

탐색 및 문제 파악 단계	• 오늘의 날씨 관찰하기
자료 제시 및 관찰 탐색	• 저기압에서의 구름을 살펴보기
추가 자료 제시 및 관찰 탐색	• 저기압에서의 바람을 살펴보기
규칙성 발견 및 개념 정리	• 저기압의 날씨 정리하기
적용 및 응용	• 저기압의 하강기류 색칠하기

교수 · 학습 활동

기초 활동: 저기압에서 나타나는 날씨 그려 보기

◎ 흐린 날의 풍경을 제시한다.

- 학생들에게 흐린 날의 모습을 보여주며 특징을 관찰 할 수 있도록 한다.
  - 흐린 날엔 하늘의 색깔이 어떠한지 질문한다.
  - 흐린 날엔 구름이 많이 보이는지 질문한다.
  - 흐린 날엔 구름의 색깔이 어떠한지 질문한다.

◎ 흐린 날의 풍경을 그려 본다.

- 사진을 보며 흐린 날의 풍경을 그려 볼 수 있도록 한다.
  - 그림을 그릴 수 있는 학생들은 땅, 구름, 해, 나무 등을 그릴 수 있도록 한다.
  - 그림을 그리기 힘든 학생들은 흐린 하늘을 색칠해 볼 수 있도록 한다.

주요 활동: 저기압에서 나타나는 공기의 이동 살펴보기

탐색 및 문제 파악 단계

◎ 오늘의 날씨를 관찰한다.

- 창문을 열어 날씨를 확인할 수 있도록 한다.
- 하늘의 색깔을 이야기 할 수 있도록 한다.
- 구름의 색깔을 이야기 할 수 있도록 한다.
- 비가 내리고 있는지 이야기 할 수 있도록 한다.

◎ 학습 내용을 제시 한다.

- 흐린 날의 풍경을 관찰하게 하여, 흐린 날의 날씨 특징에 호기심이 생기도록 한다.

자료 제시 및 관찰 탐색

◎ 저기압에서의 구름을 살펴본다.

- 수증기를 많이 머금은 따뜻한 공기가 위로 올라가면서 위로 올라간 따뜻한 공기는 차가워지면서 공기 중의 수증기를 구름으로 변하게 한다.
- 구름이 많으면 날씨가 어떻게 되는지 질문한다.
  - 비가 오거나 흐린 날씨가 된다.

▌추가 자료 제시 및 관찰 탐색

◎ 저기압에서의 바람을 살펴본다.

- 저기압 중심을 살펴보고 바람이 어떻게 부는지 질문한다.
- 주변보다 기압이 낮은 곳이며, 바깥에서 중심으로 바람이 불어 들어간다.

▌규칙성 발견 및 개념 정리

◎ 저기압의 날씨를 정리한다.

- 주변보다 상대적으로 기압이 낮은 곳이다.
- 주변에서 중심부 쪽으로 바람이 불어 들어간다.
- 중심에서는 상승기류를 형성한다.
- 상승하는 공기는 팽창하면서 기온이 낮아져 수증기의 응결이 일어난다. 따라서 저기압 상공에는 구름이 발생하여 흐린 날씨가 나타난다.
- 저기압의 영향으로 흐린 날씨가 생긴다는 것을 안다.

▌적용 및 응용

◎ 저기압의 상승기류를 색칠한다.

- 저기압의 상승 기류는 위로 올라가는 바람정도로만 설명하고 기류에 대한 설명은 학생의 수준에 따라 지도한다.

◎ 기압과 날씨의 관계를 정리한다.

- 지표면은 장소에 따라 상태나 수분 함량, 식생의 분포 등이 매우 다양하다.

따라서 지표면에 도달하는 태양 복사 에너지의 양이 같아도 지표면에 따라 가열되는 정도가 각기 다르다. 그에 따라 대기의 온도 분포가 달라지고, 그에 따라 기압이 변하고 다양한 기상 현상이 발생하게 된다.

- 날씨는 고기압과 저기압의 영향에 따라서 맑거나 흐려지며, 기압 배치는 대기 대순환의 영향을 받아 이동하면서 다양하게 날씨를 변화시킨다.

▌평가

◎ 흐린 날의 풍경을 그릴 수 있는가?
◎ 저기압에서 나타나는 날씨의 특징을 알 수 있는가?

◆ 6차시: 기후와 날씨의 차이점 알아보기

▌학습 목표

- 더운 나라와 추운 나라의 특징을 안다.
- 기후와 날씨의 차이점을 안다.

▌지도 중점

- 이 차시는 기후와 날씨의 차이점을 발견하기 위한 내용으로 구성하였다.

▌지도의 유의점

- 우리와 다른 피부색을 가진 사람들에 관련한 수업 진행 시, 우리와 겉모습이 다르다고 해서 편견을 갖지 않도록 유의하여 지도한다. 세상에는 다양한 사람이 있고 서로 다른 방식으로 생활하고 있지만, 모두가 친구이고 서로 영향을 줄 수 있다는 것을 알려 준다.
- 학생이 자신의 역할을 수행하기 어려운 경우, 단서를 제공하여 활동에 참여할 수 있도록 지도한다.

교수 · 학습 자료

- 더운 나라와 추운 나라에 사는 사람 사진 자료
- 교사의 필요에 따라 준비물을 학급별 또는 개인별로 준비한다.

교수 · 학습 개요

- 교수 · 학습 모형: 경험학습 수업모형

자유 탐색 단계	• 좋아하는 계절 이야기하기
탐색 결과 발표 단계	• 날씨 예측해보기
교사의 인도에 따른 탐색 단계	• 기후와 날씨의 차이점 알아보기
정리 단계	• 기후와 날씨의 개념 정리하기

교수 · 학습 활동

기초 활동: 더운 지역과 추운 지역 살펴보기

◎ 1년 내내 더운 나라를 살펴본다.

- 적도 부근의 나라들은 겨울이 없이 1년 내내 무더운 날씨가 지속된다.
- 더운 나라 사람들의 옷차림을 살펴본다.
  - 몸에 있는 열이 잘 빠져나가고 땀도 잘 마르도록 옷을 조금만 걸쳐 입는다.
- 강수량에 따라 열대 우림과 열대 초원이 형성된다.
- 코끼리, 원숭이, 악어 등 다양한 동물들이 서식한다.
- 바나나, 파인애플, 망고 등 다양한 열대 과일이 자라난다.

◎ 1년 내내 추운 나라를 살펴본다.

- 북극 부근의 나라들은 1년 내내 추운 날씨가 지속된다.
- 추운 나라 사람들의 옷차림을 살펴본다.
  - 추위를 막기 위해 순록가죽이나 온몸을 감싸는 두꺼운 의복을 입는다.

• 추운 나라의 동물들을 살펴본다.

  – 북극곰, 펭귄, 바다표범 등 추위에 견딜 수 있는 일부 동물만이 서식한다.

▌주요 활동: 기후와 날씨의 차이점 알아보기

▌자유 탐색 단계

◎ 좋아하는 계절을 이야기한다.

• 봄, 여름, 가을, 겨울 중에서 어느 계절이 가장 좋은지 질문 한다.

• 학생이 대답한 계절이 좋은 이유를 말해보게 한다.

◎ 학습 내용을 제시한다.

• 좋아하는 계절을 이야기하게 하여 계절의 변화에 관심을 가지게 하고, 다른 나라의 기후를 살펴봄으로써 다양한 기후에 호기심이 생기도록 한다.

▌탐색 결과 발표 단계

◎ 날씨를 예측해 본다.

• 창밖을 관찰하여 내일의 날씨를 예측해본다.

  – 내일 기온을 예측해본다.

  – 내일 비나 눈이 올지 예측해본다.

• 자신이 예측한 날씨를 발표 한다.

  – 내일의 날씨를 발표하며, 왜 그렇게 날씨를 예측했는지 이야기해 본다.

▌교사의 인도에 따른 탐색단계

◎ 날씨와 기후의 차이점 이야기하기

• 자신이 예측한 날씨가 하루가 아니라, 아주 오랜 기간(30년 이상) 계속된다면 우리나라가 어떻게 변할지 질문한다.

정리 단계

◎ 기후의 개념을 설명한다.

- 날씨는 특정 지역에서 나타나는 그날의 대기 상태로, 시간의 흐름에 따라 변화한다. 하지만 날씨의 변화를 오랫동안 관찰하면 그것이 일정한 주기를 가지고 규칙적으로 반복됨을 알 수 있다. 따라서 기후는 어떤 지역에서 오랫동안 나타난 기온, 강수량, 바람 등의 대기 상태라고 할 수 있다.

◎ 기후가 다른 이유를 알아본다.

- 기후 요소에 따라 기후가 달라짐을 설명한다.
- 우리나라는 봄 · 여름 · 가을 · 겨울의 사계절이 뚜렷하고, 여름은 무덥고 겨울은 추운 기후다. 하지만 사하라 사막이나 아마존 강 유역은 계절 구분 없이 1년 내내 무더운 기후다. 그런데 사하라 사막은 나무가 자랄 수 없을 정도로 비가 거의 내리지 않는 기후이고, 아마존 강 유역은 숲이 울창하게 우거질 정도로 비가 많이 내리는 기후이다. 기온이 높아서 두 곳의 기후가 비슷해 보이지만, 강수량이 달라서 한 곳은 사막 기후, 다른 한 곳은 열대 우림 기후가 나타나는 것이다. 이처럼 지역마다 기온, 강수, 바람 등의 '기후 요소'를 살펴보면, 기후가 어떤지, 또 다른 지역과 어떻게 다른지 알 수 있다.
- 날씨와 기후는 다른 개념이라는 것을 알고 혼동해서 사용하지 않도록 한다.

평가

- 더운 나라와 추운 나라의 특징을 아는가?
- 기후와 날씨의 차이점을 아는가?

◆ 7차시: 세계 여러 나라의 기후 탐색하기

학습 목표

- 세계 여러 나라를 기후에 따라 색칠할 수 있다.

• 다양한 기후의 특징을 이해할 수 있다.

▌지도 중점

• 이 차시는 여러 나라의 다양한 기후를 발견하기 위한 내용으로 구성하였다.

▌지도의 유의점

• 교사는 학생이 자신의 역할을 충분히 알 수 있도록 지도한다.
• 학생이 자신의 역할을 수행하기 어려운 경우, 단서를 제공하여 활동에 참여할 수 있도록 지도한다.

▌교수 · 학습 자료

• 세계지도, 색연필, 색종이, 가위, 풀
• 교사의 필요에 따라 준비물을 학급별 또는 개인별로 준비한다.

▌교수 · 학습 개요

• 교수 · 학습 모형: 순환학습 수업모형

탐색	• 세계 지도 탐색하기
개념 도입	• 기후를 구분하는 기준 알기
개념 적용	• 세계의 다양한 기후 정리하기

▌교수 · 학습 활동

▌기초 활동: 기후에 따라 여러 나라를 색칠하기

◎ 기후가 같은 나라를 찾아본다.

• 기후에 따라 구분해 놓은 세계 지도 그림을 보고, 같은 기후에 속해 있는 나라를 찾아본다.

– 그림에 제시된 기후에 따른 색깔을 확인하고, 교사가 제시하는 기후에 맞는 나라를 찾아본다.

◎ 세계의 여러 나라를 기후에 따라 색칠하기

- 기후에 따라 구분해 놓은 세계지도 그림을 학생들에게 나누어 주어 기후에 맞게 색칠할 수 있도록 한다.
- 색종이로 붙이기가 가능한 학생의 경우 기후에 맞게 색종이를 붙여볼 수 있도록 한다.

주요 활동: 여러 나라의 다양한 기후 탐색하기

탐색

◎ 세계 지도를 탐색한다.

- 세계지도를 보고 여러 나라의 위치를 탐색할 수 있도록 한다.
- 세계지도에서 우리나라를 찾아볼 수 있도록 한다.

◎ 학습 내용을 제시한다.

- 세계 지도를 탐색하여 다양한 나라에 관심을 갖게 하고, 다른 나라의 다양한 기후에 호기심이 생기도록 한다.

개념 도입

◎ 기후를 구분하는 기준을 알아본다.

- 기후를 구분하는 기준을 제시한다.
  – 세계의 기후는 식생이 자라는 데 영향을 미치는 기온과 강수량을 기준으로 구분하며, 적도를 기준으로 열대 기후-온대 기후-냉대 기후-한대 기후 순으로 나타난다.
- 세계의 기후 구분

기준	기후	가장 추운 달	가장 따뜻한 달
기온	열대	18℃이상	-
	온대	-3℃이상	-
	냉대	-3℃미만	10℃이상
	한대	-	10℃미만
강수량	건조	연 강수량 500mm미만	

▌개념 적용

◎ 세계의 다양한 기후를 알아본다.

- 열대기후
  - 열대 기후는 적도 부근에 분포한다.
  - 가장 추운 달의 평균 기온이 18℃ 이상이며, 일 년 내내 기온이 높다.
  - 열대 우림 기후와 열대 사바나 기후로 구분된다.
- 건조기후
  - 건조 기후는 남 · 북위 20˚~30˚ 일대에 분포한다.
  - 연 강수량이 500mm 미만으로 매우 적고, 강수량보다 증발량이 많다.
  - 사막 기후와 스텝 기후로 구분된다.
- 온대기후
  - 가장 추운 달의 평균 기온이 -3℃ 이상이다.
  - 온대 계절풍 기후, 지중해성 기후, 서안 해양성 기후로 구분된다.
- 냉대기후
  - 기온이 가장 낮은 달의 평균 기온이 -3℃ 미만이고, 가장 높은 달의 평균 기온이 10℃ 이상인 지역이다.
  - 냉대 기후는 온대와 한대의 중간 기후로 겨울이 길고 매우 춥지만, 여름에는 비교적 따뜻해 식물이 자랄 수 있다
- 한대기후

–한대 기후는 극지방 부근에 분포한다.
–가장 따뜻한 달의 평균 기온이 10℃ 미만이며, 연중 춥고 강수량도 적어 나무가 자라지 못한다.
–툰드라 기후와 빙설 기후로 구분된다.

◎ 세계의 다양한 기후를 정리한다.

- 나라의 위치마다 기후가 다름을 안다.
- 지구는 둥글기 때문에 저위도에서 고위도 지방으로 갈수록 햇빛을 받는 양이 달라진다. 이에 따라 세계의 기후는 적도에서 극지방으로 갈수록 열대 기후, 온대 기후, 냉대 기후, 한대 기후의 순으로 나타난다.

▌평가

- 세계 여러 나라를 기후에 따라 색칠할 수 있는가?
- 다양한 기후의 특징을 이해할 수 있는가?

◆ 8차시: 기후 변화 현상 탐색하기

▌학습 목표

- 세계의 다양한 기후변화 현상을 안다.

▌지도 중점

- 이 차시는 다양한 기후 변화 현상을 탐색하기 위한 내용으로 구성하였다.

▌지도의 유의점

- 학교의 사정에 따라 열대과일을 준비하여 수업 중 학생들에게 실물을 보여주며, 만져보고 맛볼 수 있도록 지도한다.

- 교사는 학생이 자신의 역할을 충분히 알 수 있도록 지도한다.
- 학생이 자신의 역할을 수행하기 어려운 경우, 단서를 제공하여 활동에 참여할 수 있도록 지도한다.

교수 · 학습 자료

- 국내산 다양한 열대과일, 기후 변화 현상 멀티미디어 자료

교수 · 학습 개요

- 교수 · 학습 모형: 순환학습 수업모형

탐색	• 다양한 국내산 열대과일 탐색하기
개념 도입	• 다양한 기후변화 현상 살펴보기
개념 적용	• 기후변화 현상에 관심을 갖고 기후변화의 위험성 인지하기

교수 · 학습 활동

기초 활동: 열대 과일 그리기

◎ 제주도에서 재배되는 열대과일 그림을 제시한다.

- 제주도에서 재배되는 열대 과일 그림을 학생들에 나누어 주어 색칠할 수 있도록 한다.
- 색종이로 붙이기가 가능한 학생의 경우 색종이를 붙여볼 수 있도록 한다.

◎ 제주도에서 재배되는 열대과일을 안내한다.

- 기후가 변함에 따라 제주도에서 열대과일이 재배되고 있는 현상을 안내한다.

◎ 우리나라에서 일어나고 있는 기후 변화 현상을 탐색한다.

- 숲에서 아열대 지방의 기후에서 자라는 나무(동백나무, 종려나무, 오렌지 등)를 종종 볼 수 있게 되었다.

- 차가운 물을 좋아하는 물고기인 대구, 명태 등은 바닷물의 온도 상승으로 그 수가 줄어들었다.
- 제주도에서 망고, 바나나, 키위 같은 열대 과일을 재배한다.
- 사과의 주산지가 점점 북쪽으로 이동하고 있다.
- 태풍으로 인한 피해가 늘어나고 있다.
- 열대야 현상으로 인해 밤에도 더운 날이 많아지고 있다.
- 갑자기 폭우가 쏟아지는 날이 잦아지고 있다.
- 해수면이 10~20cm 상승하였다.
- 아열대 해파리가 많아졌다

▌주요 활동: 다양한 기후변화 현상 살펴보기

▌탐색

◎ 다양한 국내산 열대과일을 탐색한다.

- 다양한 열대과일을 먹어 본 경험을 이야기하게 한다.
- 학생들이 발표한 열대과일은 사진 자료를 통해 학생들에게 소개한다.
- 다양한 국내산 열대과일 탐색하기
- 키위, 바나나, 망고 등 국내에서 재배되는 열대과일을 관찰한다.
- 국내에서 재배되는 다양한 열대과일의 맛을 본다.

▌개념 도입

◎ 다양한 기후 변화 현상을 제시한다.

- 북극 빙하의 자료를 제시한다.
  - 여름철 북극의 얼음은 10년 전보다 7.4%가 줄어들었으며, 만년빙의 범위가 감소하고 있다. 북극 해빙의 융해는 여름에 가장 광범위하게 일어난다.
  - 빙하의 면적이 점점 줄어들고 있음을 확인시킨다.

- 부서진 얼음 조각 위에 앉아 있는 북극곰의 사진을 이용하여 극지방의 생물이 살아갈 수 있는 환경이 파괴될 수 있음을 지도한다.

• 해수면 상승의 자료를 제시한다.

- 지난 20세기 동안에 해수면은 평균 10~20cm 높아졌으며 앞으로도 지속적인 해수면 상승이 예상 된다.
- 만약 이같이 해수면이 크게 상승하면 방글라데시와 같이 인구가 해변에 밀집된 국가에서는 바닷물 범람에 의한 심각한 피해가 우려되고 몰디브와 같은 작은 섬나라는 완전히 사라지게 될 것이다.
- 해수면 상승은 수십억 인구가 사용하는 물을 오염시킬 뿐만 아니라 대규모 인구의 이주를 유발할 것이다.

• 엘니뇨 현상의 자료를 제시한다.

- 엘니뇨는 페루 앞바다의 수온이 비정상적으로 높아지는 현상을 일컫던 말로, 오늘날에는 동태평양의 수온이 평균보다 높아지는 현상을 의미한다. 해수면 온도가 평소보다 5개월 이상, 0.5℃ 이상 높게 지속된다.
- 엘니뇨에 의한 대기와 해양의 순환 변화는 해당 지역뿐만 아니라 세계적인 기상 변화를 일으킨다. 따뜻한 해수가 몰리는 중남미 지역에서는 폭우가 발생하고, 상대적으로 차가운 해수가 나타나는 인도네시아에서는 가뭄, 산불 등의 피해가 발생한다. 또한, 미국의 폭설, 멕시코의 한파, 우리나라의 이상 고온 등 세계적인 기상 이변이 나타난다.

• 라니냐 현상의 자료를 제시한다.

- 엘니뇨(El Nino) 현상과 반대로, 해수면 온도가 주변보다 낮은 상태로 일정 기간 지속되는 현상으로, 반(反)엘니뇨라고도 한다. 라니냐는 엘니뇨 현상이 시작되기 전이나 끝난 뒤에 찾아오는 경향이 있는 것으로 알려졌다.
- 엘니뇨가 기온 상승을 불러 폭우와 가뭄 등의 이상 기온 현상을 일으킨다면 라니냐는 기온 하강을 불러 해당 지역마다 반대의 기온 현상을 일으킨다. 예를 들어 극심한 가뭄 피해를 입었던 지역에는 폭우가 쏟아지고, 물난

리를 겪은 지역에는 가뭄이 찾아오는 식이다.

- 라니냐라는 말은, 엘니뇨가 '남자 아이'를 뜻하는 말이라는 것에서 힌트를 얻어 미국의 한 연구자가 '여자 아이'를 뜻하는 라니냐라 부르면서 널리 사용하게 되었다.

• 녹고 있는 영구 동토층의 자료를 제시한다.

- 알래스카, 시베리아 등 북극권 지역에는 땅이 항상 얼어 있는 영구 동토층이 있다. 그런데 오늘날 지구 온난화로 기온이 높아지면서 이런 영구 동토층이 녹아 지표면이 분열되면서 산사태가 일어나기도 한다.

▌개념 적용

• 기후변화 현상에 관심을 갖고 기후변화의 위험성 을 인지한다.

• 국내에도 열대 과일이 재배가 된다는 사실을 인지하며, 기후 변화 현상에 관심을 가진다.

• 지구가 점점 뜨거워지면서 다양한 기후변화 현상이 발생함을 안다.

▌평가

• 세계의 다양한 기후변화 현상을 제시할 수 있는가?

◆ 9차시: 기후 변화의 원인 탐색하기

▌학습 목표

• 기후변화의 원인을 탐색한다.

▌지도 중점

• 이 차시는 온실효과 실험을 통하여 지구온난화의 원인을 발견하기 위한 내용으로 구성하였다.

▌지도의 유의점

- 온실효과 실험 진행 중 시간이 지나도 이산화탄소가 잘 채워지지 않아 수업 진행에 차질이 될 수 된다면 드라이아이스를 기화시켜 놓아 그것을 부어 주도록 한다.
- 페트병에 구멍을 뚫는 활동은 중도 장애학생들이 하기에는 위험할 수 있으므로 교사는 학생들의 수준을 고려하여 구멍에 온도계를 끼워 넣는 정도의 수행만을 할 수 있도록 준비한다.

▌교수 · 학습 자료

- 색연필, 학습지, 온도계 2개, 고무줄, PET병(1.5 L) 2개, 전기스탠드 조명, 2종류의 콜라(탄산 콜라, 탄산 빠진 콜라)

▌교수 · 학습 개요

- 교수-학습 모형: 가설검증 수업모형

탐색 및 문제 파악	• 매연 색칠하기
가설 설정	• 지구온난화를 일으키는 원인이 되는 가설을 설정하고 토의하기
실험 설계 및 수행	• 온실효과 실험 수행하기
가설 검증	• 지구온난화의 원인 확인하기
적용 및 새로운 문제 발견	• 지구 온난화를 일으키는 다양한 온실기체 알아보기

▌교수 · 학습 활동

▌기초 활동: 자동차와 공장의 매연을 살펴보기

◎ 매연을 보고 느낀 점을 말해 본다.

- 꽉 막힌 도로에 가면 자동차가 내뿜는 배기가스 때문에 숨이 막히고, 기분이 좋지 않다.

- 공장에서 내뿜는 시커먼 연기가 공기를 오염시키고 있다.

◎ 대기오염의 개념을 알아본다.

- 대기 오염은 매연 · 먼지 · 가스 등에 의해 공기가 더러워지는 현상이다. 공기 중의 오염 물질의 양, 농도, 지속 시간 등으로 인해 많은 사람들에게 불쾌감을 주거나, 보건의 문제를 일으키고, 사람과 동식물의 생활에 나쁜 영향을 주는 상태를 말한다. 대기 오염을 시키는 물질에는 화산재, 황사, 산불, 동식물의 부패 등과 같은 자연적인 원인도 있지만, 발전소, 자동차, 가정 난방과 쓰레기 소각과 같이 인간의 활동에 의해 나오는 경우도 많다.

주요 활동: 온실효과 실험을 통하여 지구온난화를 이해하기

탐색 및 문제 파악

◎ 매연을 색칠해 본다.

- 색연필을 이용하여 매연을 색칠하여 본다.
- 자동차의 매연을 색칠한다.
- 공장의 매연을 색칠한다.

◎ 주변에서 매연이 발생하는 상황을 안내한다.

- 매연이 발생함에 따라 대기환경이 오염되고 있다는 사실을 확인시킨다.

◎ 학습 내용을 제시한다.

- 다양한 기후변화 현상에 대하여 관심을 갖게 하고, 기후변화 현상의 원인이 무엇인지 실험을 통하여 학습할 수 있도록 한다.

가설 설정

◎ 지구온난화를 일으키는 원인이 되는 가설을 설정하고 토의한다.

- 지구의 온도가 어느 시기부터 급속도로 올라가기 시작했는지 확인한다.
- 산업혁명이후 화석연료의 사용량이 어떻게 되었는지 확인한다.

실험 설계 및 수행

◎ 온실효과 실험을 통하여 지구온난화를 이해한다.

- 온실효과를 일으키는 대표적인 온실기체로는 이산화탄소가 있고, 이산화탄소가 온실효과를 일으킨다는 사실을 알아보는 실험을 진행한다.
- 실험 순서

① 페트병의 윗부분을 잘라내어 20cm의 높이로 페트병을 준비하고, 두 페트병에 온도계를 끼울 수 있을 정도의 구멍을 뚫어 놓는다. 이 때 구멍은 바닥에서부터 13cm 정도의 높이가 적당하다.

② 페트병 2개 중 한 개에는 김빠진 콜라를, 다른 한 개에는 실온 상태의 탄산콜라를 8cm 높이까지 채운다.

③ 30분 정도 기다린 후에 탄산콜라를 넣은 페트병에 성냥불을 넣어서 이산화탄소가 채워졌는지를 확인한다. 이 과정은 안전에 유의하여 교사가 수행한다.

④ 이산화탄소가 채워졌는지 확인이 되었으면, 페트병의 구멍에 온도계를 끼우고, 페트병을 전기스탠드 조명 아래 설치한다. 이 때, 전기스탠드 조명은 페트병 위로 25cm 정도 되는 높이에 설치하면 적당하다. 또한 온도계는 반드시 조명을 설치하기 직전에 끼워야 한다. 미리 끼워두면 콜라의 증발에 의해 온도가 낮아지거나 콜라가 튀어 온도에 영향을 줄 수도 있기 때문이다.

⑤ 10분마다 온도계의 눈금을 확인하면서 어느 쪽의 온도가 더 높은지를 확인하여 기록한다.

- 학생들의 수준을 고려하여 온도의 수치를 측정하여 기록하는 것이 아니라, 어느 쪽의 온도가 더 높은지를 기록하는 정도로 대체한다.

가설 검증 단계

◎ 실험 결과를 확인한다.

- 실험을 정리하고, 실험 활동지를 발표하게 한다.

• 온도 비교를 통해서 이산화탄소가 채워진 페트병의 온도가 더 높아짐을 알게 하고, 이산화탄소는 대표적인 온실기체임을 알려준다.
  – 탄산콜라를 채운 페트병의 온도가 더 높아진 이유는 콜라에서 빠져나온 이산화탄소라는 물질이 온실효과를 일으켰기 때문이다. 우리 눈에 보이지는 않지만, 이산화탄소가 열을 가두어서 온도를 더 높게 한 것이다.
  – 온실효과의 정확한 과학적 원리를 설명하는 것을 목적으로 하는 것이 아니라, 페트병에서 데워진 공기가 확산되지 못하는 현상 때문에 온도가 더 높아지는 것을 온실효과라고 한다는 사실만 인식시키는 데에 목적을 두어 설명한다.

▌적용 및 새로운 문제 발견단계

◎ 온실효과의 개념을 알아본다.
  • 지구를 둘러싼 대기가 마치 온실의 역할을 하는 것과 같다고 해서 붙여진 이름으로서 지구 온난화의 주된 원인이다. 온실 효과를 일으키는 온실 기체에는 이산화탄소, 수증기, 메탄, 프레온 가스, 오존 등이 있는데, 이 중 가장 큰 영향을 미치는 것은 이산화탄소이다.

◎ 지구 온난화를 일으키는 다양한 온실 기체를 알아본다.
  • 이산화탄소는 대표적인 온실 기체임을 확인한다.
  • 이산화탄소 이외에 다른 온실 기체는 무엇이 있는지 알아본다.

▌평가

• 기후 변화의 원인을 이야기할 수 있는가?

◆ 10차시: 기후 변화의 위험성 확인하기

▌학습 목표

• 지구온난화로 인하여 사라지고 있는 동식물들을 안다.

• 지구온난화로 인하여 발생하는 이상 기후 현상을 안다.

▌지도 중점

• 이 차시는 사라져 가는 동식물과 이상 기후 현상을 통하여 기후 변화의 위험성을 발견하기 위한 내용으로 구성하였다.

▌지도의 유의점

• 학생이 기후변화현상에 흥미를 가질 수 있도록 일상생활이나 뉴스에서 봤던 경험을 이야기할 수 있도록 해야 한다.

▌교수 · 학습 자료

• 사라지고 있는 동식물사진, 이상기후현상 사진
• 교사의 필요에 따라 준비물을 학급별 또는 개인별로 준비한다.

▌교수 · 학습 개요

• 교수 · 학습 모형: 가설검증 수업모형

탐색 및 문제 파악	• 영화 [투모로우]의 장면 보기
가설 설정	• 지구온난화가 지속되면 나타날 위험성에 대한 가설을 설정하고 토의하기
실험 설계 및 수행	• 지구온난화와 북극 동물들의 피해를 실험하기
가설 검증	• 지구온난화의 위험성 확인하기
적용 및 새로운 문제발견	• 지구온난화로 인하여 발생하는 이상 기후 현상 알아보기

▌교수 · 학습 활동

▌기초 활동: 지구온난화로 인하여 사라지고 있는 동식물 알아보기

◎ 지구온난화로 사라지고 있는 동식물을 그려본다.

- 기후온난화로 사라지고 있는 동식물을 본 경험 이야기 한다.
- 기후온난화로 사라지고 있는 동식물 그림을 학생들에 나누어 주어 색칠할 수 있도록 한다.

◎ 지구온난화로 사라지고 있는 동식물을 알아본다.

- 북극곰: 최근 지구의 기온이 상승하며 극지방의 북극곰들은 삶의 터전을 위협받고 있다. 얼음이 녹아 살 곳이 점점 줄어들고, 북극 생태계의 변화로 사냥감도 줄어들었기 때문이다.
- 부서진 얼음 조각 위에 앉아 있는 북극곰의 사진을 이용해 극지방의 생물이 살아갈 수 있는 환경이 파괴될 수 있음을 지도한다. 북극곰뿐만 아니라 펭귄, 바다표범 등의 동물도 서식처를 잃고 있으며, 개체 수도 감소하고 있다.
- 바다거북: 바다 수온이 높아지면서 거북의 주요 먹이인 해초와 산호가 죽어 먹을 것이 없어졌으며, 해수면이 높아져서 알을 낳을 수 있는 섬의 해변이 점차 사라지고 있기 때문이다.
- 꿀벌: 최근 기온이 높아지면서 봄에 꽃이 빨리 피고 있는데, 꽃의 개화 시기와 꿀벌의 활동 주기가 맞지 않게 되면서 꿀벌은 먹을 것이 없어서 그 수가 점점 줄어들고 있다.
- 산호초: 10여 년 전부터 전 세계 산호초에 백화 현상이 진행되고 있다. 산호의 생장에 막대한 영향을 미치는 공생 조류가 수온 상승으로 사라졌기 때문이다.

▌주요 활동: 지구온난화로 인하여 발생하는 이상 기후 현상 알아보기

▌탐색 및 문제 파악

◎ 영화 [투모로우]의 장면을 제시한다.

- 기후변화의 위험성을 보여주는 장면을 제시한다.
- 학생들에게 느낀 점을 말해보게 한다.

가설 설정

◎ 지구 온난화가 지속되면 나타날 위험성에 대한 가설을 설정하고 토의한다.

- 지구온난화로 인하여 사리지고 있는 동식물을 안내하며, 기후변화 현상의 위험성에 대한 가설을 설정한다.

실험 설계 및 수행

◎ 지구 온난화와 북극 동물들의 피해를 실험을 통하여 알아본다.

- 나만의 북극 동물을 만들어 본다.
- 기후변화와 북극의 빙산을 실험한다.

① 넓적한 그릇 2개에 얼음을 3cm정도 얼려 준비한다.
② 얼음 위에 북극곰 그림을 잘라 올려놓는다.
③ 한 개의 그릇은 그대로 두고 다른 한 개의 그릇에 뜨거운 물을 부어 가면서 북극곰을 관찰한다.
④ 기후변화에 의해 북극에 살고 있는 생물들이 어떤 피해를 입고 있는지 이야기해 본다.

가설 검증

◎ 지구 온난화의 위험성을 확인한다.

- 기후변화로 인하여 빙산이 녹을 경우, 북극 동물들의 피해를 확인한다.
- 지구 온난화로 인하여 많은 피해가 발생하는 것을 확인할 수 있도록 지도한다.

적용 및 새로운 문제 발견

◎ 지구 온난화로 인하여 발생하는 이상 기후 현상을 알아 본다.

- 가뭄과 사막화: 지구의 온도가 1℃ 올라갈 때마다 강수량은 1%씩 증가하지만, 증발량은 무려 7%나 증가한다.

• 황사: 지구온난화로 인해 황사의 발원지역인 내몽골 지역의 사막화가 극심해졌다. 이러한 가뭄과 사막화 현상은 공기 중에 모래를 먼지 입자로 흩날리게 하였고, 이로 인한 추가 피해가 뒤따르고 있다.
• 폭설: 지구온난화의 영향으로 북극 온도가 상승하면 찬 공기를 가둬 두는 소용돌이, 극 제트가 약화하며 남쪽으로 남하하게 된다. 이때 북극 냉기가 중위도 지역을 뒤덮으며 강력한 한파와 함께 폭설이 발생한다.
• 홍수: 지구온난화로 인해 전 세계적으로 홍수의 발생 빈도가 증가하고 있다.

평가

◎ 지구온난화로 인하여 사라지고 있는 동식물들을 말할 수 있는가?
◎ 지구온난화로 인하여 발생하는 이상 기후 현상을 말할 수 있는가?

연구과제

(1) 일상생활에서 지구와 우주 영역의 내용을 활용하는 사례를 조사해 보자.
(2) 지구와 우주 영역의 주요 내용과 현행 특수교육 기본 교육과정의 과학과 지구와 우주 영역의 구성 내용을 비교해 보자.
(3) 특수교육 기본 교육과정의 과학과 지구와 우주 영역 단원의 교수·학습 지도계획안을 작성해 보자.

참고문헌

교육부 (2015). 특수교육 교육과정 별책 3 기본교육과정.

교육부 (2018). 특수교육 기본 교육과정 고등학교 과학과 교사용 지도서.

Jones, L. R., Wheeler, G., & Centurino, V. A. S. (2015). TIMSS 2015 science framework, In V.S. Mullis & Michael, O. M. (Eds.), *TIMSS* (pp. 29-58). TIMSS & PIRLS International Study Center.

Oxtoby, D. W., Gillis, H. P., & Campion, A. (2008). *Principles of Modern Chemistry*, 6th ed., CA, Belmont: Thomson Brooks/Cole.

찾아보기

[인명]

[내용]

[ㄱ]

[ㅂ]

[ㅅ]

[ㅇ]

[ㅈ]

[ㅊ]

[ㅋ]

[ㅌ]

저자 소개

정 동 영

한국교원대학교 특수교육과 명예교수
부산교육대학 졸업
대구대학교 대학원 졸업(정신지체아교육전공, 문학박사)
논문: 특수교육의 재개념화와 그 특수성 해명, 최소 제한적 환경의 개념 진전과 그 함의 재고, 통합학급의 장애학생을 위한 차별화 교수전략 탐색 등
저서: 장애아동 통합교육론, 특수교육교과교육론(공저), 특수학급 경영론(공저), 예비교사를 위한 특수교육학(공저) 등
역서: 특수교육의 쟁점, 정신지체아동의 학습과 인지(공역), 정신지체: 지역사회 통합을 위한 접근(공역)

김 희 규

나사렛대학교 특수교육과 교수
서울교육대학교 졸업
단국대학교 대학원 졸업(학습장애아교육 전공, 교육학박사)
논문: 모의 수업 실연 과정이 예비 특수교육 교사의 과학과 교수내용지식 이해에 미치는 효과, 예비 초등 특수교육 교사의 마이크로티칭 경험이 과학과 지도에 대한 자기평가와 자기효능감에 미치는 영향, 장애학생들의 국어과 교과교육에 관한 초등학교 특수교육 교사의 교수효능감에 관한 연구, 장애학생의 교과교육을 위한 교수-학습 방법과 평가 효율화 방안 등
저서: 특수학급 경영론(공저), 장애학생 통합교육론(공저), 특수교육 교직실무(공저), 특수교육교과교육론(공저), 특수아동의 이해(공저), 특수교육의 이해(공저) 등
역서: 통합학교 교사를 위한 통합교육 입문, 통합학급 교사를 위한 특수교육 입문, 통합학급 교사를 위한 장애이해교육, 자폐아동을 위한 지원전략 100(공역), 정신지체: 지역사회 통합을 위한 접근(공역) 등

특수교육 과학과 교육의 이론과 실제

2018년 6월 30일 1판 1쇄 발행
2025년 7월 30일 1판 3쇄 발행

저　자 : 정동영 · 김희규
발행자 : 한　정　주
발행처 : 교육과학사

저자와의 협의하에 인지생략

경기도 파주시 광인사길 71
전화 (031)955-6956~8/팩스 (031)955-6037
Home-page : www.kyoyookbook.co.kr
E-mail : kyoyookbook@daum.net
등록 : 1970년 5월 18일 제2-73호

낙장 · 파본은 교환해 드립니다.
Printed in Korea.

정가 **25,000** 원
ISBN 978-89-254-1290-0